B II

KARL MAY

Napoleons letzte Liebe

Die Liebe des Ulanen

Der Originalroman aus der Zeit
des Deutsch-Französischen Krieges

KARL MAY

Napoleons letzte Liebe

VERLAG NEUES
LEBEN

[redacted]

ISBN 3-355-01391-9

Einband: Peter Nagengast (Reihengestaltung)
Jörn Hennig (Bildmotiv)
Lichtsatz: Nationales Druckhaus GmbH, Berlin
Lithographie: SWS Repro GmbH, Wiesbaden
Druck und buchbinderische Weiterverarbeitung:
Chemnitzer Verlag und Druck GmbH,
Werk Zwickau

Die letzte Liebe Napoleons

Zu Anfang des ereignisreichen Monats Juni des Jahres 1815 befand sich das große Hauptquartier der Franzosen zu Laon, während das der Moselarmee zu Thionville lag.

In dem ersteren war bereits Baron Daure, der Generalintendant der Armee, vor einigen Tagen angekommen, und nun erwartete man täglich, dort auch den Kaiser zu sehen. Zugleich wurde von Napoleon gesagt, daß er nach Straßburg gehen werde, um sich seinen Soldaten zu zeigen und die alte Begeisterung für sich wieder zu entflammen. Auch in Thionville wurde er erwartet.

Man kannte den großen Mann genau. Er liebte es, möglichst allgegenwärtig zu scheinen und sich gerade da sehen zu lassen, wo er am wenigsten erwartet wurde. Überhaupt zeigt die damals von ihm eingeschlagene Route, auf welcher er sich nach dem voraussichtlichen Schauplatz der zu erwartenden Kämpfe begab, noch heutigen Tages einige unausgefüllte Lücken. Er hat nach seiner ihm gewohnten Weise mehrere unerwartete Abstecher gemacht, deren Absicht selbst den Personen seiner nächsten Begleitung ein Rätsel blieb.

Die Eigenheiten eines Herrschers pflegen Nachahmung zu finden. Einige Marschälle des Kaisers hatten sich ein ähnliches Verfahren, ihre Untergebenen zu überraschen, angewöhnt. Besonders wußte man von Marschall Grouchy, daß er es liebte, überall selbst zu sehen und zu hören, und es war allgemein bekannt, daß er viele seiner zahlreichen Siege und Erfolge zum Teil dieser Angewohnheit zu verdanken habe.

Es war um Mittag des Tages, an welchem Königsau die Kasse fand, als derselbe in Sedan anlangte. Er hätte die Stadt lieber umgangen, aber in ihr war die einzige Brücke, welche in jener Gegend über die Maas führte. Der Fluß war sonst ohne Gefahr nicht zu passieren, da er infolge mehrtägigen Regens eine ungewöhnliche und aufgeregte Wassermenge mit sich führte.

Sedan, der Geburtsort des berühmten Turenne, ist zu jeder Zeit ein in kriegerischer Beziehung wichtiger Platz gewesen.

Darum war es nicht zu verwundern, daß es auch jetzt nebst seiner ganzen Umgebung voller Truppen lag.

Diese letzteren gehörten zu dem Heeresteil des Marschalls Ney, welcher, in Saarlouis als Sohn eines Böttchers geboren, es durch seine Talente zum Marschall von Frankreich, Herzog von Eßlingen und Fürst von der Moskwa gebracht hatte.

Unter ihm kommandierte General Drouet, welcher zum Aide-Major-General von Bonapartes Garden ernannt worden war. Dieser General, welchen der geneigte Leser bereits kennengelernt hat, verzichtete darauf, in Sedan selbst zu wohnen, und hatte sein Standquartier hinaus nach Raucourt verlegt, jenem Ort, bei welchem der Meierhof Jeannette lag. Diesen Meierhof hatte Drouet für sich selbst in Beschlag genommen, während sein Stab in Raucourt lag.

Bei seinem Eintritt in Sedan wurde Königsau nach seiner Legitimation gefragt. Er zeigte denselben Paß vor, welchen er gestern abend dem Wirt übergeben und heute morgen vor seinem Scheiden natürlich zurückerhalten hatte.

Diese Legitimation stammte zwar aus Blüchers Hauptquartier, war aber dennoch vollständig hinreichend. In Kriegszeiten jedoch pflegt man mit mehr Sorgfalt als gewöhnlich zu verfahren, und so hatte der Leutnant auf der Kommandantur ein Verhör zu bestehen, welches ihn einigermaßen in Schweiß brachte. Er hatte gegen die Franzosen gekämpft und war längere Zeit in Paris gewesen. Wie leicht war es möglich, daß jemand ihn hier erkannte. Dann wäre es allerdings um ihn geschehen gewesen.

Darum wurde ihm das Herz außerordentlich leicht, als er seine Legitimation zurückerhielt und damit die Erlaubnis empfing, die Stadt zu passieren.

Raucourt liegt ungefähr zwei volle Wegstunden im Süden von Sedan. Damals waren die Wege zwischen diesen beiden Orten sehr mangelhaft. Der Argonner Wald, zu welchem jene Gegenden gehören, war im höchsten Grade verrufen, da sich dort allerlei Gesindel angesammelt hatte, welches sich in den tiefen Wäldern und Schluchten versteckt hielt, um nur dann hervorzubrechen, wenn es einen Raub oder sonst einen gesetzwidrigen Streich auszuführen gab.

Zwischen Raucourt und Sedan war der Weg jetzt allerdings sicher, da die militärische Verbindung, welche zwischen den beiden Hauptquartieren bestand, diesen Marodeuren und Vagabunden Achtung einflößte. Weiterhin, besonders nach Laon zu, wohin der Weg über Rethel führte, gab es zwar auch solche

Verbindungen, aber die Wege waren doch militärisch nicht so benutzt, daß eine vollständige Sicherheit geherrscht hätte.

Ein jeder Krieg erzeugt immer allerlei Gesindel. Die Hefe der Bevölkerung, welche vielleicht bereits vorher mit dem Gesetz in Konflikt lebte, wird von den Ereignissen in Bewegung gebracht. Solche gab es damals in den Wäldern der Ardennen und Argonnen genug, so daß es keineswegs ohne Gefahr war, allein und unbewaffnet durch jene Gegenden zu wandern.

Als Königsau Raucourt erreichte, war es ihm leicht, den Weg nach dem Meierhof zu erfragen. Dort angekommen, trat ihm alles in einem kriegerischen Anstrich entgegen. An dem Tor stand ein Posten, welcher ihm, das Gewehr vorstreckend, den Eingang verwehrte.

„Wohin?“ fragte der Soldat.

„Herein“, antwortete Königsau kurz.

„Zum General?“

„Nein. Welcher General wohnt hier?“

„General Drouet. Zu wem wollen Sie sonst?“

„Zur Besitzerin des Hofes.“

„Zu Frau de Sainte-Marie?“

„Ja.“

„Die ist nicht da. Sie ist heute morgen fortgefahren.“

„So wird jemand dasein, der ihre Stelle vertritt.“

„Das ist der junge Herr. Kennen Sie ihn?“

„Ich habe ein Geschäft mit ihm abzuschließen.“

„Ah, das ist etwas anderes! Sie können passieren. Herr de Sainte-Marie wohnt in dem Parterrelokal, dessen vier Fenster Sie dort rechts bemerken.“

Königsau bedankte sich für die Anweisung und schritt nach der angegebenen Wohnung. Auf sein Klopfen hörte er ein lautes „Herein“. Als er eintrat, befand er sich, wie er auf den ersten Blick bemerkte, in dem Arbeitsraum eines unverheirateten Herrn. Es herrschte hier jene elegante, sorglose Unordnung, wie man sie oft bei den Junggesellen besserer Stände zu bemerken pflegt.

Während er die Tür hinter sich verschloß, erhob sich vom Sofa ein junger Mann, der ihn mit musterndem Blick betrachtete. Die Züge desselben waren höchst angenehm, fast mehr weiblich als männlich. Er mochte höchstens zweiundzwanzig Jahre zählen, während die dünnen, seidenweichen Haare seines Schnurrbärtchens ihn noch jünger erscheinen ließen.

„Herr de Sainte-Marie?“ fragte Königsau.

„Ja“, antwortete der Angeredete, ihn mit forschenden Augen betrachtend. „Was wünschen Sie von mir?“

„Wollen Sie die Güte haben, mir zu sagen, ob Frau Richemonte zu sprechen ist?“

Über das Gesicht des Franzosen zuckte es wie eine Art von Überraschung; fast hätte man sagen mögen, daß sein Blick eine augenblickliche Besorgnis zeige.

„Ah, Frau Richemonte?“ fragte er. „Was wollen Sie von ihr?“

Er konnte diese etwas zudringliche Frage aussprechen, da Königsau ganz wie ein Mann gewöhnlichen Standes gekleidet war.

„Es sind persönliche Angelegenheiten der Dame, welche mich zu ihr führen“, antwortete Königsau. „Ich weiß leider nicht, ob sie mir erlauben würde, von denselben gegen eine dritte Person zu sprechen.“

„Ich will Sie zu keiner Indiskretion verleiten; aber Sie kennen die Dame?“

„Ja.“

„Woher?“

„Von Paris aus.“

Da verfinsterte sich das Gesicht des jungen Mannes plötzlich. Er fragte:

„Sie sind Kapitän Richemonte?“

„Nein.“

„Ah! Also sonst ein Bekannter?“

„Ja.“

„Woher wissen Sie, daß Frau Richemonte sich hier befindet?“

„Ich habe sie selbst nach dem Meierhof gebracht.“

„Wohl als Kutscher?“

„Oh nein“, lächelte Königsau, „als Begleiter.“

„Von Paris aus?“

„Ja.“

Da glitt ein eigentümlicher Zug über das Gesicht des jungen Mannes. Man konnte nicht sagen, ob es Schreck oder Freude sei, welches ihn zu der schnellen Frage bewog:

„Donnerwetter! So heißen Sie Königsau.“

„Ja.“

„Und Sie wagen sich – ah, kommen Sie, kommen Sie!“

Er faßte den Arm des Leutnants und zog den letzteren rasch aus dem Zimmer fort zu einer Tür hinaus. Dort befand sich augenscheinlich der eigentliche Wohnraum. Hier betrachtete der Baron den Gast noch einmal vom Kopf bis zu den Füßen herab, und er sagte:

„Mein Gott, wie können Sie es wagen, nach Raucourt zu kommen?“

„Halten Sie das wirklich für ein Wagnis, Baron?“

„Gewiß. Sie sind Deutscher und noch dazu Offizier. Haben Sie nicht gewußt, daß General Drouet sich auf unserer Meierei befindet?“

„Ich erfuhr es erst in Sedan.“

„Und dennoch wagten Sie sich hierher? Wie nun, wenn man Sie festnimmt?“

„Das befürchte ich nicht“, lächelte Königsau.

„Und Sie als Spion behandelt?“

„Ich komme nur, um Frau und Mademoiselle Richemonte zu sprechen.“

Der Baron blickte wie ratlos im Zimmer umher und sagte dann, auf einen Stuhl deutend:

„Setzen Sie sich, Herr Leutnant. Es gilt, daß wir uns klarwerden. Sie sind ein Freund der Madame Richemonte?“

„Ein sehr aufrichtiger und ergebener“, antwortete Königsau, indem er sich niedersetzte.

„Als die Damen hier ankamen, war ich nicht anwesend, ich befand mich zu der Zeit in der Gegend von Reims, um die Kellereien eines Freundes zu besichtigen. Sie müssen wissen, daß ich Landwirt und besonders Weinzüchter bin. Als ich nach Hause kam, fand ich die Damen vor. Ich hörte, daß ein Deutscher sie nach hier begleitet habe, ein Leutnant namens Königsau.“

„Dieser bin ich.“

„Wie ich höre. Madame Richemonte sagte, daß sie Ursache habe, für nächste Zeit ihren Aufenthalt bei uns nicht wissen zu lassen; Sie allein seien ausgenommen. Sie scheinen also das Vertrauen dieser Dame zu besitzen?“

„Ich hoffe es!“

„Sie haben ihr jedenfalls wichtige Dienste geleistet?“

„Es ist mir allerdings vergönnt gewesen, den Damen einigermaßen nützlich zu sein, doch bin ich weit davon entfernt, mir dies als Verdienst anzurechnen.“

Jetzt begannen die Züge des Barons sich wieder zu erheitern.

„Dann bin auch ich Ihnen Dank schuldig“, sagte er. „Sie wissen wohl, daß Frau Richemonte meine Verwandte ist?“

„Die Dame sprach davon, wenn auch nicht eingehender.“

„Meine Mutter ist ebenso wie Madame Richemonte eine Deutsche. Beide stammen aus demselben Ort und sind Cousinen. Mein Vater ist tot, und so habe ich“, fügte er mit einem heiteren, sorglosen Lächeln hinzu, „die ganze Last der Verwaltung unseres Besitztums auf meinen armen Schultern liegen. Es war sehr einsam hier; die Ankunft der beiden Damen hat Leben und Bewegung hereingebracht, was ich ihnen herzlich danke. Leider ist diese Bewegung und dieses Leben bedeutend ungemütlicher geworden durch die Ankunft des Militärs, welches alles außer Rand und Band gebracht hat."

„Ich kondoliere!" sagte Königsau höflich.

„Danke! Als Sohn einer Deutschen bin ich nicht so raffiniert französisch gesinnt, daß es mir lieb sein kann, mich zum Diener einer anspruchsvollen Soldateska herabwürdigen zu lassen. Und nun zumal um Ihretwillen wünsche ich diese Herren alle zum Teufel."

„Ich bitte, auf mich nicht die mindeste Rücksicht zu nehmen, Baron."

„Wenn das so leicht wäre! Darf ich Sie fortweisen?"

„Ich hoffe, Sie werden es nicht!" lachte Königsau.

„Aber darf ich einen deutschen Offizier bei mir aufnehmen?"

„Unter den gegenwärtigen Umständen, ja. Ich komme ja nicht als Offizier. Ich bin im Besitz einer Legitimation, welche man in Sedan respektiert hat."

„Das ist etwas anderes! Aber leider finden Sie Frau Richemonte nicht vor."

„Wo ist sie?"

„Sie und Mademoiselle sind heute früh mit Mama nach Vouziers gefahren."

„Wann kehren sie zurück?"

„Heute abend wahrscheinlich."

Da machte Königsau eine Bewegung des Schreckes.

„Heute abend?" fragte er. „Nicht morgen am Tage? Es sind von Vouziers bis hierher volle sechs Stunden zu fahren."

„Allerdings. Aber bei den Lasten, welche die Einquartierung uns bereitet, kann ich die Mutter unmöglich länger entbehren."

„Das glaube ich gern. Aber bedenken Sie doch die Unsicherheit des Weges!"

Da trat der Baron einen Schritt zurück, machte ein sehr verblüfftes Gesicht, schlug die eine Hand in die andere und rief: „Mein Gott, ja! Daran haben wir gar nicht gedacht! Mama nicht und ich nicht!"

„Der Weg führt durch Wälder, in denen allerlei Gesindel hausen soll, wie ich gehört habe", bemerkte Königsau.

„Das ist richtig! Alle Teufel, was ist da zu tun?"

Der Baron schien eine vorzugsweise heitere, sorglose Natur zu sein. Jetzt aber sah man es ihm an, daß er keineswegs gleichgültig blieb.

„Welchen Weg schlugen die Damen ein?" fragte Königsau.

„Sie sind über Le Chesne und Boult-au-Bois gefahren."

„Und sie kehren auf demselben Weg zurück?"

„Ganz sicher! Ich befinde mich da in großer Angst. O Gott, wenn ihnen etwas widerfährt! Wenn sie angefallen werden! Ich würde ihnen entgegenreiten, aber ich kann unmöglich fort, da dieser verteufelte General Drouet in jedem Augenblick einen Wunsch, ein Verlangen, einen Befehl zu erfüllen hat!"

„So lassen Sie mir ein Pferd satteln."

„Ihnen?" fragte der Baron, halb erstaunt und halb erleichtert.

„Ja, mir, wenn ich bitten darf."

„Aber wissen Sie, in welche Gefahr Sie sich begeben?"

„Pah! Wegen des Gesindels?"

„Ja. Und weil Sie ein Deutscher sind."

„Diese Gefahr gibt es nicht für mich. Hier, lesen Sie meine Legitimation. Vielleicht wird es auch für Sie nötig, den Namen zu kennen, welchen ich gegenwärtig trage."

Der Baron las das Dokument, gab es ihm zurück und sagte:

„Ein Pferd können Sie haben; aber sind Sie auch bewaffnet?"

„Ich habe Pistolen und ein Messer."

„Das ist nicht genug. Ich werde Ihnen noch zwei Doppelpistolen geben. Aber kennen Sie den Weg, den Sie zu reiten haben?"

„Monsieur, ich bin ein deutscher Offizier!"

Der Baron nickte und sagte:

„Es ist wahr, mein Herr; die Deutschen haben bewiesen, daß ihre Karten von Frankreich besser und genauer sind, als die unserigen. Aber wollen Sie nicht vorher etwas genießen?"

„Ich danke. Das würde viel Zeit kosten, die ich notwendiger brauche."

„So werde ich Ihnen einen Imbiß in die Satteltaschen tun lassen. Man kann nicht wissen, was geschieht. Entschuldigen Sie mich!"

Er entfernte sich, um seine Befehle zu erteilen.

So befand sich Königsau also in der Höhle des Löwen. Er war abgeschickt worden, um so viel wie möglich über die Pläne des Feindes zu erkundschaften. Er hatte sich dazu selbst angeboten. Er wußte, wie gefährlich dieses Unternehmen war, denn man hätte ihn, wenn er entdeckt wurde, ganz einfach den schimpflichen Tod eines Spions sterben lassen: man hätte ihn aufgehenkt.

Aber diese Gefahr wurde mehr als reichlich durch den Umstand aufgewogen, daß es ihm möglich wurde, die Geliebte zu sehen und zu sprechen. Und ein großer Erfolg war ihm ja bereits geworden; er hatte den Platz entdeckt, an welchem die Kriegskasse verborgen lag.

Während er so allein im Zimmer saß, dachte er an den Baron. Dieser war jedenfalls ein leichtlebiger, gutherziger Kavalier. Wußte er, daß Margot die Verlobte Königsaus war? Jedenfalls nicht, wie sich aus seinen Reden vermuten ließ. Übrigens hatte Frau Richemonte bei ihrer Ankunft auf dem Meierhof es unterlassen, den Leutnant als ihren künftigen Schwiegersohn vorzustellen. Sie hatte ihn einfach als ihren Freund bezeichnet. Königsau kannte den Grund, welcher sie dazu bestimmt hatte, nicht, aber er sagte sich, daß die vergangenen Ereignisse wohl Ursache geboten hätten, selbst gegen Verwandte vorsichtig zu sein.

Nach einiger Zeit kehrte der Baron zurück und meldete, daß gesattelt sei. Er öffnete einen Kasten und zog zwei Doppelpistolen hervor, welche er Königsau überreichte.

„Sind sie geladen?“ fragte dieser.

„Nein. Ich bin ein Mann des Friedens und habe nur selten geschossen. Diese Waffen aber sollen vorzüglich sein; sie sind ein Erbteil meines Vaters, welcher Offizier war. Munition ist da.“

„So erbitte ich mir das Nötige.“

Der Baron brachte Kugeln, Pulver und Zündhütchen herbei. Königsau lud die Pistolen und fragte dabei:

„Woran kann man das Geschirr erkennen, in welchem die Damen kommen?“

„Es ist eine ziemlich alte Staatskarosse aus der Zeit Ludwigs des Fünfzehnten.“

„Und die Pferde?“

„Ein Schimmel und ein Brauner.“

„Ist außer dem Kutscher noch Dienerschaft dabei?“

„Leider nein, obgleich ein Hintersitz für den Diener vorhanden war.“

„Ich danke, Monsieur! Ich werde mich sofort auf den Weg machen.“

„Werden Sie mit zurückkehren?“

„Ich werde die Damen bis zum Meierhof begleiten und dann sehen, ob die Frau Baronin mir Veranlassung gibt, mit einzutreten.“

„Gut. Auf alle Fälle aber empfehle ich Ihnen Vorsicht an.“

„Ich werde sie nicht außer acht lassen."

Die beiden Männer begaben sich in den Hof hinaus, wo ein brauner Wallach auf den Reiter wartete. Königsau stieg auf. Er gab sich hier das Benehmen eines sehr mittelmäßigen Reiters und wurde, da der Herr des Hofes bei ihm war, von dem Posten ohne Schwierigkeiten durchs Tor gelassen. Er hatte dabei ganz das Aussehen eines gewöhnlichen Arbeitsmannes, der es gewagt hat, einen Botenritt zu unternehmen, sich aber recht unbehaglich auf dem Gaul fühlt.

So ritt er eine Strecke langsam im Schlendergang fort, sobald aber Raucourt mit dem Meierhof hinter ihm lag, setzte er dem Pferd die Sporen in die Seiten und brachte es erst in Trab und dann sogar in Galopp.

Der Weg zog sich fast ununterbrochen durch den Wald und zwar höchst einsam. Rechter Hand lief ein Flüßchen in zahllosen Windungen dahin, und zur Linken war nichts zu sehen als ohne alle Abwechselung Baum an Baum.

Nur einmal gab es ein einsames Häuschen, für den müden Wanderer zur Einkehr errichtet. Königsau stieg hier ab, um eine kleine Erfrischung zu genießen und sich zu erkundigen.

Als er eintrat, sah er ein junges Mädchen am Spinnrad sitzen; sonst war niemand vorhanden. Es erhob sich und fragte freundlich nach seinem Begehr, doch war zu bemerken, daß es ihn mit einem – man möchte sagen – mitleidig besorgten Blick betrachtete.

„Kann ich ein Glas Wein haben?" fragte er.

Dabei bot er dem Mädchen zum Gruß die Hand, die es auch nahm und leise berührte.

„Ja, gern", antwortete es.

Es brachte das Verlangte, setzte es vor ihn hin und ließ dann wieder das Rad fleißig schnurren, aber sein Auge flog öfters verstohlen zu ihm hinüber. Er bemerkte dies wohl, aber er tat nicht, als ob er es sehe. Es lag in diesen Blicken des Mädchens etwas, was ihn aufmerksam werden ließ.

„Wie weit hat man noch bis Le Chesne populeux?" fragte er endlich.

„Sie müssen eine gute Stunde reiten", antwortete es. „Wollen sie dorthin?"

„Ja."

„Wohl gar noch weiter?"

„Allerdings. Ich reite möglicherweise bis nach Vouziers."

„O weh", entfuhr es ihr.

„Warum o weh?" fragte er.

Es errötete, senkte verlegen die Augen und antwortete stokkend:
„Weil – weil es bis dahin Nacht sein wird."
„Schadet das etwas?"
Jetzt hob die Gefragte den Blick empor und antwortete:
„Die Nacht ist keines Menschen Freund. Und dieser Wald ist so lang, so sehr lang."
Da ging er näher auf sein Ziel los, indem er sie fragte:
„Man hat mir gesagt, daß es in diesem Wald nicht so recht geheuer sei. Ist dies wahr, Mademoiselle?"
Sie zögerte mit der Antwort, blickte ihn abermals forschend an und fragte dann, anstatt ihm Antwort zu geben:
„Sie sind hier fremd, Monsieur?"
„Ja."
„Aber Sie reiten doch ein hiesiges Pferd."
„Kennen Sie es?"
„Ja. Es gehört nach dem Meierhof Jeannette."
„Das stimmt. Sind Sie dort bekannt?"
„Oh, sehr gut. Ich bin sogar das Patenkind der Frau Baronin. Mein Großvater war Diener des seligen gnädigen Herrn."
„Ah, so kennen Sie auch die Karosse der gnädigen Baronin?"
„Gewiß. Sie ist heute früh hier vorübergefahren."
„Nun, mein Kind, ich will der Frau Baronin entgegenreiten."
Da fuhr sie beinahe von dem Schemel empor, auf welchem sie saß.
„Der gnädigen Frau entgegenreiten?" fragte sie, indem ihr schönes Gesichtchen eine plötzliche Angst verriet. „Ist das wahr?"
„Jawohl", antwortete er.
„Mein Gott, so kehrt die Baronin erst des Nachts heim?"
„Wahrscheinlich."
„Aber wer soll da ihren Wagen erkennen!"
Dieser Ausruf war jedenfalls sehr zweideutig. Königsau fragte daher:
„Ist es denn notwendig, daß ihr Wagen erkannt wird?"
„Ja, freilich!" antwortete sie schnell, aber unbesonnen. „Es darf ihr ja kein Leid geschehen!"
„Wer könnte ihr denn etwas tun?"
Diese Frage brachte sie zu der Erkenntnis, daß sie mehr gesagt habe, als sie jedenfalls beabsichtigt hatte. Über ihr hübsches, aufrichtiges Gesicht legte sich die Röte der Verlegenheit, und sie antwortete erst nach einer kleinen Pause:

„O Monsieur, Sie fragten mich vorhin, ob es wahr sei, daß es hier im Wald nicht so recht geheuer ist. Man hat Ihnen recht berichtet. Es gibt im Wald böse Menschen, denen nicht zu trauen ist."

„Und Sie kennen diese Menschen?" fragte er, einen eindringlichen Blick auf sie richtend.

Ihre Wimpern lagen längere Zeit fest über den Augen, ehe sie antwortete:

„Monsieur, ich wohne ganz allein hier mit meiner Mutter. Es kommen sehr oft Leute, welche wir nicht kennen dürfen, sonst würde es uns schlimm ergehen."

„Aber, liebes Kind, warum bleibt Ihr da hier wohnen?"

„Oh, wir wollten gern fort, aber es geht nicht. Als Vater dieses Haus kaufte, da war es im Wald sicher und gut. Es kamen nur ehrliche Leute zu uns, und wir hatten unsere Freude an dem Heimwesen. Da aber brach der Krieg aus, und nun füllte sich das Land mit schlimmen Leuten, welche alle bei uns einkehrten. Vater wurde von einem erschossen. Großvater wurde von der Baronin entlassen und starb auch bald. So war ich mit Mutter allein. Wir dürfen niemand verraten, sonst sind wir verloren."

„So verkauft das Haus."

„Wer kauft es uns ab, Monsieur?"

„So bittet die Baronin um Hilfe. Sie ist gut und wird Euch den Wunsch nicht abschlagen."

„Sie hat ihn uns bereits abgeschlagen", antwortete das Mädchen leise und langsam.

„Warum?"

Jetzt zog eine tiefe, tiefe Glut über ihr Gesicht, und sie antwortete stockend:

„Weil – weil – oh, sie ist sehr böse auf uns."

„Warum denn, mein Kind? Vielleicht kann ich helfen."

Da legte sie plötzlich die Hand vor die Augen und bog das Köpfchen nieder. Königsau sah eine Fülle herrlichen Haares sich auflösen und sah Tränentropfen zwischen den kleinen, zarten Fingern hervorquellen – sie weinte.

Eine Zeitlang herrschte tiefe Stille im Zimmer; dann sagte er im mildesten Ton:

„Ich habe Ihnen sehr weh getan, mein gutes Kind. Nicht wahr?"

Da hob sie langsam den Kopf, sah ihn durch Tränen an und antwortete:

„O nein, Monsieur. Ich höre vielmehr, daß sie es gut mit mir meinen. Und darum will ich Ihnen etwas sagen. Kennen Sie den Weg, den Sie zu reiten haben?"

„Im einzelnen nicht."

„Nun, er macht von hier aus einige Krümmungen. Ist Ihnen das kleine Liedchen bekannt: Ma chérie est la belle Madeleine?"

„Ja."

„Nun gut. Wenn Sie an der fünften Krümmung von hier ankommen, so steht am Rand des Dickichts rechter Hand ein Kreuz. Dort ist einmal einer ermordet worden. Sobald Sie dieses Kreuz sehen, singen Sie dieses Lied. Sie können doch singen, Monsieur?"

„Ein wenig."

„Wenn Sie nicht gern singen, so pfeifen Sie wenigstens die Melodie."

„Warum?"

„Oh, das darf ich ja doch nicht sagen."

„So werde ich es Ihnen sagen. Hinter dem Kreuz stecken die verborgen, welche zuweilen zu Ihnen kommen. Sie lauern den Wanderern auf. Wer aber das Lied singt oder pfeift, dem tun sie nichts, weil er unter Ihrem Schutz steht."

„Mein Gott, ich verbiete Ihnen streng, das zu verraten."

„Ihr Verbot kommt zu spät", sagte er lächelnd.

„Monsieur, ich bitte Sie um Gottes willen!"

„Ich werde keinem Menschen etwas sagen."

„Oh, einem doch!"

„Wem?"

„Dem Kutscher der gnädigen Frau müssen Sie sagen, daß er heute abend das Lied pfeifen soll, sobald er an das Kreuz kommt. Der gnädigen Frau geschieht nichts; aber da bei Nacht ihr Wagen nicht genau zu erkennen ist, kann er sehr leicht verwechselt werden."

„Ich werde das besorgen, liebes Kind. Aber haben Sie noch nicht daran gedacht, daß Sie sich zum Mitschuldigen dieser Verbrecher machen, wenn Sie deren Tun und Schlupfwinkel kennen, ohne sie anzuzeigen?"

„Ich weiß das, Monsieur. Aber sie würden mich und Mutter töten. Soll ich die Mörderin meiner eigenen Mutter werden?"

„Sie könnten ja fliehen, bis alle vernichtet sind!"

„Vernichtet? Oh, es stehen immer wieder neue und andere auf. Dieser Fabier . . ."

Sie hielt inne und errötete abermals vor Verlegenheit. Der zuletzt genannte Name fiel Königsau auf.

Es war aus den Mienen des Mädchens sicher zu erkennen, daß der Name Fabier ihm verhaßt sei, und Königsau hielt sich davon sofort überzeugt.

„Fahren Sie fort, Mademoiselle."

„O bitte, ich wollte nichts sagen, Monsieur."

„Aber Sie nannten ja einen Namen!"

„Er entschlüpfte mir nur so."

„Sagten Sie nicht Fabier?"

„Ja."

„So ist Ihnen vielleicht auch der Name Barchand bekannt?"

Da hob sie schnell den Kopf empor und fragte:

„Barchand? Oh, kennen Sie ihn?"

„Ich weiß es nicht genau. Waren diese beiden vielleicht auch hier im Wald?"

„Ja."

„Nun, sie werden nicht wiederkommen."

„Warum?" fragte sie überrascht, und zwar sichtlich in freudiger Weise.

„Sie sind tot."

„Ist dies wahr, wirklich wahr, Monsieur?"

„Gewiß!"

„Sie können es beschwören?"

„Mit allen Eiden der Welt."

„Gott sei Lob und Dank! Wissen Sie, Barchand war einer der Anführer dieser bösen Leute, welche mich und meine Mutter so belästigen. Und Fabier war mein Dämon, mein böser Geist."

„Ah, er liebte Sie?"

„Er sagte es. Noch gestern früh war er hier und sagte, daß er heute als ein sehr reicher Mann zurückkehren werde. Dann solle ich seine Frau werden oder sterben."

„So hat er die Tochter Barchands betrogen!"

„Hat er das? Hat er ihr gesagt, daß er sie liebe?"

„Ja, um ihren Vater zu gewinnen."

„Und woher wissen Sie das alles?"

„Ich habe sie vor ihrem Tode belauscht. Ich will Ihnen nun aufrichtig sagen, daß Fabier Barchand getötet hat, aber zur Strafe und um meiner eigenen Sicherheit willen habe ich ihn dann selbst erschossen."

„Sie? Ihn?" fragte sie, als könne sie es nur schwer glauben und begreifen.

„Ja, mit dieser meiner Hand. Ich habe auch beide eingescharrt."

Da holte sie tief Atem und faltete die Hände.

„Monsieur", sagte sie, „bereuen Sie Ihre Tat nicht! Sie haben ein gottgefälliges Werk vollbracht. Sie sind mein Retter und der Retter vieler andern geworden. Dieser Fabier hätte mich noch in den Tod getrieben; denn ich verabscheute ihn."

„Ja, Sie lieben ja einen anderen."

„Einen anderen?" fragte sie errötend.

„Gewiß! Sie selbst haben es mir ja gesagt und gestanden."

„Ich? Unmöglich!" antwortete sie.

„Oh, nicht Ihre Worte, sondern Ihr Erröten, Ihre Verlegenheit haben es mir verraten."

Sie wollte sich abwenden, er aber hielt sie bei den Händchen fest und fragte:

„Darf ich es sagen, wen Sie lieben, Mademoiselle?"

„Sie wissen es nicht! Sie können es nicht wissen!" widerstrebte sie.

„Und doch weiß ich es. Der junge Baron ist es, dem Ihr Herz gehört."

„Monsieur!" rief sie erbleichend.

„Darum wurde Ihr Großvater entlassen."

„Sie irren."

„Und darum wurde die Frau Baronin so bös auf Sie, mein Kind."

„Sie sind sehr grausam, Monsieur!"

„O nein. Ich möchte Ihr Freund sein und Ihnen helfen. Hat der Baron Ihnen bereits gesagt, daß auch er Sie lieb hat?"

Sie schüttelte leise das Köpfchen.

„Aber er ist freundlich, liebreich und zuvorkommend gegen Sie gewesen? Er ist so zu Ihnen gewesen, wie man nur zu einem Mädchen ist, welches man lieb hat?"

Sie nickte langsam und zog dann ihre Hand aus der seinigen.

„Monsieur", sagte sie, „ich weiß gar nicht, wie das kommt, daß ich Ihnen das alles mitteile. Ich wage, Ihnen Dinge zu sagen, welche ich niemals einem anderen mitgeteilt habe. Meine Aufrichtigkeit könnte mich in große Gefahr bringen."

„Niemals, mein Kind, denn es wird kein Mensch erfahren, daß Sie es sind, die mir dies alles gesagt hat. Wenn ein wirklich guter Mensch zu einem anderen kommt, so öffnet sich selbst das verschlossenste Herz. Das ist die Macht, welche ein ehrliches, offenes Menschenangesicht ausübt. Nun aber ist meine Zeit abgelaufen. Ich hoffe, daß ich Sie wiedersehe. Kehrt die Baronin nicht bei Ihnen ein?"

„Niemals."

„Kommt der Herr Baron auch nicht?"

„Zuweilen", gestand sie.

„Wo ist Ihre Mutter?"

„Sie ist oben beschäftigt."

„Und darf ich Ihren Namen wissen?"

„Ich heiße Bertha."

„Und wie noch?"

„Bertha Marmont."

„Ich danke. Leben Sie wohl, Mademoiselle Bertha! Ich danke Ihnen recht herzlich für Ihre freundliche Warnung. Gott lasse Sie recht, recht glücklich werden."

Er reichte ihr seine Hand. Sie hielt dieselbe fest, sah ihm voll in die Augen und fragte:

„Sie werden auch gewiß meine Warnung befolgen?"

„Gewiß."

„Sie werden singen: Ma chérie est la belle Madeleine!"

„Ich werde es pfeifen. Weiterhin, von dem Kreuz ab ist der Wald wohl sicher?"

„Ja, bis Le Chesne; ob jenseits noch, weiß ich nicht."

Er gab ihr ein Goldstück und ging, ohne sich etwas herausgeben zu lassen. Sie begleitete ihn bis vor die Tür, sah ihn aufsteigen und blickte ihm nach, bis er hinter der ersten Krümmung des Weges verschwunden war; dann sagte sie nachdenklich zu sich:

„Das war ein guter Mensch, ein sehr guter Mensch. Er hatte so treue, ehrliche Augen, viel treuer als der Baron, den ich doch so unendlich lieb habe. Er trug ganz einfache Kleider, aber er war doch ein feiner Herr. Er ritt gerade wie ein Offizier. Er hat mir seinen Namen verschwiegen. Ich möchte recht gern wissen, wer er ist. Wenn er um Gottes willen nicht vergißt, das Lied zu pfeifen."

Ganz ähnliche Gedanken hatte auch Königsau.

„Ein schönes und ein braves Mädchen", dachte er. „So gut, rein und kindlich, obgleich sie von Sünde und Verbrechen umgeben ist. Ich wette, daß sich zwischen ihr und dem Baron noch eine Art Roman entspinnt, und wünsche nur, daß er für sie nicht allzu unglücklich enden möge."

Er ritt schnell seines Weges, lockerte seine Pistolen, um schnell zum Schuß bereit zu sein, und als er das Kreuz erblickte, begann er das in ganz Frankreich damals bekannte Liebeslied Ma chérie est la belle Madeleine laut und fröhlich hinauszupfeifen. Dabei suchten seine Augen verstohlen etwas Verdächtiges zu entdecken.

Er war noch nicht ganz an das Kreuz herangekommen, so bemerkte er, daß zwei Köpfe sich vorsichtig über die Zweige des Gebüsches erhoben, aber schnell wieder verschwanden. Er gelangte ohne alle Fährlichkeit vorüber.

Im Weiterreiten kam ihm ein Gedanke.

„Wenn ich diese Kerle belauschen könnte!" dachte er. „Vielleicht würde ich etwas erfahren, was mir Nutzen bringt. Soll ich es wagen? Pah, ich habe vier Doppelpistolen, also acht Schüsse, und stehe außerdem unter dem Schutz dieses Mädchens."

Als er die nächste Krümmung erreichte, konnte er von den Marodeuren, selbst wenn ihn diese hätten beobachten wollen, nicht bemerkt werden. Er sprang ab und zog sein Pferd ein genügendes Stück in den Wald hinein.

Dort band er es an einen Baum und kehrte dann in der Richtung zurück, aus welcher er gekommen war, natürlich aber nicht auf der Straße, sondern unter dem Schutz der Bäume des Forstes. Je mehr er sich dem Kreuz näherte, desto vorsichtiger wurde er. Er schlug sich noch tiefer in den Wald hinein, um von dort aus an das Kreuz zu kommen. Es gelang ihm gut.

Sich leise von Baum zu Baum schleichend, konnte er bereits die Lichtung der Straße vor sich erkennen, als er die Büsche erreichte, welche als Unterholz zwischen den Stämmen standen. Er kroch langsam vorwärts und hörte bald halblaute Stimmen vor sich. Seine Vorsicht verdoppelnd, schob er sich weiter, bis er nur um einen Strauch zu blicken brauchte, um die zu sehen, welche er suchte.

Eng zwischen dem Buschwerk eingeklemmt, saßen acht Männer. Ihre Kleider waren augenscheinlich aus Raubstücken zusammengesetzt, ein buntes Gemisch von Militär und Zivil. Ihre Bewaffnung war ausgezeichnet, und ihr Äußeres zeigte deutlich auf das Gewerbe hin, welchem sie oblagen.

Unweit von ihnen standen, hart am Rand des Gebüsches und fast in der unmittelbaren Nähe des Kreuzes, noch zwei, welche die Wache zu halten hatten. Es waren dies die zwei, welche Königsau vorher gesehen hatte. Sie verhielten sich ruhig, während die anderen so laut sprachen, daß der Lauscher alles hören konnte.

„Du denkst ein Knecht? Nein, das war er nicht", sagte einer.

„Was denn sonst?“ fragte ein anderer.
„Er ritt so militärisch.“
„Und einen reinen Offiziersbart!“ fügte ein dritter hinzu.
„So streitet euch doch nicht!“ warnte ein vierter. „Er ist ja nun vorüber.“
„Er sah nicht nach vielem Geld aus!“ bemerkte der zweite.
„Es wäre ein schlechter Fang gewesen. Übrigens hatte er unser Zeichen.“
„Wer mag es ihm gesagt haben?“
„Vielleicht pfiff er das Lied nur ganz zufällig.“
„Oder ist er bei Bertha Marmont eingekehrt?“
„Sollte er ein Bekannter von ihr sein?“
„Vielleicht ein Geliebter?“
Da schlug der eine mit der Faust auf den Rasen und sagte: „Dann soll ihn der Teufel holen. Die Bertha ist ein zu appetitlicher Bissen, als daß wir sie einem Fremden überlassen sollten.“
„Pah!“ brummte sein Nachbar, der zu alt war, um noch Liebesgedanken hegen zu können. „Streitet euch nicht! Einige von uns haben sich die Finger an ihr verbrannt. Keiner gönnt sie dem andern, und darum haben wir ausgemacht, daß keiner sie bekommen soll. Es würde sonst Mord und Totschlag geben. Warum sollte sie da nicht einen nehmen, den sie lieb hat?“
„Laßt doch das unnütze Reden! Wären wir heute am Vormittag alle beisammen gewesen, so hätten wir einen Fang gemacht. Dreißig Soldaten bei einem Wagen! Was muß das gewesen sein! Gewiß kein übler Fang.“
„Vielleicht gar eine Kriegskasse.“
„Das ist sehr leicht möglich. Nun aber ist sie vorüber.“
„Nur Geduld!“ lachte der Alte. „Der Kerl, welcher hier vorüberpfiff, hatte nicht drei Franken im Sack. Warte bis heute abend.“
„Wird es wahr sein?“
„Ich habe es ganz genau gehört.“
„Ein Marschall?“
„Sogar zwei Marschälle.“
„Donnerwetter. Welche?“
„Frage nicht ewig. Was tut der Name zur Sache?“
„Aber ob sie Geld haben?“
„Meinst du, ein Marschall reise ohne einen vollen Beutel?“
„Und Ringe, Uhren, Dosen, Diamanten und Pretiosen!“ meinte ein anderer.
„Aber auch mit großer Bedeckung.“

„Pah! Die wird niedergeschossen."
„Und wenn sie zahlreich ist?"
„Wenn die anderen kommen, sind wir zwanzig Mann. Das genügt vollständig."
„Ja, vollständig", stimmte einer seiner Kameraden bei. „Wir stellen uns ja nicht eher bloß, als bis sie alle erschossen sind."
Hier handelte es sich also um den Überfall zweier Marschälle. Sollte Königsau weiterlauschen? Sollte er noch mehr zu erfahren suchen, um die Bedrohten aufzusuchen und zu warnen? Was nützte das ihm? Was nützte es seiner Sache? Nichts! Es konnte ihm nur Schaden bringen. Übrigens brachen die Leute das Thema ab und begannen von gleichgültigen Dingen zu sprechen.
Der kleinste Umstand konnte zum Verräter an ihm werden. Darum zog er sich zurück, erst langsam und leise; dann aber nahm er einen raschen Schritt an und eilte zu seinem Pferd. Er fand es noch so, wie er es verlassen hatte, zog es aus dem Wald auf die Straße heraus, stieg auf und setzte seinen Weg fort.
Nach einer halben Stunde erreichte er Le Chesne. Er wäre am liebsten hindurchgeritten, doch hielt er es für besser, einmal einzukehren. Auf diese Weise konnte er vielleicht etwas erfahren. Er führte sein Pferd hinter das Haus, ließ sich ein Glas Wein geben und fragte dann den Wirt, ob er ein wenig Heu bekommen könne.
„Für Ihr Pferd?" fragte dieser.
„Denken Sie etwa, für mich?" lachte er.
Der Wirt machte ein saures Gesicht und antwortete:
„Heu ist nicht da. Aber gehen Sie in den Garten, da schneidet das Mädchen Gras. Das ist auch besser als Heu."
Der gute Mann blieb ruhig auf seinem Stuhl sitzen. Königsau schritt über den Hof hinüber und öffnete die Gartenpforte. Er trat in einen Laubengang, welcher von Pfeifenstrauch und Weinreben gebildet wurde. Dieser Gang war sehr dicht belaubt, und es gab nur hier und da ein hineingeschnittenes Loch, welches als eine Art Fenster diente. Er führte in gerader Richtung in eine Laube, aus welcher man in den eigentlichen Grasgarten gelangte.
Indem Königsau so dahinschritt, vernahm er eine Stimme. Er blieb überrascht stehen, denn es war ihm, als ob er den Namen Fabier gehört hätte.
Er lauschte. Jetzt vernahm er deutlich, daß draußen außerhalb des Ganges zwei Personen miteinander sprachen. Er unterschied

eine männliche und eine weibliche Stimme. Sie ertönten gar nicht weit von ihm. Er brauchte nur noch einige Schritte zu gehen, so stand er innerhalb gerade an der Stelle, an welcher sie außerhalb standen.

Er schlich sich leise vorwärts und lauschte.

„Also du bist ihm nicht gut?“ fragte die männliche Stimme.

„Nein, ganz und gar nicht“, antwortete die weibliche in einem tiefen, rauhen Alt.

„Aber er ist doch dein Liebhaber.“

„Wer sagt das?“

„Ich habe es gesehen.“

„Wann?“

„Vorgestern am Zaun. Da habt ihr euch geküßt.“

„Er mich, aber ich ihn nicht.“

„Aber du hast mit ihm getanzt.“

„Mit anderen auch.“

„Aber mit mir nicht.“

„Dummkopf! Du wirst mein Mann und bist mir also sicher.“

„Ah so! Aber ich will doch mit meiner Geliebten auch einmal tanzen.“

„Warte, bis sie deine Frau ist.“

„Und wenn ich dich nun nicht zur Frau haben mag?“

„So läßt du es bleiben! Aber dann wirst du auch kein reicher Mann, der den Wein aus Krügen trinkt und den Tabak aus Meerschaumpfeifen raucht.“

„Du redest nur stets von Reichtum. Wovon soll ich reich werden?“

„Durch mich!“

„Durch dich?“ ertönte es lachend. „Was besitzest du denn? Einen Rock, zwei Hemden, zwei Strümpfe, eine Schürze, eine Jacke, ein Tuch und ein Paar Holzschuhe. Das ist dein ganzer Reichtum!“

„Dummkopf! Muß man denn seinen Reichtum auf dem Leib tragen?“

„Wo denn?“

„Den versteckt man.“

„Ah! Man gräbt ihn zum Beispiel ein?“

„Ja.“

„Du? Du hättest Geld vergraben?“

„Ja.“

„Wo denn?“

„Das geht dich jetzt noch nichts an. Das erfährst du erst, wenn du mein Mann bist."

„Donnerwetter! Wenn das wahr wäre! Ist's wahr?"

„Dummkopf! Würde ich dir es sagen, wenn es nicht wahr wäre!"

„Ja, das mag richtig sein. Wie viel ist es denn?"

„Rate einmal!"

„Tausend Franken?"

„Noch mehr!"

„Fünftausend Franken?"

„Viel mehr!"

„Zehntausend?"

„Noch lange nicht genug!"

„Aber du machst mich ja ganz stupid! Für zehntausend Franken kann ich mir doch ein schönes Haus oder gar ein Bauerngut kaufen!"

„Dummkopf! Was liegt mir an einem Haus oder an einem Bauerngut! Ein Schloß will ich haben, ein Schloß mit Türmen und großen Fenstern!"

Es entstand eine Pause, dann ertönte die männliche Stimme wieder.

„Aber dazu gehört ja mehr als eine Million!"

„Auch diese habe ich."

„Mädchen, du bist verrückt!"

„Dummkopf! Ist man denn verrückt, wenn man mehr als eine Million hat?"

„O nein! Da ist man im Gegenteil sehr gescheit. Aber von wem hast du das Geld?"

„Von meinem Vater."

„Der ist ganz arm, blutarm!"

„Hat er nicht erst vor zwei Wochen drin in der Gaststube achtzig Franken im Spiel verloren?"

„Ja, das ist wahr. Wo hat er das Geld her?"

„Das kann ich nicht sagen."

„Also, um alles zu erfahren, muß ich erst dein Mann sein?"

„Natürlich!"

„Hahahaha! Dann wäre ich in Wirklichkeit der Dummkopf, wie du mich immer nennst!"

„Ach, du glaubst mir nicht?"

„Nein. Ich lasse mich nicht fangen. Jetzt lockst du mich zum Heiraten; aber nach der Hochzeit hast du keinen Franken, viel weniger eine Million."

Wieder entstand eine Pause, nach welcher die weibliche Stimme fragte:

„Also du magst mich nicht?"

„Mit leeren Versprechungen nicht."

„Aber ich sage ja die Wahrheit!"

„Beweise es!"

„Wenn ich dir jetzt alles sage, so verrätst du es und heiratest mich nicht!"

„Unsinn! Ich möchte gar so gern reich sein, und wenn ich es durch dich werden kann, so werde ich es doch nicht verraten!"

„Aber wenn nun ein bißchen Unrecht dabei wäre?"

„Das ist mir egal!"

„Wenn der Schatz einem anderen gehörte?"

„Das wäre ihm recht! Mag er nicht so dumm sein und sein Geld vergraben!"

„Er ist ja gar nicht so dumm gewesen. Es ist ihm genommen und dann vergraben worden."

„Mag er es sich nicht nehmen lassen. Wer war es denn?"

„Kein Mann und keine Person, sondern der Staat."

„Der Staat? Ach, dem können wir das Geld nehmen, er hat es ja erst von uns! Es ist also wohl gar eine Kasse?"

„Ja."

„Donnerwetter, eine Kriegskasse also? Wohl gar dieselbe, welche damals so gesucht wurde? Wo steckt sie?"

„Das erfährst du jetzt noch nicht. Du weißt einstweilen genug."

„Nein, ich weiß nicht genug. Das von der Kriegskasse kannst du dir erst ausgesonnen haben, um mich zu fangen; ich beiße aber an diese Angel nicht an."

„Ja, was willst du denn noch wissen?"

„Wo sie liegt."

„Droben in den Bergen. Nicht weit von Bouillon."

„Ah! Kennst du den Ort?"

„Nein; aber mein Vater weiß ihn."

„Woher weiß er ihn denn?"

„Dummkopf; weil er selbst die Kriegskasse dort vergraben hat!"

„Er selbst? Ach, so ist er es gewesen, der sie damals gestohlen hat?"

„Ja. Aber du wirst ihn doch nicht verraten?"

„Fällt mir gar nicht ein! Aber teilen muß er mit mir! Verstanden?"

„Das tut er auch, wenn du mich zur Frau nimmst."
„Aber ich setze den Fall, er tut es nicht, wenn ich dann dein Mann bin?"
„So schlage ich ihn tot und nehme ihm das Geld ab. Ja, gewiß, das tue ich."
„Donnerwetter! So hast du mich also sehr lieb?"
„Würde ich dich sonst zum Mann haben wollen und dir so viel Geld geben?"
„Ja, du hast recht. Aber woher weißt du, daß sie bei Bouillon vergraben liegt?"
„Der Vater sagte es mir."
„Aber wenn er dich belogen hat?"
„Ich bin ihm nachgegangen, als er Geld holte; ich habe mich überzeugt."
„So mußt du doch den Ort gesehen haben!"
„Nein. Er lief mir zu schnell; ich verlor ihn aus den Augen. Ich mußte also umkehren. Aber als er dann nach Hause kam, hatte er alle Taschen voller Goldstücke."
„Ah, ich danke dir! Weißt du, daß Fabier dich betrügt?"
„Inwiefern?"
„Er läuft der Tochter in der Waldschänke nach."
„Ah, das hast du also auch gewußt? Ja, er hätte mir mein Geld abgenommen und es zu ihr hingetragen. Aber ich bin pfiffiger als er. Ich nehmen einen Mann, den ich eher betrügen kann, als er mich. So muß man es machen."
Fast hätte Königsau laut aufgelacht und sich dadurch kläglich verraten.
„Du meinst also, mich betrügen zu können? Da muß ich außerordentlich vorsichtig zu Werke gehen, um nicht zu sehr über das Ohr gehauen zu werden!"
„Tue das immerhin! Deine Klugheit habe ich nicht zu fürchten. Aber jetzt habe ich nicht länger Zeit zu unnützen Gesprächen. Gehe fort und komme lieber heute abend wieder, wenn meine Arbeit beendet ist. Adieu."
Königsau hörte das laute, klatschende Geräusch eines schallenden Schmatzes und dann eilig sich entfernende Schritte. Er trat an eins der Laubengangfenster und blickte hindurch. Er sah ein sehr untersetzt gebautes Mädchen, schmutzig gekleidet und mit wirr um den Kopf hängenden Haaren, das Gesicht voller Blatternarben und Sommersprossen. Das Wesen sah eher einer Stumpfsinnigen, als einem normalen Menschen ähnlich, und der boshafte Blick des kleinen Auges machte es noch ab-

stoßender. Das also war Barchands Tochter, die Nebenbuhlerin der schönen Bertha Marmont! Welch ein Unterschied zwischen beiden!

Der sich Entfernende war ein Mensch mit Säbelbeinen und einem ungeheuren Kopf. Als er sich noch einmal umdrehte, um seiner Geliebten zuzulächeln, bildete dieses beabsichtigte Lächeln eine höchst verunglückte Fratze, welche sich wie eine tragische Larve um sein Gesicht legte.

Diese beiden paßten allerdings zusammen wie selten zwei andere.

Königsau zog es vor, dem Pferd Brot geben zu lassen. Er wollte lieber von dem Mädchen gar nicht bemerkt sein. Im Laufe der belauschten Unterhaltung war es ihm fast bange um seine Kriegskasse geworden. Es hatte allen Anschein gehabt, als ob das Mädchen den Ort kenne, an welchem dieselbe versteckt lag. Als sich dann jedoch herausstellte, daß dies nicht der Fall sei, fühlte er sich so erleichtert, daß er tief Atem holte.

Aber während er nach dem Gastzimmer zurückkehrte, kam ihm doch wieder ein beunruhigender Gedanke.

„Sollte sie den Ort dennoch wissen und sich gegen diesen Menschen nur verstellt haben?“ fragte er sich. „Das wäre möglich, aber nicht wahrscheinlich. Sie hätte dann sicher nicht erzählt, das sie ihrem Vater fruchtlos nachgelaufen sei.“

Damit beruhigte er sich. Er versorgte sein Pferd, bezahlte seine geringe Zeche und ritt weiter.

Sein Aufenthalt in den beiden Schänken und die Belauschung der Marodeure hatten doch mehr Zeit in Anspruch genommen, als von ihm beabsichtigt worden war. Der Tag neigte sich bereits seinem Ende zu, und als er wieder in die schmale, von hohen Bäumen eingefaßte Waldstraße einritt, dämmerte es bereits in derselben.

Er gab seinem Pferd die Sporen, um rascher vorwärts zu kommen.

Es war so unheimlich still im Wald, eine Stille, ganz geeignet, den Gedanken und Befürchtungen eines besorgten Gemütes Audienz zu geben.

Er malte sich die Szene aus, wenn die von Vouziers zurückkehrende Geliebte von Vagabunden überfallen würde. Seine Einbildungskraft war dabei so lebhaft beschäftigt, daß er seine Pistole zog und das Pferd zu größerer Eile trieb.

Die Schatten der Nacht neigten sich tiefer und tiefer herab. Es war nun vollständig dunkel geworden, so daß er den Weg nicht mehr zu erkennen vermochte. Er verließ sich ganz auf das Pferd, dessen Huftritte auf dem weichen Boden des Waldwegs fast gar kein Geräusch hervorbrachten.

Da war es ihm, als ob sein immer vorauslauschendes Ohr ein dumpfes Rollen vernommen hatte. Da vorn blitzte zu gleicher Zeit ein Schuß auf, dem mehrere andere folgten, so daß die Echos derselben vervielfältigt durch den Wald erdröhnten. Weibliche Stimmen riefen um Hilfe.

Da spornte er sein Pferd zu größter Eile.

Jetzt tauchten vor ihm zwei dünne, schwache Lichter auf, sie kamen aus den beiden Laternen des überfallenen Wagens. Ein Gedanke kam ihm. Der Galopp seines Pferdes mußte ihn den Vagabunden verraten. Er erhielt dann jedenfalls ihre Schüsse, ehe er in der Dunkelheit imstande war, einen von ihnen zu erkennen und auf ihn zu schießen. Jetzt aber hatten sie sein Nahen jedenfalls noch nicht bemerkt.

Er hielt sein Pferd an, band es an den nächsten Baum und nahm die Pistolen des Barons aus den Satteltaschen. Er steckte sie in die Außentaschen seines Rockes und nahm seine eigenen in die Hände. Dann eilte er vorwärts, indem er während des Laufens die Hähne aufzog.

Als er abstieg, war er vielleicht zweihundert Schritt von dem Wagen entfernt. Er brauchte keine Minute, um diese Strecke zurückzulegen. Der weiche Boden dämpfte den Schall seiner Schritte. Als er nahe genug war, um die Szene zu erkennen, hielt er an und schlich sich im Dunkeln nun langsamer näher.

Er hörte die Stimme von Frau Richemonte, welche soeben versicherte:

„Aber wir haben in Wahrheit kein Geld bei uns!“

„Vornehme Damen und kein Geld? Hahaha!“ rief eine rauhe Stimme. „Steigt aus! Wir werden alles durchsuchen, euch auch und eure Kleider. Ist eine halbwegs hübsche unter euch, so wird sie für euch alle bezahlen, wenn ihr kein Geld habt.“

Frau Richemonte wurde herausgezogen. Dann leuchtete der Kerl mit der einen Wagenlaterne abermals in das Innere des Wagens hinein.

„Alle Wetter!“ rief er. „Die ist hübsch, die ist reizend! Ein solches Püppchen haben wir noch nicht gefunden. Heraus, mein Schatz! Heraus!“

Das eine Pferd lag erschossen am Boden; das andere stand schnaubend und zitternd daneben. Der Kutscher saß auf seinem Bock und rührte sich nicht, und um den Wagen herum standen neun dunkle, martialische Gestalten, welche neugierig versuchten, in den Wagen zu blicken.

„Ja, heraus mit ihr, wenn sie hübsch ist!" rief einer, sich näher drängend. „Das gibt endlich einmal ein Vergnügen, wie es unsereiner willkommen ist."

Er langte in den Wagen hinein, um Margot mit herauszuziehen. Sie stieß einen Ruf des Entsetzens aus und versuchte sich zu wehren.

„Das nützt dir nichts, feines Liebchen!" lachte der eine. „Heraus mußt du, dann halten wir Hochzeit zwischen neun Bräutigams und einer Braut."

„Und ich gebe meinen Segen dazu, ihr Halunken!"

Königsaus erster Schuß krachte; der zweite folgte augenblicklich. Die beiden Kerle, welche dem Wagenschlag am nächsten standen, stürzten, zu Tode getroffen, zur Erde nieder.

„Hugo, mein Hugo! Ist es möglich?" jubelte Margot auf. Sie hatte die Stimme des Geliebten erkannt, obgleich es ihr unerklärlich sein mußte, ihn gerade hier gegenwärtig zu sehen.

„Ja, ich bin es, Margot. Keine Angst weiter!" antwortete er. Während dieser Worte schoß er zwei andere nieder, ließ die abgeschossenen Pistolen fallen und zog die geladenen hervor. Die Vagabunden waren von seinem Erscheinen so sehr überrascht, daß sie im ersten Augenblick ganz vergaßen, sich zur Wehr zu setzen. Jetzt aber bemerkten sie, daß sie nur einen einzelnen Gegner vor sich hatten. Da erhob einer sein Gewehr zum Kolbenschlag und rief:

„Hund, das sollst du büßen. Deine Pistolen sind nun abgeschossen. Fahr zur Hölle!"

„Fühle, ob sie abgeschossen sind!" antwortete Königsau.

Er hielt ihm, ehe der beabsichtigte Hieb herniedersausen konnte, den Lauf vor die Stirn und jagte ihm eine Kugel durch den Kopf.

Da erscholl aus dem Wagen ein schriller Aufschrei:

„Gott! Hugo, hinter dir!"

Er drehte sich auf diesen Zuruf Margots blitzschnell um und hatte gerade noch Zeit, sich auf die Seite zu werfen. Einer der Kerle hatte von hinten auf ihn angelegt, um ihn zu erschießen. Der Schuß krachte, aber die Kugel verfehlte ihr eigentliches Ziel und fuhr einem seiner Kameraden in die Brust, welcher sich soeben auf den Leutnant hatte werfen wollen.

„Esel!" röchelte er zornig, indem er zu Boden sank.

Zu gleicher Zeit aber schoß Königsau auch den ungeschickten Schützen nieder.

Jetzt bekam auch der Kutscher Mut. Er sprang vom Bock und faßte den einen der beiden noch übrigen Marodeure. Dieser wehrte sich verzweifelt, konnte sich aber von dem stämmigen Knecht nicht losringen.

„Ich werde dich lehren, mir die Pferde zu erschießen!" zürnte dieser. „Jetzt bist du daran, Hundsfott."

Er riß ihn zur Erde nieder und kniete auf ihn.

Der letzte suchte durch die Flucht zu entkommen, wurde aber noch zur rechten Zeit von der Kugel des Deutschen erreicht. Dieser trat nun rasch zum Kutscher, um diesem Beistand zu leisten.

„Ist nicht nötig!" meinte dieser jedoch. „Der Kerl ist tot. Ich habe ihm die Seele aus dem Leib gequetscht."

Königsau untersuchte den am Boden Liegenden und fand allerdings, daß er von dem Kutscher erwürgt worden war.

„Ja, er ist tot. Er war der letzte von den neun. Wir sind fertig!" sagte er.

„Ist es wahr, Hugo? Ist der Sieg vollständig?" klang es aus dem Wagen heraus.

„Ja", antwortete er, zum Schlag tretend.

„Oh, wie danke ich, wie danken wir dir."

Sie stieg, nein, sie flog heraus und in seine Arme. Ihre Lippen legten sich wieder und immer wieder auf seinen Mund, bis sie, sich besinnend, plötzlich frug:

„Aber Mama? Wo ist Mama? Sie mußte aussteigen!"

Es war alles so schnell gegangen, und Königsau hatte seine Aufmerksamkeit so sehr auf die Feinde zu richten gehabt, daß er gar keine Zeit gefunden hatten, des weiteren auf die Mutter der Geliebten zu achten.

„Hier liegt sie!" antwortete der Kutscher, mit der noch brennenden Wagenlaterne zu Boden leuchtend.

Die andere war dem Räuber entfallen, als ihn Königsaus Kugel traf.

„Mein Gott, hier am Boden!" rief Margot. „Sie ist doch nicht etwa von einer Kugel getroffen worden?"

Der Deutsche kniete nieder und untersuchte Madame Richemonte.

„Sie ist nur ohnmächtig, meine Margot", sagte er. „Es hat nichts zu bedeuten. Aber war nicht die Frau Baronin bei Euch?"

„Ja. Dort im Wagen ist sie noch."

Der Kutscher leuchtete hin, und so sah Königsau die Dame gerade im Begriff auszusteigen.

„Monsieur, wir haben Ihnen vieles, vielleicht das Leben zu verdanken", sagte sie. „Nehmen Sie einstweilen meine Hand, und sorgen sie dann, daß wir diese Stelle verlassen können. Mir graut vor diesen Toten."

Erst jetzt beachtete Margot, welche bei ihrer Mutter kniete, die umherliegenden Leichen.

„Gott, wie entsetzlich!" rief sie schaudernd. „So viele waren gegen uns?"

„Neun Mann", antwortete Königsau.

„Und die alle hast du besiegen müssen, du einziger?"

„Nicht alle", lächelte er. „Einen hat der Kutscher überwunden. Aber siehe, da erwacht Mama."

Wirklich gab Frau Richemonte jetzt Lebenszeichen von sich. Nur die Angst um die Tochter, welche sie durch die bestialischen Menschen bedroht sah, hatte ihr das Bewußtsein geraubt. Jetzt erhob sie sich langsam in Margots Armen.

„Sind sie fort? Sind sie fort, diese Menschen?" fragte sie ängstlich.

„Sie sind nicht mehr zu fürchten", antwortete Margot. „Hugo hat sie besiegt."

„Hugo? Ah, ja, ich besinne mich; er war da. Wo ist er?"

„Hier bin ich, Mama", antwortete er. „Wollen Sie nicht wieder in den Wagen steigen?"

„Ja, das will ich", antwortete sie. „Oh, wie viel haben wir Ihnen zu danken, mein lieber Sohn. Aber wie sind Sie an diesen Ort gekommen? Und gerade im Augenblick der größten Gefahr?"

„Ich kam über Sedan nach Raucourt, um Sie zu besuchen. Dort hörte ich von dem Herrn Baron, daß sie nach Vouziers gefahren seien und des Nachts zurückkehren würden, ohne eine schützende Bedeckung bei sich zu haben. Ich hatte von der Unsicherheit dieser Gegend gehört und ließ mir darum sogleich ein Pferd geben, um Ihnen entgegenzureiten."

„Welche Aufmerksamkeit, welche Courtoisie! Und welche Tapferkeit haben Sie hier bewiesen!" sagte die Baronin. „Aber, meine liebe Margot, ich werde mich ganz gehörig mit Ihnen zanken müssen."

„Warum?" fragte das schöne Mädchen.

„Ich bemerke jetzt, daß Herr von Königsau Ihnen nähersteht, als Sie mich ahnen ließen. Sie hatten kein Vertrauen zu mir."

„Verzeihung, meine Liebe!" sagte da an Margots Stelle ihre

Mutter. „Ich allein trage die Schuld, daß dir verschwiegen blieb, daß Margot die Verlobte des Herrn von Königsau ist. Ich bin überzeugt, daß du meine Gründe billigen wirst, sobald ich sie dir mitgeteilt habe."

„Ich zürne dir nicht, denn ich werde deine Gründe anerkennen müssen. Aber, Monsieur, wie werde ich Sie jetzt in Raucourt zu nennen haben? Sie sind natürlich zu mir eingeladen."

„Ich werde Sie bis nach Hause begleiten, Madame", antwortete Königsau. „Wenn jemand nach mir fragt, so nennen Sie mich einfach – hm."

„Ah, ich habe einen Verwandten meines Namens in Marseille. Der sollen Sie sein."

„Was ist er?"

„Seekapitän."

„Der Marine?"

„Nein, des Handels."

„Gut, ich akzeptiere. Aber, was ist das? Das Sattelpferd stürzt auch."

„Es muß auch eine Kugel erhalten haben", meinte der Kutscher.

„So wollen wir nachsehen."

Als er nach dem Tier leuchtete, fand er es am Verenden. Es hatte eine Wunde in der Brust. Das andere war längst tot.

„Was ist da zu tun?" fragte die Baronin ratlos. „Wir müssen ja fort!"

„Mein Pferd befindet sich in der Nähe", meinte Königsau „Wir schirren es ein, nachdem wir die beiden toten Tiere entfernt haben. Es wird uns nach Hause bringen, wenn auch langsam. Im Notfall leihen wir uns in Le Chesne ein zweites. Wir sind ja gezwungen, dort einzukehren, um Anzeige zu machen."

Er ging und brachte bald den Braunen herbei. Es machte sich bei der mangelhaften Beleuchtung schwer, die beiden getöteten Pferde aus dem Riemenzeug zu bringen. Noch waren Königsau und der Kutscher damit beschäftigt, als sich das Rollen einiger herankommenden Wagen vernehmen ließ.

„Man kommt", sagte der Kutscher. „Es kann hier niemand vorüber; die Straße ist zu schmal. Diese Leute werden einige Minuten halten müssen."

Königsau ging den Wagen entgegen und rief dem vordersten derselben ein lautes Halt zu. Er sah, daß es drei waren, und so weit die Dunkelheit es zuließ, bemerkte er, daß sie von Reitern eskortiert wurden.

„Warum?“ fragte der vorderste Kutscher.

„Man ist hier überfallen worden. Es liegen Leichen und erschossene Pferde im Wege, welcher erst freigemacht werden muß.“

Da öffnete sich der Schlag des vordersten Wagens, und eine befehlende Stimme sagte:

„Überfall? Hinfahren, Jan Hoorn! Die Sache ansehen!“

Margot hörte diese Worte.

„Mein Gott“, sagte sie zu den beiden anderen Damen. „Jan Hoorn ist der berühmte Kutscher des Kaisers, und das war auch die Stimme Napoleons!“

Eine hohe Gestalt trat zu Königsau heran und sagte:

„Monsieur, ich hoffe, daß wir nicht lange Zeit hier aufgehalten werden. Ich bin Marschall Ney, und da kommt Marschall Grouchy. Wer sind Sie?“

„Diese Damen sind Baronin de Sainte-Marie, deren Verwandter ich bin, und Madame und Mademoiselle Richemonte aus Paris. Die drei Damen wurden von neun Marodeuren überfallen, welche hier tot am Boden liegen. Die Pferde sind erschossen. Geben Sie uns bitte nur eine Minute Zeit, so sollen Sie gleich eine freie Bahn haben.“

„Die Kerle haben sich wohl gar nicht gewehrt?“

„O doch, sie schossen nach mir.“

„Und alle sind tot?“

„Ja.“

„Wer hat sie getötet?“

„Einen der Kutscher, die anderen ich.“

Da ergriff Ney die Wagenlaterne, welche der Kutscher in der Hand hielt, und leuchtete Königsau in das Gesicht. Dabei war auch er selbst deutlich zu erkennen. Der Marschall war ein wohlgebauter, kräftiger Mann von schwarzbrauner, lebhafter Gesichtsfarbe, mit blitzenden Augen und einem befehlenden Äußeren. Er sah den jungen Mann scharf an und fragte:

„So waren diese Leute bewaffnet?“

„Ja. Sogar sehr gut.“

„Sie waren auf diesen Überfall vorbereitet?“

„Ich ritt den Damen entgegen, weil ich gehört hatte, daß diese Gegend sehr unsicher sei.“

Da öffnete sich der Schlag des ersten Wagens, und der Insasse sprang heraus. Es war ein kleiner, nicht allzu schmächtiger Mann, trug ein kleines Hütchen auf dem Kopf und einen grauen Überrock. Die Beine staken in hohen Schaftstiefeln.

„Der Kaiser!" sagte Marschall Ney.

Napoleon trat mit einigen raschen Schritten näher.

„Umherleuchten!" befahl er in seiner eigentümlichen scharfen, kurzen Weise.

Der Marschall gab sich selbst die Mühe, den Platz zu beleuchten. Der Kaiser betrachtete jeden einzelnen der Toten sehr genau. Es war Tatsache, daß er trotz der vielen Hunderttausende, welche er befehligt hatte, einen jeden kannte, den er einmal gesehen hatte.

„Marodeure", sagte er dann. „Kenne einige; haben gedient, aber schlecht."

Dann trat er auf Königsau zu, welcher sich unwillkürlich eine stramme, militärische Stellung gab, so, wie man vor einem Vorgesetzten zu stehen pflegt.

„Wie heißen Sie?" fragte er ihn.

„Sainte-Marie."

„Offizier?"

„Nein."

„Bloß Soldat?"

„Auch nicht. Seekapitän von der Handelsmarine."

„Ach, schade! Sind ein Tapferer, ein Braver! Acht Mann getötet! In welcher Zeit?"

„In ungefähr einer Minute."

„Fast unglaublich. Keine Lust zu dienen?"

„Ich glaube, Frankreich auch in meiner gegenwärtigen Stellung nützlich zu sein."

„Richtig, wahr! Aber hätte Ihnen ein Schiff anvertraut. Brauche solche Leute. Marine Frankreichs befindet sich noch in Entwicklung. Die Damen!"

Königsau stellte die Damen vor, erst die Baronin, dann Frau Richemonte und zuletzt seine Geliebte, welche alle drei sich tief vor Napoleon verneigten.

Er nickte ihnen in seiner kurzen Manier, aber freundlich zu; als sein Blick jedoch auf die schönen Züge des Mädchens fiel, griff er unwillkürlich an den Hut. Die seltene Zeichnung dieses reizenden Gesichtes fiel ihm auf.

„Mademoiselle Richemonte?" sagte er. „Welcher Name?"

„Margot, Majestät", antwortete sie.

„Margot?" sagte er. „Wo wohnen Sie, Mademoiselle?"

„Ich bin mit Mama Gast bei der Frau Baronin auf dem Meierhof Jeannette bei Raucourt, Sire", antwortete Margot.

Ney bemerkte, welches sichtliches Wohlgefallen der Kaiser an dem Mädchen fand. Er ließ daher das Licht der Laterne, welche er noch immer in der Hand hielt, voll auf Margot fallen. Napoleons Auge ruhte mit Bewunderung auf ihrer herrlichen Gestalt; sein Auge leuchtete erregt. Er fragte:

„Ah, Raucourt! Liegt der Meierhof nahe dem Ort?"

„Nicht sehr fern."

Er wandte sich rasch an Ney, um sich zu erkundigen:

„Marschall, sagten Sie nicht, daß Drouet sein Hauptquartier nach Raucourt gelegt habe?

„Ja, Sire",antwortete der Gefragte. „Sein Hauptquartier ist in Raucourt; sein Stab liegt dort; er selbst aber wohnt auf dem Meierhof Jeannette."

„Also bei Ihnen, Baronin?" fragte Napoleon rasch.

„Ja, Majestät. Ich habe die Ehre, die Wirtin des Herrn Generals zu sein."

Da sah Napoleon zu Boden, warf dann einen raschen Blick auf Margot und fragte:

„Ist der Meierhof ein bedeutendes Gebäude?"

„Man könnte ihn ein Schloß nennen, Sire."

„Es sind zahlreiche Wohnungen da?"

„Gewiß. Der frühere Besitzer liebte gesellschaftliche Vergnügen; er sah sehr oft viele Gäste bei sich, und sein Haus reichte zu, sie alle aufzunehmen."

„So kommt es Ihnen auf einen Gast mehr oder weniger nicht an?"

„Gewiß nicht."

„Selbst, wenn ich es bin, der Sie um Gastfreundschaft ersucht?"

Die Baronin erschrak. Sollte sie dies als Scherz oder Ernst nehmen? Zu scherzen beliebte der Kaiser jedenfalls nicht; die Situation war ja auch gar nicht darnach angetan. Den berühmten Herrscher als Gast bei sich zu sehen, war zwar eine der größten Auszeichnungen, welche es geben konnte – aber doch auch mit so sehr vielen Opfern und Umständlichkeiten verknüpft. Zudem bemerkte sie gar wohl, daß der eigentliche Grund von Napoleons Frage in Margots Schönheit zu suchen sei. Aber was sollte, was konnte sie antworten? Sie war gezwungen, ja zu sagen. Dennoch aber gab sie zunächst eine ausweichende Antwort.

„Majestät", sagte sie, „mein Haus ist zu einfach und gering, um den Herrscher Frankreichs und Eroberer der halben Welt in seinen Räumen aufnehmen zu können."

Da zog ein schneller, tiefer Schatten über Bonapartes Gesicht. Er antwortete:

„Madame, man hat mich in letzter Zeit so wenig als Herrscher behandelt, daß ich nicht geneigt bin, große Ansprüche zu erheben. Ich bin Soldat und liebe die Einfachheit. Ich wollte heute nach Sedan, aber es ist bereits dunkel geworden. Sie selbst haben die Unsicherheit der Straßen erfahren; der Kaiser der Franzosen darf sich nicht der Gefahr aussetzen, von Wegelagerern getötet zu werden. Ich bitte also um ein Nachtlager auf dem Meierhof Jeanette!"

Die Baronin verbeugte sich tief und antwortete zustimmend:

„Alles, was ich besitze, steht zu Ihrer Verfügung, Sire!"

„Gut!" sagte er. „So haben wir jetzt zu fragen, wie die Damen diesen Ort verlassen können?"

„Wir haben ein Pferd, welches sogleich eingespannt wird, Sire", meinte die Baronin.

„Das ist ungenügend Madame", antwortete der Kaiser. „Sie sind, den Kutscher gar nicht mitgerechnet, vier Personen, drei Damen und ein Herr. Mit nur einem Pferd würden Sie sich weiteren Gefahren aussetzen. Kapitän Sainte-Marie kann die Direktion Ihres Wagens übernehmen; zwei Personen sind genug für das eine Pferd; die drei Damen aber werden bei uns Platz finden. In Le Chesne halten wir einen Augenblick an. Wie meinen Sie, Marschall?"

Es war klar, daß er Margot in seinem Wagen zu haben wünschte, und doch war es Pflicht der Höflichkeit für ihn, die Baronin, welche doch seine Wirtin sein sollte, bei sich einsteigen zu lassen. Darum richtete er die letztere Frage an den Marschall. Dieser verstand ihn sofort und antwortete:

„Sire, ich stimme Ihnen vollständig bei. Man muß den Damen jede weitere Unannehmlichkeit ersparen. Ich ersuche die Frau Baronin de Sainte-Marie, bei mir gütigst Platz zu nehmen."

Er sagte dies, indem er sich mit ausgezeichneter Höflichkeit vor der Baronin verbeugte. Marschall Grouchy war natürlich scharfsinnig genug, um zu bemerken, daß die Reihe jetzt an ihm sei. Er verneigte sich vor Frau Richemonte und bat:

„Madame, darf ich Ihnen meinen Wagen zur Verfügung stellen? Geben Sie mir die Auszeichnung, Ihr Begleiter sein zu dürfen."

Sie antwortete gewährend. Da sagte Napoleon lachend:

„Da sehen die Damen, daß der Feldherr wohl da ist, zu dirigieren; in der Eroberung aber kommen ihm seine Marschälle stets zuvor. Mademoiselle, für Sie hat man leider nur mich übrig gelassen. Wollen Sie sich mir anvertrauen?"

„Ich respektiere den Befehl meines Kaisers", antwortete sie leise.

Ihre Augen ruhten bei diesen Worten auf Königsau. Sie hatte das Wohlgefallen bemerkt, mit welchem Napoleon sie betrachtete; sie wußte, daß sie aus diesem Grund für ihn aufgehoben worden war. Am liebsten wäre sie mit dem Geliebten in der alten Karosse der Baronin gefahren, aber das war jetzt unmöglich. Darum sprach sie ihre letzten Worte als Zustimmung für den Kaiser und zugleich als Entschuldigung für sich, Königsau gegenüber.

„Nun, so steigen wir ein, um sofort aufzubrechen", gebot der Kaiser.

Die beiden Marschälle reichten ihren Damen den Arm, um sie zu geleiten, und der Kaiser tat dasselbe. Er hatte nicht allein in seinem Coupé gesessen. Nach ihm war ein zweiter ausgestiegen, welcher am Wagen stehengeblieben war und jetzt mit einem tiefen Honneur den Schlag öffnete.

„General Gourgaud, der uns Gesellschaft leisten wird, Mademoiselle", sagte Napoleon.

Gourgaud war Generaladjutant des Kaisers, derselbe berühmte Offizier, welcher ihm später drei lange, einsame Jahre auf St. Helena Gesellschaft leistete und noch später mit Walter Scott den literarischen Zweikampf wegen der Geschichte des großen Kaisers hatte. Er war gegenwärtig zweiunddreißig Jahre alt.

Erst jetzt war zu bemerken, daß die drei Wagen von zwölf Mann Eskorte begleitet wurden, welche aus Unteroffizieren eines Lancierregiments der alten Garde bestanden. Die Damen stiegen ein, nachdem die Leichen und die alte Karosse zur Seite gebracht worden waren, und dann setzten sich die Wagen in Bewegung.

Da sie im raschen Trab dahinfuhren, so erreichten sie Le Chesne sehr bald.

Margot saß zur Linken des Kaisers, ihnen gegenüber der Generaladjutant. Da es dunkel war, so konnte von einer Gesichtsbeobachtung keine Rede sein; dennoch sorgte Napoleon, daß die Unterhaltung nicht stockte.

Es war eine jener Unterhaltungen, wie sie zwischen Herren und Damen, welche sich noch nicht kennen, eingeleitet zu werden pflegen, vorsichtig, sondierend, höflich, möglich geistreich und amüsant. Bei Napoleon hatte jedes Wort, selbst das einfachste und scheinbar unbefangenste, eine erhöhte Bedeutung. Margot bemerkte, daß er die Absicht hatte, sie zu examinieren. Sie antwortete offen und bescheiden, und seine Lebhaftigkeit schien anzudeuten, daß er eine immer höhere Teilnahme für sie empfand.

So wurde Le Chesne erreicht, und man stieg aus. Der Wirt schien ganz verwandelt zu sein, als er die Offiziere erblickte. Als er aber gar den Kaiser eintreten sah, knickte er vor Ehrerbietung fast zusammen. Er sah die goldstrotzenden Uniformen der Offiziere gar nicht mehr, sondern nur noch den einfachen Überrock Napoleons.

Dieser gab den Arm Margots frei und wendete sich an ihn:

„Der Wirt?"

„Der bin ich, mein Kaiser!"

„Den Maire sofort!"

Während der Wirt hinaussprang, um diesen Befehl zu vollziehen, wendete Napoleon sich wieder zu Margot zurück, um ihr den seidenen Überwurf abzunehmen. Auch die Marschälle nötigten ihre Damen, für kurze Zeit Platz zu nehmen.

Man muß wissen, in welcher Weise sich damals die Damen trugen. Ein faltenreiches Kleid bedeckte den Unterkörper, aber kurz genug, um die Füße sehen zu lassen. Die Taille war hoch gehalten, so daß sie den Busen hervortreten ließ, tief ausgeschnitten und mit nur ganz kurzen Ärmeln.

Als der Kaiser den Überwurf in der Hand hielt, sah er das unvergleichliche Mädchen in aller ihrer entzückenden Schönheit vor sich stehen.

Er fand im ersten Augenblick kein Wort, um die während des Aussteigens unterbrochene Unterhaltung wieder zu beginnen. Seine Augen ruhten auf ihrem Gesicht, als wolle er jeden einzelnen ihrer Züge genau studieren; sie irrten herab auf ihre wundervolle Büste, auf ihre vollen, herrlich gerundeten Arme, auf das kleine Füßchen, welches sich unter dem Saum des Kleides hervorstahl. Er mußte fühlen, daß sein Blick für das junge Mädchen peinlich sei; aber er war nicht der Mann, eine gewöhnliche Redensart, ein triviales Kompliment hervorzubringen. Er bog sich nieder, nahm ihre Hand in die seinige und drückte sie an seine Lippen

„Majestät!" sagte sie ganz erschrocken, indem sie ihre Hände zurückzog.

„Verzeihung, Mademoiselle", sagte er leise. „Es war dies die Huldigung, welche der Untertan seiner Königin zu bringen hat."

Sie erglühte vor Verlegenheit; glücklicherweise erlöste sie der eintretende Wirt von der Notwendigkeit, eine Antwort geben zu müssen.

Der Kaiser gab Befehl, den Damen eine kleine Erfrischung zu reichen. Sie erhielten ein Gläschen Wein und einige Scheiben Honig, das einzige, was hier anständigerweise genossen werden konnte.

Die beiden Marschälle unterhielten sich lebhaft mit ihren Damen, um dem Kaiser Muße zu geben, sich ganz dem schönen Mädchen zu widmen. Das tat er denn auch, bis ein Mann erschien, im Tressenrock und mit einer gewaltigen Perücke auf seinem Haupt. Er verbeugte sich so tief vor dem Kaiser, daß ihm diese beinahe vom Kopf herabgefallen wäre.

„Wer?“ fragte Napoleon kurz.

„Sire, ich habe die Ehre, der Maire dieses Ortes zu sein“, antwortete der Mann und blickte ganz erschrocken unter seiner Perücke hervor.

„Schlechter Beamter!“ fuhr der Kaiser fort.

Die zornigen Augen Napoleons bohrten sich in das Gesicht des Maire ein, so daß dieser alle Fassung verlor.

„Ich weiß nicht, Sire“, stotterte er, „womit ich mir das Mißfallen . . .“

„Zorn, nicht Mißfallen!“ rief der Kaiser. „Kennen Sie den Weg nach Vouziers?“

„Ja.“

„Gehen Sie ihn selbst?“

„Sehr oft.“

„Auch bei Nacht?“

„Nein.“

„Wann sonst?“

„Nur bei Tage.“

„Warum?“

„Weil man des Nachts nicht sicher ist.“

„Weshalb nicht sicher?“

„Es gibt viele Marodeure und ähnliche Subjekte im Wald.“

„Ah, gibt es die? Wirklich?“

„Ja, Sire.“

„Daher vermeiden Sie, des Abends durch den Wald zu gehen? Das ist alles was sie tun?“

Erst jetzt kam dem Beamten die Ahnung, weshalb er zu dem Kaiser beschieden sei.

„Ich konnte nichts anderes tun, Sire; ich war machtlos“, antwortete er.
„Pah! Sie mußten Truppen requirieren!“
„Ich habe es getan.“
„Nun?“
„Ich bekam keinen einzigen Soldaten.“
„Ah! Warum?“
„Der Kaiser war abwesend, und dieser König, welcher vorgab, Regent zu sein . . .“
Der Mann zuckte bei diesen Worten die Achseln. Dies war die beste Entschuldigung, welche er vorbringen konnte. Sie tat auch sofort ihre Wirkung. Das Gesicht Napoleons klärte sich auf. Er machte eine abwehrende, verächtliche Handbewegung und sagte:
„Ah, dieser König? Er gab Ihnen kein Militär?“
„Nein.“
„Warum nicht?“
„Er habe keins, sagte man mir.“
Da wendete sich Napoleon lächelnd zu Ney und sagte:
„Was meinen Sie dazu, Marschall?“
Ney zuckte die Achseln und antwortete:
„Um Militär zu haben, muß man selbst Soldat sein!“
„Richtig! Dieser König ist ein guter Privatmann; ein Herrscher, ein Soldat, ein Feldherr wird er nie. Frankreich braucht einen Mann, wie ich es bin, sonst wachsen die Banden dem Volk über dem Kopf zusammen. Ich war nur kurze Zeit weg und werde doch jahrelang zu tun haben, um wieder Ordnung zu schaffen.“
Und sich wieder zu dem Maire wendend, sagte er:
„Diese Damen sind vorhin überfallen worden!“
„Mein Gott, ist's wahr?“ rief der Mann erschrocken, denn wenn Napoleon selbst sich der Damen annahm, so war der Fall doppelt bedenklich.
„Kennen Sie dieselben?“
„Die Frau Baronin de Sainte-Marie, Majestät!“
„Gut! Wäre nicht ein tapferer Kavalier dazugekommen, so lebten sie wohl nicht mehr. Draußen liegen die Leichen der Kerle und zwei erschossene Pferde. Bringen Sie das in Ordnung. Wie viel Truppen sind nötig, um den Wald zu säubern?“
„Wenigstens eine Kompanie, Sire!“
„Sollen Sie haben, bereits morgen. Was werden Sie zunächst tun?“

„Es wird nötig sein, ein Protokoll aufzunehmen, Sire."
„Haben Sie Papier?"
„Leider habe ich keins mit."
„Gourgaud, mein Schreibzeug!"
Der General holte Napoleons Reiseschreibzeug nebst Papier aus dem Wagen herbei. Der Kaiser wendete sich an den Maire und sagte:
„Setzen! Papier nehmen und schreiben! Werde das Protokoll selbst diktieren!"
Dies geschah. Es war ganz so des Kaisers Art und Weise, sich mit einer solchen Angelegenheit zu befassen. Er wollte damit seinen Untertanen zeigen, daß er ihren Beruf vollständig kenne, überblicke und verstehe. Darum hatten seine Beamten so großen Respekt vor ihm, und daher gab es in dem Apparat seiner Verwaltung so große Ordnung.
Die Feder des Maire flog förmlich über das Papier. Es war ihm noch nie vorgekommen, daß ihm ein Kaiser diktiert hatte; darum lief ihm der Schweiß von der Stirn.
Endlich war er fertig. Der Kaiser nahm das Protokoll, las es durch und fügte noch den eigenhändigen Befehl in Betreff der notwendigen Truppen in der Höhe einer ganzen Kompanie bei. Dann unterzeichnete er.
„Fertig!" sagte er. „Morgen kommen die Soldaten. Übermorgen muß der Wald gesäubert sein. Verstanden?"
„Ich gehorche mit Freuden, Sire!" antwortete der Maire, indem er sein Sacktuch zog, um sich den Schweiß von der Stirn zu wischen.
„Aufbrechen also!"
Bei diesen Worten bot der Kaiser Margot ihren Überwurf wieder an, den er ihr eigenhändig um die vollen, weißen Schultern hängte. Dann reichte er ihr den Arm, um sie zum Wagen zu führen.
Ney und Grouchy folgten mit ihren Damen; dann setzte sich der Zug unter der militärischen Bedeckung der zwölf alten Gardisten wieder in Bewegung.
Kurz nachdem Napoleon in die Gaststube getreten war, erschien hinter dem Haus die dunkle Gestalt eines Mannes, welcher auf jemand zu warten schien.
Er stampfte leise, aber ungeduldig mit den Füßen. Da öffnete sich die Hintertür des Hauses, und die Tochter Barchands schlich sich herbei.
„Berrier, seid ihr da?" flüsterte sie.

„Ja“, antwortete er.
„Wartet ihr bereits lange?“
„Länger als mir lieb ist.“
„Ah! Aber ich konnte nicht eher.“
„Was für Herrschaften sind es?“
„O Berrier, ihr werdet es gar nicht glauben . . .“
„Keine Einleitung! Ich habe keine Zeit. Sind es die Marschälle?“
„Ja, zwei Marschälle.“
„Ney und Grouchy?“
„Ich kenne sie nicht. Es ist noch ein General dabei und dann noch einer, den ihr nicht erraten werdet.“
„Wer ist's?“
„Ratet!“
„Donnerwetter, ich habe dir bereits gesagt, daß ich keine Zeit habe! Rede!“
„Der Kaiser selbst ist dabei.“
„Der Kaiser? Napoleon selbst?“ flüsterte der Mann.
„Ja.“
„Weißt du es genau?“
„Ja.“
„Aber, du kennst ihn doch nicht!“
„Oh, ich habe sein Bild hundertmal gesehen; er gleicht demselben ganz genau.“
„Wie ist er gekleidet?“
„Er trägt hohe Stiefel, einen grauen Rock, weiße Weste und ein kleines Hütchen.“
„Die Beschreibung stimmt; aber ein Irrtum ist doch noch möglich. Man sagte noch heute am Vormittag, daß der Kaiser sich in Paris befinde. Das ist allerdings außerordentlich! Auf die Anwesenheit des Kaisers sind wir ja gar nicht vorbereitet. Was ist da zu machen?“
„Ihr wolltet die Marschälle überfallen? Aber den Kaiser nicht?“
„Der Gedanke wäre ja ganz und gar verwegen und außerordentlich!“
„Der Kaiser zahlt ebensogut ein Lösegeld wie die anderen; er muß sogar doppelt so viel geben.“
„Du magst recht haben, obgleich es ein verfluchter Gedanke ist, den Kaiser zu überfallen. Übrigens brauchen wir ihn ja nicht zu beschädigen. Wir schießen auf die Pferde.“
„Zunächst auf die Soldaten.“
„Er hat Soldaten mit?“

„Ja, Reiter; acht oder zehn habe ich gesehen."
„Das wären ihrer noch nicht zu viele. Wir sind jetzt neunzehn Mann."
„Übrigens sind drei Damen bei dem Kaiser."
„Wer sind sie?"
„Ich weiß es nicht. Zwei saßen so, daß ich sie durch das Küchenfenster nicht sehen konnte, und die dritte kannte ich nicht; sie war jung und sehr schön."
„Das ist gut. Wenn Damen dabei sind, werden sich die Herren nicht verteidigen, um die Damen nicht in Gefahr zu bringen. Kennst du die Baronin de Sainte-Marie? Ist sie heute hier vorübergefahren oder gar bei euch eingekehrt?"
„Ich hörte, daß sie am Morgen vorübergefahren sei."
„Ist sie wieder retour?"
„Man hat nichts gesehen oder gehört."
„Nun, das genügt uns schon. Wir wollen ihr auch nichts tun. Also weiter hast du nichts zu sagen?"
„Ich weiß weiter nichts."
„Dann will ich sofort zurück."
„Werdet ihr den Kaiser angreifen?"
„Noch weiß ich es nicht; ich werde erst mit den anderen sprechen müssen. Horch! Jetzt kam jemand."
„Das wird der Maire gewesen sein, nach dem ja der Kaiser geschickt hat."
„Also du bist überzeugt, daß es der Kaiser wirklich ist, kein anderer?"
„Er ist es; ich kann darauf schwören."
„Nun, so will ich es glauben. Gute Nacht!"
„Ich hoffe, morgen zu hören, daß weder der Kaiser noch die Marschälle in Sedan angekommen sind. Sage meinem Vater, er soll mich besuchen. Gute Nacht!"
Sie ging wieder nach der Küche. Er eilte durch den Ort, erreichte sehr bald die Waldecke, in welcher das Pferd stand, band es los, stieg auf und ritt rasch in der Richtung nach Raucourt zu.
Dort am Kreuz an der Straße lagen seine Kameraden noch immer. Seit dem Nachmittag waren noch mehrere zu ihnen gestoßen, so daß sie nun wirklich neunzehn Mann stark waren. Sie hörten den Huftritt seines Pferdes nahen.
„Ein Reiter!" flüsterte einer. „Wer mag es sein?"
„Jedenfalls Berrier", meinte ein anderer.
„Das werden wir sogleich hören."

Er hatte recht; denn als der Reiter näher kam, begann er das Lied zu pfeifen: Ma chérie est la belle Madeleine.

„Berrier?“ rief einer.

„Ja, ich bin es!“ antwortete er.

„Wie steht es?“

„Gut, außerordentlich gut. Wartet ein wenig, ich komme sogleich!“

Er stieg ab, führte sein Pferd in den Wald, band es an einen Baum fest und begab sich zu den Wartenden, von denen er mit Fragen bestürmt wurde.

„Nicht alle auf einmal!“ sagte er. „Hört, es steht uns ein außerordentlicher Fang bevor, vorausgesetzt, daß ihr den richtigen Mut dazu habt.“

„Mut?“ rief einer. „Ich schieße dich nieder, wenn du denkst, ich fürchte mich!“

„Ich auch, ich auch!“ erscholl es im Kreise.

„Gut, gut, schreit nicht so, denn man kann nicht wissen, ob jemand in der Nähe ist! Also hört, wen wir zu erwarten haben!“

„Die Marschälle doch?“ fragte ein Ungeduldiger.

„Ja, Ney und Grouchy. Aber sie kommen nicht allein. Zunächst ist noch ein General darunter.“

„Welcher?“

„Das konnte ich nicht erfahren. Ferner, und das ist die Hauptnachricht, welche ich euch mitzuteilen habe, ist der Kaiser selbst bei ihnen.“

„Der Kaiser?“ fragte es rundum.

„Ja. Es sind drei Wagen, in einem der Kaiser, im zweiten Ney und im dritten Grouchy. Der bewußte General scheint beim Kaiser zu sitzen.“

„So ist jedenfalls auch Bedeckung dabei!“

„Acht oder zehn Reiter von der alten Garde.“

„Pfui Teufel, da würden wir zu tun bekommen!“

„Zu tun? Pah! Wir stecken hinter den Büschen, schießen die Wagenpferde und die Gardisten nieder. Dann haben wir die Offiziere und Damen noch ganz allein.“

„Damen? Ah!“

„Ja, es sind drei unbekannte Damen dabei.“

„Das ist gut. Die Herren werden sich ergeben müssen, um die Damen zu schonen.“

„Das habe ich auch gesagt. Was meint ihr zu diesem Unternehmen?“

Es entstand eine längere Pause. Im ersten Augenblick hatte

der Gedanke, den großen Kaiser anzufallen, für alle etwas Ungeheuerliches. Aber der Nimbus, welcher das Haupt Napoleons früher umschwebt und so oft beschützt hatte, hatte durch den Sieg der Verbündeten und die Niederlage in Rußland viel von seinem Glanz eingebüßt. Er war nicht mehr der Unbesiegbare. Dieser Umstand machte sich auch hier geltend. Einer der Vagabunden fragte:

„Wird er Geld bei sich haben?"

„Jedenfalls, und die Marschälle auch."

„Und wenn sie auch kein Geld hätten", meinte ein anderer. „Denkt euch, welch ein ungeheures Lösegeld wir erhalten könnten, wenn wir ihn fingen."

Da sagte der Alte, welcher sich schon am Nachmittag bemerkbar gemacht hatte:

„Die Hauptsache ist noch eine ganz andere, denke ich."

„Was meinst du? Sage es!"

„Gesetzt; wir fangen den Kaiser; wißt ihr, wer Lösegeld bezahlen würde?"

„Nun, doch er selbst."

„Ja, erstens. Aber zweitens auch die Royalisten und drittens die Feinde Frankreichs."

„Lösegeld? Das glaube ich nicht."

„Nun, ich mag mich da nicht richtig ausgedrückt haben. Ich meine, wenn plötzlich der Kaiser verschwindet, so würden die Bourbonen und Orleanisten, die Republikaner und auch die Russen, Preußen, Österreicher, Engländer und Holländer gewiß sehr große Summen bezahlen, um sicher zu sein, daß er nicht wieder erscheint."

„Ah, das ist wahr."

„Man könnte sich mit einer einzigen Kugel oder einem kleinen Messerstich vielleicht eine Million verdienen."

„Donnerwetter!"

„Ja, das ist ganz sicher. Aber wann werden die Wagen erscheinen?"

Der Mann, welcher im Hof des Wirtshauses zu Le Chesne gewesen war, antwortete:

„Der Kaiser ließ den Maire kommen. Viel aber kann er mit so einem Mann nicht zu sprechen haben. Darum können die Wagen alle Augenblicke erscheinen."

„So gilt es, einen raschen Entschluß zu fassen."

„Aber wohin stecken wir ihn und die Marschälle?"

„Donnerwetter, das wird sich später zeigen; das können wir

beraten, sobald er sich in unseren Händen befindet. Jetzt vor allen Dingen müssen wir, ohne einen Augenblick Zeit zu verlieren, den Entschluß fassen, ob wir überhaupt zugreifen wollen oder nicht."

„Natürlich! Ich bin dabei!" sagte einer.

„Ich auch", meinte ein anderer. „Man verdient hoffentlich bei diesem einen Geschäft gleich so viel, daß man sich zurückziehen kann."

„Das versteht sich ganz von selbst. Wir stimmen bei!"

„Wir alle!" meinten auch die anderen.

„Gut", sagte da der Alte. „So wird also der Kaiser mit den Marschällen gefangen."

„Die Garden?"

„Werden erschossen!"

„Die Damen?"

„Donnerwetter, ja, sie werden uns jedenfalls ganz und gar beschwerlich fallen. Am besten wird es sein, man erschießt sie auch."

„Na, meinetwegen. Aber man muß auf jeden Fall erst sehen, wer sie sind. Vielleicht ist es möglich, auch mit ihnen ein hübsches Lösegeld zu erpressen. Aber ich denke, wir wenden bei diesem Fang alle mögliche Vorsicht an. Sind die Seile da?"

„Ja; da hinten liegen sie."

„Wie viele?"

„Drei."

„Das paßt gerade. Für jeden Wagen eins. Wir ziehen sie in gehörigen Abständen über die Straße herüber. Drüben werden sie an einen Baum befestigt, hüben braucht nur ein Mann zu halten. Den ersten Wagen lassen wir bis ans dritte, den zweiten bis ans zweite und den letzten Wagen bis ans erste Seil gelangen. In diesem Augenblick werden, sobald ich kommandiere, die drei Seile angezogen, die Wagenpferde stürzen darüber hinweg und die Reiter auch. Es wird sich dann alles einige Augenblicke lang über und untereinanderwälzen, für uns ist dies aber Zeit genug, die Reiter kaltzumachen und die Herrschaften festzunehmen. Alles übrige wird sich dann finden. Vorwärts, ihr Leute!"

Die Männer waren jetzt wie elektrisiert. Sie sprangen empor und trafen ihre Vorbereitungen. Dies nahm gar nicht lange Zeit in Anspruch; dann begab sich ein jeder auf seinen Posten, und es herrschte tiefe Stille ringsum.

Napoleon ahnte nicht, welchem Schicksal, falls der Anschlag zum Gelingen kam, er entgegenging. Die drei Seile lagen quer über die Straße. Sie brauchten nur angezogen zu werden, so wurden die Pferde zum Stürzen gebracht. Dann war die Verwirrung, von welcher der Alte gesprochen hatte, allerdings fertig, und es trat die Wahrscheinlichkeit ein, daß die Bedeckung getötet wurde, so daß die Herren nur auf sich selbst angewiesen waren.

So verging fast eine Viertelstunde. Da hörte man von fernher ein Geräusch wie von rollenden Wagen. Da der Waldboden eine ziemliche Elastizität besaß, so war dieses Geräusch allerdings nicht so bedeutend, als wenn der Weg aus hartem Gestein bestanden hätte.

„Das sind Wagen!" flüsterte der Alte, nach seiner Flinte greifend.

„Werden sie es sein?" fragte einer neben ihm.

„Laßt sehen!"

Er trat etwas aus dem Gebüsch hervor und blickte angestrengten Auges rechts die Straße hinab, wo sich paarweise Lichter näher bewegten.

„Ja, sie sind es", sagte er. „Drei Wagen mit Laternen daran. Das kommt bloß bei vornehmen Herrschaften vor. Sie fahren nicht sehr eng hintereinander. Nehmt die Seile etwas weiter, damit sie gerade vor die Pferde passen."

Das Rollen wurde deutlicher. Man sah bereits den hellen Lichtschein, welchen die Laternen vor sich her auf die Straße warfen. Voran ritten zwei bärtige Lanciers; die anderen zehn ritten zu beiden Seiten der drei Wagen. Hinter den zweien kamen die drei Wagen, erst der des Kaisers, dann der des Marschalls Ney und zuletzt der des Marschalls Grouchy.

Die beiden Vorreiter und die vorderen Wagenpferde waren jetzt über die ersten beiden Seile hinweggekommen. Die Pferde des zweiten Wagens hatten das mittlere Seil vor sich, so daß in diesem Augenblick sich je eins der Seile vor sämtlichen Wagenpferden befand. Das war der erwartete Augenblick.

„Die Seile in die Höhe! Hurra!" rief der Alte.

Die drei Männer zogen aus allen Kräften an. Sie wurden zwar einige Schritte mit fortgerissen, aber der Zweck war erreicht; die Wagenpferde stürzten. Sie verwickelten sich in die Seile und schlugen und stampften wütend um sich herum.

„Feuer auf die Reiter!" rief der Alte.

Die Marodeure waren an das nächtliche Dunkel gewöhnt. Auf das gegebene Kommando krachten eine Menge Schüsse aus dem Gebüsch heraus, und viele der Gardisten stürzten tot von den Pferden, welche seitwärts auf die Wagenpferde einsprangen und die Verwirrung nur noch vermehrten.

„Jetzt drauf!“ rief der Alte.

Er drehte das abgeschossene Gewehr um, sprang hinter dem Gesträuch hervor und schlug mit dem Kolben einen der unverletzten Gardisten, welcher von der anderen Seite herübergekommen war, vom Pferd. Die anderen Strolche folgten ihm.

Bisher war den Vagabunden alles geglückt. Sie hatten aber bei ihrem Rechenexempel einen Faktor außer acht gelassen, nämlich den, daß sie es hier mit an den Kampf gewöhnten Soldaten zu tun hatten.

Als der erste Zuruf des Alten erscholl und der Wagen des Marschall Grouchy, weil die Pferde stürzten, ins Schwanken kam, stieß Frau Richemonte einen Schrei des Entsetzens aus.

„Mein Gott! Was ist das?“

„Pah! Zwei oder drei Wegelagerer!“ antwortete er. „Aber man wird ihnen die Ohren abschneiden, um sie ihnen ins Gesicht zu nageln.“

Er stieß den Wagenschlag auf und sprang hinaus, den gezogenen Degen in der Rechten und die Pistole in der Linken. Doch dauerte es eine Minute, ehe es ihm nur ungenügend gelang, seine Augen dem Dunkel zu akkommodieren.

Da auch Neys Pferde stürzten, erschrak die Baronin ebenso aufs heftigste.

„Wir fallen!“ rief sie. „Wohin geraten wir?“

„Keine Sorge, Madame“, antwortete der Marschall höchst kaltblütig. „Es gibt da draußen einige Leute, welche mit uns sprechen wollen.“

Ein Griff auf die Klinke der Wagentür, ein Sprung, und er stand zu gleicher Zeit mit Grouchy draußen, mit dem rasch gezogenen Säbel und der Pistole bewaffnet; doch gelang es auch ihm nicht sogleich, das Dunkel mit dem Auge zu durchdringen.

Im Wagen Napoleons wurde kein Schrei ausgestoßen. Auf den ersten Ruf des Alten und nach dem Sturz der Pferde stand der brave, mutige Gourgaud bereits draußen.

„Was ist’s, General?“ fragte der Kaiser.

„Ein Banditenüberfall“, antwortete der Gefragte.

„Ah, interessant! Welche Kühnheit, sich an mich zu wagen!“

Er wußte ganz genau, daß seine Leute ihn bis zum letzten Hauch und bis zum letzten Blutstropfen verteidigen würden. Er konnte eigentlich ganz ruhig sein, aber sein kriegerischer Sinn ließ ihm keine Ruhe. Er bog sich zum Schlag hinaus und fragte:

„Sind es viele?"

„Man sieht noch nichts, aber die Lanciers scheinen getötet zu sein."

„Dann ist es an uns!"

Der Kaiser griff an die linke Seite und zog den kleinen Degen, welchen er zu tragen pflegte. Dann wendete er sich an Margot:

„Haben Sie Angst, Mademoiselle?"

„Nein, so lange ich neben meinem Kaiser bin", antwortete sie ruhig.

„Ich danke Ihnen! Sie haben in Wahrheit ganz und gar nichts zu fürchten."

Er schickte sich an, auch auszusteigen; der Generaladjutant aber bat:

„Sire, ich bitte, Platz zu behalten! Soeben rücken die Kerle heran."

„So ist es meine Pflicht, meine Damen zu verteidigen. Allons!"

Er schob den General zur Seite und sprang hinaus.

Ney und Grouchy waren bereits engagiert. Sie hatten ihre Pistolen abgeschossen und verteidigten sich mit dem Säbel. Auch Gourgaud wurde angegriffen.

Das Gewieher der Pferde, das Gebrüll der Marodeure, die Schüsse, welche noch fielen, das Geklirr der Degen, das Gekrache der hin und her gerissenen Wagen bildete eine wüste, unheimliche Szene.

Die Lanciers waren alle getötet, und so stand Napoleon mit den drei hohen Offizieren den Räubern ganz allein entgegen. Nur Jan Hoorn, der treue Leibkutscher des Kaisern, hatte die Peitsche umgedreht und schlug die Angreifenden mutig über die Köpfe; doch sah er sich bald gezwungen, den aufgeregten Pferden seine ganze Aufmerksamkeit zuzuwenden.

Die Offiziere verteidigten sich mit dem größten Mut und großer Geschicklichkeit. Schon waren einige der Marodeure verwundet, aber sie drangen mit desto größerer Wut auf die vier ein.

Napoleon selbst hatte zwei gegen sich, während der Generaladjutant ihn zu decken suchte, indem er vier, welche ihn mit den Kolben niederschlagen wollten, von sich abwehrte. Seine Klinge zuckte mit Gedankenschnelligkeit von einer feindlichen Waffe zur anderen. Trotzdem war zu sehen, daß die Herren trotz aller Tapferkeit bald ermüden würden, wenn nicht eine glückliche Wendung eintrat. Da ertönte wieder die Stimme des Alten:

„So ist's nichts! Nehmt ihnen die Deckung! Greift sie von hinten an! Kriecht unter den Wagen hindurch; aber laßt sie am Leben, wenigstens den Kaiser!"

Da rief Ney, der Bravste der Braven, wie Napoleon ihn oft genannt hatte:

„Bei Gott, jetzt gilt's! Drauf, Grouchy!"

Der Wagen konnte, wenn die Feinde unter demselben hinwegkrochen, ihm keine Deckung, keine Sicherheit mehr bieten; ja, die Nähe desselben mußte ihm im Gegenteil nur gefährlich werden. Darum tat er einen gewaltigen Satz mitten unter die Feinde hinein und begann mit dem Degen sein berühmtes Rad zu schlagen. Sie wichen zunächst zurück, aber bald war er vollständig von ihnen umringt.

Ebenso erging es Grouchy, welcher seinem Beispiel gefolgt und vom Wagen weg mitten unter die Gegner hineingesprungen war.

Es war eine Szene, keines Kaisers und keines Marschalls würdig, aber nichtsdestoweniger höchst gefährlich für die berühmten Helden des Schlachtfeldes. Trotz ihrer Tapferkeit mußte der Kampf in kurzer Zeit das vorauszusehende Ende finden.

Als der Kaiser vorhin mit seinen Marschällen und den Damen den Platz verlassen hatte, an welchem die letzteren überfallen, durch die Dazwischenkunft Königsaus aber gerettet worden waren, blieb nur dieser mit dem Kutscher zurück.

„Verdammt!" brummte derselbe. „Nun haben wir den alten Kasten allein!"

„Meinen Sie etwa, daß der Kaiser sich vorspannen sollte?" lachte Königsau.

„Hm! Könnte nichts schaden! Wo der sich vorspannt, da geht es! Werden Sie mir vollends helfen?"

„Das versteht sich!"

„Sie fahren mit nach Jeannette? Und bleiben ein wenig da?"

„Das wird sich wohl erst entscheiden."

„Gut, Monsieur. Das Pferd ist bald angespannt. Es ist auch kräftig genug, den Wagen nach Hause zu bringen. Aber was tun wir mit den Leichen?"

„Wir lassen sie natürlich liegen."

„Hm! Ja! Aber mit allem, was sie bei sich tragen?"

„Ich denke."

„Das paßt mir nicht. Da sind eine Menge Gewehre und andere Sachen, die man recht gut gebrauchen könnte!"

„Sie gehören aber nicht uns."

„Wem sonst? Wir sind die Sieger!“

„Der Kaiser wird in Le Chesne Anzeige machen, und dann wird sich der Maire sofort nach hier begeben, um den Sachverhalt aufzunehmen. Er wird auch alles an sich nehmen, was er hier findet.“

„Oder es kommen unterdessen andere, welche alles stehlen. Diese Kerle werden wohl Kameraden haben, welche nur darauf warten, daß wir uns entfernen.“

„Tun Sie, was Sie denken. Aber ich möchte nicht gern unnütz Zeit versäumen; ich möchte auch nicht gern haben, daß es heißt, ein Beamter vom Meierhof Jeannette, der Leibkutscher der Baronin, habe tote Banditen ausgeplündert.“

Da kratzte sich der Knecht in den Haaren. Das Wort Leibkutscher schmeichelte ihm.

„Hm“, brummte er. „Denken Sie wirklich?“

„Ja, das denke ich.“

„Ich soll das alles liegen lassen?“

„Ja, alles.“

„Nun, so mag es in drei Teufels Namen liegenbleiben, obgleich ich mich vielleicht ärgere, so oft ich daran denke. Aber ich habe auch meine Ambition. Man soll nicht von mir sagen, daß ich Banditen ausplündere.“

„Schön! Also das Pferd her!“

„Ich werde unterdessen die zweite Laterne suchen.“

Er fand sie bald, wenn auch in zerbrochenem Zustand. Nach Verlauf einer kleinen Viertelstunde konnte man den Ort verlassen.

„Setzen Sie sich in den Wagen?“ fragte der Kutscher.

„Ja, wenn es Ihnen recht ist.“

„Hm! Wäre es nicht besser, Sie setzten sich hier neben mich auf den Bock?“

„Warum?“

„Wir sind hübsch beisammen, wenn noch etwas passieren sollte; auch sehen vier Augen mehr als zwei, und wir können uns miteinander unterhalten.“

„Gut. Sie haben recht. Machen Sie also Platz!“

Er stieg hinauf, und bald rollte der Wagen in Trab von dannen.

Zunächst schwiegen die beiden. Der Kutscher, der eine biedere, treue Seele, aber keine allzu intelligente Natur war, hatte genug zu tun, sich das Erlebte von Anfang bis zum Ende zurechtzulegen, um es seinen Mitbediensteten erzählen zu können.

Königsau hingegen dachte an die Geliebte, welche jetzt an der Seite des Kaisers saß. Dieser hatte Wohlgefallen an ihr gefunden, ein ganz auffälliges Wohlgefallen; er wollte auf Jeannette wohnen. Welche Perspektiven konnten sich da öffnen, welche Folgen konnte dies nach sich ziehen.

Man darf bei diesen Worten ganz und gar nicht meinen, daß der Deutsche dabei an die Möglichkeit einer Untreue von seiten der Geliebten dachte. O nein, dazu war sie ihm zu wert, zu rein. Aber er selbst wollte auf Jeannette, wenn auch nur kurze Zeit, verweilen; war der Kaiser zugleich zugegen, so konnten möglicherweise Umstände eintreten, welche bedenkliche Folgen brachten.

Da schien der Kutscher mit seinem Nachdenken bis zu einem gewissen Punkt gekommen zu sein, über welchen er nicht hinwegkonnte.

„Hm!“ brummte er. „Fatale Geschichte!“

„Was?“

„Sie, Monsieur!“

„Ich? Ich bin eine fatale Geschichte?“

„Ja.“

„Inwiefern?“

„Ja, ich weiß nicht, ob ich Sie damit belästigen darf.“

„Reden Sie.“

„Nun gut! Der ganze Überfall ist mir nun klar. Ich habe zwar erst lange auf dem Bock gesessen, um mir zu überlegen, ob ich mit zuhauen soll oder nicht; denn ein braver Kutscher darf nicht vom Bock herab; aber dann, als ich mit dem Überlegen fertig war, habe ich dem Kerl auch sofort die Seele aus der Gurgel gequetscht. So weit ist mir alles klar. Aber Sie, Monsieur, Sie sind mir ein Rätsel, über das ich nicht hinauskommen kann.“

„Das begreife ich nicht.“

„Ja, ich begreife es eben auch nicht. Wie kamen Sie gerade zur rechten Zeit, um diese acht Kerle so gemütlich totzuschießen?“

„Ich habe es ja bereits erzählt!“

„Aber mir nicht.“

„So mögen Sie es noch einmal hören“, und er erzählte die bekannten Vorgänge.

„Schön, jetzt ist mir das klar. Aber das andere nicht.“

„Was?“

„Sie waren bereits einmal bei uns, als Sie die Damen Richemonte brachten; da hießen Sie Königsau und waren ein Deutscher. Jetzt heißen Sie ganz plötzlich Sainte-Marie und sind ein Franzose, sogar ein Seekapitän."

„Und das verursacht Ihrem ehrlichen Kopf Schmerzen?"

„Ja", nickte der Kutscher.

„So sagen Sie einmal, was Ihnen lieber wäre, nämlich ob ich ein Deutscher oder ein Franzose bin!"

„Hm! Ja! Was sind Sie denn eigentlich von diesen beiden?"

„Das wird sich finden, sobald Sie meine Frage beantwortet haben."

„Na, da will ich Ihnen sagen, daß mir ein einziger Deutscher lieber ist, als alle Franzosen zusammengenommen!"

„Ist das wahr?" fragte Königsau überrascht.

„Vollständig."

„Also lieben Sie Ihre Landsleute nicht?"

„Landsleute? Hm! Wissen Sie, wie ich heiße, Monsieur?"

„Nein."

„Nun, so will ich es Ihnen sagen. Mein Name ist Florian Rupprechtsberger."

„Das ist ja ein vollständig deutscher Name!"

„Allerdings. Der Name ist deutsch und der Kerl erst recht."

„Wo sind Sie geboren?"

„Ich stamme zwischen Weißkirchen und Mettlach da drüben herüber. Dort hatten die Eltern der gnädigen Frau eine Besitzung. Die Baronin nahm mich, weil ich ein alter ehrlicher Kerl bin, mit nach Raucourt herüber. Das ist eine so lange Zeit her, daß ich unterdessen das Französische gelernt habe."

„Das ist mir allerdings höchst interessant."

„Ja. Und nun werden Sie mir auch sagen, ob Sie wirklich ein Franzose sind?"

„Ich bin keiner."

„Donnerwetter! Ein Deutscher?"

„Ja."

„Da muß vor Freude die Bulle platzen! Herr, nun sind wir einig; nun gönne ich sie Ihnen, und zwar von ganzem Herzen!"

„Wen?"

„Nun, die Margot."

„Wie kommen Sie auf diese Dame?"

Der brave Florian hustete sehr geheimnisvoll, sehr selbstbewußt und sagte:

„Glauben Sie etwa, daß ein Deutscher keine Augen hat?"

„Ich hoffe, daß unsere Augen ebenso gut sind wie diejenigen der Franzosen!"

„Das sind sie auch. Hören Sie, Monsieur, diese Margot ist ein Prachtmädel, ein Mädel, für die man sich die Finger wegbeißen könnte. Als Sie sie brachten, habe ich mich auf der Stelle bis über die Ohren in sie verliebt . . ."

„Oho!"

„Ja, ja! Nämlich so, wie sich ein ehrlicher Kutscher in die Herrschaft verlieben darf. Ich habe nun genau aufgepaßt. Da gingen nun Blicke herüber und hinüber, die niemand sehen sollte; da mußte ich Sie beide ausfahren, und als ich die Ohren spitzte, da hörte ich es hinter mir – hm, na, gerade so, als wenn vier Lippen zusammenkleben und auseinandergerissen werden, ungefähr so, als wenn man eine halb neubackene Fischblase auseinanderreißt."

„Florian, Florian!"

„Na, nichts für ungut! Sie sind ein Deutscher; Sie sind ein Kerl, den man leicht liebgewinnt, und darum gönne ich sie Ihnen; einen anderen hätte ich halb totgeprügelt. Aber wie ist denn eigentlich Ihr Name?"

„Jetzt heiße ich Sainte-Marie."

„Gut, wenn Sie nicht anders wollen. Man kann kein Vertrauen erzwingen, das muß von selbst kommen. Aber beweisen will ich Ihnen doch, daß ich ein ehrlicher Kerl bin. Sagen Sie mir nur vorher erst, was Sie sind?"

„Jetzt bin ich Seekapitän."

„Da schlage doch das Wetter drein! Auch hier wird man belogen."

„Wissen Sie das genau?"

„Ja."

„Beweisen Sie es."

„Sofort! Sie heißen nicht Sainte-Marie, sondern Königsau."

„Ah!"

„Sie sind nicht aus Marseille, sondern aus Berlin."

„Oho!"

„Und Sie sind nicht Seekapitän, sondern Husarenleutnant."

„Unsinn!"

Königsau war im höchsten Grade erschrocken. Woher kannte dieser Kutscher ihn so genau? Das konnte höchst gefährlich werden; er mußte sich sehr vorsichtig benehmen.

„Unsinn?" fragte der Kutscher. „Das ist kein Unsinn, sondern die reine Wahrheit."

„Wer sagt das?"

„Beide sagten es, nämlich sie und er."

„Wer ist diese ‚sie'?"
„Mademoiselle Margot."
„Ah! Hat sie von mir gesprochen?"
„Nein, das war anders. Wenn ich nicht fahre, bin ich oft im Garten. Da saß sie denn einmal in der Laube und hatte einen Brief in der Hand. Sie küßte und küßte ihn immer wieder, denn sie dachte, sie wäre allein. Dann legte sie ihn neben sich. Er fiel von der Bank herab, und als sie ging, vergaß sie ihn."
„Ah! Sie haben ihn gelesen?"
„Ja."
„Donnerwetter, das ist unverschämt."
„Warten Sie es ab!" antwortete Rupprechtsberger ruhig.
„Was gibt es da abzuwarten! Sie eilten nach der Laube . . ."
„Ja, ich eilte sehr."
„Sie hoben den Brief auf . . ."
„Natürlich."
„Sie schlugen ihn auseinander . . ."
„Ja, sonst hätte ich ihn ja nicht lesen können."
„Und Sie lasen ihn! Wirklich? Wirklich?"
„Na, ganz und gar nicht; dazu hätte ich gar keine Zeit gehabt, denn ich hörte Mademoiselle bereits wieder zurückkehren. Ich las nur die Überschrift und dann die Unterschrift."
„Schurke!"
„Unsinn! Ich hatte meine Gründe dazu. Die Überschrift lautete ‚Berlin' und ‚meine heißgeliebte Margot', und die Unterschrift klang wie ‚Hugo von Königsau'. Habe ich richtig gelesen?"
„Welchen Grund hatten Sie, diese Indiskretion zu begehen, he?"
Er sprach diese Frage in einem sehr strengen, ärgerlichen Ton. Er war zornig geworden.
„Welchen Grund? Hm, weil ‚er' mir den Namen genannt hatte."
„Er? Ah, Sie sprachen vorhin von er und sie. Ist das dieser Er?"
„Ja."
„Wer ist es?"
„Das darf ich nicht verraten. Übrigens haben Sie kein Vertrauen zu mir; was nützt es da, Vertrauen zu Ihnen zu haben."
„Florian, ich beginne zu bemerken, daß Sie nicht ein ‚guter, treuer und ehrlicher', sondern ein höchst pfiffiger und verschmitzter Kerl sind."
„Da irren Sie sich! Ich bin sogar noch etwas dümmer, als ich

aussehe; aber für eine Person, die ich liebhabe, kann ich, weiß Gott, zum gescheitesten Kerl werden."

„Da wollte ich, daß ich zu denen gehörte, die Sie liebhaben."

„Das ist ja auch bereits der Fall!"

„Wirklich?"

„Wahrhaftig. Ich wollte Sie ja deshalb herauf auf den Bock haben, um mit Ihnen von der Leber weg reden zu können. Hier im Wald hörte es kein Mensch."

„Es scheint aber doch, als ob es nicht so recht von der Leber weg gehen wollte."

„Inwiefern?"

„Nun, weil ich von diesem ‚Er' nichts höre."

„Von ihm darf ich nur zu einem reden, der Königsau heißt und Leutnant ist."

„Wirklich zu keinem anderen?"

„Zu keinem."

„Nun gut, ich will Ihnen vertrauen. Ich heiße Königsau und bin Husarenleutnant."

„Mit dem alten Blücher gut bekannt?"

„Ja. Aber woher wissen Sie das?"

„Das wird bald kommen. Sie haben Mademoiselle Margot hier verstecken wollen?"

„Ah! Wie kommen Sie auf diese Idee?"

„Nun, Madame Richemonte ist mit Mademoiselle von Paris heimlich fort."

„Sie werden mir unbegreiflich."

„Sie werden mich bald begreifen", sagte der Kutscher in seiner bedächtigen Weise.

„Warum sollten sie heimlich fortgegangen sein?"

„Eines Stiefbruders wegen, welcher Richemonte heißt und Kapitän ist."

„Donnerwetter!"

„Und eines Barons wegen, welcher Reillac heißt und Armeelieferant ist."

„Mensch, Sie haben irgendein Gespräch der beiden Damen belauscht."

„Fällt mir gar nicht ein."

„Woher wissen Sie das alles?"

„Von ‚ihm' natürlich."

„Wer aber ist dieser ‚ihm' denn eigentlich?"

„Kapitän Richemonte."

Wäre es im Wald hell gewesen, so hätte der Kutscher sehen können, daß Königsau erbleichte. Was er hörte, ließ ihn tief erschrecken.

„Der Kapitän?“ fragte er. „War er hier auf Jeannette?“

„Ja.“

„Wann ist das gewesen?“

„Vor einer Woche.“

„Alle Teufel! War er bei der Baronin?“

„Nein.“

„Bei einer von den anderen Damen?“

„Auch nicht.“

„Oder bei dem jungen Baron?“

„Das fiel ihm gar nicht ein.“

„Nun, zum Teufel, bei wem soll er hier dann sonst gewesen sein, he?“

Da holte der Kutscher tief Atem und antwortete mit Nachdruck:

„Bei mir!“

„Ah, der Tausend! Bei Ihnen?“

„Ja, natürlich!“

„Wie kommt er denn zu Ihnen?“

„Ich war ihm empfohlen.“

„Von wem?“

„Vom Herrn Baron de Reillac.“

„So kennen Sie diesen auch?“

„Oh, sehr gut, außerordentlich gut.“

„Woher denn?“

„Woher? Hm! Wissen Sie denn nicht, daß er sehr oft in Raucourt ist?“

„In Raucourt? Davon weiß ich kein Wort, kein einziges Wort. Wahrhaftig nicht!“

„Er hat ja sein Quartier in Sedan!“

„Er wohnt in Sedan? Wohl wieder als Armeelieferant des Kaisers?“

„Das versteht sich.“

„Alle tausend Teufel! Nun wird die Plage und Gefahr von neuem beginnen.“

„Keine Sorge, Herr Leutnant! Da ist der Florian Rupprechtsberger da.“

„Um Gottes willen, lassen Sie den Leutnant fort.“

„Es hört’s ja niemand.“

„Wenn zehnmal! Nennen Sie mich Herr Kapitän; das ist das

Sicherste! Aber sagen Sie mir doch, wie Sie mit diesen Kerlen zusammengekommen sind?“

„Nun, eines Tages fahre ich die Damen nach Sedan. Wir stiegen in unserem gewöhnlichen Gasthof ab. Ich führe die Pferde in den Stall, und da kommt ein feiner Herr und fragt mich:

‚Sind Sie es, welcher die drei Damen gefahren hat, welche soeben abstiegen?‘

‚Ja‘, antwortete ich.

‚Wer sind sie?‘

‚Die Baronin de Sainte-Marie. Die beiden anderen sind Gäste von ihr.‘

‚Woher? Vielleicht aus Paris?‘

‚Vielleicht.‘

‚Wie heißen sie?‘

‚Madame und Mademoiselle Richemonte.‘

‚Ah, diese Namen habe ich gehört. Wo wohnt die Baronin, Ihre Gebieterin?‘

‚Auf dem Meierhof Jeannette bei Raucourt.‘

‚Danke.‘

Damit drückt er mir einen Napoleondor in die Hand und geht.“

„Das war jedenfalls der Baron de Reillac?“

„Ja. Einige Zeit darauf hatte ich im Feld draußen zu tun. Da kam ein Reiter; es war derselbe Baron. Er begann ein Gespräch mit mir und war so auffällig freundlich, daß er mir geradezu widerwärtig wurde. Ich mußte es ihm ansehen, daß er mich zu irgendeinem Zweck gewinnen wolle; darum nahm ich mir vor, sehr vorsichtig zu sein. Nachdem er verschiedenes gesagt und gesprochen hatte, fragte er auch:

‚Kamen die beiden Damen Richemonte allein nach Jeannette?‘

‚Ich weiß nicht‘, antwortete ich vorsichtig. ‚Ich war an diesem Tage abwesend.‘

‚War vielleicht mit ihnen ein anderer Besuch da?‘

‚Ich könnte mich nicht besinnen.‘

‚So besinnen Sie sich vielleicht auf den deutschen Namen Königsau?‘

‚Nein. Ich habe ihn noch gar nicht gehört.‘

‚Hm, eigentümlich! Wissen Sie auch nicht, ob die Damen Briefe aus Berlin empfangen?‘

‚Nein.‘

Da sah er mich mit einem außerordentlich forschenden Blick an und fragte:

‚Ich gab Ihnen letzthin einen Napoleondor, nicht wahr?'
‚Ja, Monsieur', antwortete ich.
‚Wollen Sie sich mehr solcher Goldstücke verdienen?'
‚Wie viele?'
‚Das wird ganz auf Sie ankommen!'
‚Oh, so werde ich gleich jetzt beginnen, sie mir zu verdienen, Monsieur.'
‚Nun gut, so frage ich Sie, ob Sie in meine Dienste treten wollen.'
‚Das geht nicht.'
‚Warum nicht?'
‚Weil ich in dem Dienst der Frau Baronin de Sainte-Marie mich befinde.'
‚Das tut nichts zur Sache. Sie können ihr und mir ganz gut dienen.'
‚Zu gleicher Zeit?'
‚Ja, ihr öffentlich und mir heimlich.'
‚Was geben Sie mir für Aufträge, Monsieur?'
‚Sie werden dieselben empfangen, sobald Sie sich erklärt haben.'
‚Nun gut, so stelle ich mich Ihnen zur Verfügung. Aber was werden Sie mir zahlen?'
‚Ich gebe Ihnen fünfundzwanzig Napoleonsdor, und Sie erhalten dann das Weitere je nach dem Wert Ihrer Dienste.'
‚Ich bin zufrieden, Monsieur.'
‚Gut, so haben Sie hiermit die versprochenen fünfundzwanzig.'
Er gab mir das Geld und fuhr dann weiter fort:
‚Ich wünsche nämlich alles zu wissen, was Mademoiselle Richemonte betrifft. Ich bin ein heimlicher Anbeter von ihr und möchte gern wissen, ob ihr Herz noch frei oder bereits vergeben ist, ob sie die Briefe oder Besuche eines Geliebten empfängt, kurz, alles, was einen Liebhaber zu interessieren pflegt. Sie verstehen mich doch?'
‚Vollständig, Monsieur.'
‚Ich brauche Ihnen folglich keine weitläufige Instruktion zu geben?'
‚Ich glaube nicht.'
‚Nun gut, so hoffe ich, daß ich Sie zu unserem gegenseitigen Nutzen engagiert habe.'
‚Wohin soll ich Ihnen bringen, was ich erfahre?'
‚Ins Hauptquartier nach Sedan. Ich bin Baron Reillac, der Ar-

meelieferant. Aber sagen Sie mir, ob Sie verschwiegen sein können.'

,Ich werde stumm sein.'

,Das ist mir lieb und auch gut für Sie. Die Damen sollen nicht erfahren, daß ich in der Nähe bin; deshalb werde ich nie nach Jeannette kommen. Auch daß Sie mich kennen, darf kein Mensch wissen. Jede Botschaft erhalten Sie gut bezahlt. Passen Sie besonders genau auf, ob Briefe aus Berlin kommen, und wenn Sie erfahren können, daß dieselben mit ›Hugo Königsau‹ unterzeichnet sind, so erhalten Sie doppelte Belohnung.'"

Jetzt mußte Königsau doch sein längeres Schweigen brechen.

„So sind Sie förmlich von ihm engagiert worden?" fragte er den Kutscher.

„Ja", antwortete dieser ruhig.

„Und haben in seinen Diensten gearbeitet?"

„Fürchterlich!"

„Inwiefern?"

„Ich habe ihm ein halbes Dutzend Lügen erzählt und für jede mein Goldstück erhalten."

„Wissen Sie, Florian, daß Sie ein Spitzbube sind?"

„Gegen diesen Kerl? Ja. Das schadet gar nichts. Gegen andere bin ich desto ehrlicher."

„Aber Sie haben doch nachgesehen, ob Briefe aus Berlin mit meiner Unterschrift eintreffen."

„Ja, aber nicht dieses Barons wegen, sondern meinetwegen."

„Ah, Ihretwegen?"

„Ja, natürlich!"

„Was haben Sie dem Baron davon gesagt?"

„Nichts, gar nichts. Er hat gar nichts davon gehört, daß ich jenen Brief gesehen habe."

„Aber warum wollten Sie ihn gerade Ihretwegen sehen?"

„Ich wollte wissen, ob der Geliebte von Mademoiselle Margot wirklich ein Deutscher sei. Wenn das der Fall war, so nahm ich mir vor, ihn gegen seine Feinde zu beschützen. Habe ich da unrecht getan, Monsieur?"

„Unrecht? Hm! Ich darf Sie also meinen Beschützer nennen, nicht wahr, Monsieur Florian?"

„Ja. Lachen Sie immerhin darüber; es ist dennoch so. Unsereiner kann leicht einem großen Herrn einmal einen Dienst erweisen; das können Sie glauben."

„Ich glaube es, denn ich habe es oft erfahren", sagte Königsau im ernstesten Ton. „Also Sie sind mit dem Baron öfters zusammengekommen?"

„Sehr oft. Wir treffen uns wöchentlich einige Male. Letzthin nun passierte es mir, daß ich mir ein Goldstück holen wollte; ich wollte ihm irgend etwas erzählen, was gar nicht geschehen war, und fand seinen Diener nicht anwesend. Das Vorzimmer gar nicht verschlossen, und ich trat ein. Da hörte ich in seinem Zimmer laute Stimmen. Er sprach mit einem Herrn. Ich setzte mich sehr gleichmütig nieder und hörte zu; ich konnte jedes Wort verstehen. Sie sprachen von Ihnen."

„Von mir?"

„Ja, und vom alten Blücher."

„Ah!"

„Von einem Überfall, bei welchem Sie einen Küraß getragen hatten."

„Sapperment!"

„Ferner von Mademoiselle Margot, die sie zu dem Baron geschafft hatten. Sie waren dann mit dem Feldmarschall gekommen . . ."

„Wer war der Mann, mit dem der Baron sprach?"

„Derselbe, welcher Sie gestochen und auf sie geschossen hatte."

„Kapitän Richemonte?"

„Ja. Ich hörte es aus dem Gespräch heraus. Aber ich hörte noch viel mehr!"

„Was! Erzählen Sie!"

„Zunächst sagte der Baron, daß er jetzt einen dummen Knecht bestochen habe. Damit meinte er natürlich mich. Ich werde ihm bei Gelegenheit diese Dummheit um den Kopf schlagen, daß ihm alle Gedanken vergehen sollen!"

„So wußte also auch der Kapitän bereits, daß Margot sich auf Jeannette befindet?"

„Ja. Sie wußten es schon in Paris."

„Unmöglich!"

„O doch; ich habe es im Laufe ihres Gespräches ganz deutlich bemerken können."

„Wer sollte es ihnen denn verraten haben? Kein Mensch hat es gewußt!"

„O doch, einer, nämlich der Bankier, von welchem Frau Richemonte ihr Einkommen bezieht."

„Ah, das ist wahr; das haben wir außer acht gelassen."

„Die Hauptsache aber erfuhr ich erst am Schluß des Gespräches. Nämlich der Kapitän Richemonte ist im Meierhof gewesen."

„Bei den Damen?" fragte Königsau erschrocken.

„Nein, sondern bei General Drouet."

„Was wollte er bei ihm? Die Klugheit hätte ihm doch eigentlich geboten, sich vor den Damen nicht sehen zu lassen. Er hätte besser getan, nicht zu verraten, daß er ihren Aufenthaltsort kennt."

„Das hat er auch ganz und gar nicht getan."

„Aber man muß ihn doch gesehen haben!"

„Nein, denn er ist des Abends gekommen, sogar erst gegen Mitternacht."

„So muß der Grund seines Besuches ein sehr geheimnisvoller sein."

„Das ist er auch; geheimnisvoll und schurkisch im höchsten Grade."

„So kennen Sie diesen Grund?"

„Ja, denn er kam im Laufe der Unterhaltung zur Sprache."

„Darf ich ihn hören?"

„Ja. Sie sind, wie ich aus allem vermute, und wie Sie selbst auch vorhin gestanden, ein Freund von dem alten Feldmarschall Blücher?"

„Freilich, ja freilich!

„Oh, so wollte ich, daß Sie aktiv in Diensten ständen!"

„Warum? Glauben Sie, daß ich außer Dienst bin, Monsieur Florian?"

„Natürlich!"

„Ah, warum glauben Sie das?"

„Wären Sie aktiver Militär, so befänden Sie sich bei Ihrer Truppe und nicht hier."

„Ach, Sie waren wohl nie Soldat?"

„Nein, aber der Onkel meines Großvaters war einer; das ist aber lange her!"

„Das glaube ich", lachte Königsau. „Das muß so zur Zeit des Großen Kurfürsten und des alten Derflinger gewesen sein."

„Ja, unter dem hat er gedient; Sie haben ganz richtig geraten, Monsieur."

„Nun, da ich einmal aufrichtig mit Ihnen bin, so will ich Ihnen gestehen, daß ich nicht passiv bin, sondern mich gegenwärtig noch im Dienst befinde."

„In Blüchers Armee, welche bei Lüttich und da herum liegt?"

„Ja. Mein Dienst ist sogar ein sehr schwerer und gefährlicher!"

Da klatschte der Kutscher mit der Peitsche, daß es weithin schallte, und sagte:

„Donnerwetter, jetzt bin ich es, der Ihnen sagt, daß Sie leiser sprechen sollen! Herr – Herr Seekapitän, ich sage Ihnen, Sie sind mein Mann!"

„Ah, warum?"

„Ich ahne, welchen Dienst Sie tun!"

„Nun?"

„Sie kommen, die Franzosen ein wenig auszuhorchen. Nicht wahr, Monsieur?"

„Mag sein."

„Nun, dann zählen Sie auf mich! Übrigens tut Kapitän Richemonte dasselbe drüben auf Ihrer Seite."

„Ah, er macht den Eclaireur – Aufklärer – ?"

„Den Eclaireur, ja. Aber bei ihm möchte ich lieber und richtiger sagen, daß er den Spion und Mörder macht."

„Den Mörder? Donnerwetter! Wie meinen Sie das, bester Florian?"

„Nun, er soll den alten Blücher zur Seite schaffen."

„Unmöglich! Sie irren."

„Ich mich irren? Ich habe es ja mit diesen meinen eigenen Ohren gehört!"

„Das wäre infam, fürchterlich infam!"

„So will ich Ihnen sagen, daß er den Auftrag dazu bereits in Paris empfangen hat."

„Von wem?"

„Von General Drouet, wenn ich nicht irre."

„Ich bin ganz starr vor Erstaunen!"

„Ja, das ist die leichteste Art, Krieg zu führen. Man putzt die Anführer weg."

„Und zwar per Meuchelmord. Wie leicht wäre es mir da heute gewesen, den Kaiser und zwei seiner berühmtesten Marschälle zu töten!"

„Sie sind ein Deutscher, Monsieur!"

„Aber mein Gott, so ist dieser Mensch ja noch weit gefährlicher, als ich dachte!"

„Allerdings!"

„Und Drouet steht mit ihm im Bunde?"

„Wie es scheint."

„Das ist nicht zu glauben. Ein General tut das nicht. Der Kapitän muß irgendeinen einigermaßen mystischen Auftrag des Generals falsch verstanden haben."

„Das geht mich nichts an. Ich habe nur gehört, daß Richemonte den Marschall auf die Seite bringen soll, und sich zugleich an demselben rächen will."

„Hat er bereits von einem Versuch gesprochen?"

„Er beklagte sich, daß es ihm noch nicht gelungen sei, in die Nähe des Alten zu kommen."

„Donnerwetter, das kann ihm täglich gelingen! Der Feldmarschall befindet sich da in einer außerordentlichen Gefahr! Wann hörten Sie diese Unterredung?"

„Vor acht Tagen."

„Wollte der Kapitän sofort wieder zurück?"

„Er sprach von einem Spielchen."

„So! Nun ich dieses weiß, ist meines Bleibens auf Jeanette nicht lange. Ich muß so schleunig wie möglich aufbrechen, um den Marschall zu warnen."

„Tun Sie es, tun Sie es! Ich habe Ihnen alles ja nur deshalb mitgeteilt!"

„Aber sind Sie wirklich ein Freund der Deutschen?"

„Ja, freilich!"

„Und ein Bewunderer Blüchers?"

„Oh, wenn ich dem nur einmal die Hand drücken dürfte! Er sollte sich wundern!"

„Aber, wenn dies wahr ist, warum haben Sie nichts getan, um ihn zu warnen, oder den Mordanschlag auf irgendeine Weise zu vereiteln?"

„Ich? Was sollte ich tun? Ich, ein einfacher Kutscher!"

„Vielerlei. Man tut in solchen Fällen das, was einem am leichtesten wird."

„Richtig! Das habe ich auch getan."

„Was?"

„Ich habe gewartet, bis Sie kommen. Ich dachte, daß Sie Bescheid wissen würden."

„Aber Sie wußten ja gar nicht, daß ich kommen würde."

„Oh, das wußte ich im Gegenteil ganz gewiß."

„Ich bin da doch neugierig, woher."

„Das ist sehr einfach. Mademoiselle Margot spaziert gewöhnlich nur im Garten. Seit sie aber den letzten Brief erhalten hat, geht sie täglich einigemale vor der Meierei spazieren, dem Weg entgegen, welcher von Raucourt her kommt. Und wenn ein Wagen in den Hof rollt, so eilt sie schnell an das Fenster."

„Florian!"

„Herr Seekapitän!"

„Sie sind ein Schlauberger."

„Nein, ich bin kein gescheiter Kerl, aber, wie ich Ihnen bereits sagte, wenn ich jemand gern habe, so kann ich vor Liebe gescheit werden."

„Sie haben also in Wahrheit geahnt, daß ich komme?"

„Ich war überzeugt davon. Darum nahm ich mir vor, das vom Kapitän aufzuheben, bis es mir möglich war, es Ihnen zu erzählen."

„Ich danke Ihnen! Es soll an die richtige Adresse gelangt sein. Aber dort sehe ich Lichter auftauchen. Was ist das? Vielleicht bereits Le Chesne?"

„Ja. Fahren wir durch?"

„Nein. Wir halten am Gasthof an und trinken ein Glas Wein. Vielleicht ist der Kaiser – ah, Donnerwetter, da fällt mir etwas ein!"

„Was?"

„Etwas Hochwichtiges, was ich ganz vergessen habe."

„Das klingt ja ganz und gar wichtig und apart."

„Das ist es auch. Mein Gott, daß ich nicht daran gedacht habe? Florian, hauen Sie auf das Pferd, nur derb, derb, daß wir vorwärts kommen."

„Jetzt klingt's nun gar gefährlich."

Mit diesen Worten gab der Kutscher dem Braunen die Peitsche, so daß dieser die Karosse mit doppelter Schnelligkeit weiterschleppte.

„Es ist auch gefährlich", antwortete Königsau. „Der Kaiser befindet sich in Gefahr mit allen, die bei ihm sind!"

„Donnerwetter! Welche Gefahr wäre das?"

„Ich belauschte da unten am Kreuz einige Männer, welche davon sprachen, daß zwei Marschälle erwartet werden, welche man überfallen wolle."

„Am Kreuz?"

„Ja."

„Gegen Raucourt hin?"

„Ja."

„Teufel, das ist eine gefährliche Stelle. Dort haben bereits einige seit kurzer Zeit das Leben lassen müssen. Was ist da zu tun?"

„Rasch nach Le Chesne in den Gasthof. Dort ist der Kaiser abgestiegen. Wir müssen sehen, ob er vielleicht noch anwesend ist."

„Verdammte Geschichte. Mir ist's nicht um den Kaiser, sondern um meine guten drei Frauenzimmer. Ihn könnten sie in Gottes Namen abquetschen und seine Marschälle dazu, aber wenn es sich um Mademoiselle Margot und die beiden anderen handelt, so jage ich lieber den Braunen tot, als daß ich sie verlasse. Vorwärts!"

Er schlug mit aller Gewalt auf das Pferd ein, so daß die alte Staatskarosse fast zu fliegen schien.

„Sogar meine Pistolen habe ich wieder zu laden vergessen."

Er zog die Waffen hervor, und es gelang trotz des holprigen Weges, alle acht Läufe zu laden, so daß er eben fertig war, als sie vor dem Gasthof hielten.

Königsau sprang aus dem Wagen und trat in die Stube. Der Kutscher folgte in ganz gleicher Eile hinter ihm.

„War der Kaiser da?" fragte der erstere.

Der Wirt saß am Tisch. Der Maire war noch da; er hatte sich eben zum Gehen angeschickt, als die beiden eintraten.

„Ja", antwortete der Beamte in wichtigem Ton. „Seine Majestät hatten die Gnade, mich in einer wichtigen . . ."

„Hielten alle drei Wagen des Kaisers hier an?" unterbrach ihn der Deutsche."

„Ja. Es waren Herren und Damen bei ihm, welche mit mir freundl . . ."

„Wann sind sie fort?"

„Soeben, in diesem Augenblick. Ich hatte die Ehre, ein Protokoll zu . . ."

„Antworten Sie mir schnell und genau. Wie viele Minuten sind verflossen, seit der Kaiser sich von hier entfernt hat?"

„Vielleicht zwei Minuten. Aber, junger Mann, wie können Sie es wagen, mit dem Maire von Le Chesne in diesem Ton . . ."

„Papperlapapp. Ich sehe ein Protokoll in Ihrer Hand. Worüber handelt es?"

„Von einem Überfall im Wald. Der Kaiser selbst hat es mir diktiert."

„Nun, so werden Sie auch wissen, daß ein Mann als Retter erschien . . ."

„Der acht Räuber erschlug? Ja", fiel der Maire ein.

„Nun, dieser Mann bin ich. Jetzt nun befindet sich der Kaiser in allerhöchster Lebensgefahr. Haben Sie ein Pferd im Stall, Wirt."

„Ja."

„Heraus damit! Florian, Sie reiten es!"

Da erhob sich der Wirt erschrocken und rief:

„Mein Pferd hergeben? Ach. Fällt mir nicht ein. Wer sind Sie? Wie heißen Sie?"

„Ja, wer sind Sie, und wie heißen Sie?" fragte auch der Maire im strengsten Amtston. „Wenn der Kaiser sich in allerhöchster Gefahr befindet, so . . ."

„So haben Sie zu handeln, aber nicht zu schwatzen", fiel ihm Königsau in die Rede. „Sagen Sie, ob in Ihrem Protokoll ein Seekapitän Sainte-Marie erwähnt wird."

„Ja. Er ist der, welcher acht Räuber erschlagen hat. Jedenfalls ist er mit der Frau Baronin auf Jeanette verwandt, denn der Kaiser hat ihn als ihren Cousin diktiert."

„Nun, der bin ich. Draußen steht die Karosse der Baronin, welche überfallen wurde. Es befindet sich nur ein Pferd davor; mit diesem Wagen können wir den Kaiser nicht einholen, welcher am Kreuz mit den Marschällen überfallen werden soll."

„Am Kreuz!" rief der Wirt.

„Überfallen!" schrie der Maire.

„Ja. Sie haben die schleunigste Hilfe zu leisten, sonst schicke ich Ihnen den Kaiser auf den Hals."

„Um Gottes willen, nur das nicht!" meinte der Maire. „Ich renne bereits, ich laufe, ich eile. Was soll ich tun?"

„Wer im Ort ein Pferd und Waffen hat, soll aufsitzen und unter Ihrem Kommando zum Kreuz kommen . . ."

„Unter meinem Kommando?" zeterte der Maire. „Ich kann nicht kommandieren. Ich bin heiser, fürchterlich heiser."

„Pah. Ihre Stimme ist gut, wie ich höre. Eilen Sie. Wer in einer Viertelstunde nicht am Kreuz ist, wird erschossen."

„Gott, o Gott! Da will ich doch lieber probieren, ob ich einen erschießen kann!"

Mit diesen Worten eilte der Maire hinaus.

„Nun, wie wird's mit dem Pferd?" fragte Königsau den Wirt.

„Muß ich's denn wirklich hergeben?" jammerte dieser.

„Ja, ja, ohne Frage. Steht es in einer Minute nicht vor dem Tor, so jage ich Ihnen eine Kugel durch den Kopf; darauf können Sie sich verlassen."

Er zog seine Pistole.

„Gleich, gleich. In einer halben Minute ist's da!" rief der Wirt.

Er sprang eiligst zur Tür hinaus; Königsau rief ihm nach:

„Sie brauchen es nicht zu satteln."

Da meinte Florian, der Kutscher:

„Wir reiten?"

„Natürlich."

„So nehmen Sie das Pferd des Wirts; ich nehme den Braunen. Und hier ist auch eine Waffe, die ich gut gebrauchen kann."

Über der Tür hing nämlich ein schwerer Kavalleriesäbel aus der Zeit der Revolution. Den riß der Kutscher herab, und dann sprang er hinaus.

Auf einem Tisch lagen zwei Bündel Talglichte. Als Königsau sie bemerkte, kam ihm ein Gedanke. Draußen war es dunkel. Wie nun, wenn er sich eine Fackel bereitete? Das war jedenfalls vorteilhaft und nahm keine Zeit weg.

Von der Decke hingen einige ausgekühlte, leicht biegbare Drähte, an denen gewöhnlich die Lampen aufgehängt wurden. Er riß diese Drähte herab, nahm aus der Ecke einen dort liegenden Spazierstock, legte um den oberen Teil desselben die Lichte herum und umwickelte sie mit den Drähten.

Hinter dem Ofen stand das Zunderzeug. Mit Hilfe desselben und einer kleinen Hand voll Schießpulver war der obere Teil der so improvisierten Talglichtfackel so präpariert, daß sie mit Hilfe eines Pistolenschusses augenblicklich zum Lichterlohbrennen gebracht werden konnte.

Da alles hatte nur einige Augenblicke Zeit in Anspruch genommen. Ein rechter Mann bringt in der Zeit der Gefahr in einigen Augenblicken mehr fertig, als ein anderer in einer Stunde. Königsau vergaß sogar nicht ein Goldstück als Ersatz auf den Tisch zu werfen; dann ging er hinaus.

Florian hatte soeben seinen Braunen abgeschirrt, auch in fliegender Eile, und stieg auf, den mächtigen Pallasch in der Faust.

Der Wirt brachte sein Pferd. Er sah den Säbel und schrie: „Halt! Wo ist der Säbel her?"

„Er hing über der Tür", antwortete Florian.

„Er ist mein."

„Holen Sie ihn sich."

Damit sprengte der wackere Kutscher davon.

Königsau riß dem Wirt das Halfter aus der Hand und schwang sich auf.

„Bekomme ich denn das Pferd wieder?" fragte der Wirt ängstlich.

„Ja", antwortete der Gefragte.

„Wann denn?"

„Ihre Nachbarn werden es Ihnen mitbringen."

Damit sauste er davon.

„Aber Wort halten!" brüllte ihm der Wirt nach.

Im Ort hörte man das Horn des Nachtwächters ertönen. Der

Maire rief die streitbaren Helden zusammen, um mit ihnen zur Rettung des Kaisers auszuziehen.

Das Pferd des Wirts war ein alter, halbsteifer Gaul; aber unter der Leitung des gewandten Husarenoffiziers und seinem mächtigen Schenkeldruck flog er wie ein Araber auf der Straße dahin. In kurzer Zeit hatte Königsau seinen Kutscher erreicht.

„Vorwärts, vorwärts!" rief er ihm zu.

„Herr, Sie werden den Hals brechen!" antwortete Florian.

„Ich nicht, sondern der Gaul."

So stürmten die beiden weiter. Florian gab sich alle Mühe, hart hinter dem Deutschen zu bleiben, aber der Abstand vergrößerte sich doch immer mehr.

Da hörte der Leutnant Schüsse vor sich fallen. Er stieß seinem Pferd die Fersen in den Leib, daß es stöhnte, schärfer galoppieren konnte es aber nicht.

Da es dunkel war, konnte er die Schnelligkeit, mit welcher er vorwärts kam, nicht genau beurteilen. Jetzt aber bog sein Pferd um eine kurze Krümmung, da erblickte er ganz vorn den Schein der Wagenlaterne und vermochte den unregelmäßigen Lärm des Kampfes genau zu unterscheiden.

Er näherte sich, ohne daß man ihn bemerkte, und beschloß, ganz ebenso zu verfahren wie vorhin. Er zügelte sein Pferd, sprang ab und band es an. Dann eilte er dem Kampfplatz näher. Er konnte bereits das Nötige erkennen.

Grouchy war von vieren umringt; er hatte sie bisher glücklich von sich abgehalten, aber sein Arm drohte zu erlahmen. Da sprang Königsau herbei.

Sein erster Schuß galt der Fackel; sie loderte augenblicklich hell empor, so daß er deutlich sehen, zielen und schießen konnte. Er sah Grouchy, Ney, den Kaiser und den Generaladjutanten im Kampf.

„Aushalten, Sire. Es kommt Hilfe!"

Mit diesen Worten jagte er dem, welcher Grouchy am meisten bedrängte, eine Kugel durch den Kopf. Dem nächsten schlug er die nun abgeschossene Pistole so in das Gesicht, daß derselbe mit eingeschlagener Nase und heraushängendem Auge zusammenbrach.

„Teufel! Das ist Hilfe in der Not."

Bei diesen Worten schlug Grouchy den dritten nieder und hatte nun Zeit, den vierten mit Gemütlichkeit abzutun.

Königsau zog seine zweite Pistole und schaffte Ney Luft, indem er zwei von dessen Drängern niederschoß. Er warf die leere

Pistole fort, riß eine dritte hervor und trat an die Seite des Kaisers. Zwei Schüsse krachten, und der Kaiser hatte keinen Gegner mehr.

„Haben Sie noch einen Schuß, Sie Braver?“ rief da Gourgaud.

„Ja, zwei.“

„Dann hierher, bitte.“

Es war, als sei Königsau prädestiniert gewesen, der Reihe nach alle vier vom Untergang zu erretten. Er schoß die zwei nieder, welche, gegen den Generaladjutanten kämpfend, ihm am nächsten standen.

Da ertönte aus dem Busch die laute Stimme des Alten:

„Nun, wenn es so geht, so soll er wenigstens auch zum Teufel fahren.“

Ein Schuß blitzte auf. Er war auf den Kaiser gezielt. Als die Flamme aus dem Rohr sprühte, sah man den Schützen ganz deutlich stehen.

Königsau dachte nicht anders, als daß der Kaiser getroffen sei. Ein fürchterlicher Grimm überkam ihn. Noch am Schluß des Rettungswerkes der Kaiser ermordet, das mußte gerächt werden. Seine Fackel in der Hand, sonst keine Waffe, sprang er auf den Schützen ein. Dieser wendete sich zur Flucht.

„Halt, Bursche, du wirst mein!“ rief der Deutsche.

„Noch nicht“, antwortete der Fliehende, der im eiligsten Lauf zu entkommen suchte. Der Lichtschein blendete ihn, während Königsau den Vorteil desselben hatte.

Jener hörte den Verfolger immer näher hinter sich und beschloß, ihm standzuhalten. Er blieb stehen, holte Atem und drehte sich um. Der Deutsche stand kaum drei Schritt vor ihm. Da sah der Vagabund, daß sein Gegner unbewaffnet war. Er warf seine Flinte weg, die er bis jetzt noch in der Hand behalten hatte, zog sein Messer und rief frohlockend:

„Ah. Komm her, daß ich dich umarme!“

Er sprang auf Königsau ein, dieser aber war geistesgegenwärtig; er senkte seine Fackel und stieß den brennenden Schwalm, von welchem der glühende Talg tropfte, dem Gegner in das Gesicht und die Augen.

Der also Verwundete warf sein Messer weg und schlug beide Hände unter lautem Brüllen vor die Augen. Königsau packte ihn beim Kragen, so daß der Mann zum Stürzen kam, und kehrte im eiligsten Lauf, den Geblendeten nach sich schleppend, zu dem Kampfplatz zurück, auf welchem sich kein einziger Feind mehr befand.

„Hier“, rief er, „bringe ich den Mörder des Kaisers.“
Alle blickten auf ihn.
„Des Kaisers?“ fragte Ney erstaunt.
„Ja, er hat ihn erschossen.“
Da deutete Ney lächelnd seitwärts. Dort stand im Schatten der brave Florian mit seinem blutigen Säbel und neben ihm – Napoleon.
„Ah! Der Kaiser ist gerettet? Ist nicht tot?“ rief Königsau.
Er hatte dem Alten beide Knie auf die Brust gesetzt, hielt in der Linken die noch brennende Fackel, mit der Rechten umspannte er die Kehle seines Gegners.
Da kam der Kaiser herbei und sagte:
„Nein, mein Braver, ich bin nicht tot. Man hat die letzte Kugel auf mich gezielt, mich aber nicht getroffen.“
„Dieser Kerl war es, Sire.“
„Ah, Sie haben ihn geholt?“
„Ja.“
„Ohne Waffe?“
„Mit der Fackel.“
„Außerordentlich! Jan Hoorn, einen Riemen. Bindet diesen Mann. Er wird uns Aufschluß geben müssen.“
Jetzt erst richtete sich Königsau auf. Der Kaiser streckte ihm die Hand entgegen.
„Nehmen Sie meine Hand, Sie tapferer junger Mann. Sie haben mich gerettet.“
„Mich auch“, sagte Ney näher tretend.
„Mich auch“, fügte Grouchy hinzu.
„Uns alle!“ machte Gourgaud den Beschluß.
Und auch diese drei Männer streckten ihm ihre Hände entgegen. Im Schlag des ersten Wagens, dessen Pferde bereits beruhigt waren, erschien ein schönes, bleiches Gesicht, in dessen Augen Freudentränen schimmerten. Oder waren es Tränen des Schmerzes?
„Ich sprach schon diesen wackeren Kutscher dort“, fuhr Napoleon fort. „Er ist uns zu Hilfe gekommen, ehe wir es merkten, und hat zwei Feinde mit seinem langen Degen erstochen, eben als sie unter dem Wagen hindurchkriechen wollten, um uns von hinten zu nehmen. Wie ist es Ihnen denn gelungen, uns zu Hilfe zu kommen, Herr Kapitän?“
Königsau errötete. Sollte er sich der Vergeßlichkeit, der Nachlässigkeit zeihen? Er antwortete:
„Sire, ich belauschte zufälligerweise heute zwei Männer, wel-

che von Marschällen, von Geld und Überfall sprachen. Ich gab diesem Gespräch keinerlei Beachtung, da ich dachte, sie erzählten sich irgendein Ereignis . . ."

„Ach, ich beginne zu begreifen."

„Ich hatte dann das Glück, Euer Majestät zu sehen, und, erst später, als ich mich mit dem Kutscher allein auf dem Rückweg befand, brachte mich der Umstand, daß der Kutscher sich in Gesellschaft zweier Marschälle befunden hatte, auf den Gedanken, daß hier von keiner Erzählung, sondern von einem wirklichen Überfall die Rede sei."

„Ah, so. Sie eilten uns sofort zu Hilfe?"

„Ich spannte schleunigst aus, nahm für den braven Florian ein zweites Pferd und galoppierte nach. Das ist alles, Sire."

„Nein, das ist nicht alles, mein Lieber; denn Ihr Werk begann nun erst. Wir waren hart bedrängt. Sie kamen im rechten Augenblick. Denn man ist ja nicht mit einem Waffenarsenal versehen, wie es in einem solchen Fall vonnöten wäre. Ich hatte nur einen Degen. Aber, wie viele Feinde haben Sie getötet, Kapitän?"

„Ich glaube sieben."

„Sieben und erst acht. Sie sind ein wahrer Bayard – französischer Ritter, genannt Ritter ohne Furcht und Tadel –. Sie bleiben natürlich jetzt an meiner Seite. Ah, was ist das?"

In der Ferne ließ sich starkes Pferdegetrappel hören, und bald sah man auch eine Anzahl beweglicher Lichter funkeln.

„Verzeihung, Sire", sagte Königsau, „das ist der Maire von Le Chesne."

„Was will er?"

„Ich befahl ihm, sämtliche Recken und Helden des Ortes zu versammeln, um seinem Kaiser zu Hilfe zu kommen; er solle erschossen werden, wenn er binnen einer Viertelstunde nicht auf dem Kampfplatz erschienen sei."

Da lachte Napoleon laut auf, was bei ihm eine außerordentliche Seltenheit war. Auch die Offiziere stimmten fröhlich ein; doch meinte der Kaiser dann ernst:

„Ich danke Ihnen, Kapitän. Man sieht, wie umsichtig Sie verfahren. Ich bin überzeugt, daß Sie ein ausgezeichneter Offizier sein würden. Diese Helden und Ritter würden uns von großem Nutzen sein, wenn der Kampf nicht bereits glücklich zu Ende wäre."

„Sie werden uns auch jetzt noch von Vorteil sein, Sire", meinte Ney.

„Inwiefern?"
„Noch sind unsere Geschirre nicht in Ordnung; Tote und Verwundete liegen hier, ein Gefangener ist zu transportieren . . ."
„Ach ja; man lasse sie herbeikommen."
Jetzt waren die Bürger auf Sprechweite herangekommen; sie konnten natürlich den Schein der Wagenlichter sehen. Da ertönte die Stimme des Maire:
„Halt. Im Namen des Gesetzes."
„Was gibt es?" antwortete Gourgaud.
„Seid Ihr etwa die Marodeure?" fragte der Maire.
„Nein."
„Sind Sie der Kaiser?"
„Nein."
„Ah, so sind Sie der Herr Kapitän de Sainte-Marie?"
„Auch nicht. Ich bin der Generaladjutant des Kaisers."
„Oho! Wie heißen Sie?"
„General Gourgaud."
„Das stimmt. Ist der Kaiser dort?"
„Ja. Er befiehlt Ihnen, sofort näher zu kommen!"
„Wird noch geschossen?"
„Nein."
„Garantieren Sie dafür?"
„Ja."
„Nun gut, so kommen wir. Vorwärts! Marsch! Trab, trab!"
Die Leute setzten ihre Pferde in Trab. Da nicht mehr geschossen wurde, hatte der brave Maire Mut bekommen. Er ritt voran. Er sah im Schein von Königsaus nun bald ausgebrannter Fackel den Kaiser stehen. Er lenkte sein Pferd im Trab auf denselben zu, um seine Meldung in möglichst militärisch exakter Weise zu machen. Die Rechte an dem Mützenschirm und in der Linken das Halfter, rief er:
„Sire, ich melde mich . . ."
Sein Pferd stolperte über eine gerade hier im Wege liegende Leiche und brach auf die Knie nieder. Da glitt der mutige Vater des Ortes über den Hals des Tieres herab, setzte sich auf den Teil seines Körpers, in welchem gewöhnlich die wenigste Geistesgegenwart zu finden ist, und fuhr in seinem Bericht fort:
„. . eingetroffen mit zweiundzwanzig Mann."
Seine Untergebenen hielten seine demütige Bewegung für eine Notwendigkeit der Etikette und machten bereits Anstalt, in der gleichen Weise von den Pferden zu rutschen, obgleich sie im stillen sich fragten, ob sie es so natürlich und exakt fertigbringen

würden wie ihr Bataillonschef; da aber winkte der Generaladjutant und rief, das laute Lachen verbeißend:

„Richtig absteigen, Messieurs, richtig absteigen!"

Diesem Befehl folgten sie natürlich lieber als dem Beispiel ihres Zivilvorgesetzten, welcher sich soeben glorreich von der Erde erhob, seine herabgefallene Mütze wieder aufsetzte und dann sein Honneur wiederholte.

Der Kaiser hielt seine Augen lange auf ihn gerichtet, ohne eine Miene zu verziehen. Wer ihn kannte, der wußte, daß dieser Ernst nur das äußere Gewand war, unter welchem der Schalk lustig kicherte.

„Monsieur, Sie werden ein zweites Protokoll zu schreiben haben", sagte er endlich.

„Ich stehe untertänigst zu Diensten", sagte der Maire.

„Sehen Sie, was hier geschehen ist?"

„Ich sehe es, Sire."

Bei diesen Worten trat er einen Schritt zur Seite, denn ein Toter, dessen Gesicht nach oben gekehrt war, schien ihn drohend anzugrinsen.

„Man hat mich, den Kaiser, überfallen."

„Ein totwürdiges Verbrechen, Majestät."

„Die Leute sind getötet worden. Nur einer lebt. Dort bei meinem Kutscher liegt er gebunden. Man wird ihn verhören."

„Ich lege ihn auf die Folter, Sire."

„Es ist bereits heute beschlossen worden, meine Marschälle zu überfallen. Die Untersuchung muß erweisen, ob eine einfache Räuberei oder vielleicht ein tiefer gehendes Komplott zugrunde liegt."

„Ich werde das Komplott entdecken, Sire."

„Sie? Sie werden nichts entdecken. Sie sind weder ein Held des Geistes, noch des Schwertes. Ich werde die Untersuchung in andere Hände legen. Doch haben Sie morgen vormittag acht Uhr auf dem Meierhof Jeanette bei mir zu erscheinen, um das Protokoll in die Feder zu nehmen."

„Ich werde bereits drei Viertel acht dort sein, Sire."

„Übrigens danke ich Ihnen, daß Sie so schnell auf dem Kampfplatz erschienen sind. Jeder Ihrer Leute hat eine Laterne mit – ah! Wer hat das angeordnet?"

„Ich selbst, Sire."

Bei diesen Worten warf sich der Gefragte ganz gewaltig in die Brust.

„Weshalb?"

„Weil man da besser sieht, wohin man haut."
„Ein sehr triftiger Grund, mein Guter."
„Ja, Sire. Und weil man auch besser sieht, ob er wirklich tot ist."
„Wer?"
„Der, mit dem man kämpft."
Die Marschälle wandten sich ab. Sie mußten sich alle Mühe geben, um das Lachen zu verbeißen. Der Kaiser aber blieb ernst und sagte in freundlichem Ton:
„So recht! Ein Vorgesetzter muß seinen Untergebenen alle Pflichten erleichtern, besonders wenn sie so schwer und blutig sind wie diejenigen, welche heute von Ihnen erfüllt werden sollten. Verstehen Sie mit Wagen umzugehen?"
„Ausgezeichnet."
„So setzen Sie vor allen Dingen unsere Wagen und Geschirre instand. Dann säubern Sie die Straße von den Leichen und nehmen den Gefangenen scharf in Obhut, den Sie mir morgen früh bringen müssen."
Jetzt wendete sich der Kaiser ab. Er sah Königsau in der Nähe, bei dem die Offiziere standen, um ihm abermals Worte des Dankes zu sagen.
„Sind Sie verwundet, Kapitän?" fragte Napoleon.
„Nein, Majestät", lautete die Antwort.
„Wunderbar! Ich glaube, daß keiner von uns nur geritzt worden ist."
„Keiner!" bestätigte Grouchy.
„So haben wir von einem großen Glück zu sagen. Lassen Sie uns vor allen Dingen nach unseren Damen sehen."
Er trat zu seinem Wagen. Wie gern wäre Königsau an seine Stelle getreten! Dies ging aber nicht an. Und da die beiden Marschälle auch zu ihren Wagen zurückkehrten, so beschäftigte er sich damit, seine in der Hitze des Kampfes fortgeworfenen Pistolen wieder zu suchen.
Ney traf die Baronin in ganz gefaßter Stimmung. Sie war zwar anfangs tödlich erschrocken, hatte aber dann die Augen geschlossen und in Ergebenheit den Erfolg abgewartet, der glücklicherweise ein guter war.
Ebenso war es mit Frau Richemonte. Ihr Schreck war kein geringer gewesen; als Grouchy den Wagen verlassen hatte, war sie in Ohnmacht gesunken, aber das Getöse des Kampfes hatte sie wieder aufgeweckt. Königsau war ihr dann wie ein rettender Engel erschienen. Jetzt, da der Marschall sie nach ihrem Befin-

den fragte, gab sie nur den Wunsch zu erkennen, zu wissen, wie ihre Tochter die Gefahr überstanden habe.

Bei dieser war es anders. Als der Kaiser an den Wagen trat, fragte er:

„Mademoiselle, ich bedaure diesen Vorfall außerordentlich. Darf ich fragen, wie Sie sich befinden?"

„Oh, ich bin sehr schwach, Sire!" hauchte Sie.

„Ah! Jan Hoorn, frage die Damen nach einem Flakon!"

„Das wird nicht genügen, Majestät!" sagte Margot leise.

„Nicht? Warum, Mademoiselle?"

„Ich glaube, ich bin verwundet."

„O mein Gott, ist's möglich! Jan Hoorn, eine Laterne! Schnell, schnell!"

Der Kutscher riß die Wagenlaterne herab. General Gourgaud nahm sie ihm ab und leuchtete von drüben in den Wagen, während Napoleon von hüben den Schlag öffnete, um nachzusehen, ob sie recht habe.

Ja, da lag sie in der Ecke, bleich wie der Tod. Von ihrer Schulter floß ein Blutstrom über die Brust herab bis in den Schoß und von da dann weiter nieder auf den Boden des Wagens.

„Gott, sie hat einen Schuß erhalten!" rief der Kaiser. „Wann ist das gewesen?"

„Der letzte, Sire, welcher Sie treffen sollte", hauchte sie.

„Er ging an mir vorüber und in den Wagen. Was tun wir, General?"

Napoleon war außer sich, ganz ratlos.

„Wäre es nicht ratsam . . ."

Das wollte der Generaladjutant antworten; Margot aber bat:

„Bitte, Mama her!"

Da lief der Kaiser selbst zu Grouchys Wagen. Dieser wollte denselben eben verlassen, um sich nach Margots Befinden zu erkundigen. Frau Richemonte sah den Kaiser kommen. Brachte er etwa eine schlimme Botschaft?

„Ach mein Gott, Sire, ist etwas geschehen?" fragte sie.

„O Madame, man muß noch nicht verzagen!" antwortete er.

Es ging ihm, wie so vielen großen Männern: In solchen Verhältnissen sind sie ungeschickt wie die Kinder. Anstatt die Mutter zu beruhigen, machte er die Sache noch schlimmer, als sie eigentlich war.

„Nicht verzagen? O Sire, was ist mit Margot?" rief Frau Richemonte.

„Es ist ja nur die Kugel, welche mich treffen sollte . . .“
„Getroffen – geschossen ist mein Kind?“
„Ja, Madame. Zwar schwimmt der ganze Wagen von Blut, aber . . .“
„O mein Kind, meine Tochter! Ich komme!“
Sie sprang aus dem Wagen, schob den Kaiser einfach zur Seite und eilte davon.
Napoleon blickte Grouchy erstaunt an.
„Haben Sie gesehen, Marschall?“ fragte er ganz betroffen.
„Allerdings“, antwortete dieser lächelnd.
„Und ich habe es ihr doch so zart wie möglich beigebracht.“
„Zart zur Bewunderung, Sire!“
„Ich habe sie so vorsichtig darauf vorbereitet.“
„Höchst vorsichtig, Majestät.“
„Und doch war sie wie im Fieber! O diese Frauen! Besonders die Mütter!“
„Ja. Die Töchter pflegen sanfter zu sein, Sire.“
„Gewiß, gewiß, lieber Marschall. Wir zart lag diese Margot im Wagen! Wie sanft sagte sie, daß sie verwundet sei! Aber diese Mütter! Sie sind gerade wie die Löwinnen! Sehen Sie, da bricht noch eine aus dem Käfig.“
Er sah mit Schreck, daß jetzt auch die Baronin ihren Wagen verließ.
„Auch diese will nach ihr sehen“, sagte er. „Ein Arzt wäre besser als zehn Mütter, meinen Sie nicht auch, Marschall?“
Diese Frage war an Ney gerichtet, welcher bestürzt herbeitrat.
„Allerdings, Sire“, antwortete er. „Ist die Dame verwundet?“
„Ja, leider. Die letzte Kugel, welche auf mich gezielt war, hat sie getroffen.“
„Welch ein Unglück! Ist die Wunde schwer?“
„O mein Gott, der Wagen schwimmt!“ antwortete der Kaiser.
„Da sollte man sofort aufbrechen . . .“
„Ja, sofort aufbrechen!“ stimmte der Kaiser bei.
„Oder sofort einen Boten fortjagen nach dem Arzt“, meinte Grouchy.
„Ja, einen Boten schleunigst fort, nach dem Arzt“, sagte der Kaiser.
Die großen Kriegshelden wußten hier, den Kaiser selbst an der Spitze, keinen Rat, nur weil eine Dame die Verwundete war.
„Jan Hoorn, einen Eilboten nach dem Chirurgen!“ befahl der Kaiser.

„Wohin, Sire?“ fragte der treue Kutscher.
„Dahin, wo am schnellsten einer zu finden ist!“
„Um Gottes willen, Sire“, meinte Ney. „Ehe der Chirurg kommt, kann sie sich verblutet haben. Sofort muß man nach Jeanette aufbrechen.“
„Jan Hoorn, sofort aufbrechen, nach Jeanette“, gebot der Kaiser.
Der Kutscher stand wirklich im Begriff, aufzusteigen und fortzufahren, ohne sich darum zu bekümmern, wie es im Wagen aussah, wer auf den Tritten desselben stand und wo sein Kaiser blieb; da aber erschien ein Retter in der Not.
Königsau war es. Er hatte seine Pistolen gesucht und war dann mit Florian in die Büsche gegangen, um die Flinte zu suchen, welche sein Gefangener weggeworfen hatte. Jetzt kehrte er zurück.
Als Frau Richemonte zu ihrer Tochter gekommen war, hatte sie der Schreck bei dem Anblick derselben beinahe zu Boden gerissen. Aber sie faßte sich mit Gewalt, ergriff der Verwundeten Hand und sagte, die Tränen zurückdrängend:
„Kind, mein gutes Kind, ist es gefährlich?“
„Ich glaube nicht, liebe Mama“, lispelte dieses.
„Nicht? Gott sei Dank! Wo bist du getroffen?“
„Vorn an der Schulter oder Achsel; ich weiß es nicht, wie man es nennt.“
„Tut es weh?“
„Nein, gar nicht. Aber ich bin sehr müde; ich möchte schlafen.“
„Laß es mich sehen.“
Sie stieg in den Wagen, um die Wunde zu untersuchen. Da kam die Baronin dazu. Diese war gefaßter und also geschickter zur Hilfe. Aber das Blut floß so reichlich, daß die Wunde auf diese Weise nicht untersucht werden konnte.
„Um Gottes willen, was tun wir?“ fragte Frau Richemonte. „Hörst du, liebe Cousine, man will fortfahren.“
„Wo ist Hugo“, flüsterte die Verwundete.
„Hugo? Ja. Willst du ihn haben?“
„Ja, Mama. Er kennt die Wunden.“
„Aber, Kind – ein Herr!“ meinte die Baronin.
„Er ist mein Verlobter. Lieber soll er mich ansehen, als der Kaiser.“
Das wurde in zwar schwachem, aber sehr bestimmten Ton gesprochen. Darum trat die Baronin zurück und blickte sich um.

Sie sah den Leutnant eben näher treten und rief, ihrer Rolle als seine Verwandte treu bleibend:

„Lieber Cousin, bitte! Ihre Hilfe wird gebraucht."

„Hilfe?" fragte der Kaiser den Marschall Ney. „Ist der Kapitän auch Arzt?"

„Wohl möglich, Sire! Ein Seemann muß oft sehr viel verstehen."

„Wozu meine Hilfe?" fragte Königsau.

„Es gibt eine Verwundete."

„Eine Verwundete? O mein Gott, doch nicht etwa . . ."

Er hätte im ersten Schreck fast den Namen Margots genannt, doch nahm er sich zusammen und trat an den Wagen, wo ihm Frau Richemonte Platz machte.

Es war den beiden Damen noch nicht eingefallen, den Überwurf zu entfernen, welcher um Margots Schultern lag. Königsau tat dies sofort; die Baronin mußte leuchten. Als er die Heißgeliebte so bleich und schwach in den Kissen liegen sah, wurde es ihm angst und bange. Das Blut floß noch immer.

„O meine Margot", sagte er, ihr schwaches Händchen ergreifend. „Hast du Schmerzen?"

„Nein, lieber Hugo", flüsterte sie mit einem himmlischen Lächeln und einem unendlich sanften, milden Aufschlag ihrer Augen.

„Es ist ein Schuß."

„Ja, der letzte."

„Welcher den Kaiser treffen sollte?"

„Ja, Hugo."

„So ist es noch nicht lange her, Gott sei Dank! Darf ich nachsehen?"

„Ich bitte dich darum."

Er betrachtete die Wunde sehr sorgfältig und sagte dann, um vieles beruhigter:

„Bitte, Ihre Taschentücher, meine Damen. Es ist nur ein Streifschuß, aber die heftige Blutung hat die Patientin sehr geschwächt. Ich werde einstweilen einen Notverband anlegen, um das Blut möglichst zu stillen."

„Es ist also nicht gefährlich?" fragte Frau Richemonte.

„Nein", antwortete er.

„Aber wohl sehr schmerzhaft?"

„Ihre Kräfte werden zureichen, es auszuhalten."

„Oh, ich danke Ihnen, lieber Hu . . . lieber Herr Kapitän."

Sie wäre bald an dem Geheimnis zum Verräter geworden.

Unterdessen hatten die Helden und Recken von Le Chesne die Wagen wieder instand gesetzt. Die zerbrochenen Deichseln waren verbunden, das zerrissene Riemwerk fürs erste wieder haltbar gemacht und statt der verwundeten oder getöteten Pferde andere eingeschirrt worden. Auch die Seile hatte man entfernt und die Leichen zur Seite geschafft. Wäre die Verwundete nicht gewesen, so hätte man aufbrechen können.

Da endlich verließ Königsau den Wagen und kam auf den Kaiser zu.

„Ich sehe, daß Sie auch Arzt sind, Kapitän?" fragte dieser.

„Nicht Arzt, Sire", antworte er bescheiden, „obgleich ich so leidlich verstehe, den ersten Verband an eine Wunde zu legen."

„Wie ist's? Doch nicht gefährlich, hoffe ich."

„Bis jetzt nicht, aber durch allzu starken Blutverlust kann Gefahr eintreten."

„Ah! Was tun wir? Kommen wir bis Jeannette?"

„Sofort nicht. Es muß vorher ein sorgfältigerer Verband angelegt werden, als es im Wagen und unter den gegenwärtigen Umständen möglich war."

„Aber, was raten Sie uns da, Kapitän?"

„Es befindet sich unweit von hier eine Schänke, Sire ..."

„Gut. Sie meinen, daß wir dort haltmachen."

„Ja."

„Was für ein Mann ist der Wirt?"

„Es ist nur eine Wirtin mit ihrer Tochter dort, arme, aber brave Personen, wie es mir schien."

„Sie kennen Sie?"

„Nein. Ich war erst einmal dort. Heute am Nachmittag."

„So versuchen wir es, Kapitän. Aber, wie fortkommen, meine Herren?"

„Ich borge mir von diesem guten Maire von Le Chesne ein Pferd", meinte der Generaladjutant.

„Und ich ebenso", meinte Marschall Ney. „So erhalten Majestät Platz in meinem Wagen."

„Aber unser tapferer Arzt und Kapitän?"

„Ich muß bei der Patientin bleiben, Sire."

„Recht so. Immer am Platz seiner Pflicht. Und Madame Richemonte?"

„Darf ich nicht bei meiner Tochter sein?" wendete diese sich an Königsau.

„Madame, denken Sie an das Blut", meinte dieser.

„Ich lade die beiden Damen zu mir ein", sagte Marschall Grouchy.

Somit hatte ein jeder seinen Platz gefunden. Nur der brave Florian war nicht mit erwähnt worden. Er wußte sich aber selbst zu helfen. Er trat an den kaiserlichen Wagen und sagte zu Jan Hoorn:

„Nicht wahr, Kamerad, Sie haben sich brav mit gewehrt?"

„Ja, sogar mit der Peitsche."

„Nun, so werden Sie einen wackeren Kollegen nicht auf der Straße sitzenlassen."

„Nein, steigen Sie auf. Wohin gehören Sie?"

„Nach Jeanette."

„Ach ja. Der Kaiser bleibt dort, folglich ich auch. Das wissen Sie bereits."

„Ja, und so hoffe ich, daß Sie ein Glas Wein mit mir leeren werden."

„O gewiß, mit braven Kameraden trinkt man gern."

Napoleon war zu den Helden von Le Chesne getreten. Sie bildeten ein lange Reihe, die Pferde in der Linken am Halfter hinter sich und in der Rechten die Laterne, so boten sie einen eigentümlichen Anblick dar.

„Nun, Messieurs", sagte der Kaiser, „Sie haben mir einen Dienst erwiesen. Ich danke Ihnen. Auf dieser Straße soll, so lange ich regiere, kein braver Bürger wieder angefallen werden. Gute Nacht!"

„Ruft alle vive l'Empereur!" befahl jetzt der Maire.

„Vive l'Empereur!" brüllten die anwesenden Dorfbewohner.

„Schwingt die Laternen. Hoch aber!"

Sie schwangen die Laternen, daß diese zusammenklirrten.

„Er hat gute Nacht gesagt, schreit auch gute Nacht!"

„Gute Nacht!" riefen sie.

Und unter diesem Laternengeprassel, diesem Vive-l'Empereur- und Gute-Nacht-Schreien setzte sich der kurze Wagenzug in Bewegung, dieses Mal aber langsam. Der Kaiser war mit seinen Marschällen der Gefahr entgangen, welche ihnen gedroht hatte. Eine einzige hatte büßen müssen.

Sie dag drin im Wagen, matt und bleich. Aber sie ruhte nicht in den seidenen Kissen, sondern in den viel süßeren und weicheren Armen des Geliebten.

„Meine Seele, schläfst du?" flüsterte er.

„Nein, mein Hugo."

„Hast du Schmerzen?"

„Gar nicht."

„Glut oder Frösteln?"

„Nein. Ich bin so glücklich."

„Ja, ich kenne das. Es ist der Beginn jenes unendlichen Glükkes, welches das entfliehende Leben uns empfinden läßt. Es ist, als habe man Schwingen, welche einen in eine Unendlichkeit von seliger Lust und Wonne tragen. So fliegt man fort und immer weiter, mit den entschwindenden Lebensgeistern, bis der Körper zurückbleibt, starr, tot, verlassen von der Seele, welche den kühnen Flug unternommen hat hinein in die Ewigkeit."

„Du denkst, ich sterbe, Hugo?"

„O nein. Du wirst leben, noch lange leben und glücklich sein."

„Aber nur bei dir und mit dir."

Sie lehnte den Kopf an seine Schulter. Er strich leise, leise mit der Hand über ihre Wangen und über die Fülle ihres schönen Haares. Er saß neben ihr und achtete nicht darauf, daß er in ihrem Blut saß.

„So fahren wir im kaiserlichen Wagen", sagte sie leise.

„Aber einer besseren Zukunft entgegen als er."

„Glaubst du das?"

„Ja. Ich weiß, daß wir Deutsche siegen werden. Er ist zu schnell zurückgekehrt. Man wird den großen Adler wieder fangen, man wird seine Krallen beschneiden und seine Schwingen in Fesseln legen, welche er nicht wieder zerreißen kann. Der, welcher der Welt jahrzehntelang Gesetze gab, wird wie Prometheus angeschmiedet werden, ohne Hoffnung auf Erlösung."

„Wie grausam. Er ist doch auch ein Mensch."

„Ja, ein Mensch heute auch gegen dich."

„Hugo."

„Margot!"

„Bist du eifersüchtig, mein Lieber?"

„Nein. Ich weiß, daß ich dir teurer bin als alle Kaiser der Welt."

„Das weißt du? Das glaubst du?"

„Ja."

„Oh, wie macht mich das glücklich. Denn was du glaubst, das ist auch wahr."

„So laß uns dieses Glück festhalten, so wie ich dich in meinen Armen halte."

Sie schmiegte sich so innig, wie es ihre geschwächten Kräfte erlaubten, an ihn, und ihre Lippen fanden sich zu einem leisen, aber langen Kuß.

Da hörte man die Stimme Florians:
„Hier ist das Haus der Witwe Marmont, wo wir halten sollen."
Die Wagen hielten an, und Hugo stieg aus. Sofort kam der Kaiser heran.
„Wie geht es, Kapitän?" fragte er.
„Der Verband hat bis hierher gehalten, Sire", antwortete der Gefragte.
„Hier kann ein besserer aufgelegt werden."
„Ja."
„Dann können wir nach Jeannette fahren?"
„Ich hoffe, daß die Patientin es aushalten wird."
„Hält sie es nicht aus, so bleibe ich mit hier."
„Majestät!"
„Pah! Was?" fragte Napoleon kurz.
„Dieses Opfer!"
„Opfer? Was wollen Sie? Hat sie nicht die Kugel erhalten, welche mir gegolten hat? Bin ich ihr nicht Aufmerksamkeit schuldig? Übrigens ist sie schön, unendlich schön. Ich sah noch nie so ein Weib. Da gibt es kein Opfer."
„So erlauben Sie, Sire, daß man die Verwundete in das Haus trägt."
„Wer wird es tun?"
„Die beiden anderen Damen. Ich werde sie zu stützen versuchen."
„Das werde ich selbst tun, Kapitän", meinte der Kaiser mit einer Art von Eifersucht im Ton. „Zunächst aber muß man mit der Wirtin sprechen."
„Ich eile, dies zu tun."
„Ah, pah! Ich werde auch das selbst versorgen."
Er schritt wirklich auf die Tür des Häuschens zu und trat in die Stube, wo die Mutter mit der Brille auf der Nase beim Schein eines Lämpchens saß und die hübsche Tochter sich gerade anschickte, hinauszugehen, um nach dem Begehr der Gäste zu fragen, deren Kommen man bemerkt hatte.
Als Napoleon eingetreten war, fuhr das Mädchen mit einem halblauten Schrei zurück. Die Mutter blickte vom Buch auf und erhob sich. Der Kaiser grüßte und fragte in mildem Ton:
„Warum erschrickst du vor mir, mein Kind? Fürchtest du dich?"
Sie antwortete nicht.
„Ich fragte, warum du erschrickst?" fragte er zum zweiten Male.

„O Mutter", antwortete sie, auf den Kaiser deutend.
„Kennst du mich, mein Kind?" fragte er.
Da faßte sie sich ein Herz und antwortete:
„Ich weiß nicht, ob ich mich irre."
„Nun, wer denkst du, daß ich bin?"
Da zeigte sie an die Wand, wo das Bild des Generals Bonaparte hing, wie er die Brücke bei Lodi verteidigt.
„Sind Sie das?" fragte sie.
„Ja, ich bin es."
Da schlug sie die Hände zusammen und rief jubelnd aus:
„Mutter, o Mutter, der Kaiser!"
„Der Kaiser?" fragte die Frau. „Nein, das ist nicht möglich, der Kaiser kommt nicht in dieses Haus, in diese kleine, armselige Stube."
„Und doch bin ich es, Mutter", sagte er; „ich bin Napoleon, euer Kaiser."
Da trat die Frau näher herbei, betrachtete ihn aufmerksam und sagte:
„Ja, Bertha, das ist er; das ist unser Kaiser! So hat dein Vater ihn mir beschrieben."
„Der Vater dieses Mädchens? Ihr Mann? Wer war er? Wie hieß er?"
Auf diese Frage antwortete die Frau:
„Oh, mein Kaiser, Sie kennen ihn; Sie müssen ihn kennen, Jacques Marmont."
„Jacques Marmont? Es gibt der Marmonts viele."
„Er war mit bei der Belagerung von Toulon, dann unter Defaix bei der Rheinarmee; er kämpfte bei Lodi, Castiglione, St. Georges, in Ägypten, bei Marengo, Castelnuovo und Ragusa, bei Wagram und in Spanien. Dann wurde er verwundet und kehrte zurück."
„Ah, war es jener Marmont, welcher Soult bei Badajoz das Leben rettete?"
„Ja, ja, Sire, das war er!"
„Wie ging es ihm?"
„Nicht gut. Seine Narben brannten. Er kaufte dieses Haus, um hier auszuruhen. Er fand die Ruhe bald, denn er wurde ermordet."
„Ermordet? Von wem?" fragte der Kaiser, die Brauen zusammenziehend.
„Von Marodeuren."
„Wo?"

„Hier im Wald."

„Ach. Wieder einer. Sie sollen das büßen. Ich werde für euch sorgen. Auch ich bin soeben da vorn im Wald überfallen worden."

„Sie, Sire?" rief die Frau erschrocken.

„Ja, ich! Von Marodeuren!"

„Gott! Sie wagen sich an den Kaiser!"

„Sie werden es nicht mehr wagen. Es sind viele gefallen, und die übrigen werde ich ausrotten bis auf den letzten Mann. Es ist eine Dame dabei verwundet worden. Sie soll hier bei Ihnen verbunden werden. Erlauben Sie, daß man die Arme zu Ihnen bringe?"

„Mein Häuschen und alles, was ich besitze, ist Ihr Eigentum, Sire. Ich gehe selbst, die Dame mit hereinzubringen. Komm, Bertha."

Sie schritt mit ihrer Tochter hinaus. Nun war die Hilfe des Kaisers nicht nötig. Hugo hatte Margot bereits aus dem Wagen gehoben; sie wurde von den beiden Damen und der Wirtin nebst ihrer Tochter nach der Stube halb geführt, halb getragen. Napoleon trat zu Königsau und fragte ziemlich barsch:

„Die Kranke scheint sich erholt zu haben?"

Der Gefragte ahnte, was Napoleon wollte; er antwortete:

„Ich hoffe, nach einem besseren Verband wird sie sich wohler befinden."

„Sie ist selbst aus dem Wagen gestiegen?"

„Nein."

„Man hat ihr geholfen? Man hat sie unterstützt?"

„Allerdings."

„Wer ist das gewesen?"

„Ich, Sire."

„Sie? Ich hatte Ihnen verboten, es zu tun."

„Sie bat mich darum, Sire."

„Mein Befehl pflegt zu gelten."

Königsau verneigte sich, ohne zu antworten. Der Kaiser fuhr fort:

„Wer wird den jetzigen Verband anlegen?"

„Ich."

„Gut, Kapitän. Aber ich werde dabeisein."

„Ich kann nicht widersprechen, Sire."

„Kommen Sie."

Er schritt voran, und Königsau folgte ihm. Die Offiziere waren auch ausgestiegen, traten aber nicht mit in das Haus. Es war ganz so, als ob eine Fürstin in dem kleinen Häuschen weile, dessen Schwelle nun nicht überschritten werde dürfe.

Als Königsau eintrat, hellte sich der Blick Margots auf, als sie aber den Kaiser bemerkte, verdüsterte er sich augenblicklich wieder. Sie hatte während der kurzen Fahrt doch wohl zu viel mit dem Geliebten gesprochen; sie fühlte sich matter als vorher. Sie lag auf einem einfachen Ruhebett; ihre Mutter und die Baronin waren um sie beschäftigt. Die Wirtin stand mit ihrer Tochter von fern. Beide hatten ihre Blicke auf das wunderschöne Mädchen gerichtet.

Es war eigentümlich, mit welchem Ausdruck die Augen Berthas auf Margot ruhten. Es spiegelte sich darin Bewunderung und Furcht, Mitleid und Haß.

Da trat der Kaiser näher, faßte die Hand der Verwundeten und sagte:

„Wie fühlen Sie sich jetzt, meine Teure?"

„Sehr, sehr matt, Sire."

„Sollte man da nicht mit dem zweiten Verband warten?"

Margot richtete den Blick fragend auf Königsau; darum antwortete dieser in seinem bescheidensten Ton:

„Der erste Verband war Notverband, Sire; er ist ungenügend."

Da wendete sich der Kaiser ihm zu. Aus seinem Auge leuchtete es wie eine tiefe Leidenschaft, und er sagte in kaltem, abweisenden Ton:

„Ich sprach mit Mademoiselle. Ihre Antwort werde ich mir befehlen."

Königsau verbeugte sich stumm. Der Kaiser wendete sich an die Mutter der Patientin, welche ganz erschrocken war, und sagte:

„Wünschen auch Sie, daß ein Verband angelegt werde?"

„Ich bitte darum, Sire", antwortete sie fast furchtsam.

„So mag der Kapitän beginnen; aber ich selbst werde dabeisein."

Es lag klar, daß der Kaiser eifersüchtig war. Er kreuzte die Arme über die Brust, wie er es zu tun pflegte, wenn ihn irgend etwas mehr als gewöhnlich bewegte, und stellte sich so, daß er die Prozedur genau betrachten konnte.

Königsau blieb an seiner Stelle stehen, ohne sich zu bewegen.

„Beginnen Sie, Kapitän", befahl Napoleon.

Königsau zuckte die Achseln und rührt sich nicht. Da leuchteten die Augen des Kaisers gebieterisch auf; er machte eine halbe Wendung und fragte:

„Haben Sie gehört?“

Da wendete sich Königsau mit der Frage an Margot:

„Mademoiselle, befehlen Sie, daß ich Sie in Gegenwart eines Dritten verbinde?“

„Eines Dritten?“ brauste da der Kaiser auf. „Wer ist dieser Dritte?“

„Sie, Sire“, antwortete Königsau ruhig.

Er hielt den flammenden Blick des Kaisers standhaft aus, ohne mit den Wimpern zu zucken. Dieser verließ seinen Platz, stellte sich vor ihn hin und fragte:

„Monsieur, ich bin der Kaiser!“

Königsau verbeugte sich tief, aber er antwortete:

„Majestät, nur der Gemahl pflegt in solchen Fällen bei der Dame zu verweilen. Oder haben Sie die Absicht, Mademoiselle Richemonte zu jenen Damen zu rechnen, die man wohl betrachtet, von denen man aber nicht spricht?“

„Monsieur!“ rief der Kaiser, mit dem Fuß auf den Boden stampfend.

Frau Richemonte und die Baronin waren erbleicht; sie waren keines Wortes fähig. Die Wirtin staunte ebenso wie ihre Tochter den jungen Mann an, der es wagte, dem gewaltigen Korsen zu widerstehen. Margot lag mit geschlossenen Augen da, mehr einer Leiche als einer Verwundeten ähnlich.

Königsau antwortete auf das Fußstampfen abermals mit einer sehr tiefen Verneigung und fügte dann lächelnd hinzu:

„Sire, keiner weiß so genau wie ich, daß ich eine Majestät vor mir habe; die höchste Majestät eines reinen, keuschen und züchtigen Weibes. Und liebte ich eine Braut, ein Weib mit allen Gluten meines Herzens, ich würde doch auf ihren Besitz verzichten, wenn ein fremdes Auge auf ihr geruht hätte zu einer Zeit, in welcher nur das Auge des Geliebten oder des Arztes zugegen sein darf. Ich würde verzichten selbst dann, wenn dieses fremde Auge dasjenige eines Kaisers wäre. Kein Bettler und kein Kaiser hat das Recht, einem reinen Wesen, weil es augenblicklich wehrlos ist, das hinwegzustehlen, was dieses Wesen, wenn es sich stärker fühlte, tapferer verteidigen würde als ein Königreich.“

Es lag etwas in der Art und Weise des Deutschen, was selbst Napoleon imponierte. Er trat einen Schritt zurück und antwortete:

„Monsieur, Sie sprechen sehr verwegen!“

„Genau so, wie ich handelte, als es galt, Ihr Leben zu verteidigen.“

„Ah!“

Es lag in diesem knirschend hervorgestoßenen Laut eine ganze Welt von gewaltsam zurückgedrängten Empfindungen. Das war ganz der Korse, der am liebsten zum Dolch gegriffen hätte.

„Monsieur“, sagte er. „Sie haben mir Ihre Tat vorgeworfen und vorgerechnet, wir sind also quitt. Sie können gehen.“

„Ich werde gehen, sobald es hier niemand mehr gibt, der meiner Hilfe bedarf.“

„Ich befehle es Ihnen!“ stampfte der Kaiser.

Der Deutsche sah ihn ruhig vom Kopf bis zu den Füßen an und sagte lächelnd:

„Majestät, haben Sie über dieses Leben zu gebieten? Ist Mademoiselle Richemonte Ihr Weib oder Ihre Braut? Selbst in diesen beiden Fällen dürften Sie es nicht wagen, ihr Leben aufs Spiel zu setzen. Sie sind hier Mensch, und ich bin Arzt; selbst wenn Sie hier Kaiser wären, würde ich als Arzt mehr zu befehlen haben.“

Da warf ihm Napoleon einen vernichtenden Blick zu und sagte:

„Ich werde Sie hinausbringen lassen.“

Da schüttelte Königsau den Kopf so stolz und verächtlich, wie ein Löwe seine Mähne. Dann sagte er:

„Und ich werde einen jeden niederschießen, der es wagt, mich zu entfernen, bevor ich freiwillig gehe.“

„Ah! Auch mich?“

„Jeden, ohne Ausnahme.“

Da trat der Kaiser mit zwei Schritten an das Bett, faßte Margots Hand und sagte:

„Margot, sagen Sie ihm, daß er gehen soll.“

Da überflog ein leichtes Lächeln ihre Engelszüge, und leise klang es:

„Er wird nicht gehen; er ist zu stolz!“

Da nahte Bertha, die Tochter der Wirtin, der Verwundeten, bog sich zu ihr nieder und flüsterte ihr leise zu. Margot nickte. Dann sagte Bertha laut:

„Ich bin im Kloster der Barmherzigen gewesen; ich verstehe es, Wunden zu verbinden, und habe einen Balsam, der sehr schnell heilt.“

Da fragte Frau Richemonte:

„Kind, soll sie dich verbinden?“

Alle waren gespannt auf die Antwort, welche sie geben würde.

„Wenn es der Herr Kapitän erlaubt“, flüsterte sie mit halblauter Stimme.

Da sagte Königsau:

„Mademoiselle weiß, was sie dem Arzt schuldig ist. Ich gehe, da ich glaube, sie befindet sich in guten Händen und unter diskreten Augen.“

Er wendete sich um, machte dem Kaiser eine sehr tiefe und sehr zeremonielle Verbeugung und schritt zur Tür hinaus. Es blieb nun Napoleon nichts anderes übrig, als ihm zu folgen. Draußen sprach er einige Worte mit Jan Hoorn, die niemand hörte, und dieser trat sodann zu Königsau.

„Majestät läßt Ihnen sagen, Herr Kapitän“, sagte er, „daß kein Platz in den drei Wagen mehr vorhanden ist.“

Königsau gab keine Antwort. Er nickte bloß.

Napoleon ging seinem Untergang entgegen, und nicht nur seinem politischen und militärischen, das hatte er heute bei diesem außerordentlichen Vorgang bewiesen, in dem seine eigene Leidenschaft, sein eigener Wille hatte Gesetz sein sollen.

Der Deutsche ging seitwärts am Haus hin. Dort stand Florian, der Kutscher.

„Kommen Sie mir heimlich nach!“ sagte Königsau.

Er schritt noch eine Strecke weiter und blieb dann stehen. Bald stand der treue Mann vor ihm.

„Was gibt es?“ fragte er.

„Etwas Unglaubliches“, antwortete Hugo.

„Was?“

„Der Kaiser ist in Margot verliebt.“

„Das sieht ein jeder.“

„Er wollte beim Verband zugegen sein.“

„Ah! Sind Kaiser auch neugierig?“

„Wie es scheint! Ich wollte es nicht dulden, und so gerieten wir zusammen.“

„Donnerwetter! Ein deutscher Leutnant und der französische Kaiser! Das wirft kein schlechtes Licht auf unser Vaterland.“

„Ja. Deutschland kann mit mir zufrieden sein.“

Nachdem Sie ihm das Leben gerettet haben.“

„Pah, der ganz gewöhnliche Dank, beim Kaiser gerade so wie beim Feldhüter! Ich hatte übrigens auf ganz und gar nichts gerechnet.“

„Aber nun können Sie rechnen.“

„Gewiß.“

„Auf allerhöchste Ungnade und so weiter.“

„Sie ist bereits eingetroffen."
„Inwiefern?"
„Ich darf nicht weiter mitfahren."
„Donnerwetter! Ist das möglich?"
„Er hat es mir durch Jan Hoorn sagen lassen."
„So fahre ich auch nicht weiter mit. Wir finden Jeannette mit den Beinen."
„Gewiß. Aber ich möchte auch keinen Schritt ohne Vorwissen der Baronin tun. Wollen Sie mir einen kleinen Gefallen erweisen?"
„Oh, gar zu gern, Monsieur."
„Der Kaiser wird den Eingang mit Argusaugen bewachen. Schleichen Sie sich einmal hinter dem Haus herum, und versuchen Sie, durch die hintere Tür eintreten zu können. Sie sagen der Baronin oder Madame Richemonte einfach, daß ich nicht weiter mitfahren darf. Man wird Ihnen dann schon einen Auftrag an mich erteilen."
„Schön. Das ist alles?"
„Ja."
„Sonst wirklich nichts?"
„Nein, lieber Florian."
„O weh! Ich dachte, ich solle den Kaiser auf Fausthandschuhe fordern. Das wäre mir ein wahres Gaudium gewesen. Ich gehe also. Wo treffe ich Sie?"
„Hier."
„Gut. Warten Sie."
Er verschwand im Dunkel der Nacht. Es dauerte eine geraume Zeit, ehe er wiederkam. Endlich hörte Königsau leise Schritte, und die feste Gestalt des Boten tauchte vor ihm auf.
„Nun?" fragte er.
„Getroffen."
„Wen?"
„Erst Frau Richemonte und dann die Frau Baronin selbst."
„Was lassen sie mir sagen?"
„Kommen Sie."
„Wohin?"
„Nach Jeannette."
„Fällt mir gar nicht ein."
„Warum nicht?"
„Ich weiche diesem Franzmann keinen Schritt, wo es sich um Margot handelt."
„Aber es handelt sich doch gar nicht um sie."

„Um wen sonst?“
„Sie denken, der Kaiser setzt sich zu ihr in den Wagen?“ fragte der Kutscher.
„Ja. Lachen Sie nicht, Florian! Ich bin nicht im geringsten eifersüchtig. Selbst wenn er ganz allein mit ihr im dunklen Fond des Wagens säße, würde sie doch lieber sterben, als sich beleidigen lassen; aber ich will ihn nicht meinen lassen, daß sich seine Herrschaft auch über dieses Mädchen erstreckt.“
„Nun, ich habe Ihnen zu sagen, daß er sich nicht zu ihr in den Wagen setzen wird.“
„Ah, wirklich?“
„Ja.“
„Wie wollen sie das anfangen?“
„Sie werden Bertha Marmont mitnehmen.“
„Geht das?“
„Warum nicht?“
„Das Mädchen versteht ganz ausgezeichnet mit Kräutern und Säften umzugehen. Sie werden sie mit nach Jeannette nehmen, wo sie scheinbar als Krankenpflegerin bleiben wird, bis der Kaiser abgereist ist.“
„Gut. Und ich?“
„Sie habe ich zum jungen Herrn Baron zu führen, der Ihnen ein Zimmer anweisen soll, welches ich ihm zu bezeichnen habe.“
„Was ist es für ein Zimmer?“
„Ein Eck-, Erker- und Wendeltreppenzimmer, ein ganz verfluchtes Zimmer, von wo aus man allüberall hinkommen kann.“
„Ah, das ist mir lieb.“
„Mir auch.“
„Warum?“
„Weil ich Sie da sehr leicht besuchen kann. Überhaupt scheint die gnädige Frau dieses Zimmer Ihnen nicht ohne alle Absicht gegeben zu haben.“
„Denken Sie?“
„Ja, kommen Sie nur. Laufen wir. Ich kann Ihnen das alles unterwegs sagen. Wir müssen so bald wie möglich nach Hause kommen, und da wir nicht die Straße zu gehen brauchen, so treffen wir eher ein als die Wagen.“
Er schritt sehr rasch voran und bog dann in einen Seitenweg ein, welcher gerade so breit war, daß zwei Personen nebeneinander gehen konnten.
„Oder fürchten Sie sich, einen Richtweg durch den Wald zu gehen?“ lachte er.

„Pah! Ich hätte ja für alle Fälle meine Pistolen."
„Ja, und Sie hätten ferner auf alle Fälle mich. Dem alten Florian tut kein Mensch etwas, und wer bei ihm ist, der ist auch mit sicher."
„Also, wie steht es mit diesem Erker- und Treppenzimmer?"
„Nun, erstens kann ich Sie da sprechen, ohne daß es jemand bemerkt, denn gerade aus dem Stall geht eine kleine Wendeltreppe dahin. Zweitens können Sie von da aus Mademoiselle Margot besuchen, so oft Sie wollen und ohne daß jemand es beobachtet. Und drittens – das ist die Hauptsache."
„Was?"
„Das ist ja eben die Pfiffigkeit der Frau Baronin."
„Sie machen mich immer neugieriger."
„Nun, von Ihrem Zimmer geht die Wendeltreppe hinauf auf das platte Steindach des Hauptgebäudes. Es gibt zwar noch einen zweiten, größeren Zugang da hinauf, aber der ist stets verschlossen, und den Schlüssel dazu soll Ihnen der gnädige Herr auch aushändigen. Sie sehen also, wie gut die gnädige Frau es mit Ihnen meint."
„Ich gestehe Ihnen offen, daß ich das noch nicht so ganz einsehe."
„So muß ich Ihnen zu Hilfe kommen, mein lieber Herr Seekapitän."
„Tun sie das."
„Nun zunächst: den Schlüssel des Hauptzuganges zum platten Dach bekommen Sie nicht zu Ihrem Gebrauch, sondern nur zum Beweis, daß man ein höchst ehrliches Spiel mit Ihnen treibt. Man will Ihnen damit sagen, daß Sie der einzige sind, der da oben Zutritt hat, und daß Sie sich dort herumtummeln können, so viel Sie wollen und ohne zu befürchten, beobachtet zu werden."
„Warum das? Ist die Aussicht da oben gar so prächtig?"
„Ausgezeichnet."
„Aber warum diese Heimlichkeit dabei?"
„Weil die Aussicht am besten ist, wenn man sie heimlich genießt."
„Sprechen Sie deutlicher."
„Nun, ich muß Ihnen sagen, daß es sehr gut für Sie ist, mich heute getroffen zu haben, denn ich bin fast der einzige Diener, der das alles kennt. Die Zimmer, welche eine Treppe hoch liegen, haben nämlich in der Mitte des Plafonds Ventilationslöcher, welche alle hinaus auf das platte Dach gehen. Sie sind mit

runden Einsätzen verschlossen, welche man vom Dach aus fortnehmen kann, ohne daß es im Zimmer bemerkt wird, so täuschend ist die Malerei der Decke."

„Hm. Ich beginne zu begreifen."

„Nicht wahr? Sie sind jetzt so eine Art von Diplomat ..."

„Das stimmt!"

„Diplomaten wollen hören und sehen."

„Und zwar viel, möglichst alles."

„Und was andere nicht zu hören und zu sehen bekommen. Nimmt man nun da oben die Einsätze weg, so kann man nicht nur die betreffenden Räume vollständig bis in die kleinste Ecke überblicken, sondern man kann auch jedes Wort hören, was da gesprochen wird."

„Auch leise Worte?"

„Ja, die Zimmer sind danach gebaut. Der Schall läuft an den stumpfen, abgerundeten Ecken in die Höhe bis zu dem Loch."

„Das ist ja ganz außerordentlich vorteilhaft."

„Ja. Aber das Allervorteilhafteste werden Sie noch zu hören bekommen."

„Was wird das sein, lieber Florian?"

„Horchen Sie gut auf. Der Kaiser wird nämlich mit dem Generaladjutanten und den Marschällen da oben einquartiert."

„Ah?" rief Königsau höchst erfreut.

„Nicht wahr? General Drouet wohnt auch bereits droben. Und nun noch eins, bester Herr Seekapitän aus Berlin. Sie werden nämlich nur von einem einzigen Menschen bedient, und raten Sie, wer das sein wird."

„Doch Sie?"

„Natürlich. So, jetzt wissen Sie alles. Ist Ihnen das genug?"

„Oh, mehr als genug!"

„Wenn Sie mich haben wollen, sei es nun bei Tag oder bei Nacht, so ziehen Sie an einer Glockenschnur, welche sich in Ihrem Zimmer befindet. Es ertönt keine Glocke, sondern ich erhalte unten im Stall ein Zeichen, welches kein anderer versteht. Bemerken Sie nun, was die Baronin meint?"

„Ich meine es zu ahnen."

„Sie will, Sie sollen recht oft auf dem platten Dach spazierengehen, verstanden? Sie ist eine Deutsche, und der junge Herr liebt Deutschland: damit ist alles gesagt. Jetzt aber wird der Wald alle, und der Weg geht schmal über das Feld. Gehen Sie nun hinter mir, Monsieur."

Der brave Kutscher lief voran, und Königsau folgte ihm. So

gelangten sie an den Meierhof, aber nicht an die Zugangs-, sondern an die hintere Seite.

„Können Sie klettern?“ fragte Florian.

„Ich hoffe, es Ihnen gleichzutun.“

„So kommen Sie über diesen Zaun hinweg.“

In zwei Augenblicken waren sie drüben; dann meinte der Kutscher:

„Wir könnten zwar ganz gut durch das Tor gehen; aber ich denke, daß man doch nach Ihnen fragen wird, und da liebe ich es, solche neugierige Leute im unklaren zu lassen. Kommen Sie mit nach dem Stall.“

„Ich denke, wir gehen zum Baron?“

„Sie werden ihn schon sprechen.“

Sie schritten durch einen breiten Garten, an welchen die hintere Seite des Stalles stieß. Dort gab es ein kleines Türchen, welches Florian öffnete. Als sie eingetreten waren, befanden sie sich in einer Abteilung, in welcher sich ein großer, hoher Futterkasten befand. Der Kutscher bückte sich und zog einen Riegel aus dem unteren Teil des Kastens. Sofort ließ sich der letztere bewegen, und es wurde hinter ihm, da, wo er an die Wand gestoßen hatte, eine türähnliche Öffnung sichtbar, welche jetzt im Licht der Stallaterne desto dunkler erschien.

„Das ist die Wendeltreppe“, sagte Florian.

„Und die kennen bloß Sie? Aber Sie können leicht überrascht werden!“

„Gar nicht. Dieser Teil des Stalles ist von dem anderen abgeschlossen und steht unter meiner alleinigen Verwaltung. Wenn ich vorn zuschließe, bin ich sicher. Ich bitte Sie, einige Augenblicke zu warten.“

Er schritt nach der vorderen Tür, welche er von innen öffnete. Als er hinaus auf den Hof getreten war, verschloß er sie von außen.

Königsau hatte doch einige Minuten zu warten. Als dann der brave Mensch zurückkehrte, befand sich der junge Baron bei ihm. Dieser kam schnell auf ihn zu, streckte ihm beide Hände entgegen und sagte:

„Willkommen, Herr Kapitän! Florian hat mir soeben in ganz kurzen Umrissen mitgeteilt, was geschehen ist. Ich habe Ihnen Unendliches zu danken. Leider höre ich, welch außerordentliche Gäste wir bekommen; da gibt es Hals über Kopf Vorbereitungen. Ich werde Sie aber baldigst sprechen, um Ihnen zu danken.“

„Bitte, Herr Baron, keinen Dank!“ bat Königsau aufrichtig. „Darf ich Ihnen Ihre Pistolen zur Verfügung stellen? Sie haben mir gute Dienste geleistet.“

„Herr Kapitän, diese Waffen nehme ich nicht wieder . . .“

„O doch!“ fiel der Deutsche ein.

„Nein, auf keinen Fall. Sie haben damit Personen gerettet, welche mir unendlich teuer sind. Ich bitte wirklich dringend, die Waffen als ein Andenken an den heutigen Tag und als ein Zeichen meiner Ergebenheit zu behalten. Übrigens habe ich ihnen diese Schlüssel zu übergeben.“

„Danke“, sagte Königsau einfach, indem er die Pistolen wieder zu sich steckte und die Schlüssel entgegennahm.

„Florian wird Sie in Ihre Wohnung einweisen. Wird Mama bald kommen?“

„Ich hoffe es“, sagte der Leutnant, und an sein heutiges Gespräch mit der hübschen Bertha denkend, fügte er hinzu: „Daß Mademoiselle Margot verwundet ist, wissen Sie bereits?“

„Mein Gott, ja. Florian hat es mir gesagt. Ist's gefährlich?“

„Nein, ich befürchte es nicht. Übrigens wird sie von einer ganz tüchtigen Pflegerin begleitet.“

„Ach, wer wäre das?“ fragte der Baron ahnungslos.

„Ein einfaches, aber, wie es mir scheint, recht braves, gutes und auch schönes Mädchen, nämlich die Tochter der Witwe Marmont, welche im Wald die kleine Schänke besitzt.“

Der Baron wechselte jäh die Farbe.

„Was?“ rief er. „Bertha Marmont?“

„Ja, Bertha wurde sie, glaube ich, genannt.“

„Das ist ein Wunder, ein großes, großes Wunder! Wie ist das gekommen?“

„Wir mußten dort einkehren, um einen Verband anzulegen, und da hat sich die junge Dame jedenfalls so brauchbar erwiesen, daß die gnädige Frau es vorgezogen hat, sie nach Jeannette einzuladen.“

„Das ist eine Neuigkeit, welche mich fast mehr als überrascht, welche mich verblüfft. Aber ich verschwatze hier meine und Ihre Zeit. Sie kennen die Verhältnisse und werden mir nicht zürnen, wenn ich Sie bitte, Ihnen meine Aufwartung später machen zu dürfen. Adieu, Herr Kapitän.“

„Adieu, Herr Baron.“

Was den jungen Mann so verblüffte, war Königsau sehr leicht begreiflich. Es hatte kein anderes Mittel gegeben, den Kaiser von Margot fernzuhalten, als ihr diese Pflegerin an die Seite zu geben. Darum allein hatte sie Zutritt zu dem Meierhof gefunden, aus keinem anderen Grund.

Florian ließ seinen Herrn zum Stall hinaus, verschloß hinter ihm die Tür und kehrte zu Königsau zurück. Er brannte ein Laternchen an und bat dann den Leutnant, ihm zu folgen.

Sie traten in die Treppenöffnung. Die Stufen führten steil und eng empor. Oben betrat man einen kleinen Bodenraum, welcher da über dem Stall lag, wo dieser an das Hauptgebäude stieß. Aus diesem Bodenraum führte eine Tür in das letztere.

„Sie haben den Schlüssel", bemerkte Florian.

Er nahm ihn aus der Hand des Leutnants und öffnete die Tür. Als sie eintraten, kamen sie in ein mittelgroßes Zimmer, welches zwei Fenster hatte. Gegenüber dem jetzigen Eingang gab es eine Tür.

„So, das ist Ihr Wohnzimmer, Herr Kapitän", sagte Florian.

Der Leutnant blickte sich um. Ein Sofa, vier Stühle, ein Tisch, ein Schreibtisch, Spiegel mit Toilette, das war das ganze Mobiliar. Es war kein feines Zimmer, aber es war recht wohnlich und behaglich. Jetzt schob er den breiten Vorhang im Hintergrund zurück, und Königsau gewahrte da ein schwellendes Bett. Am Fußende desselben führte eine Wendeltreppe empor.

„Ah, das ist der Weg zum Dach?" fragte er.

„Ja, der andere Schlüssel schließt."

„Und dort jene Tür?"

„Kommen Sie, Herr Kapitän."

Er öffnete die Tür und ließ ihn eintreten. Es war ein Schlaf- und Ankleidezimmer, jedenfalls einer Dame gehörig, denn es war hier jenes feine, nervenprickelnde Parfüm zu bemerken, welches der stete Begleiter des schönen Geschlechtes zu sein pflegt.

„Wer wohnt hier?" fragte er.

„Wollen Sie nicht raten?" fragte der Kutscher lächelnd.

„Ah! Ist's möglich? Rate ich recht?"

„Nun, wie raten Sie?"

„Margot?"

„Margot, Mademoiselle Margot, ja, sie schläft hier, und nebenan hat sie den Wohnraum. Sie sehen, Herr Kapitän, daß Ihr Zimmer Ihnen nur unter gewissen Voraussetzungen gegeben werden konnte. Es ist kein Zimmer für einen Offizier. Sie sind jedenfalls ganz anderen Komfort gewöhnt; aber wenn Sie an die Vorteile denken, welche Ihnen die Wendeltreppe bietet, so werden Sie der Frau Baronin verzeihen, daß sie für dieses Mal Ihren

Geschmack so wenig berücksichtigen konnte. Und mir bitte ich auch nicht bös zu sein."

Der alte Kutscher stand da, mit einem Gesicht so treu und gut, so pfiffig und schlau, so selbstbewußt und überlegen, daß Königsau sagte:

„Aber Florian!"

„Was, Herr Kapitän?"

„Der Teufel werde aus Ihnen klug."

„Der nun nicht, wenn nur Sie in mir klug werden; das ist die Hauptsache."

„Oh, ich beginne wahrhaftig, nun bald gescheiter zu werden! Wer Sie vorher hörte, wer Sie so dummfeig auf dem Bock sitzen sah und Sie jetzt reden hört, der kennt Sie ja gar nicht mehr! Der Hofmeister des feinsten Hauses kann sich ja gar nicht besser ausdrücken als Sie! Und nun das jetzige Gesicht gegen ihr früheres! Florian, Florian, Sie sind ein ganz verfluchter Schlauberger."

Da nickte der Alte mit dem Kopf und antwortete:

„Monsieur, es wird auch häufig gebraucht! Durchschnittlich ist es besser, man wird für dümmer gehalten, als man ist. Es schmeichelt zwar der Selbstliebe nicht, aber es bringt reichliche Zinsen. So, nun wollen wir die Tür von Mademoiselle Margot verschließen und einmal auf das Dach gehen."

Er riegelte zu und wollte sich dann nach der Wendeltreppe wenden, aber Königsau faßte ihn beim Arm und sagte in bittendem Ton:

„Florian, wollen Sie es mir wohl gestehen?"

„Was?" schmunzelte der Alte.

„Daß ich dieses Zimmer, diese herrliche Nachbarschaft und die unbezahlbaren Chancen da droben auf dem Dach nur Ihnen zu verdanken habe?"

„Nur mir?" sagte der Alte, das erste Wort betonend. „Nein, da raten Sie falsch, Herr Kapitän. Ich will Ihnen die Wahrheit sagen: Ich gelte in diesem Haus etwas; der alte Kutscher hat oft mehr zu sagen als der junge Herr. Man erfüllt gern meine Wünsche, wenn es irgend möglich ist. Ich hatte den Narren an Ihnen gefressen und an unserer Margot noch mehr, Sie sind ein Paar, wie die lieben Engel im Himmel es nicht besser zusammensuchen könnnen, und darum habe ich alter Kerl mich zu Ihrem Beschützer aufgeworfen. Auch die Baronin hat sehr schnell Respekt vor Ihnen bekommen. Wie Sie heute unter den Vagabunden aufgeräumt haben, das tut Ihnen so leicht keiner nach, und noch kühner muß, den Reden der Baronin nach, das gewesen sein, was Sie dann mit dem Kaiser gehabt haben. Sie ist ganz starr und steif vor Angst gewesen; aber ihr Respekt ist gewachsen. Sie ist förmlich stolz auf Sie. Zu alledem sind wir gut deutsch gesinnt, und da wir Ihnen gern dienlich sein wollen und den Lauschapparat nun einmal besitzen, so bat ich die Gnädige für Sie um dieses Zimmer. Sie willigte auch sofort mit Freuden ein. Das Höchste aber, was sie getan hat, Ihnen zuliebe getan hat, nämlich ist, daß sie die Bertha Marmont mitbringt. Anders war das Ding ja nicht zu machen, sonst hätte sich der Kaiser auf alle Fälle zu Margot in den Wagen gesetzt."

„Ist sie denn gar so schlimm auf diese Bertha Marmont zu sprechen?"

„Ja, weil der junge Herr seinen Narren an dem Mädchen gefressen hat. Das ist aber nun wohl vorüber, seit Margot sich hier befindet."

„Ah, wirklich?"

„Ja, jetzt ist er nämlich bis über den Kopf in Ihre Margot verliebt. Er hat gar keine Ahnung davon, daß Sie ihr Verlobter sind. Er hat eingewilligt, Ihnen dieses Zimmer zu geben, weil er überzeugt ist, daß die Tür stets fest verschlossen bleibt, daß Sie nur auf Politik sinnen und gar nicht an das Mädchen denken."

„So wird er ein wenig brausen und sich dann lachend darein ergeben, wenn er doch die Wahrheit erfährt. Er ist keine böse, sondern im Gegenteil eine gutmütige, ziemlich oberflächliche Natur. Sie brauchen also keine Sorge zu haben, wenigstens keine allzu große. Jetzt aber wollen wir auf das Dach steigen."

Die Wendeltreppe war oben mit einer gußeisernen Platte verschlossen, welche genau in die Fugen paßte und mit dem Schlüssel zu öffnen war, den Königsau von dem Baron erhalten hatte.

Das Dach war eben und mit einer ungefähr vier Fuß hohen, steinernen Balustrade versehen. Als sie oben standen, meinte der Kutscher:

„Nehmen Sie sich in acht, daß Sie sich an den Erhöhungen, in denen sich die Ventilationslöcher befinden, nicht stoßen. Ich werde sie Ihnen zeigen."

Er ergriff ihn bei der Hand und führte ihn nun von einem dieser Löcher, welche jetzt allerdings verschlossen waren, zum andern. Er zeigte ihm, wie die Öffnung derselben zu bewerkstelligen sei, und sagte dann:

„Ich kann Ihnen zwar jetzt nicht genau mitteilen, in welche Zimmer die Gäste verteilt werden; aber wenn Sie die Plattform später betreten und durch die Löcher hinabblicken, werden Sie ja selbst sehen, wo sich die Herren befinden. Nur ersuche ich Sie, dabei recht vorsichtig zu verfahren."

„Wohl weil ich leicht bemerkt werden könnte?"

„Allerdings. Man hat Ihnen hier recht große Chancen geboten, benutzen Sie dieselben jedoch so, daß die geheimen Vorrichtungen unentdeckt bleiben. Jetzt wissen Sie alles, was ich Ihnen sagen konnte. Ich gehe und werde Sorge tragen, daß es Ihnen an nichts Nötigem mangelt."

Sie stiegen wieder vom Dach herab, worauf Königsau die Treppenöffnung wieder mit der Eisenplatte verschloß. Er blieb, während Florian sich nach dem Stall begab, in seinem Zimmer zurück, löschte dann das Licht aus, um seine Anwesenheit möglichst unbemerkbar zu machen, und öffnete das Fenster, von dem aus er alle Passanten beobachten konnte.

Er hatte eine ziemliche Weile auf diesem Posten gestanden, als die Wagen ankamen. Diener mit Windlichtern eilten herbei, dabei entwickelte sich auf dem Hof eine sehr rege Geschäftigkeit, aber die Lichter verbreiteten doch nur einen so ungenügenden Schein, daß die Einzelheiten dem Beobachter entgingen.

Jetzt warf Königsau sich auf das Bett, um eine Zeit verstreichen zu lassen. Er mußte sich sagen, daß die Belauschung der Angekommenen ihm jetzt noch keinen Nutzen bringen könnte. Erst nachdem eine geraume Weile vergangen war, stieg er wieder auf das Dach hinauf. Er begab sich zu dem Ventilator, welcher der Treppenöffnung am nächsten lag. Das Loch desselben war, wie bereits erwähnt, mit einer Art Spund verschlossen, den man von oben leicht entfernen konnte.

Er zog denselben vorsichtig heraus und blickte dann durch die Öffnung hinab. Was er da erblickte, erregte seine vollste Teilnahme.

Er sah das Schlafgemach der Geliebten unter sich. Sie lag bleich und angegriffen auf dem Bett, und ihre Mutter befand sich bei ihr. Ein Militärarzt, welcher zum Hauptquartier des Generals Drouet gehörte und auf dem Gut anwesend war, hatte auf Napoleons speziellen Befehl sich zu der Patientin begeben müssen. Er hatte die Wunde untersucht und kunstgerecht behandelt. Jetzt stand er im Begriff, sich zu entfernen.

„Es ist nicht die mindeste Gefahr vorhanden, Madame", sagte er in beruhigendem Ton zu Frau Richemonte. „Mademoiselle wird baldigst genesen."

„Ich danke Ihnen, mein Herr", antwortete die Angeredete.

„Ihre Worte gewähren mir die Beruhigung, deren wir nach der Aufregung dieses Abends so sehr bedürfen."

„Ja, Ruhe ist das beste, was ich Ihnen für Mademoiselle empfehlen kann. Meiden Sie jede Aufregung. Die Verletzung ist keineswegs eine schlimme; aber bei einer Dame hat das Wundfieber immer mehr zu bedeuten, als bei einem Mann."

Er ging, und nun nahm die Mutter die Hand ihrer Tochter in die ihrige.

„Mein armes Kind", sagte sie liebevoll. „Ich bin ganz glücklich, daß die Verletzung eine so wenig gefährliche ist; die Kugel konnte dich ja sehr leicht töten; aber dennoch befinde ich mich in nichts weniger als einer ruhigen Stimmung."

„Meinetwegen, Mama?" fragte Margot.

„Ja! Natürlich!"

„Oh, da darfst du keine Sorge haben. Du hast ja gehört, was der Arzt sagte. Meine Befürchtungen sind ganz andere."

„Du hast Befürchtungen? Welche denn, liebes Kind?"

„Hugo . . ." antwortete das schöne Mädchen.

„Oh, die Baronin hat uns ja versichert, daß ihm nichts geschehen kann. Er ist so gut versteckt, daß kein Franzose ihn finden wird."

„Das ist es nicht, was ich meine. Aber stelle dir die unglücklichen Gedanken vor, welche ihn peinigen werden."

„Du meinst, er hat Angst, entdeckt zu werden?"

Obgleich Margot sich sehr angegriffen fühlte, leuchteten ihre Augen stolz auf.

„Angst?" sagte sie. „Ich glaube nicht, daß Hugo jemals Angst empfinden kann. Er hat dies uns oft genug bewiesen. Er wird an den Kaiser denken."

„Du willst sagen, daß ihn das Interesse, welches der Kaiser für dich gezeigt hat, beunruhigen werde?"

„Gewiß, liebe Mama. Dieses Interesse ist ein so auffälliges gewesen, daß es meine größte Besorgnis erweckt."

„Eine plötzliche Gefühlsaufwallung, mein Kind. Weiter nichts."

„Glaube dies nicht! Hugo war der Retter des Kaisers und der Marschälle. Einem Lebensretter dankt man einer momentanen Aufwallung wegen nicht in der Weise, wie es heute von seiten Napoleons geschehen ist."

„Mein Gott, man soll doch nicht etwa glauben, daß die Teilnahme des Kaisers eine mehr als vorübergehende, ein ernstliche ist?"

„Ich möchte das nicht hoffen, bin aber überzeugt, daß Hugo diese Ansicht hegen wird. Und doch kann er von meiner Liebe und Treue so fest überzeugt sein."

Frau Richemonte blickte nachdenklich vor sich hin. Die Mutter einer schönen Tochter ist zu entschuldigen, wenn es für sie einmal einen Augenblick gibt, in welchem sie geneigt ist, auf der Grundlage dieser Schönheit ein kleines Luftschloß zu errichten.

„Du liebst ihn also wirklich so treu und innig?" fragte sie.

„Ja, Mama."

„So, daß nichts dich in deiner Liebe beirren könnte?"

„Gar nichts."

„Auch nicht der Gedanke an die Zukunft?"

„Gerade der Gedanke an die Zukunft ist es ja, welcher meine Liebe mir als das größte Glück der Erde erscheinen läßt. Oh, Mama, dein Kind wird sehr, sehr glücklich sein."

Sie zog die Hand der Mutter an die Brust, welche sich bei dem Gedanken an den Geliebten wonnig hob und senkte.

„Aber, man darf auch einmal weniger phantastisch sein, Margot", sagte Frau Richemonte. „Das Leben ist ernst; die Prosa desselben ist weit mächtiger als die Poesie, welche alles gern in einem Licht erscheinen läßt, welches zwar im ersten Augenblick hell und verführerisch aufflackert, dann aber desto rascher verlischt, so daß das spätere Dunkel desto schwärzer und trauriger erscheint."

Margot blickte die Sprecherin befremdet an.

„Aber, Mama, ich verstehe dich nicht", sagte sie.

„Liebes Kind, ich meine, daß Herr von Königsau ein Subalternoffizier ist."

„Oh, er wird bald avancieren."

„Aber er wird nie Kaiser sein."

Jetzt ging eine Art von Schreck über die Züge des schönen Mädchens.

„Habe ich recht gehört?" fragte sie.

„Urteile nicht vorschnell, Kind. Der Kaiser schenkt dir seine Teilnahme. Weißt du, was das zu bedeuten hat?"

„Ja. Das hat zu bedeuten, daß Gott mir die Gabe der Schönheit verliehen hat, welche für mich nur den Zweck hat, den Geliebten glücklich zu machen."

„Du würdest also gegebenenfalls die Teilnahme des Kaisers zurückweisen?"

„Sobald sie beleidigend werden könnte, gewiß. Oder wäre es

möglich, daß du von deinem Kind eine andere Ansicht haben könntest?"

Diese Worte waren im Ton kindlicher Liebe und doch eines leisen Vorwurfes gesprochen. Frau Richemonte blickte ihrer Tochter tief in die schönen, treuen Augen und antwortete dann:

„Ich habe nur den Wunsch, dich glücklich zu sehen, Margot."

„Nun, der äußere Glanz wird nie imstande sein, mich glücklich zu machen."

„So gehört dein ganzes Vertrauen, deine ganze Hoffnung allein Herrn von Königsau?"

„Ja, ganz allein, Mama."

„So beschämst du mich beinahe, mein liebes Kind. Ich kenne dich so genau und glaubte dennoch, dem Gedanken Raum geben zu dürfen, daß der Glanz, welcher die Person eines Kaisers, eines mächtigen Herrschers umgibt, Einfluß auf dich haben könne."

„Dieser Glanz steht im Begriff, zu verbleichen."

„Du glaubst an den Sieg Deutschlands?"

„Von ganzem Herzen."

„So gebe Gott, daß du dich nicht täuschst."

In diesem Augenblick öffnete sich leise die Tür, und Bertha Marmont trat ein.

„Darf ich stören?" fragte sie bescheiden.

„Was bringen Sie, mein Kind?" antwortete Frau Richemonte.

„Der Herr Baron de Sainte-Marie ist draußen."

„Er will mit mir sprechen?"

„Er läßt fragen, ob es ihm erlaubt sei, Mademoiselle sein Beileid zu bezeugen. Es ist ihm, da er mit den hohen Herren beschäftigt war, noch nicht möglich gewesen, dies tun zu können."

„Was meinst du, mein Kind?" fragte Frau Richemonte ihre Tochter.

Es ging eine leise Röte über das blasse Gesicht Margots. Sie warf einen forschenden Blick über das Arrangement ihres Lagers und sagte dann:

„Der Baron ist unser Gastfreund und Verwandter; wir sind ihm Rücksicht schuldig."

„Du willst ihn empfangen?"

„Ja, er mag eintreten."

„So werde ich mich einstweilen zurückziehen."

Da sagte Margot schnell, beinahe hastig:

„Nein. Bitte, bleib bei mir."

„Wie du denkst, liebe Margot. Er kann es übrigens gar nicht

übelnehmen, die Mutter bei der kranken Tochter zu finden. Bitte, lassen Sie ihn eintreten."

Diese letzteren Worte waren an Bertha gerichtet. Das Gesicht des Mädchens war sehr ernst, fast besorgt. Sie warf einen unruhigen Blick auf die schöne Patientin und entfernte sich dann. Einen Augenblick später trat der Baron ein.

Er hatte seine Verwandte während ihrer Anwesenheit auf dem Meierhof täglich gesehen, aber nicht in der gegenwärtigen Situation. Sie lag im leichtesten Nachtgewand in den Kissen, und die Blässe ihres Angesichtes machte einen tiefen Eindruck auf ihn.

Er verbeugte sich höflich vor Mutter und Tochter und sagte, zur ersteren gewendet:

„Verzeihung, liebe Tante, daß ich es wage, im innersten Damengemach Zutritt zu suchen. Aber ich bin so besorgt um Margot, daß ich mich auf alle Fälle selbst überzeugen wollte, ob meine Angst um sie eine begründete ist."

Er gab Frau von Richemonte die verwandtschaftliche Bezeichnung Tante; dies rückte ihn den Damen näher und gewährte ihm das Recht, vertraulicher mit ihnen zu verkehren, als es ihm sonst wohl gestattet gewesen wäre.

„O bitte", antwortete die Angeredete freundlich. „Wir erkennen die Freundlichkeit, welche Sie uns erweisen, dankbar an."

„Wie geht es der lieben Cousine?"

„Gott sei Dank besser, als man erwartet hatte."

„Darf sie sprechen?"

„Es wurde ihr nicht verboten."

Er trat langsam an das Bett, ergriff Margots Rechte und drückte sie an seine Lippen.

„Liebe Margot, Sie glauben nicht, wie sehr ich erschrocken bin, als ich hörte, daß Sie verwundet seien", sagte er. „Ich wünschte im ersten Augenblick, daß die Kugel mich selbst an Ihrer Stelle getroffen hätte."

Margot entzog ihm leise die Hand und fragte lächelnd:

„Sie wünschten das im ersten Augenblick?"

„Ja, bei Gott, ich wünschte das", antwortete er.

„Aber im zweiten Augenblick?"

„Auch noch."

„Und im dritten?"

„Oh, ich wünschte es ja jetzt noch", antwortete er, halb verlegen und halb in einer Art von schwärmerischer Begeisterung.

„Ich danke Ihnen, lieber Cousin“, sagte die Patientin freundlich. „Ich bin überzeugt, daß Sie die Wahrheit sprechen.“

Sein Blick ruhte wie trunken auf ihr. Er konnte sich dem Eindruck, den ihre Schönheit auf ihn machte, nicht entziehen; er gab sich auch gar keine Mühe, sich zu beherrschen. Er ergriff abermals ihre Hand, zog dieselbe an seine Lippen und sagte:

„Der Augenblick, in welchem ich von Ihrer Verwundung hörte, wird mir unvergeßlich sein.“

„Ist Ihr Gedächtnis wirklich ein so treues?“

„In Beziehung auf Sie, jedenfalls. Dieser Augenblick ist ja einer der wichtigsten meines Lebens.“

„Inwiefern, lieber Cousin?“ fragte Margot ahnungslos.

„Weil er mir Aufschluß über mich gegeben hat. Ich habe da erkannt, wie teuer, wie wert Sie mir sind.“

„Ich hoffe allerdings, daß es Ihnen nicht ganz gleichgültig ist, ob man Ihre Cousine erschießt oder nicht, Herr Baron.“

Diese Worte sagte Frau Richemonte. Sie erteilte ihnen einen scherzenden Klang, welcher ihn abschrecken sollte. Sie hatte mit scharfem Auge erkannt, daß er im Begriff stehe, die schönste Liebeserklärung vom Stapel zu lassen. Er aber merkte oder beachtete ihre Absicht nicht im geringsten; denn er fuhr fort:

„O bitte, liebe Tante, ich meine das anders, ganz anders! Nicht so allgemein, nicht bloß verwandtschaftlich. Ich habe vielmehr erkannt, daß mein Herz, mein ganzes Leben Margot gehören.“

„Cousin!“ sagte da Margot erschrocken.

„Ja“, antwortete er. „Ich hoffe, daß du es mir glauben wirst. Ich fühle, daß ich ohne dich nicht leben kann.“

Er machte Anstalten, vor dem Bett niederzuknien, blieb aber stehen, als er eine Armbewegung Margots sah, in welcher sich Schreck ausdrückte.

„Du scherzest“, sagte sie.

„Scherzen? Oh, ich bitte dich, im Gegenteil, es so ernst wie möglich zu nehmen.“

Sie blickte ihm in das hübsche, jugendliche Gesicht, und über das ihrige glitt ein leises Lächeln, als sie ihm sagte:

„Du dauerst mich da sehr, lieber Cousin.“

„Warum?“ fragte er sie befremdet.

„Weil du sterben mußt.“

„Sterben? Ich? – Inwiefern?“ fragte er erblassend. „So hältst du mich für krank?“

„Das nicht. Aber sagtest du denn nicht soeben, daß du ohne mich nicht leben kannst?“

„Ja allerdings."
„Nun, also wirst du sterben müssen."
Er blickte sie starr an, trat einen Schritt zurück und fragte dann in verwundertem Ton:
„Wie? Verstehe ich dich recht?"
„Wie hast du mich verstanden?"
„Ich verstehe dich dahin, daß du mich nicht liebst."
„Oh, ich liebe dich freilich; du bist ja mein Cousin."
Er machte eine Gebärde des Unwillens und antwortete:
„„So meine ich es nicht."
„Wie denn?"
„Nicht als Cousin sollen Sie mich lieben, sondern anders, ganz anders. Ich will von Ihnen als Bräutigam, als Mann geliebt sein."
Ihr Lächeln wurde noch schalkhafter als vorher.
„So werden Sie doch sterben müssen", sagte sie im Ton des Bedauerns.
„Ah!" seufzte er.
„Ja, ohne Gnade und Barmherzigkeit."
„Das soll heißen, ich kann Ihr Bräutigam nicht sein?"
„Ja, das soll es heißen!"
Da schlug er ganz überrascht die Hände zusammen und rief:
„Mein Himmel, da falle ich ja wie aus den Wolken."
„Bitte, tun Sie sich dabei keinen Schaden."
„Wollen Sie meiner spotten?" fragte er sehr ernsthaft.
„Nein, lieber Cousin. Aber wie es scheint, haben Sie es für eine ganz und gar ausgemachte Sache gehalten, daß Sie mein Bräutigam werden?"
„Allerdings", antwortete er rasch.
„Das überrascht mich sehr."
„Warum?"
„Sie hätten sich vorher imformieren sollen, ob Sie da auf kein Hindernis stoßen."
„Welch ein Hindernis sollte denn da vorhanden sein?"
„Oh, das größte, welches es geben kann: ein Bräutigam."
Es war beinahe belustigend anzusehen, wie er jetzt vor Erstaunen den Mund öffnete.
„Das wäre allerdings ein ganz bedeutendes Hindernis!" sagte er verblüfft.
„Welches Sie natürlich gelten lassen."
„Nun, haben Sie denn einen Bräutigam, Margot?"
„Schon längst!"
„Donnerwetter! Dem Kerl dreh ich den Hals .. ah, verzeihen

Sie! Aber ich glaube wirklich, daß Sie nur ein wenig Scherz treiben!"

Jetzt schüttelte sie sehr ernst ihr schönes Köpfchen und sagte: „Nehmen Sie es nicht übel, lieber Cousin. Sie sind da ein wenig zu unvorsichtig vorgegangen. Sie sind Baron, wohlhabend und von leidlich angenehmem Äußeren; die Damen sind Ihnen daher stets freundlich entgegengekommen, und das hat in Ihnen die Ansicht hervorgebracht, daß Liebe und Gegenliebe ganz selbstverständlich sei. Darum ist es Ihnen auch gar nicht eingefallen zu fragen, ob Ihnen jemals eine Abweisung werden könne. Ich bedaure Sie, aber ich bin überzeugt, daß Sie nicht unglücklich sein werden."

„Unglücklich? Ich bin es im höchsten Grade!" versicherte er rasch.

„In diesem Augenblick?" lächelte sie.

„Oh, ganz gewiß, auch für immer."

„Nein, dazu ist Ihr Gemüt zu elastisch."

„Gemüt? Elastisch? Cousine, ich versichere Ihnen, daß ich in diesem Augenblick gar kein Gemüt mehr habe. Oh, mein Herz ist total gebrochen."

Da ließ sie, trotzdem sie krank war, ein helles, silbernes Lachen hören.

„Dieses arme Herz", scherzte sie im Ton des Bedauerns. „Ich hoffe jedoch, daß es zu reparieren sein wird."

Da trat er einen Schritt zurück und fragte mit finsterem Stirnrunzeln:

„Machen Sie sich etwa über mich lustig?"

Jetzt legte ihm Frau Richemonte beruhigend die Hand auf dem Arm.

„Bitte, nehmen Sie diese Angelegenheit nicht so sehr tragisch", bat sie ihn.

„Aber sie ist ganz und gar nicht komisch", antwortete er. „Bei einem gebrochenen Herzen von Reparatur zu sprechen, das ist, gelinde ausgedrückt, gefühllos."

„Nicht ganz, lieber Cousin."

„Oder maliziös!"

„Das noch weniger. Margot wird sich nicht irren, wenn sie annimmt, daß die Konstitution Ihres Herzens eine stärkere sei, als Sie selbst denken und glauben."

„Das muß sich erst finden. Also Margot hat wirklich einen Bräutigam?"

„Ja."

„Seit wann?"
„Seit geraumer Zeit bereits."
„Also schon in Paris?"
„Ja."
„Das beruhigt mich einigermaßen. Hätte sie hier einen anderen außer mir liebengelernt, so würde dies die größte Ehrenkränkung für mich sein. Da sie jedoch ihr Herz verschenkt hat, ehe sie mich kennenlernte, so bin ich ja gar nicht beleidigt worden. Zu beklagen ist es aber auf jeden Fall; denn wir wären sehr glücklich miteinander gewesen."

Die letzten Worte des Barons wurden mit einer solchen Überzeugung gesprochen, daß selbst Frau Richemonte nicht ganz ernsthaft bleiben konnte.

„Ich bin überzeugt davon", sagte sie unter einem nicht ganz zu verbergenden Zucken ihrer Mundwinkel.

„Ja, gewiß. Aber wer ist denn eigentlich dieser Bräutigam?"

Die beiden Damen blickten sich an. Es kam ihnen zu gleicher Zeit der Gedanke, daß es jetzt wohl nicht ganz geraten sei, diese Frage zu beantworten. So gutmütig und leicht getröstet der Baron auch war, er befand sich doch unter dem ersten Einfluß einer zurückgewiesenen Werbung und konnte dies seinen Nebenbuhler entgelten lassen. Königsau konnte dadurch in Gefahr kommen.

„Erlauben Sie, dies jetzt noch als Geheimnis zu behandeln", bat darum Frau Richemonte.

„Warum?"
„Familienrücksichten . . ."
„Ah! Gut! Aber sagen Sie wenigstens, was er ist!"
„Offizier!"
„Das dachte ich mir! Franzose?"
„Nein; er ist ein Deutscher."
„Das lasse ich eher gelten. Ich danke für die Auskunft. Weiß Mama bereits davon?"
„Ja."
„Das ist ja kaum zu glauben. Ich habe bisher geglaubt, es sei ein Wunsch von ihr, Margot und mich vereint zu sehen."
„Hat sie diesen Wunsch ausgesprochen?"
„Deutlich ausgesprochen nicht, aber sehr verständlich angedeutet."
„So will ich Ihnen gestehen, daß Ihre Mama erst heute von der Verlobung meiner Tochter gehört hat."
„Was sagte sie dazu?"

„Sie gratulierte."
Er kratzte sich leise hinter den Ohren und fragte:
„Da meinen Sie wohl, daß ich auch gratulieren soll?"
Margot antwortete unter einem leisen Lachen:
„Natürlich. Ich erwarte dies ganz bestimmt von Ihnen!"
Er machte ein halb ärgerliches und halb komisches Gesicht und antwortete:
„Das scheint mir denn doch zu viel verlangt."
„Wohl nicht. Sie sind ja mein Cousin!"
„Ja, aber der Cousin, der soeben einen Korb erhalten hat. Na, ich will nicht ganz und gar unhöflich sein. Ich gratuliere Ihnen also, liebe Cousine."
„Ja, danke!"
Er hatte ihr die Hand geboten, und sie nahm dieselbe an. Sie hielt sie jetzt fest und fragte:
„Zürnen Sie mir, lieber Baron?"
„Nein, obgleich ich eigentlich sollte. Doch jetzt muß ich Sie verlassen. Die hohen Herrschaften werden meiner bedürfen."
„Was tut der Kaiser?"
„Als ich ihn vorhin verließ, hatte er sich soeben vom Souper zurückgezogen. Er hat sehr wenig gegessen und beorderte die Marschälle für später zu sich."
Er ging.
Draußen im anderen Zimmer saß Bertha Marmont. Ihr Auge richtete sich mit einem fragend besorgten Blick auf ihn. Er blieb bei ihr stehen, betrachtete sie einen Augenblick lang und fragte dann:
„Warum siehst du so ernsthaft aus?"
Sie erhob sich und antwortete:
„Darf eine Krankenpflegerin lustig sein, Herr Baron?"
„Warum nicht, wenn die Kranke selbst lustig ist."
„Ah, ist Mademoiselle lustig gewesen?"
„Sehr!"
Ihr Auge verdunkelte sich. Wer lustig ist, der muß sich glücklich fühlen, und glücklich fühlt man sich zumeist, wenn man liebt und geliebt wird. Dies war der schnelle Gang ihrer Gedanken. Darum sagt sie:
„Ich beneide Mademoiselle!"
„Warum?"
„Sie ist so glücklich, vergnügt sein zu können."
„Kannst du denn nicht auch vergnügt sein?" fragte er sie.
Er legte ihr bei diesen Worten die Spitzen seiner Finger unter

das weiche, mit einem allerliebsten Grübchen versehene Kinn; sie aber trat aus dem Bereich seiner Hand zurück.

„Worüber sollte ich mich glücklich fühlen!“ sagte sie.

„Oh, über denselben Gegenstand, worüber sich meine schöne Cousine glücklich fühlt!“

Sie blickte ihn fragend an.

„Errätst du diesen Gegenstand nicht?“ fuhr er fort.

„Nein, Herr Baron.“

„Nun, welch größeres Glück gibt es denn für eine Dame, als einen Bräutigam?“

Sie erschrak, man sah es ihr an.

„Mademoiselle hat einen Bräutigam?“ fragte sie.

„Ja“, antwortete er.

„Darf ich fragen, wer dies ist?“

„Schelm du!“ antwortete er. „Du glaubst wohl gar, daß ich es bin?“

„Ist das so unmöglich?“

„Ja. Ich kann es nicht sein, da ein anderer es ist.“

Da holte sie tief Atem.

„Sie sind es wirklich, wirklich nicht?“ fragte sie stockend.

„Nein, liebe Bertha, ich bin es wirklich nicht, ganz gewiß nicht.“

Da rötete sich ihr schönes Gesichtchen lieblich, und sie fragte:

„Darf ich Ihnen sagen, daß ich Ihnen dies kaum glaube?“

„Warum glaubst du es nicht, kleiner Schelm?“

„Mademoiselle ist so schön.“

„Ja, eben darum hat sie so leicht einen Bräutigam gefunden.“

„Und eben darum werden Sie dieser Bräutigam sein.“

„Ich? Nein. Ich möchte sie nicht, wahrhaftig nicht.“

„Warum, Herr Baron?“

„Sie ist zwar schön, aber sie hat ein hartes Herz.“

„So ist sie hartherzig gegen Sie gewesen?“

„Ich habe ihr keine Veranlassung dazu gegeben. Übrigens sage ich zwar, daß ich sie für schön halte, aber die Schönste ist sie noch lange nicht. Ich kenne eine, welche mir noch tausendmal besser gefällt.“

Sie schwieg, obgleich sie errötete. Darum fuhr er fort:

„Nun, Bertha, du fragst nicht, wer das ist?“

„Ich darf mir eine solche Frage ja gar nicht erlauben, Herr Baron.“

„Warum nicht? Gerade du hast das meiste Recht, diese Frage auszusprechen, denn du bist diejenige, welche ich meine!“

Er versuchte den Arm um sie zu legen. Sie entwand sich ihm und flüsterte:

„Es ist nicht recht von Ihnen, eines armen Mädchens zu spotten."

„Spotten? Wo denkst du hin! Du bist mir in Wahrheit tausendmal lieber als diese Cousine. Du bist zehnmal hübscher, und ich bin überzeugt, daß du nicht ein so hartes, gefühlloses Herz besitzt wie sie. Habe ich da recht oder unrecht?"

Er legte abermals den Arm um sie. Sie wollte sich auch dieses Mal ihm entwinden, aber er hielt sie so fest, daß es ihr nicht gelang.

„Herr Baron, lassen Sie mich", bat sie leise aber dringend. „Man wird uns hören."

„Nein", flüsterte er, sie fester an sich drückend. „Ich werde diesen schönen Mund so leise küssen, daß man es gar nicht zu hören vermag."

„O nein, nein! Das darf nicht sein", bat sie, sich gegen ihn wehrend.

„Warum nicht?"

„Sie sind Baron."

„Nun gut, so wirst du meine Baronin werden."

„Ich, das arme Schänkmädchen?"

„Ja. Du und keine andere."

Er nahm jetzt ihr Köpfchen so fest an sich, daß ihr ein fernerer Widerstand zur Unmöglichkeit wurde. Seine Lippen legten sich auf ihren Mund und küßten denselben ein, zwei, drei und noch mehrere Male. Er war so in diesen süßen Genuß vertieft, daß er gar nicht bemerkte, wie die Tür geöffnet wurde.

„Bon appetit", klang es da hinter ihnen.

Sie fuhren erschrocken auseinander.

„Der Kaiser!" rief Bertha im tiefsten Schreck.

Im nächsten Augenblick war sie aus dem Zimmer entflohen. Der junge Baron stand vor Napoleon, verlegen wie ein Schulknabe.

„Sie haben einen guten Geschmack, Baron", sagte der Kaiser unter jenem sarkastischen Lächeln, welches bei ihm eine solche Schärfe besaß. „Darf ich hoffen, daß Sie mir die Unterbrechung verzeihen?"

„Majestät . . ." stotterte der Gefragte.

„Ich hatte allerdings keineswegs die Absicht, Sie zu stören. Ich wollte mich nach dem Befinden unserer schönen Blessierten erkundigen und fand den Weg nach hier. Wo ist Demoiselle Richemonte zu treffen?"

„Im Nebenzimmer, Majestät."

„Ist sie allein?"

„Nein; ihre Mutter ist bei ihr."

„Sie haben sie gesprochen?"

„Ja; soeben, Sire."

„So ist der Zutritt nicht untersagt?"

„Die Damen werden glücklich sein, Majestät bei sich zu sehen."

„So melden Sie mich!"

Der Kaiser hatte in seiner kurzen, gebieterischen Weise gesprochen. Der Baron gehorchte schleunigst. Er trat an die Tür und riß dieselbe auf.

„Seine Majestät!" rief er hinein.

Die beiden Frauen fühlten sich im höchsten Grade erschrokken, als sie Napoleon bei sich eintreten sahen. Er konnte wirklich herzgewinnend sein, wenn er wollte. Er verbeugte sich leicht und sagte im höflichsten Ton:

„Pardon, Mesdames! Die Sorge um Mademoiselle läßt mich vielleicht eine Unhöflichkeit begehen; aber ich hörte, daß der Zutritt gestattet sei."

Frau Richemonte verbeugte sich tief und stumm, und Margot versuchte, sich respektvoll ein wenig emporzurichten. Des Kaisers Augen ruhten forschend auf ihr. In seinem Blick glänzte ein Etwas, was Margot tief erröten ließ.

„Der Arzt war bei Ihnen?" fragte er.

Bei diesen Worten zog er sich einen Stuhl in die Nähe des Bettes und nahm darauf Platz. Frau Richemonte gab für ihre Tochter die Antwort.

„Er hat uns erst vor kurzer Zeit verlassen, Sire."

„Darf ich Sie um seinen Bescheid bitten?"

„Er versicherte, es sei keine direkte Gefahr vorhanden, warnte aber vor jeder Aufregung."

„Ich habe ganz denselben Bericht von ihm erhalten."

Er ließ sein Auge abermals langsam und forschend über die Verwundete und deren Mutter gleiten. Es war, als ob er beurteilen wolle, welches Entgegenkommen er hier finden werde. Dann fuhr er, die Beine übereinanderlegend, fort:

„Mademoiselle ist an meiner Seite verwundet worden. Die Dankbarkeit eines Kaisers wird dadurch herausgefordert. Darf ich einige Fragen aussprechen?"

Frau Richemonte verbeugte sich schweigend. Der Kaiser fragte:

„Monsieur Richemonte, lebt er noch?"

„Nein."

„So sind Sie Witwe?"

„Leider, Sire."

„Es ist Pflicht der Herrscher, sich der Witwen und Waisen anzunehmen. Haben Sie Besitzungen oder Vermögen?"

„Wir sind arm, Sire."

„Sie sind im Gegenteil sehr reich, Madame", sagte der Kaiser. „Im Besitz einer schönen, liebenswürdigen Tochter ist man niemals arm. Ist Mademoiselle verlobt?"

„Ja, Majestät."

Seine Brauen zogen sich leicht zusammen.

„Mit wem?"

Ihm, dem gewaltigen Kaiser, war es höchst gleichgültig, ob seine Fragen peinlich berührten oder nicht. Es war ja überhaupt eine Gnade von ihm, mit jemand zu sprechen.

„Mit einem Offizier", antwortete die Mutter.

„Ah!" sagte er. „Mit einem jungen Offizier?"

„Ja, Sire."

„So hat er keine Charge. Warum sorgen Sie nicht in vorteilhafter Weise für die Zukunft Ihrer Tochter? Mademoiselle ist schön, ist geistreich. Sie wird sehr leicht eine höhere Connaissance – Bekanntschaft – anknüpfen. Haben Sie nicht Lust, bei Hofe zu erscheinen, Mademoiselle?"

Diese Frage war direkt an die Tochter gerichtet. Er erwartete natürlich, daß sie sehr schnell und überglücklich ja sagen werde, aber sie antwortete:

„Sire, mein Wunsch ist nur, glücklich zu sein."

„Das werden Sie in jenen Kreisen werden."

„Ich wage, dies zu bezweifeln, Sire."

„Ah, warum?"

Sein Blick, welchen er jetzt auf sie richtete, war stechend zu nennen.

„Ich ziehe ein bescheidenes Glück einem glänzenden vor", antwortete sie.

„Aber man kann den höheren Kreisen angehören, ohne allzusehr hervorzutreten. Auch dort wird die echte Bescheidenheit anerkannt und belohnt. Sie haben für mich gelitten; ich fühle die Verpflichtung, für Sie zu sorgen. Sie werden die Frau eines hohen Offiziers werden und ein Schmuck der Gesellschaft sein."

„Sire, meine Mutter hatte bereits die Ehre zu sagen, daß ich verlobt bin."

„Pah! Mit einem niedrigen Offizier."

„Ich hoffe, daß er sich eine Zukunft erringen werde."

„Ah, Sie lieben ihn?"

„Von ganzem Herzen."

Er heftete seinen Blick nach der Ecke des Zimmers und sagte erst nach einer Weile:

„Das ist schwärmerisch. Wohl! Ich werde ihn kennenlernen und nach Verdienst belohnen. Wie ist sein Name?"

Da zuckte es wie eine innige Genugtuung über das bleiche Gesicht Margots.

„Majestät werden nichts für ihn tun können," sagte sie einfach.

Das war Napoleon noch nicht vorgekommen. Er, der allmächtige Kaiser, könne nichts für einen obskuren Offizier tun, er, der aus Bürgerssöhnen Marschälle, Fürsten und Herzöge gemacht hatte! Er fragte in sehr scharfem Ton:

„Warum nicht, Mademoiselle?"

„Er dient nicht im Heer", antwortete sie.

„So aber in der Marine?"

„Er ist auch nicht eigentlich Marineoffizier, sondern Kapitän der Handelsflotte."

Da zuckte der Kaiser zusammen.

„Da meint Mademoiselle etwa jenen Kapitän de Sainte-Marie?"

„Allerdings, Sire."

„Er wird nicht Ihr Mann werden."

Diese Worte waren in einem Ton gesprochen, gegen den es voraussichtlich keinen Widerspruch gab; sie aber antwortete ruhig:

„Womit wollen Majestät diese Behauptung begründen?"

„Ich verbiete es!" sagte er kurz.

Da stemmte sie den schönen Kopf in die Hand und blickte ihn von der Seite an. Es war ihr gar nicht, als ob sie mit einem Kaiser spreche.

„Sire werden da eine sehr ungehorsame Untertanin finden", sagte sie.

„Und Mademoiselle werden einen sehr strengen Kaiser kennenlernen. Ich habe bereits über Ihre Zukunft bestimmt; Sie haben nicht zu appellieren. Wo befindet sich jetzt dieser Kapitän?"

„Sire hatten ihn ja in Dero Gefolge."

„Er wurde entfernt; man wird nach ihm suchen."

Es war zu sehen, daß der Kaiser eifersüchtig war. Diesem Kapitän gönnte er das schöne Geschöpf nicht. Er stand auf und sagte im strengen Ton:

„Bis morgen wird Mademoiselle sich entscheiden, ob sie eine gehorsame Untertanin sein will oder nicht. Nur in ersterem Fall ist Hoffnung vorhanden, daß die Ungnade, welche der Kapitän so verdientermaßen auf sich geladen hat, wieder von ihm genommen werde."

„Sire, diese Ungnade wird ihn nicht bedrücken", antwortete sie mutig.

„Mademoiselle ist sehr kühn!" rief der Kaiser zornig.

„Ich sage die Wahrheit. Denn mein Verlobter befindet sich bereits in Sicherheit. Er wird Gelegenheit haben, jenseits von Frankreichs Grenzen vom heutigen Abend zu berichten und von dort aus seine Braut zu reklamieren."

Der Kaiser stand sprachlos vor Erstaunen. In dieser Weise hatte noch niemand zu ihm gesprochen. Endlich fand er Worte.

„Mademoiselle scheint die Absicht zu haben, in ein Kloster zu gehen", sagte er.

„Sire", sagte sie, „ich hoffe, daß eine jede Untertanin Frankreichs das Recht besitzt, ihre Selbstbestimmung zu behaupten. Ich erteile das Recht, für mich zu sorgen, nur meinem Bräutigam."

Er warf ihr einen vernichtenden Blick zu.

„Pah!" sagte er. „Sie sind sehr schön, aber – außerordentlich dumm."

Nach diesen Worten verließ er das Zimmer, ohne Frau Richemonte oder deren Tochter nochmals anzusehen. Sein Gesicht hatte jenen starren, marmornen Ausdruck angenommen, der ihm eigentümlich war, sobald er einen festen, unerschütterlichen Entschluß gefaßt hatte.

„Welch ein Unglück", sagte Frau Richemonte. „Wir sind verloren!"

„Nein, wir haben gewonnen!" antwortete Margot.

„Da täuschst du dich sehr."

„Im Gegenteil, ich habe vollkommen recht."

„Wieso?"

„Der Kaiser kann ein arm und niedrig geborenes, niemals aber ein dummes Mädchen lieben. Wenn er die Absicht hatte, mich in seine Nähe zu ziehen, so hat er diese Absicht jetzt ganz sicher aufgegeben."

„Das gebe Gott, sonst sind wir wirklich verloren."

„Für uns ist mir nicht bange, aber desto mehr für Hugo."
„Wieso?"
„Gegen ihn wird sich der Grimm des Kaisers richten."
„Ich denke, er befindet sich in Sicherheit."
„Jetzt wohl nicht mehr. Bitte, Mama, benachrichtige sofort die Baronin von dem Vorgefallenen, damit sie ihre Vorkehrungen trifft."
Frau Richemonte entfernte sich, um diesem Wunsch der Tochter zu willfahren.
Königsau lag oben auf dem Dach vor dem Ventilator. Er hatte die ganze Szene mit angesehen und angehört. Jetzt, nachdem der Kaiser gegangen war, verschloß er das Loch und forschte unter den übrigen Ventilatoren. Er hatte den richtigen sehr bald gefunden. Er konnte ganz genau das Zimmer Napoleons überblicken, in welches dieser letztere soeben eingetreten sein mußte.
„Die Baronin!" hörte er den Kaiser sagen.
Der Diener, welchem dieser Befehl gegolten hatte, entfernte sich schleunigst.
„Ah, jetzt fragt er nach mir!" dachte Königsau.
Der Kaiser saß finster sinnend in seinem Sessel. Als die Baronin eintrat, fuhr er mit dem Kopf empor, sah sie scharf an und fragte:
„Sie sind eine brave Französin?"
„Ja, hoffe ich, Sire", antwortete sie.
Sie wußte noch nicht, weshalb der Kaiser sie hatte rufen lassen.
„Sie werden jetzt Gelegenheit haben, mir dies zu beweisen", sagte der letztere. „Seit wann ist Ihr Verwandter, der Seekapitän, der Verlobte von Mademoiselle Richemonte?"
Sie erschrak. Also hatte er dies erfahren! Von wem? Hier galt es, sehr vorsichtig zu antworten, um keinen Fehler zu begehen.
„Seit einigen Monaten", sagte sie.
„Wo lernte er sie kennen?"
„In Paris."
„Ist er reich?"
„Ja", antwortete sie getrost.
„Seit wann befindet er sich hier bei Ihnen?"
„Seit kurzen Tagen."
„Wo ist er in diesem Augenblick zu treffen?"
„Das weiß ich nicht, Sire."
„Ich hoffe, daß Sie es dennoch wissen."

Er schien sie jetzt mit seinen Augen durchbohren zu wollen. Sie hielt diesen Blick ruhig und standhaft aus und antwortete mit fester Stimme:

„Sire, ich sagte die Wahrheit."

„Sie haben auch keine Ahnung?"

„Ich ahne nur, daß er sich schleunigst über die Grenze geflüchtet hat; um den Folgen, welche das Mißfallen Ew. Majestät nach sich ziehen könnte, zu entgehen."

„Hier auf dem Meierhof befindet er sich nicht?"

„Nein, sonst wüßte ich es."

„Das ist gut für Sie; denn ich werde den Hof augenblicklich durchsuchen lassen. Haben Sie mir also vielleicht eine Bemerkung zu machen?"

„Nein, Sire."

„So können Sie sich entfernen."

Sie ging. Kaum hatte sie das Zimmer verlassen, so ergriff der Kaiser die Glocke.

„General Drouet", befahl er dem Diener, welcher auf dieses Zeichen eingetreten war und sich eiligst entfernte, um den Befehl auszuführen.

Drouet ließ kaum zwei Minuten auf sich warten.

„Sie entsinnen sich des Kapitäns, von welchem bei Tafel die Rede war?" fragte Napoleon.

„Sehr wohl, Sire."

„Ich wünsche, ihn zu fassen. Lassen Sie sofort den ganzen Hof genau nach ihm durchsuchen. Findet er sich nicht, so sind berittene Piketts auszusenden, um ihn zu ergreifen. Er kann sich noch nicht weit entfernt haben."

Er machte die Bewegung der Entlassung, als Drouet dennoch stehenblieb, fragte er:

„Was noch?"

„Nachrichten vom Feind, Majestät."

„Ah!" rief der Kaiser, rasch aufspringend. „Von welchem Feind? Von den Engländern oder den Preußen?"

„Von beiden, Sire."

„Wer brachte sie?"

„Kapitän Richemonte, mein bester Eclaireur."

„Richemonte? Ah, ist er vielleicht mit Frau Richemonte verwandt, welche sich hier auf dem Hof als Gast befindet?"

„Möglich, ich weiß es nicht."

„Wo befindet sich der Kapitän?"

„In meinem Arbeitskabinett."

„Er soll augenblicklich zu mir kommen. Nachdem Sie meinen vorigen Befehl ausgeführt haben, bringen Sie Ney und Grouchy zu mir."

Der General entfernte sich eiligst, und nach ganz kurzer Zeit meldete der Diener den Kapitän Richemonte, welcher auch sogleich eintrat.

Napoleon betrachtete ihn mit scharfem Auge, konnte aber eine Ähnlichkeit zwischen ihm und Margot nicht entdecken. Er fragte:

„Wo sind Sie geboren, Kapitän?"

„In Paris, Sire", antwortete der Gefragte.

„Wo lebten Sie zuletzt?"

„Eben daselbst."

„Sie standen im Dienst?"

„Nein."

„Warum nicht?"

„Ich wollte nur meinem Kaiser dienen, nicht aber dem König, welchen uns die Feinde aufzwangen."

„Das ist brav, Kapitän. Man wird solche Treue zu belohnen wissen. Haben Sie Verwandte?"

Der Kapitän horchte bei dieser Frage auf. Hatte sie einen näheren Zweck?

„Ja", antwortete er.

„Wen?"

„Mutter und Schwester."

„Ah! Wie heißt diese Schwester?"

„Margot, Sire."

Napoleon nickte sehr schnell mit dem Kopf.

„Aber sie sehen dieser Schwester nicht ähnlich!" sagte er.

„Sie sind Stiefmutter und Stiefschwester, Majestät."

„Ah! Wo befinden sie sich?"

„Hier auf dem Meierhof."

Er konnte keine andere Antwort geben, denn er sagte sich, daß der Kaiser seine Schwester gerade heute und hier gesehen haben müsse.

„Sie kamen heute, um Drouet Bericht zu erstatten?"

„So ist es, Sire."

„Woher?"

„Von Lüttich, Namur und Brüssel."

„Wann sind Sie angekommen?"

„Vor einer Viertelstunde."

„Haben Sie Ihre Mutter und Schwester gesprochen, Kapitän?"

„Nein, Sire."
„Warum nicht?"
„Ich hätte keine Zeit dazu gehabt, spreche aber mit diesen Verwandten überhaupt nicht."
Das war dem Kaiser auffällig.
„Sind Sie mit ihnen zerfallen?" fragte er.
„Ja."
„Warum?"
„Sie sind der Sache des Vaterlandes untreu geworden, Sire. Ich muß mich ihrer schämen."
„Untreu geworden?" fragte Napoleon rasch. „Wie meinen Sie das?"
„Die Schwester hat sich mit einem preußischen Offizier verlobt."
Da erhob sich Napoleon rasch vom Stuhl und sagte:
„Das ist ein Irrtum, Kapitän. Sie sind falsch berichtet worden."
„Sire, ich sage die Wahrheit", behauptete Richemonte.
„Ihre Schwester ist mit einem Seekapitän aus Marseille verlobt."
„Davon weiß ich nichts."
„Dieser Seemann heißt Saint-Marie und ist ein Verwandter der Besitzerin dieses Meierhofes."
„Auch dies ist mir vollständig unbekannt, Majestät."
„Wohl nur deshalb, weil Sie mit den beiden Frauen nicht verkehren?"
„Es ist erst kurze Zeit, daß ich mich von ihnen trennte; außerdem habe ich sie auch hier nicht aus meiner Beobachtung gelassen."
„Merkwürdig! Wie heißt jener deutsche Offizier?"
„Hugo von Königsau."
„Welchen Grad besitzt er?"
„Leutnant bei den Ziethenhusaren."
„Kennen Sie ihn persönlich?"
„Ja. Er ist übrigens ein besonderer Schützling des Feldmarschalls Blücher."
„Beschreiben Sie ihn mir genau."
„Er ist hoch und stark gebaut, wenn auch nicht sehr lang, hat blondes Haar, einen starken, leicht gekräuselten Schnurrbart von derselben Farbe, blaue Augen, sehr gute Zähne und ein kleines rotes Mal auf der rechten Wange."
Da trat Napoleon zwei Schritt auf den Sprecher zu:

„Sie malten da wirklich diesen Leutnant ab?“ fragte er rasch und dringlich.
„Ja, Majestät.“
„Sie wissen genau, daß Sie nicht irren?“
„Ganz genau.“
„Ah, so hat man es gewagt, mich zu betrügen, zu belügen und zu hintergehen! Dieser sogenannte Seekapitän ist kein anderer als jener Husarenleutnant, jener Liebling des Feldmarschalls Blücher. Er kam nach hier, um zu spionieren. Man muß alles tun, um ihn zu fangen. Dann wird man ihn aufhängen. Warten Sie draußen im Vorzimmer. Ich muß sofort zu Drouet. Ich komme gleich wieder.“
Königsau hatte diese Unterredung von Wort zu Wort belauscht. Er erschrak. Diese Sache konnte gefährliche Dimensionen annehmen. Er mußte die Freunde sofort warnen. Daher eilte er nach der geheimen Treppe und stieg hinab, um sich zu Margot zu begeben.
Als die Baronin den Kaiser verlassen hatte, eilte sie sofort zu ihren Verwandten, um ihnen mitzuteilen, daß Napoleon nach dem vermeintlichen Seekapitän suchen lassen werde. Sie begegnete Frau Richemonte, welche ja im Begriff gestanden hatte, sie aufzusuchen, unter der Tür und veranlaßte sie, wieder mit einzutreten.
„Erschrecken Sie nicht, liebe Margot“, sagte sie. „Ich komme soeben vom Kaiser.“
„Das bedeutet ein Unglück“, sagte Frau Richemonte.
„Es sieht größer aus, als es ist. Der Kaiser läßt das Haus nach dem sogenannten Seekapitän durchsuchen.“
„Mein Gott, wird man ihn finden?“
„Wohl schwerlich.“
„Wo ist er versteckt?“
„Ganz in Ihrer Nähe“, sagte die Baronin lächelnd.
„Unmöglich. Wo wäre das?“
„Hier!“
Diese Antwort wurde aber nicht von der Baronin, sondern vom Königsau ausgesprochen, welcher durch die hintere Tür trat.
„Hugo!“ rief Margot. „Neben mir bist du?“
„Ja. Aber um Gottes willen, wir alle befinden uns in einer fürchterlichen Gefahr.“
„Wir wissen bereits davon. Die Frau Baronin wollte dir davon mitteilen.“

„Oh, es bedarf dieser Mitteilung nicht, denn ich weiß bereits alles. Ich weiß sogar mehr, als die Frau Baronin ahnt."

„Haben Sie gelauscht?" fragte diese.

„Ja. Kapitän Richemonte ist da."

„Albin hier?" fragten Mutter und Tochter zu gleicher Zeit.

„Ja", meinte er.

„Mein Gott, so sind wir verraten! Wie hat er unseren Aufenthalt erfahren?"

„Durch einen Kommis des Hauses, von welchem Mama ihre Gelder bezieht."

„Ah, daran hatten wir nicht gedacht; diese Möglichkeit wurde von uns übersehen. Aber ist es nicht möglich, daß du dich geirrt hast?" fragte Margot.

„Nein. Er war soeben bei Napoleon: er befindet sich noch im Vorzimmer desselben. Er hat dem Kaiser gesagt, daß dein Verlobter nicht ein Seekapitän, sondern ein preußischer Husarenleutnant ist."

„So sind wir verloren."

„Noch nicht. Er hat dem Kaiser mein Signalement gegeben und sogar das kleine Mal hier an der Wange nicht vergessen; aber dennoch kann man euch nichts tun. Ihr dürft nur behaupten, daß die Verlobung mit mir aufgehoben wurde und daß ich durch Kapitän von Sainte-Marie ersetzt wurde."

„Das ist die einzige Rettung", stimmte die Baronin bei. „Meine Leute sind mir alle treu. Ich werde sie sofort instruieren lassen, auf etwaiges Befragen auszusagen, daß Kapitän de Sainte-Marie hier auf Besuch gewesen sei."

„Dann muß er aber mein vollständiges Signalement besitzen", meinte Königsau.

„Natürlich. Es wird der Dienerschaft mitgeteilt. Wo ist der Kaiser?"

„Er eilte zu Drouet, jedenfalls um die Haussuchung zu beschleunigen."

„Gott, wenn man dich entdeckt", klagte Margot.

„Man wird ihn nicht finden", tröstete die Baronin.

„Ich befürchte doch, daß man mich finden wird", meinte Königsau.

„Wieso?"

„Man wird wohl auch dieses Zimmer durchsuchen und also diese Tür sehen, durch welche man in mein Zimmer gelangt. Dort wird man die Treppe und den Ausgang nach dem Dach entdecken. Dann bin ich verloren."

„So weit kommt es nicht“, bestritt die Baronin. „Man wird nicht wagen, diese Krankenstube zu betreten.“

„Warum nicht? Der Kaiser war bereits da, ohne Rücksicht zu nehmen. Man wird mich ja am ersten bei meiner Braut vermuten und suchen.“

„Nun, so ist auch dann noch nichts verloren. Begeben Sie sich nach Ihrem Zimmer, und klingeln Sie Florian. Sie brauchen ihm nur zu sagen, daß er die Treppe fortnehmen solle. Dann sind Sie geborgen. Aber schnell! Ich höre unten laufen. Man beginnt die Durchsuchung bereits, wie es scheint.“

Königsau ging in seine Stube und klingelte. Bald erschien Florian.

„Was befehlen Sie?“ fragte er.

„Sie sollen die Treppe da fortnehmen“, antwortete Königsau.

„Sapperlot! Warum?“

„Napoleon hat erfahren, daß ich nicht der Seekapitän Sainte-Marie, sondern ein preußischer Husar bin. Er läßt aussuchen.“

„Sie meinen, daß man auch hierherkommen wird?“

„Ich vermute es.“

„Gut. Dann nehmen wir die Treppe weg.“

„Geht dies so leicht?“

„Ja. Ich brauche nur zwei Schrauben aufzudrehen.“

„Wo kommt die Treppe hin?“

„Hinunter in den Stall, unter den Dünger.“

„Wird man den Ausgang nach dem Dach nicht trotzdem entdecken?“

„Nein. Haben Sie noch nicht bemerkt, daß die Eisenplatte genau dieselbe Farbe wie die Decke Ihres Zimmers hat?“

„Ich habe nicht so genau aufgemerkt. Übrigens ist es ja ganz dunkel hier. Wir wollen schnell ans Werk gehen. Es ist keine Zeit zu verlieren.“

„So steigen Sie hinauf.“

„Ah. Ich bleibe auf dem Dach?“

„Ja. Sie steigen hinaus und schließen die Platte von draußen zu. Sie müssen freilich auf dem Dach bleiben, bis die Gefahr beseitigt ist. Ich werde überdies, sobald es mir möglich ist, kommen, um Sie zu benachrichtigen.“

Unterdessen hatte Kapitän Richemonte im Vorzimmer gewartet. Als der Kaiser zurückkehrte, mußte er mit diesem wieder eintreten.

„Man beginnt soeben die Haussuchung“, sagte Napoleon. „Er

wird uns nicht entgehen, wenn er sich noch hier befindet. Würden Sie ihn erkennen?"
„Sofort."
„Und ihn rekognoszieren können?"
„Ja. Übrigens befindet sich ein zweiter hier, der ihn ebenso genau kennt wie ich."
„Wer ist dies?"
„Der Baron de Reillac."
„Hier auf Jeannette?"
„Nein, sondern in Sedan."
„So könnte man ihn kommen lassen. Wie ist übrigens dieser Königsau mit Ihrer Schwester bekannt geworden?"
„Majestät, ich weiß dies nicht."
„Wer hat die Einwilligung zur Verlobung gegeben?"
„Meine Stiefmutter."
„Trotzdem er ein Deutscher ist?"
„Sie selbst ist auch eine Deutsche."
„Ah, man hat also doppelt vorsichtig zu sein! Gab es denn keinen Franzosen, welchem es hätte gelingen können, das Herz Ihrer Schwester zu erobern?"
Der Kapitän sah ein, daß der Kaiser ein persönliches Interesse für Margot hege. Er konnte dies zu seinem Vorteil ausnutzen; es gab ihm ferner Gelegenheit, sich an Königsau, seinem Todfeind, zu rächen. Er antwortete:
„Dieser Husarenleutnant machte mir einen meiner besten Pläne zuschanden."
„Ah, Sie hatten einen Plan? Welchen?"
„Schon mein Vater bestimmte auf seinem Sterbebett, daß Margot die Gemahlin seines und meines besten Freundes, nämlich des Barons Reillac, werden solle . . ."
„Des Barons Reillac? Sie meinen den Armee-Lieferanten?"
„Ja, Sire."
„Er erhielt aber die Zuneigung Ihrer Schwester nicht?"
„Leider, nein."
Über die ehernen Züge des Kaisers glitt ein Lächeln, welches man teils erfreut und teils schadenfroh nennen konnte. Er blickte eine Zeitlang sinnend vor sich hin und sagte dann:
„Der Baron hat dieses Projekt fallenlassen?"
„Nein. Mutter und Schwester ergriffen die Flucht; der Baron half mir, ihre Spur zu entdecken, und ist jetzt so wenig wie vorher gesinnt, seinen Absichten zu entsagen."
„Man muß zugeben, daß er einen sehr guten Geschmack be-

sitzt. Ihre Schwester ist ganz geeignet, den feinsten Salon zu schmücken. Ich war bereit, ihr den Weg zu ebnen; sie aber hat verzichtet, dies zu akzeptieren."

Jetzt wußte der Kapitän ganz genau, daß der Kaiser in Margot verliebt sei. Er sagte im Ton des tiefsten Erschrekkens:

„Himmel, das ist ja gar nicht möglich! Eine solche Gnade zurückzuweisen! Wenn Majestät mich mit diesem Arrangement betrauen wollten, so bin ich überzeugt, den sträflichen Eigenwillen der Schwester zu besiegen."

„Sie würden auf einen sehr energischen Widerstand stoßen."

„Mit der Vollmacht von meinem Kaiser in der Hand würde ich diesen Widerstand nicht fürchten."

„Sie würden ihn nicht bloß bei der Tochter, sondern auch bei der Mutter finden."

„Die Mutter ist verständig und lebenserfahren genug, um einzusehen, welch einen unverdienten Schatz die Huld des Kaisers bildet."

„So muß man sich die Angelegenheit überlegen. Vorher aber wollen wir sehen, ob es uns gelingt, diesen Leutnant Königsau zu ergreifen. Baron Reillac ist kein Jüngling mehr, wie es scheint?"

„Er ist ungefähr fünfzig, Sire."

„So ist seine Liebe keine rein leidenschaftliche?"

„Er glüht wie ein Milchbart."

„Ah, das will einem so bejahrten Mann nicht wohl anstehen. Ich meinte, er begehre die Hand Ihrer Schwester nur, um mit ihr zu glänzen."

„Vielleicht ist die glühende Erregung nur vorübergehend, Sire."

„Man müßte dies hoffen. Der Baron hätte also Ihre Zustimmung?"

„Ich habe sie ihm bereits gegeben."

„Sie werden ihn sehen und sprechen?"

„Ja."

„Wann?"

„Morgen, wenn ich nach Sedan komme."

„Nun wohl, so will ich diese Angelegenheit Ihrer Hand anvertrauen und sehen, ob Sie sich so geschickt erweisen, wie ich es erwarte."

Der Kapitän verbeugte sich so tief wie möglich.

„Sire", sagte er, „mein Leben gehört meinem Kaiser."

„Ich bin überzeugt davon." Und nach einer Pause fuhr er fort: „Sie wissen, Kapitän, daß es Dinge und Arrangements gibt, über welche man nicht spricht ..."

Richemonte verbeugte sich stumm.

„Welche man ordnet, ohne sich vorher Instruktionen zu holen ..."

Eine zweite Verbeugung war des Kapitäns Antwort.

„Eine solche Angelegenheit ist die gegenwärtige. Ich gebe Ihnen nur zu überlegen, daß ich als Kaiser Vormund aller Waisen bin."

„Eins der schönsten Vorrechte der Krone, Sire."

„Daß ich meine Vormundschaft nicht mit Gewalt zur Geltung bringen möchte. Eine Dame darf die möglichsten Rücksichten erfordern ..."

„Bis zu einer gewissen Grenze, Majestät."

„Ich sehe, Sie verstehen mich. Diese Grenze dürfte nur im Notfall überschritten werden, und dann zwar in einer Weise, welche nicht von sich reden macht. Ich muß das ganz allein Ihrer Klugheit überlassen."

„Ich hoffe, die richtige Weise zu treffen, Sire."

„Gut. So beauftrage ich Sie, dem Baron Reillac mitzuteilen, daß ich geneigt bin, ihn als den Verlobten Ihrer Schwester zu betrachten."

„Er wird diese freudige Nachricht morgen empfangen."

„Ich verbiete ihm aber, sich der Dame zu nähern, bevor ich ihm meine Erlaubnis dazu erteile. Verstanden?"

„Er wird gehorchen, obgleich ihm die Erfüllung dieses Befehles nicht leicht werden kann."

„Sie haben darüber zu wachen, daß dieser Punkt streng respektiert wird."

„Majestät, ich muß mir doch erlauben, eine solche Verantwortlichkeit von mir zu weisen."

„Warum?"

„Weil ich der Schwester fernstehe und andere Pflichten ..."

„Pah", unterbrach ihn der Kaiser. „Sie werden der Schwester nahe gestellt werden, und die Erfüllung Ihrer anderen Pflichten wird man anderen Händen anvertrauen."

„Dann soll es meine Aufgabe sein, darüber zu wachen, daß die Intention Ew. Majestät genau befolgt werde."

„Ich erwarte das. Das Hauptquartier wird in kurzer Zeit den Meierhof Jeannette verlassen, doch werde ich eine Etappe auf dem Platz lassen."

Der Kapitän errötete vor Freude. Er ahnte, was kommen werde.

„Das Kommando derselben werden Sie überkommen“, fuhr der Kaiser fort. „Ich werde General Drouet das Nötige mitteilen. Außer den Instruktionen, welche Sie von ihm erhalten, haben Sie mir täglich briefliche Nachricht von dem Befinden Ihrer Schwester in das Quartier zu senden. Sollte sich etwas Ungewöhnliches ereignen, so benachrichtigen Sie mich sofort per Stafette.“

„Majestät, ich fühle mich glücklich, mit diesen Aufträgen beehrt zu werden, muß aber bemerken, daß ich über meine Befugnisse eine wenn auch nur ganz kleine Andeutung notwendig habe.“

„Die Andeutung ist kurz. Sie lautet: Ihre Schwester und Ihre Mutter sind Ihre Gefangenen, natürlich nicht offiziell, sondern geheim. Die beiden Damen dürfen den Meierhof ohne meine Erlaubnis nicht verlassen.“

So weit war die Instruktion gegeben, da wurde Drouet gemeldet. Der General trat unmittelbar hinter dem meldenden Diener ein. Napoleon wendete sich ihm zu.

„Gefangen?“ fragte er.

„Leider noch nicht, Sire“, lautete die Antwort. „Man hat bisher noch keine Spur entdeckt.“

„So hat man vielleicht schlecht gesucht.“

„Man hat bisher unterlassen, die Zimmer der Damen zu untersuchen.“

„Welche Damen meinen Sie?“

„Die Baronin und die Damen Richemonte.“

„Man suche auch bei ihnen.“

„Wird auf die Verwundung von Mademoiselle Margot nicht einige Rücksicht zu nehmen sein?“

Napoleon blickte vor sich nieder, dann antwortete er:

„Die einzige Schonung, welche ich gewähren kann, ist diejenige, daß nicht fremde Leute, sondern ihr Bruder bei ihr suchen soll.“

Das war eine Rache an Margot für ihre Zurückweisung. Der Kaiser fuhr fort:

„Kapitän, Sie werden sich sofort nach den Gemächern Ihrer Verwandten begeben und dort die genaueste Nachsuchung halten.“

Der Kapitän verbeugte sich und sagte:

„Ich erlaube mir, zu bemerken, daß unser Suchen trotz allem

Eifer und aller Sorgfalt vielleicht vergebens sein kann und der Deutsche sich trotzdem hier versteckt aufhält. Dieser alte Meierhof hat Schlupfwinkel. Um ganz sicherzugehen, müßte man sich mit jemandem verständigen, welcher das Haus genau kennt."

„Es wird sich keiner finden, der sich dazu hergibt, die Herrschaft zu verraten", sagte Drouet.

„Ich kenne einen", bemerkte Richemonte.

„Wer wäre das?"

„Der alte Kutscher Florian."

„Gerade dieser scheint seiner Herrschaft sehr ergeben zu sein."

„Dies scheint nur so, mein General. Ich habe Beweise, daß er mir ergebener ist, als der Baronin oder dem Baron de Sainte-Marie."

„Dieser Baron scheint ein etwas leichtsinniger Patron zu sein?" fragte Napoleon.

„Er ist als nicht sehr charaktervoll bekannt", antwortete der Kapitän.

„Solche Leute sind schwach und lassen sich leicht erschrecken. Man wird ein wenig ernst auftreten und den Baron so damit erschrecken, daß er die Wahrheit eingesteht. Ich habe soeben den Kapitän Richemonte zum Etappenkommandanten von Jeannette ernannt. Er wird sich jetzt zu der Baronin und ihrem Sohn, ebenso zu den Damen Richemonte begeben und ihnen ankündigen, daß sie seine Gefangenen sind."

„Diese strenge Maßregel ..." wollte der General bemerken.

„...ist sehr begründet", fiel Napoleon schnell ein. „Man nimmt einen preußischen Spion hier auf, man verbirgt ihn; das ist Landesverrat, in Kriegszeiten doppelt strafbar. Das Gesetz bedroht dieses Verbrechen mit dem augenblicklichen Tode. Man lasse sofort den Kutscher kommen, von dem Sie gesprochen haben."

Diese Worte waren an Richemonte gerichtet. Er meldete dem Diener den Befehl, Florian sofort zur Stelle zu bringen, was augenblicklich befolgt wurde.

Florian trat mit jener Scheu ein, welche ein niedrigstehender Mann gewöhnlich vor hochgestellten Personen hegt.

„Sie sind der Kutscher der Baronin?" fragte ihn der Kaiser.

„Zu dienen, Majestät", antwortete jener ängstlich.

„Dienen Sie ihr bereits lange Zeit?"

„Schon viele Jahre."

„Sind Sie mit ihr zufrieden?"

„Hm“, brummte der Gefragte verlegen.

Florian drehte seine Mütze verlegen hin und her und antwortete endlich:

„Es bleibt manches zu wünschen übrig.“

„Man hat einen besseren Dienst für Sie, wenn Sie sich desselben würdig zeigen.“

Da hellte sich das Gesicht des Kutschers auf.

„Oh, ich habe schon längst fortgewollt“, sagte er.

„Gut, so seien Sie einmal aufrichtig, wenn Sie sich glücklich machen wollen, und sagen Sie, ob Sie einen Deutschen kennen, welcher Husarenoffizier ist und heimlich hier auf dem Meierhof verkehrt.“

„Nein, ich kenne keinen, Sire.“

„Sie reden da die Wahrheit?“

„Ja.“

„Vielleicht ist dieser Mensch unter einem anderen Namen hier gewesen?“

„Das würde mir aufgefallen sein. Es haben nur Bekannte hier verkehrt.“

„So kennen Sie wohl einen Bekannten oder Verwandten der Baronin, welcher Seekapitän ist?“

„Ja, den kenne ich.“

„Er ist hier auf Besuch?“

„Er war hier. Es ist der Herr, welcher heute die Marodeure so gut bediente.“

„War er schon längere Zeit hier?“

„Einige Tage.“

„War er viel mit Mademoiselle Margot zusammen?“

Florian blickte dumm-verlegen vor sich nieder.

„Hm. Ja“, antwortete er mit breitem Lachen.

„Warum lachen Sie?“

„Na, sie waren ja Liebesleute.“

„War dies allgemein bekannt?“

„Man sah es ja. Sie schnäbelten sich wie die Tauben.“

„Wo ist er jetzt?“

„Fort! Futsch!“

„Man bezweifelt das. Er soll hier versteckt sein?“

„Versteckt? Das fällt ihm gar nicht ein. Ich weiß das viel besser, Sire.“

„So. Inwiefern wissen Sie das besser?“

„Weil er es mir gesagt hat.“

„Ah, endlich eine Spur. Was hat er gesagt?“

„Daß er entflieht."
„Aber er hat die Flucht doch nicht sofort ergriffen?"
„Sofort."
„Das ist kaum glaublich."
„Oh, er sagte es mir selbst. Ich war, als wir an der Waldschänke standen, etwas beiseite getreten, und da kam er zu mir. Er sagte, daß er fliehen müsse, weil – weil ..."
Der Kutscher steckte in ganz schauderhafter Verlegenheit.
„Fahren Sie fort", sagte der Kaiser. „Ich befehle Ihnen, die volle Wahrheit zu sagen. Weshalb mußte er fliehen? Was gab er an?"
Florian antwortete sehr befangen und schamhaft:
„Er sagte, er müsse fort, weil – weil – er, weil der Kaiser die Margot für sich haben wolle und sich deshalb mit ihm gezankt habe."
„Pah!" sagte Napoleon verächtlich und mit unbeschreiblichem Stolz.
„Ja, so sagte er", fuhr Florian fort. „Er meinte, wenn er sich hier noch einmal sehen lasse, so sei er verloren. Er wolle aber seine Liebste und die Baronin nicht in Verlegenheit bringen; darum ergreife er auf der Stelle die Flucht."
„Wohin?"
„Ich solle der gnädigen Frau sagen, daß er zunächst nach Luxemburg und dann nach Köln gehe. Er verließ mich in der Richtung nach Douzy zu."
„Sie sagen die Wahrheit?" fragte der Kaiser streng.
„Ja. Warum sollte ich lügen?"
„Weiter sagte er nichts?"
„O ja."
„Was?"
„Daß er wiederkommen werde."
„Wann?"
„Dann, wenn – wenn – ich kann das nicht sagen, Majestät."
„Warum nicht?"
„Sie werden sich ärgern."
„Ich befehle Ihnen dennoch, es zu sagen."
„Nun, er sagte, er werde wiederkommen, wenn – wenn – sobald der Kaiser die richtige Keile von den Alliierten erhalten habe."
Über das Angesicht Napoleons huschte ein eigentümlicher und undefinierbarer Ausdruck. Er bezwang sich aber und fragte weiter:

„Das ist alles, was Sie von ihm wissen und was er sagte?“
„Noch nicht alles.“
„Was noch?“
„Noch zweierlei. Er sagte, ich solle den Damen und dem Baron tausend Grüße bringen, Mademoiselle Margot aber tausend Küsse von ihm geben.“
Drouet lächelte belustigt; der Kaiser aber fragte, ernst bleibend:
„Und das zweite?“
„Ich soll gut aufpassen und ihm später alles genau sagen.“
„Aufpassen? Worauf?“
„Ob der Kaiser viel bei Margot sei, und ob er sie oft küsse.“
„Mensch, Sie sind bei Gott höchst aufrichtig!“ rief Napoleon.
„Ja, das bin ich!“ sagte der Kutscher sehr stolz.
Er schien den ärgerlichen Ausruf des Kaisers für ein Lob zu nehmen.
„Sie sind also überzeugt, daß er wirklich fort ist?“ examinierte Napoleon weiter.
„Ja. Ich habe ihn ja gehen sehen.“
„Er kann Sie auch getäuscht haben.“
„Mich?“ sagte Florian ganz erstaunt. „Der wäre mir der Kerl dazu. An mich kommt da nicht gleich einer heran.“
„Das sieht man Ihnen an“, meinte Napoleon ironisch. „Dennoch aber ist es möglich, daß er nicht nach Douzy gegangen ist, sondern sich heimlich hier verborgen hält. Gibt es hier nicht Orte, die man als Versteck benutzen kann?“
„Oh, viele.“
„Wo?“
„Der Taubenschlag zum Beispiel.“
„Unsinn!“
„Ferner die Milchkammer. Da stecke ich manchmal selber.“
„Gut, gut!“ rief Napoleon, nach der Tür winkend. „Sie können gehen!“
Florian schickte sich an, das Zimmer zu verlassen, drehte sich aber an der Tür noch einmal um und fragte:
„Aber die neue Stelle, Majestät? Bitte, ja nicht vergessen!“
Damit verschwand er.
Der Kaiser wendete sich mit mitleidigem Achselzucken an Kapitän Richemonte:
„Sie haben uns da einen sehr schlauen Diplomaten empfohlen. Er ist ebenso borniert wie aufrichtig, und ich bin überzeugt, daß er uns die Wahrheit gesagt hat.“

Hätte der Kaiser geahnt, daß durch den Ventilator in der Zimmerecke derjenige herabblickte und alles hörte, den man so gern fangen wollte, so hätte er wohl ganz anders gesprochen. Er fuhr fort:

„Dennoch ist es leicht möglich, daß der Gesuchte sich hier aufhält. Das Geheimnis, welches ihn umhüllt, muß schleunigst aufgeklärt werden. Man muß erfahren, ob jener Seekapitän und der Husarenleutnant dieselbe Person sind, oder nicht. Ich lege diesen Auftrag in Ihre Hand, Kapitän. Gehen Sie."

„Ich bin nicht in Uniform, General", wendete sich Richemonte an Drouet. „Darf ich zu meiner Legitimation mich eines Piketts bedienen?"

„Nehmen sie so viel Mann, als Sie brauchen."

Der Kapitän ging.

Es jubelte ihm das Herz in der Brust. Er sah sich mit einem Male als Meister der ganzen Situation. Mutter und Schwester waren in seine Hand gegeben. Wurde Margot die Mätresse des Kaisers, so war sein Glück gemacht.

Zu gleicher Zeit hatte Napoleon ihm eine Waffe gegen den Baron Reillac in die Hand gegeben. Dieser sollte sie nicht berühren dürfen; er mußte ihn, den Kapitän, von jetzt an mit Schonung behandeln, da dieser nunmehr sichtlich unter dem unmittelbaren Schutz Napoleons stand.

Richemonte stieg daher in einer höchst selbstbewußten Haltung zur Wache hinab, wo er sich einige Mann aussuchte, welche ihm zu folgen hatten.

Zunächst begab er sich, nachdem er Erkundigungen über den Aufenthalt der einzelnen Personen eingezogen hatte, in das Parterrezimmer zu dem Baron.

„Kennen Sie mich, Baron?" fragte er diesen.

„Nein", antwortete dieser, ganz erstaunt darüber, einen Menschen so ungeniert bei sich eintreten zu sehen.

„Ich bin Kapitän Richemonte, der Sohn und Bruder der beiden Damen, welche sich als Ihre Gäste gegenwärtig hier befinden."

Er hatte gehofft, den Baron sehr überrascht zu sehen. Dieser aber war von seiner Anwesenheit bereits unterrichtet, und sagte einfach:

„So! Was wünschen Sie?"

„Der Kaiser sendet mich. Sie sind mein Gefangener."

Auch hierauf war der Baron vorbereitet.

„Ihr Gefangener?" fragte er. „Darf ich nach dem Grund fragen?"

„Sie sind des Landesverrats verdächtig. Sie beherbergen einen Spion bei sich."

Der Baron zuckte geringschätzend die Achsel und meinte: „Suchen Sie ihn hier?"

„Er wird sich schon finden, wenn auch nicht hier in Ihrem Zimmer, aber doch sicher irgendwo. Es ist am besten, Sie legen ein offenes Geständnis ab."

„Habe ich auch Ihre Beleidigung mit anzuhören?" fragte der Baron scharf.

„Gut. Ich verlasse Sie einstweilen, um auch die Baronin festzunehmen. Ich bemerke Ihnen jedoch, daß ich vor Ihrer Tür einen Posten zurücklasse. Der Mann hat Auftrag, auf Sie zu schießen, sobald Sie den Versuch machen sollten, Ihr Zimmer zu verlassen."

„Ich habe keine Veranlassung, zu fliehen. Gehen Sie."

Richemonte fühlte, daß es ihm ganz und gar nicht gelungen sei, dem jungen Mann zu imponieren. Dies brachte ihn zu dem Vorsatz, sich auf alle Fälle Respekt zu verschaffen. Er begab sich zur Baronin und trat bei derselben in einer Haltung ein, welche sofort zu erkennen gab, daß er in einer feindseligen Absicht komme. Sie war von seinem Kommen bereits unterrichtet, tat aber so, als ob sie nichts davon wisse. Er hatte es vorgezogen, unangemeldet einzutreten. Sie blickte ihn daher befremdet an und sagte:

„Mein Herr, Sie scheinen irregegangen zu sein. Sie suchen jedenfalls irgendeinen meiner Domestiken."

Er lächelte überlegen und antwortete:

„Sie selbst irren, nicht ich. Sie sind die Baronin de Sainte-Marie?"

„Ja."

„Nun, zu Ihnen will ich. Sie sehen also, daß ich nicht irregegangen bin."

„So beklage ich es, daß Sie sich nicht zuvor an meinen Diener gewendet haben. Ich pflege nur solche Personen zu empfangen, welche die Höflichkeit und Rücksicht besitzen, sich bei mir anmelden zu lassen. Die gegenwärtige Audienz ist also zu Ende, noch bevor sie begonnen hat."

Sie drehte sich um und stand im Begriff, in das Nebenzimmer zu gehen.

„Halt!" rief er ihr da zu. „Sie bleiben!"

Dieser Ton war so gebieterisch, daß sie erstaunt stehenblieb, ihm den stolzesten ihrer Blicke zuwarf und dann sagte:

„Was fällt Ihnen ein? Sie sprechen mit der Gebieterin dieses Hauses!"

„Sie waren das bis jetzt; von diesem Augenblick an aber sind Sie es nicht mehr!"

„Ah!"

Diese eine Silbe drückte verachtungsvolles Staunen aus.

„Ja", fuhr er fort. „Tun Sie noch so stolz; Ihre Herrschaft hier ist doch zu Ende."

„Wer sind Sie?" fragte sie kalt und streng.

„Jedenfalls ist Ihnen mein Name nicht unbekannt. Ich bin Kapitän der kaiserlichen Armee; mein Name ist Richemonte."

„Richemonte?" sagte sie kopfschüttelnd. „Ich kenne Sie nicht."

„So beeile ich mich, Ihrem Gedächtnis zu Hilfe zu kommen, Madame. Es befinden sich als Ihre Gäste zwei Damen bei Ihnen, welche auch Richemonte heißen?"

„Allerdings."

„Nun, ich bin der Sohn der einen und der Bruder der anderen."

Die Baronin simulierte die Miene des Nachdenkens und antwortete:

„Ich besinne mich allerdings, von Frau Richemonte gehört zu haben, daß sie einen Stiefsohn besitze; doch ist das Verhältnis zwischen ihr und ihm nicht ein solches, daß mir seine Gegenwart lieb sein könnte, zumal wenn er sich den Zutritt auf eine Art und Weise erzwingt, welche allen Regeln der gesellschaftlichen Ordnung entgegen ist."

„Und doch werden Sie sich meine Gegenwart gefallenlassen müssen", sagte er mit Nachdruck. „Sie können nicht das mindeste dagegen tun."

„Sie wollen doch nicht etwa sagen, daß mir mein Hausrecht nicht zustehe?"

„Ja, gerade dies will ich sagen. Ich komme nämlich in amtlicher Eigenschaft zu Ihnen."

„Ah! Haben Sie vielleicht den Grad eines Kapitäns mit demjenigen eines Dorfbüttels vertauscht? Ihr Auftreten läßt dies allerdings vermuten."

Das war ihm denn doch zu viel. Er fletschte die Zähne; aber er bezwang sich in der Hoffnung eines endlichen Triumphes doch noch und antwortete:

„Ich stehe als der Bevollmächtigte des Kaisers vor Ihnen und ersuche Sie dringend, sich derjenigen Höflichkeit zu befleißigen, welche ich als solcher zu fordern habe. Das Gegenteil könnte sehr zu Ihrem Schaden ausfallen."

„Als Bevollmächtigter des Kaisers? Wo ist Ihre Vollmacht?"

„Ich habe ganz und gar nicht nötig, Ihnen ein schriftliches Dokument vorzuzeigen. Meine Vollmacht steht vor der Tür."

Er öffnete die Tür und ließ die Soldaten sehen, welche draußenstanden.

„Das genügt allerdings", erklärte die Baronin. „Nun bin ich sehr begierig, zu erfahren, welchem Umstand ich es zu verdanken habe, daß Seine Majestät mich mit Ehrenposten auszeichnet."

„Wenn Sie diese Leute für Ehrenposten halten, so befinden Sie sich in einem ganz bedeutenden Irrtum. Es sind vielmehr Sicherheitswächter, welche die Aufgabe haben, die Flucht meiner Gefangenen zu verhindern."

„Soll das etwa heißen, daß ich Ihre Gefangene bin?"

„Ja."

„Sie setzen mich da in das größte Erstaunen. Ich ersuche Sie, mir die Gründe dieses Vorgehens anzugeben."

„Der Grund ist ein sehr ernster. Er heißt Landesverrat."

„Sie scherzen! Welches Land sollte ich verraten haben?"

„Frankreich!"

„Frankreich? Sie fabulieren!"

Sie begleitete die Worte mit einem lustigen, sorglosen Lachen. Er aber zog die Brauen finster zusammen und antwortete:

„Lachen Sie nicht! Sie beherbergen heimlich einen Feind des Vaterlandes. Das ist natürlich Landesverrat und wird mit dem Tode bestraft."

„Einen Feind des Vaterlandes? Wer sollte dies sein?" fragte sie erstaunt.

„Es ist ein gewisser Königsau, preußischer Husarenleutnant."

„Ich wiederhole, daß Sie fabulieren."

„Pah! Dieses Fabulieren kann Ihnen sehr leicht den Kopf kosten! Wo haben Sie den Menschen versteckt?"

„Ihre Frage ist eine mehr als zudringliche!"

„Wenn Sie keine Antwort geben, werde ich suchen müssen."

„Suchen Sie!"

„Wohlan, zeigen Sie mir Ihre Gemächer!"

„Sie dürfen nicht erwarten, daß ich die Führerin eines Kapitäns Richemonte mache. Sehen Sie selbst."

„Nehmen Sie sich in acht, daß Sie Ihr Verhalten nicht zu beklagen haben! Ich bin den Ton nicht gewöhnt, welchen Sie jetzt gegen mich anschlagen. Ich werde suchen."

„Aber nichts finden."

„Wollen Sie uns wirklich glauben machen, daß der sogenannte Retter des Kaisers ein Seemann und Ihr Verwandter sei?"

„Was Sie glauben oder bezweifeln, ist mir vollständig gleichgültig. Mein Cousin hat allerdings den Kaiser gerettet. Welcher Dank ihm dafür wird, das ist nicht meine, sondern des Kaisers Sache."

Richemonte öffnete nun selbst die Zimmer, welche die Baronin bewohnte und durchsuchte dieselben sehr genau; aber er fand natürlich den Gesuchten nicht.

„Man konnte sich allerdings denken, daß eine ältere Dame nicht so glücklich ist, einen Husarenleutnant bei sich verstecken zu dürfen", sagte er mit giftigem Hohn. „Ich hoffe, ihn bei einer jüngeren zu finden."

Die Baronin zuckte die Achsel, ohne ihm ein Wort zu entgegnen.

„Mein Besuch bei Ihnen ist beendet", fuhr er fort.

„Das ist mir sehr lieb!" fiel sie ihm in das Wort.

„Wir sind trotzdem noch nicht miteinander fertig", fuhr er im Ton der Überlegenheit fort. „Ich habe Ihnen zu sagen, daß Sie meine Gefangene sind."

„Im Auftrag des Kaisers?"

„Allerdings."

„Ich finde eine solche Vergeltung der Gastfreundschaft keineswegs kaiserlich!"

„Die Schuld liegt an Ihnen. Ich verbiete Ihnen, Ihr Zimmer zu verlassen. Ich lasse einen Posten zurück, welcher den strengen Befehl hat, auf Sie zu schießen, sobald es Ihnen beikommen sollte, meinem Gebote entgegenzuhandeln."

„Ich muß mich fügen, behalte mir aber das Recht der Beschwerde vor und hoffe, daß Sie mich jetzt verlassen."

„Mit größtem Vergnügen, Madame. Eine Hochverräterin ist ja durchaus keine passende Gesellschaft für einen anständigen Offizier."

Er ging und gab einem der Soldaten den Befehl, die Baronin zu bewachen. Mit den übrigen Leuten begab er sich nach den Zimmern, welche Frau Richemonte und Margot angewiesen worden waren.

Auch dort wurde er bereits erwartet.

Florian, der treue Kutscher, hatte, sobald er vom Kaiser entlassen worden war, sofort durch seinen Stall hindurch das Zimmer Königsaus aufgesucht. Nach Wegnahme der sehr leicht zu entfernenden Treppenleiter, welche auf das Dach zu dem Deutschen führte, schaffte er dieselbe in den Garten, wo ihr Zweck nicht erraten werden konnte, selbst wenn sie gefunden werden sollte. Sodann machte er sich an die unteren Stufen, welche aus dem Verschlag des Stalles nach oben führten. Er entfernte auch sie und schaffte allerlei Dünger und Streu dorthin, wo sie sich befunden hatten.

„So“, brummte er vergnügt, „wenn es dem Kerl einfällt, da oben nachzusuchen, so mag er sehen wie es riecht, wenn man die Nase in Dinge steckt, die einem nichts angehen.“

Dann schloß er den Verschlag und stellte sich auf die Lauer.

Richemonte fand das Zimmer seiner Stiefmutter leer. Sie saß bei Margot, als er dort eintrat.

„Guten Abend, Mama“, grüßte er höhnisch. „Eine ganz außerordentliche Überraschung. Nicht wahr?“

Er hatte allerdings erwartet, sie ganz und gar betroffen zu sehen, und darum wunderte er sich, in den Gesichtern der beiden Damen nur den Ausdruck verächtlicher Abneigung lesen zu können.

„Was willst du?“ fragte Frau Richemonte.

„Zunächst allerdings nur euch“, antwortete er. „Ich habe, seit ich euch vermißte, so außerordentliche Sehnsucht nach euch gehabt, daß meine Freude, euch endlich wiederzufinden, eine um so größere ist. Wie geht es euch?“

Margot lag noch im Bett. Sie drehte sich zur Wand, ohne ihm zu antworten. Sie nahm sich vor, kein Wort mit ihm zu sprechen.

„Spiele keine Komödie!“ sagte ihre Mutter zu ihm. „Ich wiederhole meine Frage: Was willst du?“

„Euch sehen und begrüßen natürlich, wiederhole auch ich.“

Bei diesen Worten nahm er auf einem Stuhl Platz, und zwar mit einer Miene, als ob er mit den Damen auf dem freundschaftlichsten Fuß stehe.

„Du siehst uns, was nun weiter?“ fragte die Mutter.

„Ich möchte vor allen Dingen wissen, warum ihr Paris verlassen habt?“

„Sehr einfach, weil es uns dort nicht mehr behagte.“

„Das ist mir neu! Ich dachte im Gegenteil, daß ihr euch in der Hauptstadt außerordentlich wohl befändet. Es gab dort so liebe und angenehme Unterhaltung.“

„Rechnest du Mordanfälle und Menschenräuberei zu den Arten, sich angenehm zu unterhalten?"

„Gewiß!" lachte er. „Übrigens weiß ich nicht, wovon du sprichst und was du meinst. Wie steht es mit der berühmten Verlobung mit jenem Leutnant von Königsau?"

„Das ist Margots Sache."

„Allerdings, denn sie ist ja mit ihm durchgebrannt!"

„Schweig, Unverschämter! Du selbst weißt am besten, was uns fortgetrieben hat."

„Die Liebe, Mama, die Liebe!" lachte er. „Und ebenso ist es die Liebe, welche mich heute zu euch führt, nämlich die Kindes- und Geschwisterliebe."

Das Gesicht seiner Mutter rötete sich vor Zorn.

„Entweihe die heiligsten Gefühle des Menschenherzens nicht dadurch, daß du von ihnen sprichst!" rief sie. „Wann hätte dein Herz je Liebe gefühlt?"

„Jetzt zum Beispiel, liebe Mama", antwortete er. „Die Liebe zu euch treibt mich, euch aufzusuchen. Ich habe euch vor einer großen Gefahr zu warnen und auf ein noch größeres Glück hinzuweisen."

„Wenn du es bist, der dieses sagt, so ist die Gefahr ein Glück für uns und das Glück eine Gefahr."

„Du täuschst dich vollständig, liebe Mama. Ich komme nicht in meinem Interesse, sondern als Unterhändler des Kaisers zu euch."

„Seine Majestät hat nicht nötig, einen Unterhändler zu senden."

„Ah! Der persönliche Besuch wäre euch wohl angenehmer?"

„Jeder Besuch ist uns angenehmer als der deinige. Aber die Angelegenheit, in welcher du zu kommen scheinst, ist bereits erledigt."

„Wieso?"

„Deine Frage ist zudringlich, behalte sie für dich! Wir haben uns von dir getrennt. Wir interessieren uns ferner nicht mehr für deine Angelegenheiten, und so erwarten wir ganz entschieden, daß du dir auch die unserigen vollständig gleichgültig sein läßt."

„Das ist sehr deutlich gesprochen, leider nur nicht den Verhältnissen angemessen, welche zu berücksichtigen ihr auf alle Fälle gezwungen seid."

„Von welchen Verhältnissen sprichst du?"

„Erstens davon, daß der Wille eines Kaisers zu berücksichtigen ist."

„Und zweitens?"

„Zweitens, daß ich seit einer halben Stunde Etappenkommandant des Meierhofes Jeannette bin."

„Ah! Wer hat dich dazu gemacht?"

„Der Kaiser selbst", antwortete der Gefragte in stolzem Ton.

„So denke ja nicht, daß dies eine Belohnung deiner Verdienste ist. Der Kaiser braucht ein Werkzeug, und du wirst es sein, jedoch vergeblich. Wir werden deinen Plänen hier ganz denselben Widerstand entgegensetzen wie in Paris."

„Gut! Ihr sprecht von meinen Plänen. Als ein Mann habe ich den Mut, euch einzugestehen, daß ich Pläne habe und zwar Pläne mit Margot. Sie ist meine Schwester, und ich darf von ihr fordern, daß sie ihr möglichstes tut, mich avancieren zu machen. Der Kaiser widmet ihr eine mehr als gewöhnliche Teilnahme, und diese soll sowohl zu ihrem, als auch zu meinem Glück ausgenutzt werden. Leistet sie Widerstand, so muß sie es sich gefallen lassen, wenn ich meine brüderliche Gewalt in Anwendung bringe. Und das würde ich ganz sicher tun!"

„Es ist dir zuzutrauen, doch fürchten wir dich nicht."

„Nicht?" fragte er höhnisch. „Oh, meine Gewalt ist größer und bedeutender, als ihr vielleicht meint."

„Du überschätzt dich! Der Kaiser selbst muß Margot schützen!"

„Allerdings. Er hat sie und dich ja bereits meinem Schutz empfohlen."

„Wir verzichten auf diesen Schutz."

„Ich möchte wissen, wie ihr das anfangen wollt! Hofft ihr vielleicht auf die Hilfe eures Königsau? Pah! Er, ein Leutnant, und Napoleon, der mächtige Kaiser der französischen Nation!"

„Noch ist sein Thron nicht wieder befestigt."

„Hofft ihr etwa darauf, daß er geschlagen wird? Ich gebe euch mein Wort, daß dieser tölpelhafte Marschall Vorwärts nicht zum zweiten Male nach Paris kommt. Der Feldzug ist bereits begonnen. Die Feinde Frankreichs werden von uns niedergemäht werden wie Gras. Übrigens wird Königsau gar nicht gegen uns kämpfen. Er wird als Spion von uns aufgehängt werden, noch ehe der erste Schuß gefallen ist."

„Versuche, ob du aus dieser Drohung Wahrheit machen kannst!"

„Ich stehe soeben im Begriff, es zu tun. Wo habt ihr ihn versteckt?"

„Wen?"

„Königsau, Margots Seladon."
„Ah, du vermutest ihn hier auf dem Meierhof? Lächerlich!"
„Ihr wollt mich doch nicht etwa glauben machen, daß eure List der meinen überlegen ist?"
„Glaube, was du willst!"
„Wohl! Ich glaube, daß jener Kapitän aus Marseille niemand anders ist als Königsau. Er ist hier versteckt, und ich werde ihn finden."
„Suche ihn!"
„Das werde ich allerdings tun. Ich mache euch aber darauf aufmerksam, daß es besser für euch ist, wenn ihr ihn mir freiwillig überliefert."
„Das würden wir nicht tun, selbst wenn er bei uns versteckt wäre."
„So erkläre ich euch, daß ihr bis auf weiteres meine Gefangenen seid und ohne meine ausdrückliche Erlaubnis eure Zimmer nicht verlassen dürft."
„Wir lachen darüber!"
„Lacht immerhin! Um euch zu zeigen, daß ich keinen Scherz mache, werde ich einen Posten vor der Tür lassen. Er hat den Befehl, auf euch zu schießen, sobald ihr den Austritt erzwingen wollt."
Da trat seine Mutter auf ihn zu und fragte flammenden Auges:
„Dies ist dein Ernst?"
„Mein völliger", antwortete er kalt.
„Du willst uns, deine nächsten Verwandten, in Banden schlagen?"
„Ihr zwingt mich ja dazu!"
„So mag der Himmel dich dafür strafen! Wir sagen uns von dir los; wir erklären dich für den herzlosesten Bösewicht der Erde und werden Gott bitten, dich unschädlich zu machen."
„Das klingt sehr dramatisch, liebe Mama. Das ist ein ganz hübscher Theatercoup. Nur schade, daß wir uns nicht auf der Bühne befinden. Euer Gott wird mir wohl nicht sehr gefährlich werden. Ich handle für den Kaiser, und dieser ist's, der die Macht in den Händen hat."
„Gottloser Lästerer! Die Strafe wird dich sicherlich ereilen!"
„Ich werde das ruhig abwarten. Zunächst aber werde ich mich hier bei euch ein wenig umschauen."
Er untersuchte die beiden Zimmer sehr genau, doch ohne eine Spur von Königsau zu finden. Da bemerkte er die Tür, welche

nach dem Zimmer ging, in welches der Leutnant von dem Kutscher gebracht worden war.

„Wohin führt diese Tür?" fragte er.

„Ich weiß es nicht", antwortete die Mutter.

„Das willst du mich glauben machen? Ihr wollt nicht wissen, was hinter diesem Eingang versteckt ist?"

„Er war von der anderen Seite verschlossen."

„Ah, ein Eckzimmer, allem Anschein nach, und von innen verschlossen. Ich vermute, auf der richtigen Fährte zu sein! Man wird öffnen müssen!"

Er klopfte an, aber es ertönte keine Antwort.

„Wer ist da drüben?" fragte er laut.

Es antwortete niemand wie vorhin.

„Nun, so wollen wir sehen, wie fest dieses Schloß sein wird."

Er drückte auf die Klinke. Sie gab nach, und die Tür öffnete sich.

„Ah, also doch nicht verschlossen! Du hast mich belogen, Mutter! Das kommt mir verdächtig vor. Ich werde da drüben genau nachforschen."

Er rief einen der Soldaten zu sich und nahm das Licht. Als sie in den Nebenraum traten, bemerkten sie zwar die wenigen Möbel, aber es befand sich niemand da. Die Dachöffnung war so gut verschlossen, daß sie nicht entdeckt wurde.

„Leer!" sagte er. „Aber da ist noch eine Tür. Wohin führt sie?"

Er gab dem Soldaten das Licht und öffnete.

„Das ist ein Stroh- oder Heuboden", meinte Richemonte. „Wir befinden uns über dem Stall. Hier gibt es ein Versteck."

Er ließ sich leuchten und suchte. Er fand die schmale Treppe, welche abwärts nach Florians Stallverschlag führte.

„Hier geht es hinunter. Hier ist er hinab. Rasch, ihm nach!"

Während der Soldat mit dem Licht hinter ihm herschritt, stieg er so rasch wie möglich die Stufen hinab. Eine – zwei – drei – vier – da waren sie plötzlich alle. Florian hatte ja die untersten Stufen weggenommen. Richemonte trat in die Luft und verlor das Gleichgewicht und den festen Halt.

„Tausend Donner!" rief er.

Es gelang ihm nicht, einen festen Gegenstand zu erfassen. Er schoß hinab und stürzte auf eine weiche, zähe Masse, welche einen sehr üblen Geruch ausströmte.

„Alle Wetter, wo bin ich da?" rief er. „Leuchte einmal herab!"

Der Soldat kniete nieder und hielt das Licht so weit wie möglich herunter. Es ließ sich nicht viel erkennen, dennoch aber rief Richemonte:

„Es fehlt der niedere Teil der Treppe, und ich bin in den Dünger gestürzt. Binde den Leuchter an den Säbelriemen und laß ihn mir herab. Ich fühle keinen Ausgang hier."

Der Soldat gehorchte, und als der Verunglückte nun das Licht hatte, bemerkte er die Tür, welche aus dem Verschlag nach dem Stall führte.

„Jetzt werde ich frei", rief er nach oben. „Gehe zu deinen Kameraden zurück und warte, bis ich dich abhole."

Der gute Florian Rupprechtsberger hatte bisher in seinem Stall versteckt gelegen. Ein großer Hund befand sich bei ihm. Als dieser zuerst das Geräusch und sodann die fremde Stimme hörte, stieß er ein leises, drohendes Knurren aus.

„Still!" sagte der Kutscher leise zu ihm. „Du verdirbst sonst dir und mir den Spaß, wenn du nicht ruhig bist."

Jetzt öffnete Richemonte die Tür, welche zu dem Verschlag führte, und trat in den Stall. Er bemerkte weder den Knecht, noch den Hund, da diese beiden versteckt in der Ecke lagen.

„Jetzt faß ihn, wirf ihn hübsch ins Weiche!" flüsterte Florian.

Da fuhr der Hund, ohne einen Laut von sich zu geben, auf den Kapitän los und warf ihn nieder. Der Überfallene stieß einen lauten Schrei aus, wagte aber nicht, denselben zu wiederholen, da er die Zähne des Hundes fürchtete. Er ahnte, daß das Tier bei der geringsten Bewegung oder beim ersten Laut zubeißen werde.

Als Florian sich überzeugt hatte, daß der Franzose sich in seinen Händen befinde, und daß das Licht ausgelöscht sei, ohne etwas anzubrennen, schlich er sich geräuschlos aus seiner Ecke hervor, öffnete die Tür, welche nach dem Garten führte und verließ durch dieselbe den Stall, ohne von Richemonte bemerkt worden zu sein. Von dem Garten aus konnte er leicht den Hof erreichen, ohne daß jemand geahnt hätte, daß er sich vorher im Stall befunden hatte.

Napoleon erwartete mit Ungeduld das Ergebnis der Nachforschung des Kapitäns, doch konnte er sich seinen Pflichten nicht entziehen. Es befanden sich jetzt die beiden Marschälle und Drouet bei ihm. Aus dem Hauptquartier zu Sedan war ein Adjutant nach dem Meierhof gekommen und hatte außerordentlich wichtige Depeschen gebracht. Nun wurde großer und geheimer Kriegsrat gehalten. Aber so geheim, wie diese Herren dachten, war die Unterredung denn doch nicht. Droben vor dem Schallloch lag Königsau auf dem Dach und hörte jedes Wort, welches hier unten gesprochen wurde. Er wurde auf diese Weise Zeuge des großen Feldzugsplans, welcher entworfen wurde. Napoleon zeigte sich in demselben als der alte, nur schwer zu besiegende Meister der Schlachten und als ein feiner Kenner der Verhältnisse und Personen, denen er gegenüberstand.

Erstere zeigten sich so dringlich, daß der sofortige Abmarsch beschlossen wurde. Auch Napoleon selbst wollte bereits nach kurzer Nachtruhe aufbrechen und sich nach Maubeuge begeben, um seine Truppen dort zu konzentrieren. Ney ritt nach beendigtem Kriegsrat sofort nach Sedan, um seine Maßregeln schleunigst persönlich zu treffen.

Der Adjutant hatte auf diese Weise eine plötzliche Bewegung in die gegenwärtige Bewohnerschaft des Meierhofes gebracht. Auch Drouet war zum baldigen Aufbruch bereit. Boten kamen und gingen während der ganzen Nacht; eine Ordonnanz folgte der anderen, und kein Mensch hätte am vorigen Tag gedacht, daß der kleine Meierhof Jeannette jetzt der Ort sein werde, an welchem diejenigen Pläne geboren wurden, von denen das ganze Europa abhängig war.

Napoleon dachte, sobald er seiner Pflicht als Feldherr genügt hatte, sogleich an Kapitän Richemonte. Er wunderte sich, denselben nicht bereits wieder bei sich zu sehen, und darum sandte er nach ihm.

Der Bote kehrte bald mit der Meldung zurück, daß der Kapitän nirgends zu sehen sei. Darum wurden ernste Nachforschungen nach ihm angestellt, welche zur Folge hatten, daß man ihn endlich im Stall unter den Zähnen des Hundes fand.

„Schießt die Bestie nieder!“ meinte einer der Soldaten, indem er sich anschickte, sein Gewehr zu holen.

„Um Gottes willen, nein“, rief ein zweiter, welcher vorsichtiger war als sein Kamerad.

„Warum nicht?“ fragte der erstere. „Wie wollen wir den Hund wegbringen? Unserem Rufen gehorcht er nicht, und ihn anfassen und wegziehen? Brrrr! Ich mag das nicht versuchen.“

„Der Hund würde den Kapitän sofort totbeißen, sobald man eine Waffe auf ihn richtete. Man muß einen Mann suchen, dem er gehorcht.“

Da trat einer der Knechte hinzu und sagte:

„Er gehorcht keinem anderen, als nur dem Kutscher Florian.“

„Wo ist dieser?“

„Ich weiß es nicht.“

„Man muß ihn schleunigst holen.“

Erst nach längerer Zeit gefiel es dem schlauen Florian, sich finden zu lassen. Er wurde herbeigebracht, als schon vor und in dem Stall eine ganze Menge von Menschen stand, um sich das Schauspiel mit anzusehen.

„Was ist denn los?“ fragte er gemächlich. „Man sagt mir, daß mein Hund einen Kapitän am Kragen habe.“

„Ja“, antwortete man. „Rufe das Tier zurück.“

„Nur langsam, langsam. Erst muß man sich den Kapitän doch einmal ansehen, um zu wissen, ob man sich nicht vielleicht irrt.“

„Kerl, du hast gar nicht zu zaudern!“ rief derjenige, welcher vorhin vom Totschießen gesprochen hatte. „Oder willst du einen Kapitän der alten Garde unter den Zähnen deines Hundes sterben lassen?“

„Ich glaube nicht an diesen Kapitän. Ein Kapitän der alten Garde schleicht sich nicht heimlich wie ein Dieb in die Stallungen anderer Leute!“

„Und doch ist es so! Man wird das Tier erschießen, zur Strafe dafür, daß es sich an einem Offizier des großen Kaisers vergriffen hat.“

„Pah! Mein Hund hat seine Pflicht getan. Wer sich an ihm vergreifen will, der hat es mit seinen Zähnen und mit mir zu tun. Merkt es euch: er ist ein echter Pyrenäenhund, stark wie ein Bär, klug wie ein Fuchs und geschwind wie der Blitz. Ich rate euch, keine Dummheiten zu machen.“

Er nahm einem der Knechte die Laterne aus der Hand und schritt auf die Gruppe zu, welche eine so große Aufmerksamkeit auf sich zog.

Als der Hund seinen Herrn erkannte, wedelte er mit dem Schwanz, nahm aber seinen Rachen nicht von der Gurgel des Kapitäns weg.

„Holla, Tiger, wen hast du denn da gefangen?“ fragte der Kutscher, indem er sich zu dem am Boden Liegenden niederbog. „Alle Teufel! Es ist wahr! Das ist ja Kapitän Richemonte! Geh fort, Tiger. Dieser Mann ist kein Spitzbube, sondern ein ebenso tüchtiger Kerl wie du!“

Auf dieses Kommando ließ der Hund gehorsam von seinem Gefangenen ab und zog sich zurück. Richemonte erhob sich langsam und taumelnd. Er war mehr tot als lebendig, und tiefe Blässe bedeckte sein Gesicht.

„Schießt das Scheusal nieder!“ waren seine ersten Worte.

„Ich rate Ihnen Gutes!“ antwortete der Kutscher. „Der Hund

ist dressiert, bei der geringsten, feindseligen Bewegung auf den Mann zu springen. Aber, zum Teufel, wie kommen Sie in diesen Stall?"

„Ich suchte nach dem Flüchtling."

„Der soll hier sein? Ich habe ja dem Kaiser bereits gesagt, daß er jetzt schon weit fort ist! Und wie sehen Sie aus, Kapitän."

„Ich bin von oben herabgestürzt."

„Wo, von oben?"

„Von der verdammten Treppe da drin in dem Verschlag."

„Alle Teufel! Wie kommen Sie da hinauf? Es gibt ja nur eine halbe Treppe dort! Aber so ist es, wenn ehrlichen Leuten nicht geglaubt wird. Nun sehen Sie aus, wie – wie – na, und wie! Und nun riechen Sie mir – wie – na, und wie."

„Und dabei sollen Sie sofort zum Kaiser kommen!" sagte der Bote, welchen Napoleon gesandt hatte.

„Zum Kaiser? Mein Gott, was tue ich da?"

„Nun, Sie gehen hinein in das Wachtlokal, reinigen sich schnell und ziehen einstweilen die Uniform eines Soldaten an. Ich werde unterdessen dem Kaiser melden, welcher Unfall es Ihnen unmöglich macht, sofort zu erscheinen."

Dies geschah. Die neugierige Menge verlief sich schnell, und als Florian sich mit seinem Hund allein sah, stich er ihm liebkosend über das Fell und sagte:

„Das hast du gut gemacht, Tiger! Der Kerl wird eine wirkliche Todesangst ausgestanden haben, und das kann ihm gar nichts schaden."

„Einige Zeit später stand Richemonte vor dem Kaiser. Dieser empfing ihn mit einem seiner ironischen Blicke, von denen keiner gern getroffen wurde, und sagte unter einem leisen Lächeln:

„Sie sind Märtyrer unserer Sache geworden, wie ich höre, Kapitän?"

„Allerdings, Sire, nur nicht in einer sehr religiösen Weise."

„Ich bemerke freilich, daß Sie in einem keineswegs heiligen Geruch stehen. Welches Ergebnis haben Ihre Nachforschungen gehabt?"

„Bisher leider noch keins. Ich wurde durch den Unfall verhindert, meine Nachforschungen fortzusetzen."

„Bei wem waren Sie?"

„Zunächst beim Baron."

„Was sagte er?"

„Er leugnete. Ich habe mir erlaubt, ihm Zimmerarrest zu geben und einen Posten vor seine Tür zu stellen."

„Gut: Weiter!"
„Sodann suchte ich seine Mutter auf. Auch sie leugnete."
„Gaben Sie auch ihr Arrest?"
„Ja."
„Hm! Man hätte das lieber umgehen sollen. Sie ist die Dame des Hauses, und ich bin ihr Gast. Wohin begaben Sie sich dann?"
„Zu Margot."
Das Gesicht des Kaisers belebte sich.
„Wie fanden Sie die junge Dame?" fragte er mit sichtlichem Interesse.
„Sie hütete das Bett. Die Mutter war bei ihr."
„Was sagte sie auf Ihre Erkundigungen?"
„Margot hat kein Wort gesprochen."
Das Gesicht Napoleons verfinsterte sich wieder.
„Sie scheint einen sehr ausgeprägten Charakter und einen starken Willen zu haben", sagte er. „Die schönste Zierde des Weibes aber ist Sanftmut, Milde und ein weiches, biegsames Gemüt. Welche Auskunft gab Ihnen die Mutter?"
„Gar keine. Sie gestand weder etwas, noch leugnete sie."
„Ah! Auch stolz! Sollte die Schuld an dem Boten liegen?"
„An mir? O nein, Sire."
„Vielleicht doch! Sie stehen mit den Damen auf einem sehr feindseligen Fuß; da wird es schwierig sein, Konzessionen zu erlangen."
„Ich verpfände meine Ehre, Sire, daß die Damen mir doch noch gehorchen werden. Es gilt ja nur, den Einfluß jenes Deutschen zu brechen, und diese Aufgabe ist eine sehr leichte."
„Glauben Sie auch jetzt noch an seine Anwesenheit?"
„Ich bin irre geworden."
„Inwiefern?"
„Befände er sich noch hier, so hätte ich bei den Damen ganz sicher wenigstens einige Unruhe bemerkt."
„Und dies war nicht der Fall?"
„Nicht im geringsten."
„Kein jähes Erröten, kein Erbleichen, keine heftige Zuckung mit der Hand oder irgendeinem anderen Glied, als Sie sagten, daß Sie nach ihm suchen würden?"
„Nein, keins von diesen Anzeichen, Sire."
„Wohin begaben Sie sich dann?"
„In dem Zimmer Margots gab es eine Tür, welche in einen Nebenraum führte. Ich trat dort ein und gelangte auf einen Stallbo-

den, welcher sich recht gut zu einem Versteck zu eignen schien; aber es befand sich kein Mensch dort."

Der Kapitän Richemonte erzählte sein Unglück weiter.

Der Kaiser hörte ihm zu und sagte dann:

„Ihr Debüt ist nicht nach Wunsch ausgefallen. Ich hoffe, daß Ihre späteren Bemühungen von Erfolg sein werden."

„Majestät, ich stelle alle meine Kräfte zu Diensten."

Der Kaiser nickte zufrieden.

„Hat man noch anderweite Nachforschungen angestellt?" fragte er.

„Ja. Ich komme von der Wache, wo ich erfuhr, daß General Drouet die Durchsuchung des ganzen Meierhofes angeordnet hat. Aber auch dies ist vergeblich gewesen."

„So mögen alle diese unnützen Bemühungen eingestellt werden. Man hat das beste getan, wenn man die Damen einfach isoliert. Sie haben das in der Hand. Meine Intentionen kennen Sie. Und um allen Eventualitäten zuvorzukommen, wird man es angemessen finden, die junge Dame baldigst zu verheiraten."

Richemonte verbeugte sich.

„Dürfte ich die Bitte um eine kleine Andeutung aussprechen?" fragte er.

„Sie sprachen zu mir von Baron Reillac?"

„Allerdings, Majestät."

„Er liebt Ihre Schwester?"

„Er hat sich alle Mühe gegeben, mich davon zu überzeugen."

Da legte der Kaiser nach seiner eigentümlichen Weise die Hände auf den Rücken und schritt langsam und nachdenklich im Zimmer auf und ab. Erst nach einer längeren Weile blieb er vor Richemonte stehen, faßte diesen beim Knopf seiner Uniform und fragte:

„Ich denke, daß man sich auf Sie verlassen kann?"

„Mein Leben gehört Eurer Majestät!" antwortete der Kapitän.

„Werden Sie eine Vollmacht auszuführen verstehen, wenn Sie nur im allerhöchsten Notfall die Erlaubnis haben, sich auf dieselbe zu berufen?"

„Ich denke es, Sire."

„So sage ich Ihnen, daß Ihre Schwester bereits in den nächsten Tagen die Frau des Barons de Reillac sein soll."

„Ich stehe zu Befehl, Majestät, obgleich ich überzeugt bin, einen nicht geringen Widerstand zu finden."

„Von welcher Seite?"

„Von der Seite meiner Schwester zunächst."
„Sie werden ihn überwinden, denn Sie sind der Bruder. Und sodann?"
„Von Seiten der – Behörde", antwortete Richemonte zögernd.
Napoleon zog die Stirn in Falten.
„Die Behörde bin ich!" sagte er.
„Ich habe diese Überzeugung, Sire. Aber ich bedarf des Jawortes meiner Schwester. Ich befürchte, daß sie es mir verweigert."
„Warten Sie!"
Der Kaiser trat an den Tisch, legte sich ein Blatt Papier zurecht und schrieb. Dann reichte er die Zeilen dem Kapitän.
„Lesen Sie!" befahl er.
Richemonte gehorchte. Kaum hatte er einen Blick auf das Papier geworfen, so nahm sein Gesicht den Ausdruck des Triumphes an.
„Wird dies genügen?" fragte Napoleon selbstbewußt.
„Oh, man wird sich beeilen, die Ordre Ew. Majestät zu erfüllen."
„Ich bin überzeugt davon. Haben Sie noch Wünsche?"
„Keinen als den, daß mir die Huld meines Kaisers erhalten bleibe."
„Das ist Ihre eigene Sache. Ich weiß treue Diener zu belohnen. Die Lösung Ihrer Aufgabe ist mit pekuniären Opfern verbunden. Ich werde Befehl geben, Ihnen die nötigen Mittel zur Verfügung zu stellen. Jedenfalls aber werde ich Sie vor meiner Abreise noch einmal sprechen."
„Dürfte ich morgen nach Sedan zu Reillac reiten, Sire?"
„Tun Sie es. Aber sorgen Sie dafür, daß während Ihrer Abwesenheit keine Ihrer Maßregeln verabsäumt werde."
Der Kaiser machte die Bewegung der Entlassung, und der Kapitän entfernte sich mit einer tiefen Verneigung. Jetzt war er seines Sieges sicher. Er hatte eines jener Papiere in den Händen, vor denen sich die höchsten Behörden beugen mußten, gegen welche es keinen Widerstand, keine Appellation gab und gegen welche alle Paragraphen aller Gesetze schweigen mußten.
Königsau hatte sich kein Wort von dieser Unterredung entgehen lassen. Er wartete noch, bis er sah, daß der Kaiser im Begriff stand, zur Ruhe zu gehen. Dann erhob er sich aus seiner liegenden Stellung.
Fast hätte er einen Schrei der Überraschung ausgestoßen, denn er bemerkte eine Gestalt, welche dicht neben ihm stand.
„Pst", sagte dieselbe. „Erschrecken Sie nicht!"

„Ach, Florian, treue Seele! Aber ich denke, die Treppe ist fort?"

„Ja, sie ist fort. Sie liegt gut aufgehoben im Garten. Doch habe ich Ihnen bereits gesagt, daß noch ein Hauptaufgang nach dem Dach führt."

„Welch ein Glück, daß man nicht daran gedacht hat, ihn zu benutzen, um mich hier zu suchen."

„Allerdings. Gerade das Klügste haben diese Kerle unterlassen."

„Ich wäre vielleicht verloren gewesen."

„Noch nicht, Herr Leutnant. Ich stand bereits auf der Lauer und hätte Ihnen ein Mittel an die Hand gegeben zu verschwinden."

„Welches?"

„Dieses."

Er trat einige Schritte zurück und nahm einen langen Gegenstand in die Höhe, in welchem Königsau eine Leiter erkannte.

„Sie hätten mit Hilfe dieser Leiter in Ihr Zimmer verschwinden können", sagte der Kutscher. „Haben Sie gut aufgepaßt?"

„Oh, ich habe viel, sehr viel gehört."

„Was Ihnen Nutzen bringt?"

„Ja. Ich habe mit Mademoiselle Margot und ihrer Mutter zu sprechen. Werde ich dies wagen dürfen?"

„Warum nicht?"

„Es steht ein Posten vor ihrer Tür."

„Das wohl, aber doch nicht im Zimmer. Sie werden leise sprechen. Übrigens kann ich ja hinuntergehen und mich mit dem Mann unterhalten, um seine Aufmerksamkeit abzulenken. Aber sagen Sie, ob Sie beabsichtigen, noch längere Zeit hierzubleiben."

„O nein. Ich muß fort, schleunigst fort."

„Etwa noch während dieser Nacht?"

„Ja."

„Das ist zu gefährlich."

„Warum?"

„Man hat reitende Boten nach Ihnen ausgeschickt."

„Hm. Und dennoch muß ich. Es hängt viel, sehr viel davon ab. Ich muß sofort zu Blücher."

„Das ist etwas anderes. Das besiegt ein jedes Bedenken."

„Wenn ich mich verkleiden könnte."

„Warum nicht? Ah, da kommt mir ein sehr guter Gedanke. Wissen Sie, welche Verkleidung die beste sein würde?"

„Nun, welche?“
„Sie legen französische Offiziersuniform an.“
„Dieser Vorschlag ist allerdings höchst akzeptabel. Aber woher soll ich eine Uniform nehmen?“
„Stehlen.“
„Florian.“
„Ah, pah. Sie wird gemaust. Wie wollen wir sie sonst bekommen? Oder wollen Sie vielleicht einem der Generäle eine Staatsvisite machen, um ihn zu bitten, Ihnen eine Uniform zu leihen?“
„Das ist richtig. Übrigens wäre hier ein jedes Bedenken lächerlich. Aber wer soll der Bestohlene sein? Er muß meine Figur haben.“
„Er hat sie auch.“
„Wer?“
„Ist es Ihnen recht, als Major zu reiten?“
„Gewiß! Warum nicht? Es ist ja ein Avancement.“
„Nun, der Adjutant, welcher gekommen ist, ist ein Dragonermajor. Er hat sich müde geritten und sogleich schlafen gelegt. Er schnarcht wie eine Ratze und wird nicht aufwachen. Ich schleiche mich hinein und nehme ihm seine ganze Uniform weg.“
„Aber im Fall des Erwischens.“
„Da sage ich, daß ich ihm die Sachen reinigen will.“
„Das geht. Aber ein Pferd?“
„Wird versorgt. Sie sollen keinen alten Ziegenbock reiten.“
„Gut. Aber nun die Hauptsache, das Schwierigste: Margot muß mit und ihre Mutter auch.“
„Donnerwetter“, fuhr es dem Kutscher heraus.
„Ja, das ist ganz und gar notwendig.“
„Darf ich fragen warum?“
„Der Kaiser will sie in den nächsten Tagen verheiraten.“
„Mit wem?“
„Mit dem Baron Reillac.“
„Den soll der Teufel holen. Aber Mademoiselle Margot wird doch unmöglich ja sagen!“
„Sie soll gezwungen werden. Richemonte hat des Kaisers Befehl oder Vollmacht in der Tasche.“
„Dann müssen die Damen allerdings fort, und zwar noch diese Nacht. Können sie reiten?“
„Ja. Ich habe von Margot gehört, daß sie Reitunterricht erhalten hat. Auch Mama ist früher gewöhnt gewesen, mit ihrem Mann auszureiten.“

„Aber als Mann oder als Dame zu reiten, das ist ein Unterschied."

„Ah! Auch eine Verkleidung der Damen?"

„Natürlich. Sie müßten als Ihre Diener gehen."

„So werden sie versuchen, sich im Herrensattel zurechtzufinden. Aber wie steht es mit der Kleidung?"

„Wird auch gestohlen."

„Florian, Florian! Man ist ja ein recht großer Spitzbube."

„Oh, aus Liebe für Sie und Mademoiselle Margot stehle ich die Kirche von Notre Dame und schleppe sie von Paris bis nach Sibirien."

„Auch Pferde?"

„Ja. Ich werde für zwei recht geduldige und doch schnellfüßige Gäule sorgen. Aber wohin wird die Reise gehen?"

„Ich muß nach Lüttich oder Namur."

„Soweit können die Damen unmöglich mit."

„Das ist leider allzu wahr. Der Weg ist zu weit."

„Das ist noch nicht das Schlimmste. Die Straße ist jetzt vom Militär belebt. Man würde in den beiden Reitern sofort Frauen erkennen."

„Ich könnte zwar Schleichwege reiten; aber es ist die größte Eile notwendig, um zur rechten Zeit zu Blücher zu gelangen."

„Was tut man da?" fragte der Kutscher nachdenklich. „Hm, vielleicht finde ich einen guten Rat. Es fragt sich, ob Sie mir beistimmen."

„So werde ich hören."

„Ich habe in Gedinne einen Gevatter, eine gut treue Seele. Er wohnt einsam am Waldesrand, und keine Verräterei wäre da zu befürchten."

„Die Damen sollen zu ihm?"

„Ja, als Besuch, als entfernte Verwandte."

„Das erfordert viel Vertrauen."

„Ich garantiere für ihn."

„Ist er französisch gesinnt?"

„Er ist ein geborener Holländer und haßt die große Nation."

„Aber die Damen so ganz allein bei ihm, an einem fremden Ort. Der Krieg kann sich in jene Gegend ziehen."

„Desto besser."

„Warum?"

„Die Deutschen werden siegen. Stellen sie sich dann dort ein, so sind die Damen erst recht geborgen. Übrigens werde ich bei ihnen bleiben, wenn sie es wünschen, um ganz sicher zu sein."

„Wird die Baronin es erlauben?"

„Sie würde es sofort erlauben; aber ich reite mit, ohne sie zu fragen."

„Warum?"

„Hm! Ich denke, es ist besser, die Herrschaft erfährt jetzt gar nichts. Sie hat dann auch nichts zu verantworten."

„Das ist richtig. Also werde ich jetzt zu den Damen gehen, um mit Margot zu sprechen. Es fragt sich, ob sie sich als Verwundete stark genug fühlt."

„Die Not bricht Eisen Ich hoffe, daß es gehen wird."

„Wie lange reiten wir bis Gedinne?"

„Es sind ungefähr fünf deutsche Meilen. Ich weiß nicht, wie die Damen reiten, und überdies werden wir doch gezwungen sein, Seitenwege einzuschlagen. Wir reiten über Sedan und Bouillon; dann werfen wir uns links in die Berge. Sie können ja später wieder die Heerstraße gewinnen, um rasch vorwärts zu kommen."

„Gut, ich nehme diesen Vorschlag an. Es ist zunächst die Hauptsache, die beiden Damen diesem Kapitän Richemonte aus den Augen zu rücken. Dieses Gedinne ist ein einsamer Ort?"

„Ganz und gar einsam. Mein Gevatter hat ein kleines Stübchen im oberen Geschoß. Dort können die Damen wohnen, ohne daß jemand das Geringste über ihre Anwesenheit erfährt. Also jetzt werde ich den Spitzbuben machen. Nehmen Sie unterdessen die Leiter und besuchen Sie Mademoiselle Margot."

Er schlich sich leise fort. Königsau öffnete die Treppenluke, durch welche man in sein Zimmer gelangte, ließ die Leiter, welche gerade paßte, hinab und stieg hinunter. Unten horchte er an der Tür, welche zu Margots Zimmer führte. Er vernahm ein leises Flüstern. Worte waren nicht zu unterscheiden, doch hatte er die Überzeugung, daß keine fremde Person sich mit in dem Zimmer befinde.

Er klopfte leise an. Man horchte. Dies merkte er daraus, daß das Flüstern verstummte. Jetzt drückte er die Klinke nieder und öffnete die Tür um eine schmale Spalte. Er sah Margot im Bett liegen und ihre Mutter neben ihr sitzen. Sonst war niemand zu sehen.

„Pst. Keinen Laut der Überraschung!" warnte er leise.

Nun erst stieß er die Tür vollends auf und trat ein. Margots bleiche Wangen röteten sich, und ihre bisher matten Augen blitzten auf vor Freude.

„Hugo!"

Bei diesem Worte streckte sie ihm beide Arme entgegen. Er trat heran zu ihr, und da schlang sie die Arme um seinen Nakken und zog ihn zu sich nieder, so daß seine Wange an ihre Brust zu liegen kam.

„Mein Gott, was wagen Sie!" sagte ihre Mutter im Flüsterton. „Es steht ein Posten vor der Tür."

„Tritt er ein?" fragte er

„Er hat es noch nicht getan; aber er kann es in jedem Augenblick versuchen."

„Das wollen wir ihm unmöglich machen."

Er befreite sich leise aus der Umschlingung der Geliebten, glitt nach der Tür hin und schob den Innenriegel vor.

„Wenn man es merkt, daß wir verriegelt haben, wird man doppelt mißtrauisch sein", bemerkte die Mutter.

„Das schadet nichts", antwortete er. „Bevor Sie öffnen, bin ich längst wieder verschwunden."

„Wohin, mein Hugo?" fragte Margot.

„Hinauf auf das Dach."

„Bist du dort sicher?"

„Vollständig. Der brave Florian wacht über mich. Aber sage mir, mein Leben, wie du dich befindest."

„Ich war sehr matt; jetzt aber bin ich wieder sehr stark", antwortete sie mit einem glückseligen Lächeln in dem schönen Gesicht.

„Hast du Schmerzen?"

„Die Wunde fühle ich nicht; doch um dich habe ich Wehe."

„Um mich? Warum?"

„Daß du um meinetwillen solche Beleidigungen und Kränkungen zu erdulden hast. Du warst so stark, so gut und kühn, und zum Dank dafür trachtet man dir nach dem Leben."

Er nahm ihr Köpfchen an seine Brust, blickte ihr tief in die Augen und sagte im innigsten Ton:

„Ein Wort, ein Blick von dir macht das alles wieder gut."

„Hast du mich wirklich so lieb?"

„Ja, unendlich!"

„Und ich dich ebenso. Darum ist mir so bange um dich, mein Hugo. Wenn man dich ergreift, so bist du verloren."

„Habe keine Angst! Man wird mich nicht ergreifen."

„Ich hoffe es; denn du wirst dich hier verbergen, bis der Weg frei ist."

„Leider ist mir dies unmöglich, meine Margot."

„Warum?"

„Weil ich diese Nacht wieder fort muß.“

„Mein Gott, wie gefährlich! Hugo, ich lasse dich nicht fort.“

Sie umschlang ihn fester als bisher mit ihren Armen.

„Und dennoch wirst du mich sofort fortlassen, wenn ich dir sage, daß die Pflicht mich dazu zwingt.“

„Diese böse Pflicht, von welcher ihr Männer doch immer redet. Ist es denn wirklich eure Pflicht, euch aus einer Gefahr in die andere zu stürzen?“

„Zuweilen, ja. Der Mensch ist zu keiner Stunde seines Lebens sicher, und ein Offizier darf dies mit noch größerer Berechtigung von sich sagen. Übrigens gilt es, unserem Freund einen hochwichtigen Dienst zu erweisen.“

„Welchem Freund?“

„Dem Marschall.“

„Ah, unserm Vater Blücher! Seinetwegen mußt du fort?“

„Ja. Er hat mich ausgesandt, um so viel wie möglich über die Absichten unserer Feinde zu erfahren. Jetzt muß ich schleunigst zu ihm zurück.“

„Hast du etwas erfahren?“

„Ja.“

„Wichtiges?“

„Höchst Wichtiges. Ich habe die sämtlichen Pläne Napoleons belauscht.“

„Mein Gott, welch ein Glück für dich! Ja, dann ist es wahr, daß du zu dem Marschall mußt. Aber mit welcher Gefahr ist das verbunden!“

Und ihr Köpfchen innig an ihn schmiegend, fügte sie hinzu:

„Ich wollte sehr, daß ich sie mit dir teilen könnte.“

Da strich er ihr mit der Hand über das reiche Haar und antwortete:

„Wenn dir dieser Wunsch in Erfüllung ginge, mein Leben?“

Sie hob schnell die Augen zu ihm empor und fragte:

„Wie meinst du das, Hugo?“

„Ich meine, ob du, wenn du gesund wärest, den Mut hättest, mich zu begleiten?“

„Oh, den habe ich, ich könnte an deiner Seite den Donner der Schlachten ruhig ertragen. Glaubst du mir das?“

„Ich glaube es, denn du hast es ja bereits bewiesen.“

„Ich bewiesen? Wann und wo?“

„In Paris. Da bist du mir schützend nachgefolgt, als ich überfallen werden sollte. War das nicht mutig?“

„Oh, das war kein Mut, das war nur der Stimme des Herzens gefolgt."

„Das beweist eben, daß du ein mutiges Herz hast. Also du würdest auch heute die Gefahr mit mir teilen?"

„Oh, wie gern."

„Aber du bist krank. Du bist zu schwach."

„Wenn es notwendig wäre, würde ich schon stark dazu sein."

„Wirklich?"

„Gewiß."

„Nun, so will ich dir sagen, daß es vielleicht notwendig sein wird."

„Was Sie sagen", fiel da die Mutter ein. „Sie meinen, daß wir veranlaßt sein könnten, Jeannette zu verlassen?"

„Leider, meine liebe Mama."

„Aus welchem Grund? Ah, ich vermute ihn."

Sie begleitete diese Worte mit einem halb und halb mißbilligenden Blick.

„Ich bin überzeugt, daß Sie sich irren", sagte er.

„Ich errate sicher das Richtige."

„Versuchen wir es einmal."

„Sie sind ein wenig eifersüchtig, mein lieber Herr von Königsau."

„Nicht im mindesten."

„O doch! Und Sie denken, der Titel eines Kaisers sei wohl imstande, ein Mädchenherz zu verwirren."

„Dieses Mädchenherz müßte nicht so stark sein wie das Herz meiner Margot, für welche es geradezu beleidigend sein würde, wenn ich Eifersucht fühlen wollte."

„Ich danke dir, Hugo", sagte Margot. „Der Grund ist also ein anderer?"

„Ja, es droht dir von seiten des Kaisers eine große Gefahr."

„Also doch eine Art von Eifersucht!" lächelte Frau Richemonte.

„O nein. Es ist gegen Margot ein Plan im Werk, den zu belauschen ich so glücklich war. Daß Kapitän Richemonte hier Etappenkommandant geworden ist, wissen Sie vielleicht, Mama."

„Ja. Er hat es uns selbst gesagt."

„In dieser seiner Eigenschaft ist er mit ungewöhnlicher Macht ausgerüstet. Man hat ihm zu gehorchen, ohne ihn zunächst zur Verantwortung ziehen zu können. Und außerdem hat ihm der Kaiser den Befehl erteilt, Sie hier gefangenzuhalten."

„Doch, weil man Sie hier vermutet?"

„Nein, sondern weil man Margot mit dem Baron Reillac vermählen will."

Margot fuhr rasch empor.

„Mit diesem Menschen?" fragte sie.

„Ja."

„Wer will mich zwingen?"

„Dein Bruder, und zwar im Auftrag des Kaisers."

„Kein Kaiser hat die Macht dazu."

„O doch, liebe Margot. Ich habe gesehen und gehört, daß Napoleon deinem Bruder eine schriftliche Vollmacht überreicht hat. Es stehen ihm alle Behörden zur Verfügung, um dich auf irgendeine Weise zu dieser Vermählung zu zwingen."

„Mein Gott! Ist das wirklich wahr?" fragte die Mutter.

„Ja, leider", antwortete er. „Morgen wird der Kapitän nach Sedan reiten, um Reillac zu benachrichtigen."

„Aber zu welchem Zweck soll ich die Frau dieses Mannes werden?" fragte Margot.

„Ich muß dir sagen, liebe Margot, daß Reillac als dein Mann den strengen Befehl erhalten würde, dich nicht eher anzurühren, als bis der Kaiser es ihm erlaubt."

Margot erglühte.

„Schütze mich, Hugo!" bat sie.

„Ich bin bereit dazu, meine Margot. Doch kann ich dir nur dann Schutz gewähren, wenn du Jeannette mit mir zugleich verläßt."

„Noch diese Nacht, Hugo?"

„Ja."

„Ich gehe mit."

Frau Richemonte war ganz blaß geworden.

„Das ist doch noch zu prüfen", sagte sie. „Ich setze nicht den mindesten Zweifel in die Wahrheit dessen, was Sie sagen, lieber Sohn; Sie haben alles selbst gehört?"

„Alles!"

„Nun gut. Aber gibt es wirklich kein anderes Mittel, als diese Flucht?"

„Ich weiß keins."

„Wenn wir nun an die Großmut des Kaisers appellieren?"

„Wie großmütig er ist, hat er an mir bewiesen, Mama."

„Das ist allerdings wahr. Aber ist die Flucht denn möglich?"

„Ich denke, ja."

„Wir sind ja gefangen; wir werden bewacht."

„Diese Wohnung hat noch einen anderen Ausgang."

„Auch ich soll mich an der Flucht beteiligen?"
„Ich bitte Sie darum."
„Wohin werden Sie uns bringen? Zu Blücher?"
„Das ist für jetzt unmöglich. Der Kaiser hat heute Marschordre erteilt, und morgen sind alle Militärkolonnen in Bewegung. Wir würden nicht so weit durchkommen. Florian hat mir einen braven Mann empfohlen, bei dem Sie ganz sicher sein würden. Er wird uns selbst begleiten."
„Wohin?"
„Nach Gedinne."
„Das ist nach Givet zu; also müssen wir durch Sedan, gerade durch die Franzosen hindurch. Ist das nicht zu gefährlich?"
„Nein. Ich reise als französischer Major."
„Und wir?"
„Als meine Diener."
Frau Richemonte blickte ihm erstaunt, ja betroffen in das Angesicht.
„Als – Ihre Diener?" fragte sie.
„Ja."
„Sie scherzen."
„Es ist im Gegenteil mein völligster Ernst. Männerkleidung müssen Sie anlegen, weil bereits morgen früh, sobald man Ihre Flucht bemerkt, überall nach zwei Damen geforscht werden wird."
„Welch ein Fall."
„Welch ein Abenteuer!" sagte Margot. „Ich als dein Diener."
„Aber wie reisen wir?" fragte ihre Mutter. „Zu Wagen?"
„Nein, das wäre zu auffällig und zu beschwerlich. Wir werden reiten."
„In Männerkleidung?"
„Ja."
Es wurde Königsau schwer, Frau Richemonte zur Annahme seines Planes zu bewegen. Margot hingegen freute sich förmlich darauf.
„Wann geht es fort?" fragte sie.
„Florian wird uns benachrichtigen. Aber sage, ob du nicht zu schwach zu einem solchen Ritt sein wirst?"
„Ich fühle mich stark genug dazu."
„Gott wolle es, daß du dich nicht täuschst."
„Weiß meine Cousine bereits davon?" fragte Frau Richemonte.
„Nein. Sie und niemand darf etwas wissen, damit keine Verantwortlichkeit auf jemand fällt."

So weit war das Gespräch gekommen, als die Tür, durch welche Königsau eingetreten war, leise geöffnet wurde. Florian trat ein, einen mächtigen Pack Kleidungsstücke mit sich schleppend.

„Das ist alles, was wir brauchen“, flüsterte er.

„Mein Majorsanzug?“ fragte der Leutnant.

„Ja. Und hier zwei andere Anzüge für die Damen.“

„Werden sie passen?“ fragte Margot.

„Hm, das ist sehr fraglich. Ich habe sie im Finstern gestohlen, und dabei ist es nicht gut möglich, genau Maß zu nehmen.“

„Gestohlen?“ fragte Frau Richemonte erschrocken.

„Ja, Madame.“

„Aber, warum denn stehlen?“

„Weil auf andere Weise das Nötige nicht zu bekommen wäre.“

„Aber da sind wir ja straffällig?“

„Machen Sie sich da keine große Sorge, liebe Mama“, bat Königsau. „Wir fliehen, um der Gefangenschaft und noch anderem zu entgehen; da darf man es mit den Nebensachen nicht so streng nehmen. Aber hier sehe ich doch auch Frauenkleider.“

„Ja“, antwortete Florian. „Ich habe für jede der Damen einen Anzug mitgebracht, wie er von den wohlhabenden Mädchen und Frauen dieser Gegend getragen wird.“

„Auch gestohlen?“

„Nein. Ein solches Raubgenie bin ich denn doch nicht ganz. Ich habe mir diese Sachen nur ein wenig geborgt.“

„Von wem?“

„Von der Wirtschafterin.“

„So ist sie in den Plan eingeweiht worden?“

„O nein. Ich habe ihr gesagt, daß es sich um einen kleinen Hochzeitsscherz handele, und da ich sonst nicht sehr spaßhaft bin, so hat sie es geglaubt.“

„Aber wozu Frauenkleidung, Florian?“

„Das ist doch sehr einfach. Am Tage müssen die Damen in ihrer Verkleidung einem jeden auffallen, der Augen hat. Die Militärsachen sind nur da, um durch Sedan zu kommen, dann werden wir weitersehen. Übrigens dürfen die Damen nur in Frauenkleidern in Gedinne anlangen. Jetzt will ich gehen, um zu sehen, auf welche Weise wir am leichtesten zu den nötigen Pferden kommen.“

„Halten Sie es für möglich, daß Kapitän Richemonte nochmals hierherkommt, um zu revidieren?“ fragte Frau Richemonte.

„Ich halte es sogar für sehr wahrscheinlich.“

„Aber dann wird er vielleicht diese Kleider bemerken.“

„Nein. Ich werde den Herrn von Königsau bitten, sie mit auf das Dach zu nehmen, um dort auf mich zu warten. Ich habe die Sachen jetzt nur gebracht, damit Sie sich dieselben einmal betrachten können."

Er ging. Auch Königsau kehrt nach einiger Zeit auf das Dach zurück. Er hatte die Kleider mitgenommen und wartete nun auf die Rückkehr des braven Kutschers, welcher es so gut verstanden hatte, ihn voher über seine Pfiffigkeit zu täuschen.

Es war fast gegen Mitternacht, als ein einzelner Reiter vor dem Tor hielt. Es war sehr finster geworden.

„Wer da?" fragte die dort postierte Schildwache.

„Armeelieferant de Reillac", lautete die Antwort.

„Kann passieren."

Der Baron ritt in den Hof ein und stieg da vom Pferd. Als er sein Tier an eine Zaunlatte angebunden hatte, begab er sich nach dem Wachtlokal, welches sehr leicht dadurch zu erkennen war, daß es erleuchtet war. Als er dort eintrat, fuhr er erstaunt einen Schritt zurück.

„Sie hier, Kapitän?" fragte er.

Wirklich befand sich Kapitän Richemonte augenblicklich bei dem Wachthabenden. Er hatte sich fest vorgenommen, diese Nacht nicht zu schlafen, sondern ohne Unterlaß um den Meierhof zu patrouillieren. Es war doch möglich, daß Königsau, falls er sich hier befand, ihm dabei in die Hände lief.

„Und Sie hier, Baron?" gegenfragte Richemonte.

„Allerdings. Ich erfuhr, daß der Kaiser hier abgestiegen sei und ritt hierher, um für morgen eine Audienz zu erbitten."

„In Lieferungssachen?" fragte Richemonte lachend.

„Natürlich."

„Sie wollen bitten, die Schlachtochsen nicht gar so fett kaufen zu müssen."

„Und die Stiefel nicht gar so lang", fügte der Wachthabende hinzu.

„Scherzen Sie immerhin", meinte Reillac. „Mir ist die Sache sehr ernst. Bei mir stehen Millionen auf dem Spiel. Heute kam die Ordre zum Marschieren. Ich habe mir die Befehle des Hauptquartieres einzuholen, glaubte aber nicht, Sie hier zu finden, Kapitän."

„Oh, ich bin überall da, wo es gilt, Ihnen einen Dienst zu erweisen", antwortete Richemonte.

Reillac blickte ihn einigermaßen verblüfft an.

„Sie mir?" fragte er.

Allerdings war gewöhnlich er es gewesen, welcher dem Kapitän Dienste geleistet hatte.

„Ja, ich Ihnen", antwortete der Gefragte ruhig.

„Welcher Dienst wäre das?"

„Wollen Sie es erfahren, so folgen Sie mir nach meiner Wohnung."

„Sie haben eine Wohnung hier?"

„Ja. Oder soll ich als Etappenkommandant nicht auf der Etappe wohnen dürfen?"

„Etappenkommandant? Von Jeannette?"

„Ja."

„Und ich vermutete sie in der Nähe der feindlichen Aufstellungen."

„Von dort bin ich zurückgekehrt. Doch kommen Sie."

Er nahm ihn am Arm und führte ihn nach dem Zimmer, welches er sich hatte anweisen lassen. Dort angekommen, brannte er sich eine Zigarre an und warf sich mit der Miene eines gemachten Mannes auf das Sofa.

„Sezten Sie sich, Baron!" sagte er in der Weise eines Gönners, der gerade einmal bei guter Laune ist.

Der Armeelieferant nahm langsam Platz, betrachtete kopfschüttelnd sein Gegenüber und sagte dann:

„Kapitän, mit Ihnen ist etwas vorgegangen!"

„Allerdings!" nickte Richemonte.

„Aber was?"

„Vieles! Und ich hoffe, daß auch noch verschiedenes mit mir vorgehen wird."

„Wie kommen Sie dazu, Etappenkommandant von Jeannette zu werden?"

„Pah! Wie kommen Sie dazu, Armeelieferant zu werden?"

„Ich habe das Geld für diesen Posten."

„Und ich habe das Geschick zu meinem Posten."

„Donnerwetter, Sie scheinen seit kurzem an Selbstbewußtsein zugenommen zu haben. Wie kommt das?"

„Das werden Sie vielleicht erfahren. Vorher aber eine Frage."

„Fragen Sie."

„Können Sie mir zehntausend Franc borgen?"

„Nicht zehn Sous."

„Warum nicht? Haben Sie kein Geld?"

„Geld habe ich, aber nicht für Sie. Sie sind ein Blutegel, welcher nur immerwährend saugt, ohne jemals etwas zurückzugeben."

„Nun gut, so will ich Ihnen sagen, daß ich nur im Scherz sprach. Ich brauche Ihr Geld nicht mehr!“

„Das glaube Ihnen der Teufel, aber ich nicht! Es hat in Ihrem Leben nicht einen einzigen Augenblick gegeben, in welchem Sie nicht Geld gebraucht hätten.“

„Das ist leider sehr wahr; heute aber ist der Augenblick gekommen.“

„Vom Himmel herabgefallen?“ hohnlächelte der Baron.

„So ziemlich!“ antwortete der Kapitän ruhig.

„Gratuliere.“

„Danke!“

„Dann kommt vielleicht auch einmal die Zeit, in welcher Sie an Ihre Akzepte denken, welche ich noch immer in den Händen habe.“

„Ich denke eben jetzt daran.“

„Haben Sie vielleicht den edlen Vorsatz, sie einzulösen?“

„Warum sollte ich ihn nicht haben?“

„Donnerwetter, dazu gehört viel Geld.“

„Pah. Die Schatulle des Kaisers steht mir zur Verfügung.“

„Sie schwärmen, teurer Kapitän.“

„Sie sind ein großer Esel, geliebter Baron.“

„Warum?“

„Weil Sie mir nicht zutrauen, auch einmal auf einen grünen Zweig zu kommen. Glauben Sie, der Kaiser hätte mich so ohne alle Veranlassung auf den gegenwärtigen verantwortlichen Posten gesetzt?“

„Das ist wahr. Sie müssen ihm bedeutende Dienste geleistet haben.“

„Allerdings“, nickte der Kapitän gewichtig.

„Darf man fragen, welche?“

„Das bleibt zunächst Geheimnis. Ich deute nur an, daß ich mich einige Tage lang in der Nähe des feindlichen Hauptquartiers aufhielt.“

„Hm. Das Weitere läßt sich erraten. Der Etappenposten ist also erklärt, aber das mit der kaiserlichen Schatulle leuchtet mir noch nicht ein.“

„Meinetwegen. Mir ist es im Augenblick auch ziemlich gleichgültig, ob Sie erleuchtet sind oder nicht. Da Sie mir aber in den letzten Jahren einige Dienste erwiesen haben, will ich Sie doch fragen, ob ich Ihnen dafür heute in irgendeiner Weise dankbar sein kann. Sprechen Sie also frei von der Leber!“

Der Baron sperrte unwillkürlich den Mund weit auf.

„Sie tun ja ganz außerordentlich einflußreich, Kapitän“, sagte er.

„Bin es auch!“ antwortete Richemonte kurz.

„Nun, so zahlen Sie zunächst Ihre Akzepte.“

„Werde es nächstens tun.“

„Oder, noch lieber wäre es mir und Ihnen vielleicht auch – hm ...“

Er hielt zögernd inne, den Kapitän musternd.

„Nun, sprechen Sie weiter!“ sagte dieser.

„Ich meine, daß es vorteilhafter wäre, wenn Sie mich in der bereits so oft angedeuteten Weise bezahlen könnten.“

„Welche Weise wäre das?“ fragte der Kapitän zurückhaltend.

„Ich denke dabei an Margot.“

„Ah! So haben Sie noch immer nicht verzichtet?“

„Spielen wir nicht Theater. Sie kennen meine Absichten nur zu gut.“

„Diese Absichten dürften bei der allerhöchsten Protektion, deren ich mich jetzt erfreue, nicht mehr hoffnungslos sein.“

„Was wollen Sie damit sagen?“

„Bis jetzt noch gar nichts. Lassen Sie uns vorher das Nötige strikt formulieren. Sie beabsichtigen noch, meine Schwester zu heiraten?“

„Ja.“

„Was geben Sie mir, wenn ich diese Heirat zustande bringe?“

„Ich zerreiße die Wechsel.“

„Welchen Nutzen bringt meiner Schwester die Ehe?“

„Ich setze ihr im Falle meines Todes ein großartiges Witwengehalt aus.“

„Pah. Haben Sie viel Verwandte?“

„Sehr wenige und entfernte.“

„So mache ich die Bedingung, daß meine Schwester im Falle Ihres Tode Ihre Universalerbin wird.“

„Kapitän, Sie verlangen viel.“

„Und Sie nicht weniger. Meine Schwester ist ein Vermögen wert.“

„Es ließe sich allerdings noch weiter darüber sprechen.“

„Sprechen? O nein, Baron, ich sage Ihnen ganz aufrichtig, daß ich ganz und gar nicht Lust habe, in dieser Angelegenheit bloß Worte zu verlieren.“

„Sie wollen Taten? Also welche?“

„Sie geben mir ein Dokument darüber, daß meine Schwester Ihre Universalerbin wird ...“

„Natürlich nach der Hochzeit."
„Natürlich vor der Hochzeit. Nach derselben wäre es zu spät, und ich habe ganz und gar die Absicht, so sicher wie möglich zu gehen."
„Gut; ich stimme bei. Weiter."
„Sie zerreißen meine sämtlichen Akzepte."
„Natürlich nach der Hochzeit."
„Nein, sondern auch vor der Hochzeit. Ich gehe am liebsten sicher."
„Ich ebenso. Wie nun, wenn ich heute die Akzepte zerreiße, und morgen erfahre ich, daß aus der bereits geplanten Verbindung wieder nichts wird?"
„Ich gebe Ihnen Sicherheit."
„Welche?"
„Würde Ihnen der Befehl des Kaisers genügen?"
„Donnerwetter! Natürlich vollständig."
„Nun gut, so zerreißen Sie die Wechsel."
„Sie wollen doch nicht sagen, daß der Kaiser diesen Befehl geben wird?"
„Nein, sondern ich will nur sagen, daß er ihn bereits gegeben hat."
Diese Worte waren mit so kalter Überlegung gesprochen, daß der Baron sich von seinem Stuhl erhob und schnell fragte:
„Hölle und Teufel! Sind Sie recht gescheit oder nicht?"
„Ich wenigstens halte mich nicht für ganz dumm. Aber Sie?"
„Nun, für dumm halte auch ich Sie nicht, aber für ziemlich leichtsinnig."
„So glauben Sie, daß ich Ihnen jetzt einen blauen Dunst vormache?"
„Das glaube ich allerdings, wie ich Ihnen ganz aufrichtig gestehe."
„Ich werde Ihnen beweisen, daß ich die Wahrheit sage."
Die Leidenschaft, welche der Baron für Margot fühlte, prägte sich in seinem ganzen Gesicht aus.
„Beweisen Sie es!" sagte er.
„Ich bin bereit, Ihnen den schriftlichen Befehl des Kaises zu zeigen und auch nach demselben zu handeln, stelle aber zwei Bedingungen."
„Welche?"
„Sie geben mir gleich jetzt Ihre Unterschrift, daß meine Schwester Ihre Universalerbin wird, und Sie reiten gleich jetzt nach Se-

dan, um mir noch vor Anbruch des Tages meine Wechsel zur Verfügung zu stellen."

„Warum diese Hast?"

„Weil der Kaiser bereits früh abreist. Begreifen Sie nicht, daß ich Sie ihm als den Verlobten meiner Schwester vorstellen will?"

Die Augen des Barons glühten vor Begierde.

„Das ist wahr, Kapitän?" fragte er.

„Ja, vollständig wahr."

„Nun, so werde ich Ihnen die Unterschrift geben, sobald Sie mir die Ausfertigung des Kaisers zeigen, und dann sofort nach Sedan reiten, um Ihnen die Wechsel zu bringen."

„Sie haben sie nicht mit?"

„Nein."

„Sie geben mir Ihr Ehrenwort, daß Sie Ihre Versprechungen halten?"

„Mein Ehrenwort", antwortete der Baron unter eifrigem Kopfnicken.

„Nun, so sehen Sie einmal."

Der Kapitän zog seine Brieftasche hervor, öffnete dieselbe und nahm das Blatt heraus, welches er von dem Kaiser erhalten hatte. Der Baron griff darnach und verschlang die Worte mit weit geöffneten Augen. Dann hielt er das Dokument gegen das Licht, um es zu prüfen.

„Es ist echt, echt, echt!" rief er triumphierend. „Margot wird meine Frau, endlich, endlich, endlich! Alle Teufel, wie will ich sie in der ersten Zeit dafür strafen, daß ich so lange warten mußte."

„Tun Sie das, Baron. Sie hat es verdient."

„Oh, aber dann soll sie den Himmel auf der Erde haben."

„Und Sie die Hölle in diesem Himmel. Geben Sie wieder her!"

Er nahm dem Baron das Dokument wieder aus der Hand.

„Ich darf es nicht behalten?" fragte dieser.

„Wozu? Haben Sie nicht gelesen, daß mir die Vollmacht erteilt wird, die Arrangements zu treffen?"

„Allerdings."

„Und haben Sie die von mir gestellten Bedingungen bereits erfüllt?"

„Muß es wirklich gleich sein?"

„Ja. Die Gegenwart des Kaisers muß benutzt werden."

„So geben Sie Papier her. In welcher Form wünschen Sie meine Erklärung niedergeschrieben?"

„Ganz kurz. Sie sagen, daß meine Schwester Ihre Universalerbin sei, indem Sie die Absicht haben, dieselbe zu Ihrer Frau zu machen."

Vor Freude und Entzücken über die zu erwartende Erfüllung seines so lange Zeit vollständig vergeblichen Wunsches dachte der Baron gar nicht daran, diese so ganz und gar verfängliche Wortstellung und Ausdrucksweise einer Prüfung zu unterweisen. Er schrieb, wie es ihm angegeben worden war, und setzte seinen Namen und das Datum darunter.

„So! Genügt das?" fragte er.

„Vollständig", antwortete der Kapitän.

Sein Auge ruhte wie dasjenige eines Raubtieres auf diesem wichtigen Dokument, als er es zusammenfaltete und in seine Brieftasche steckte.

„Haben Sie bereits mit Margot gesprochen?"

„Ja."

„Kennt sie den Willen des Kaisers?"

„So ziemlich."

„Und wie verhält Sie sich dazu?"

„Mehr passiv als aktiv."

„So haben wir ja bereits mehr als halb gewonnen! Und die Mutter?"

„Oh, die ist noch leichter zu zähmen als die Tochter! Ich habe dem Kaiser ganz einfach die Wahrheit gesagt."

„Welche Wahrheit meinen Sie?"

„Daß die beiden Damen sich bisher gegen Ihre Huldigungen sträubten."

„Donnerwetter! War dies nicht blamierend für mich?"

„Ganz und gar nicht. Sie sind weder schön, noch jung; es läßt sich also begreifen, daß ein lebensfrisches Mädchen einen feschen Husarenoffizier Ihnen vorzieht. Wo liegt da die Blamage?"

„Sie sind fast mehr als aufrichtig, Kapitän."

„Oh, ich gebe der Sache nur die richtigen Worte."

„Sie kommen aber da sehr leicht in die Gefahr, für grob gehalten zu werden."

„Das bin ich auch zuweilen wirklich."

„Wie zum Beispiel gerade jetzt."

„Meinetwegen. Unter Freunden rechnet man nicht so streng, und daß ich Ihr Freund bin, glaube ich Ihnen bewiesen zu haben."

„Und nebenbei handelten Sie in Ihrem eigenen Interesse."

„Ich leugne dies gar nicht, obgleich mein Interesse es gar nicht erforderte, Margot so scharf auf die Folter zu nehmen, wie es geschehen ist."

„Was meinen Sie? Was ist geschehen?"

„Margot ist meine Gefangene."

„Alle Teufel! Warum?"

„Um sie zur Raison zu bringen. Sie gibt entweder ihr Jawort freiwillig, und dann wird die Hochzeitszeremonie öffentlich und in solenner Weise vorgenommen werden, oder sie verweigert es, und dann wird sie in ihrem Zimmer Ihre Frau, ohne gefragt zu werden."

„Hat dies Geltung?"

„Wer kann gegen des Kaisers Befehl?"

„Allerdings! Aber man kann doch zuweilen nicht wissen, was . . ."

„Pah!" unterbrach ihn rasch der Kapitän. „Ich habe Vollmacht, nach Belieben zu handeln. Kann Margot nicht krank sein? Kann sie nicht vom Schlag getroffen und der Sprache beraubt worden sein? Lassen Sie mich nur machen."

„Kapitän, Sie sind bei Gott ein ausgezeichneter Kerl. Sie sind wert, mein Schwager zu sein."

„Danke! Dieses Kompliment bringt mich ganz und gar nicht um den Verstand. Übrigens muß ich Sie fragen, ob Sie bereits wissen, was dem Kaiser heute unterwegs passiert ist."

„Ich habe es in Sedan erzählen hören. Er ist überfallen worden."

„Was hat man über seine Rettung gesagt?"

„Viel Abenteuerliches. Ein junger Mensch soll ihn gerettet haben, ein wahrer Roland, ein Goliath, welcher die Räuber niedergemäht hat wie Halme."

„Unsinn! Wissen Sie, wer dieser Goliath gewesen ist?"

„Nun?"

„Sie kennen ihn sehr genau; denn auch Sie haben mit ihm zu tun gehabt, und zwar in Paris: ich meine nämlich Königsau."

Der Baron schüttelte ungläubig den Kopf.

Kapitän Richemonte blickte seinen Partner triumphierend an und weidete sich an dem Erstaunen desselben.

„Ja, ja, ich meine wirklich den Leutnant Königsau", wiederholter der Kapitän, jedes Wort scharf betonend.

Der Baron sperrte den Mund abermals weit auf. Dieses Mal wurde es ihm wirklich schwer, zu Worte zu kommen.

„Kö-nigs-au?" fragte er endlich gedehnt.

„Ja."

„Dieser preußische Husarenleutnant soll den Kaiser gerettet haben?"
„Allerdings."
„Unmöglich!"
„Oh, höchstwahrscheinlich."
„Ich hörte doch, es sei ein Seekapitän aus Marseille gewesen."
„Königsau war es. Er hat sich allerdings für einen Seekapitän ausgegeben, da er als Spion in dieser Gegend gewesen ist. Wir haben den ganzen Meierhof nach ihm durchsucht."
„War er hier?"
„Jedenfalls."
„Aber man hat ihn nicht gefunden?"
„Leider nein."
„Jammerschade."
„Allerdings. Ich selbst erhielt vom Kaiser den Auftrag, nach ihm zu suchen; aber auch meine Bemühungen waren erfolglos. Übrigens habe ich dabei eine Bemerkung gemacht. Sie kennen den Kutscher Florian?"
„Ja. Er ist von mir bestochen."
„Sie glauben, ihm trauen zu dürfen?"
„Gewiß."
„Ich warne Sie vor ihm. Es ist mir ein häßlicher Streich gespielt worden, dessen Urheber ich in ihm vermute. Er scheint mir überhaupt nicht so sehr einfältig zu sein, wie er gern erscheinen möchte."
„Er hat mir aber bereits sehr viel genützt."
„Und im geheimen wohl noch viel mehr geschadet. Ich werde auf diesen Menschen ein scharfes Auge haben. Ich bemerke zum Beispiel, daß er heut abend ruhelos von einem Ort zum andern schleicht. Ich glaube, er hat etwas vor. Vielleicht steckt er gar mit diesem Königsau im Bunde."
„Das glaube ich nicht."
„Er soll es sich auch nicht einfallen lassen. Übrigens habe ich mit Ihnen bereits zu viel Zeit versäumt. Wir müssen uns trennen."
„Was gibt es für Sie noch so Nötiges zu tun?"
„Ich passe auf, ob ich vielleicht doch noch den Preußen erwische. Ich schleiche mich ohne Unterlaß um den Meierhof herum. Dabei habe ich eben diesen Florian bemerkt, welcher mir dadurch verdächtig geworden ist."
„So will ich Sie nicht stören, Kapitän. Es wäre ja auch mir ein wahres Gaudium, wenn es Ihnen gelänge, diesen Königsau zu

fangen. Ich reite also jetzt nach Sedan zurück, um Ihnen die Wechsel zu holen. Doch sage ich Ihnen vorher, daß Sie dieselben erst nach unserer Audienz beim Kaiser ausgehändigt erhalten."

„Mir ist das gleich. Geben Sie die Wechsel nicht, so erhalten Sie Margot nicht; das steht unumstößlich fest."

„Man muß unter Freunden ehrlich sein, und Freunde sind wir beide hoffentlich doch. Also auf Wiedersehen, Kapitän."

„Auf Wiedersehen!"

„Wann steht der Kaiser auf?"

„Bei Tagesanbruch."

„So muß ich mich beeilen."

Er verließ das Zimmer. Der Kapitän blieb lauschend stehen, bis die Schritte verklungen waren. Dann murmelte er, tief aufatmend:

„Endlich, endlich gesiegt. Diese verdammten Akzepte werden vernichtet, und das Erbschaftsdokument, ah, wozu ist das nicht zu gebrauchen! Den Namen verändert, so bin ich der Universalerbe. Diese Angelegenheit läßt sich überhaupt auf sehr verschiedene Weise nutzbar machen. Der Kaiser will mir wohl, Margot wird gezähmt, ich bin meine Schulden los und darf nun endlich aufatmen. Freilich darf ich diesem Baron jetzt noch nicht mitteilen, daß er sich zu hüten hat, Margot anzurühren. Ich glaube, es fiele ihm ein, noch in letzter Stunde scheu zu werden."

Nach diesem Selbstgespräch begab er sich wieder hinaus, um seinen Patrouillengang fortzusetzen.

Kurze Zeit vorher war Florian auf das Dach zu Königsau gekommen. Dieser hatte geglaubt, daß es Zeit zum Aufbruch sei.

„O nein", sagte da der Kutscher. „Ich befürchte fast, daß es uns unmöglich sein wird, fortzukommen."

Königsau erschrak.

„Warum sollte es unmöglich sein?" fragte er.

„Weil dieser Richemonte gar nicht zur Ruhe kommen will."

„Was tut er?"

„Er schleicht ruhelos aus einer Ecke in die andere. Fast scheint es mir, als ob er ahne, daß Sie sich noch auf Jeannette befinden."

„Er wird das Schleichen schon noch satt bekommen. Haben wir nur noch einige Zeit Geduld."

Es verging abermals eine Stunde, während welcher Florian auf sich warten ließ. Endlich erschien er. Königsau hörte, daß er einen leisen Fluch ausstieß.

„Was gibt es abermals?" fragte er.

„Jetzt hatte ich ein wenig Luft", antwortete der Kutscher. „Es kam ein Reiter, mit welchem der Kapitän sich bis jetzt unterhalten hat. Diese Zeit habe ich benutzt, um die Pferde nach dem Garten zu bringen. Mit dreien ist es mir gelungen, aber das vierte befindet sich noch im Stall."

„Der Kapitän schleicht wieder?"

„Freilich."

„Das könnte man ihm verleiden. Dauert es lange, das vierte Pferd nach dem Garten zu bringen?"

„Höchstens fünf Minuten."

„Kann man aus dem Garten fortreiten, ohne gehört zu werden?"

„Ja, sobald das große Tor von innen geöffnet wird."

„Wo schleicht der Kapitän?"

„Jetzt meist außen um die ganze Besitzung herum."

„Wäre da der Hund nicht zu gebrauchen?"

„Sapristi! Ja, an den habe ich doch gar nicht gedacht."

„Also. Er mag ihn festhalten, so lange als es für uns notwendig ist."

„Das werde ich sofort besorgen. Ziehen Sie sich einstweilen um, Herr von Königsau, und tragen Sie auch den Damen die Kleider hinab. Ihr jetziger Anzug und die Frauenanzüge, welche ich geborgt habe, werden in die Mäntel geschnallt. Alles übrige Besitztum der Damen bleibt hier. Sind Sie hinreichend mit Geld versehen?"

„Vollständig."

„Sonst hätte ich Ihnen einiges zur Verfügung gestellt."

Er entfernte sich rasch aber leise wieder und begab sich zunächst nach dem Stall, in welchem Tiger an der Kette lag. Er machte ihn los und sagte ihm:

„Komm, mein Hund. Du sollst den Kerl noch einmal fassen, aber still, ganz still, damit kein Lärm entsteht. Übrigens wirst du uns dann begleiten, denn du bist ein tapferer Kerl und kannst uns von großem Nutzen sein."

Er schlich mit ihm hinaus und legte sich draußen hinter einem der Nebengebäude auf die Lauer. Er hatte ungefähr eine Viertelstunde gewartet, als er leise Schritte hörte. Er legte sich auf den Boden, um den Nahenden möglichst gegen den Himmel betrachten zu können. Trotz der Dunkelheit erkannte er in demselben den Kapitän. Er ließ ihn vorüber.

„Halte ihn!" gebot er dann leise dem Hund.

Das Tier schnellte sich mit einigen weiten Sätzen vorwärts.

Ein unterdrückter Schrei, der Fall eines Körpers und dann ein grimmiges Knurren war alles, was man hörte; dann war es still.

Jetzt wußte der Kutscher sich sicher und den unbequemen Späher unter der besten und schärfsten Bewachung. Er kehrte nach dem Stall zurück und führte das Pferd nach dem Garten. Dann koppelte er die Tiere zusammen und führte sie aus dem Garten hinaus nach einer einzelnen Linde, welche in einiger Entfernung vom Meierhof auf dem Feld stand.

Nun wendete er sich wieder rückwärts, ging erst zu sich selbst, um alles, was er für nötig hielt, zu sich zu stecken, und stieg dann auf das Dach hinauf. Dort fand er Königsau bereits in der Dragoneruniform.

„Ist alles gutgegangen?" fragte dieser.

„Ja."

„Der Kapitän liegt fest?"

„Ja; der Hund hat ihn. Wie weit sind die Damen?"

„Sie sind auch bereit. Es ist schneller gegangen, als ich dachte."

„So will ich sie holen."

Florian stieg zur Leiter hinab und brachte bald die beiden verkleideten Frauen hinauf. Er zog die Leiter nach und schloß dann die Treppenöffnung zu. Die Leiter legte er neben die Esse, daß es den Anschein hatte, als sei sie von einem Schornsteinfeger gebraucht worden.

„Jetzt bitte ich, mir zu folgen", sagt er dann. „Aber möglichst leise, damit wir nicht bemerkt werden."

Die drei anderen schritten unter seiner Führung über das Dach hinüber und kamen an den Hauptausgang, von da auf die Treppe, in einen finsteren Korridor, auf welchem sie sich bei den Händen fassen mußten, sodann auf eine Nebentreppe, in einen kleinen Hof, aus demselben in den Garten und von da hinaus auf das Feld.

„Wo sind die Pferde?" fragte jetzt Königsau. „Ich dachte, sie in dem Garten zu finden."

„Ich habe sie weiter fortgeschafft, weil mir das sicherer erschien."

Nach diesen Worten führte der Kutscher die anderen zu der Linde, wo er jeder Person das betreffende Pferd anwies.

„Jetzt bitte ich, einige Augenblicke zu warten. Ich muß Richemonte freilassen."

„Warum?"

„Weil ich meinen Hund mitnehmen will. Er kann uns nützlich werden."

Er schlich sich wieder zurück. In der Nähe der Stelle angekommen, an welcher Richemonte lag, trat er fester auf und tat ganz so, als ob er eben um die Ecke komme.

„Holla! Was ist das?“ fragte er. „Tiger, bist du es? Was hast du denn da? Zeige einmal her!“

Er bückte sich nieder.

„Ah, einen Kerl! Ist der Königsau also doch hier gewesen und mir in die Falle gegangen! Wie gut, daß ich gewacht habe! Wart, Bursche, ich werde dich dem Kapitän Richemonte überliefern. Du darfst zwar aufstehen, aber versuche nicht, mir auszureißen! Mein Hund hätte dich sofort wieder beim Kragen, und dann könnte ich es ihm nicht mehr wehren, es wäre um dich geschehen. Laß gehen, Tiger; aber passe noch gut auf.“

Der Hund gab den am Boden Liegenden frei, entfernte sich aber keineswegs von ihm. Richemonte raffte sich empor.

„Donnerwetter!“ sagte er. „Das ist nun bereits zum zweiten Male.“

„Wie, Herr Kapitän, Sie sind es, Sie?“ fragte Florian ganz erstaunt.

„Ja, ich! Mensch, warum läßt du denn diesen Hund so frei umherlaufen?“

„Weil er mir den Königsau fangen sollte.“

„Du selbst behauptetest doch, daß er fort sei.“

„Ja; aber der Kaiser sagte, daß er vielleicht doch noch hier herum versteckt sei. Es ärgerte mich furchtbar, von diesem Deutschen belogen worden zu sein, und darum gab ich mir alle Mühe, ihn zu fangen.“

„Das war ganz überflüssiger Eifer. Ich habe darunter leiden müssen und bin nun zum zweiten Male dem Tode nahe gewesen.“

„Ja, der Tiger ist ein ausgezeichneter Hund.“

„Hole ihn der Teufel! Du aber kannst dich in das Bett scheren, anstatt andere in Lebensgefahr zu bringen.“

„Pst, sprechen Sie nicht so barsch, Monsieur.“

„Warum nicht? Hast du es etwa nicht verdient?“

„Ich weiß nicht. Aber mein Hund könnte sonst denken, daß Sie sich mit mir zanken, und dann reißt er sie wieder nieder.“

„Miserable Bestie! Halte ihn einmal fest!“

„Warum?“

„Weil ich mich entfernen will.“

„Gut. Ich denke, es wird auch für Sie besser sein, sich zu Bett zu begeben. Diese Deutschen sind gar nicht wert, daß man sich von ihnen an der Nase herumführen läßt. Verstanden, Herr Kapitän?"

Richemonte hatte sich bereits um einige Schritte entfernt; jetzt blieb er stehen.

„Wie meinst du das?" fragte er.

„Ganz so, wie ich es gesagt habe, Herr Kapitän."

„Höre, mir scheint, du treibst ein falsches Spiel mit mir. Nimm dich in acht, daß ich dich nicht dabei ertappe, sonst bekommst du es mit mir zu tun."

„Ja, bisher habe ich Sie stets dabei ertappt, und da hatten Sie es mit dem Hund zu tun."

Richemonte ging wütend davon, und der Kutscher begab sich zu seinen drei Gefährten, welche ein jedes Wort mit angehört hatten.

„Das war ein wenig unvorsichtig", meinte Königsau. „Es war besser, dem Hund zu pfeifen, als hinzugehen und sich dem Mann zu zeigen."

„Das ist egal, der Mann muß auch wissen, wer es ist, der ihn auslacht; sonst hat man kein Vergnügen daran."

Er stieg zu Pferde, und der Ritt begann.

Es war doch ziemlich spät geworden. Der Schleicher Richemonte hatte ihren Aufbruch verzögert; die beiden Damen konnten sich noch nicht in die gegenwärtige Art zu reiten schicken; darum kam man nur langsam vorwärts, und die halbe Wegstrecke bis Sedan war kaum zurückgelegt, so begann der Tag zu grauen.

„Wir müssen uns sputen, sonst laufen wir Gefahr, in Sedan aufgehalten zu werden", meinte Florian.

„Ja, es ist unangenehm, daß der Tag bereits beginnt. Jetzt – ah, dort kommt uns ein Reiter entgegen!" sagte Königsau.

Florian strengte seine Augen an; aber erst als der Betreffende ziemlich nahe herangekommen war, erkannte er ihn.

„Sapristi, wissen Sie, wer das ist?" fragte er den Leutnant.

„Nun? Wer?"

„Der Baron de Reillac."

„Mein Gott, wie gefährlich! Gibt es keinen Seitenweg, den wir einschlagen können? Ja, er ist es wirklich. Jetzt erkenne auch ich ihn genau."

„Einen Seitenweg gibt es leider nicht", antwortete der Kutscher.

„So gibt es nur ein einziges Mittel. Wir reiten im Galopp an ihm vorüber, ohne uns um ihn zu bekümmern. In der Schnelligkeit bekommt er unsere Gesichtszüge nicht so gut weg."

„Das ist wahr", meinte Florian. „Ich werde mir außerdem noch Mühe geben, seine Aufmerksamkeit auf mich zu lenken."

Sie nahmen die Pferde in Galopp, und als der Armeelieferant nahe genug herangekommen war, ließ Florian das seinige bokken und tat, als ob er alle Mühe habe, sich im Sattel zu halten. Es gelang ihm dadurch allerdings einigermaßen, die Augen des Barons von den drei anderen abzulenken, aber doch nicht ganz. Er überflog sie mit einem raschen Blick, stutzte und sagte:

„Florian, alle Teufel, wo soll dieser Ritt hingehen?"

„Nach Sedan, Herr Baron" antwortete der Gefragte, scheinbar noch immer mit seinem Pferd beschäftigt.

„Warum so eilig?"

„Hm! Weil die Pferde laufen."

„Wer war der Offizier mit den beiden jungen Kerlen?"

„Ich weiß nicht, sie sind ja nun vorbei."

„Du kamst doch mit ihnen."

„Nein, sie mit mir. Adieu, Herr Baron."

Damit nahm er sein Pferd in die Zügel und sprengte den anderen nach.

Dieses kleine unangenehme Intermezzo hatte die Damen in den Galopp eingerichtet. Sie behielten denselben bei, und selbst als sie Sedan erreichten, hielten sie nicht an. An der Brücke stand ein Posten. Er präsentierte das Gewehr. Vorüber ging es, durch die Stadt hindurch, von Hunderten von Offizieren und Soldaten neugierig betrachtet und bewundert, drüben wieder hinaus und in demselben Tempo auf der Straße nach Bouillon zu.

Je näher sie diesem Ort kamen, desto mehr verminderte sich dann allerdings die Eile; der Hauptwaffenplatz Sedan lag ja hinter ihnen, und den beiden Reiterinnen wurde es schwer, auszudauern. Königsau hielt den besorgten Blick auf Margot gerichtet. Sie war sehr blaß geworden, und eben, als sie durch Bouillon kamen, wankte sie im Sattel.

„Es wird dir zu viel, Margot", sagte er, sie schnell unterstützend. „Schmerzt deine Wunde?"

„Nein, gar nicht", antwortete sie mit einem leisen Lächeln. „Ich bin nur matt."

„Sehr?"

„Sehr" nickte sie.

„Wir sollten hier absteigen, um dich auszuruhen; hier ist ein

Einkehrhaus; aber die Leute kennen mich. Hältst du es nicht vielleicht noch zwei Minuten aus; bis wir die Stadt hinter uns haben?"

„Vielleicht."

„Ich unterstütze dich."

Er bog sich zu ihr hinüber und legte den Arm um ihre Taille. Aber lange ging es nicht. Sie schloß plötzlich die Augen und wäre ganz sicher aus dem Sattel gefallen, wenn er sie nicht mit beiden Armen gehalten hätte.

„Wasser!" flüsterte sie.

Er sprang ab, faßte sie an und trug sie nach dem Bach. Er war so um sie besorgt, daß er gar nicht bemerkte, daß zwei Leute dort auf der Wiese beschäftigt waren, der alte Wirt und seine Frau, bei denen er auf der Herreise eine Nacht gechlafen hatte.

„Du, sieh!" sagte die Frau, sich auf den Rechen stützend. „Dem jungen Soldaten wird es schlecht. So ein junges Blut schon in die Montur zu stecken."

„Ja", nickte der Mann nachdenklich. „Aber der Offizier scheint ein guter Kerl zu sein. Er nimmt ihn vom Pferd. Ah, er trägt ihn sogar zum Wasser."

Da faßte die Alte den Greis beim Arm und sagte hastig:

„Sieh dir den Offizier einmal an, Vater!"

„Warum?"

„Kennst du ihn?"

„Hm. Den muß ich freilich schon gesehen haben."

„Natürlich hast du ihn gesehen."

„Wo denn?"

„Bei uns."

„Bei uns ist doch nie ein Major eingekehrt", meinte der Alte, sich die etwas blöd gewordenen Augen reibend.

„Er war doch gar nicht als Major da."

„Als was denn sonst?"

„Als Musikus. Besinnst du dich nicht auf ihn? Wir haben ihm ja die Geschichte von der Kriegskasse erzählt."

„Ach ja, der ist es; der ist es ganz gewiß! Also ein Offizier! Er hat uns getäuscht. Warum aber übernachtete er gerade bei uns?"

Da faßte die Alte ihren Mann abermals und drückte ihm den Arm mit aller Gewalt.

„Was gibt es denn?" fragte er.

„Siehst du es, siehst du?"

„Was denn?"

„Der junge Soldat ist ein Mädchen."

„Unsinn."
„Unsinn? Siehst du denn nicht die schönen, langen Haare, welche jetzt aufgegangen sind?"
„Das sind Haare? Hm! Das ist eigentümlich."
Margots Schwäche war ebenso schnell gewichen, wie sie gekommen war. Königsau hatte ihr Gesicht mit Wasser besprengt und ihr einen Schluck eingeflößt; dann konnte sie von selbst aufstehen.
„Ich danke dir!" sagte sie. „Ich bin wieder wohl."
„Aber reiten kannst du noch nicht wieder."
„Es wird vielleicht doch gehen. Hilf mir wieder in den Sattel."
Er tat dies, und siehe da, das schöne Mädchen hielt sich von jetzt an wacker. Leider aber stellte es sich heraus, daß die Mutter sich von Minute zu Minute schwächer fühlte. Sie klagte zwar noch nicht, aber ihre Haltung zeigte, daß sie sich nach einer Stütze oder nach Ruhe sehnte.
Da bog Florian links ab, gerade an derselben Stelle, an welcher Königsau es auch getan hatte, als er den beiden Kriegskassendieben folgte. Dieser wendete sich daher überrascht mit der Frage an ihn:
„Wohin soll das gehen, Florian?"
„In die Berge, wie ich Ihnen bereits sagte. Wir entgehen dadurch der Beobachtung und täuschen unsere Verfolger. Die Damen können da eher einmal absteigen und ausruhen, als auf der offenen Landstraße."
Man folgte dem Bergweg, den Königsau damals auch gegangen war. Als sie zu der verlassenen Köhlerhütte gelangten, bat Frau Richemonte:
„O bitte, geben Sie mir nur fünf Minuten Zeit, mich zu erholen, dann wird es sicher wieder gehen."
Florian half ihr herab. Sie setzte sich in das weiche Moos und holte tief Atem. Da kam Königsau ein Gedanke.
„Welcher Richtung folgen wir nun?" fragte er. „Der Weg hört auf."
„Immer geradeaus, über den Berg hinweg. Wir kommen an einer tiefen Schlucht vorüber, welche sich rechts in die Felsen zwängt."
„Bist auch du wieder sehr müde, Margot?"
„Nein, mein Hugo."
„So wollen wir bis an jene Schlucht voranreiten. Mama mag mit Florian nachkommen, sobald sie sich gekräftigt fühlt."

„Warum?“
„Du erlaubst, daß ich dir dies dann erkläre.“
Sie ritten langsam miteinander weiter. Er kannte die Richtung noch ganz genau und erreichte den Eingang zur Schlucht, ohne fehlgegangen zu sein.
„Hier laß uns absteigen“, sagte er.
„Du tust so ernst, so geheimnisvoll, Hugo.“
„Ich bin beides auch wirklich, liebste Margot.“
„So ist dir diese Gegend wohl nicht unbekannt?“
„Nein, ich kenne sie. Ich habe hier, wo wir jetzt stehen, bereits gestanden, und diese Schlucht ist der Schauplatz einer der wichtigsten Episoden meines Lebens. Ich werde sie dir jetzt an Ort und Stelle erzählen. Komm.“
Sie waren unterdessen abgestiegen. Königsau band die Pferde an einen Baum und führte die Geliebte tiefer in die Schlucht hinein.
Als Baron de Reillac vorhin den Kutscher fortsprengen sah, ohne von ihm die gewünschte Auskunft zu erhalten, blickte er ihm kopfschüttelnd nach.
„Hm, da ist auf dem Meierhof ganz sicher etwas los!“ dachte er, indem er sein Pferd antrieb, den Weg wieder fortzusetzen. „Aber was? Diesen Offizier habe ich jedenfalls bereits gesehen. Sehr jung zu dem Rang eines Majors. Und die beiden Soldaten hatten auch so etwas Bekanntes an sich.“
Er sann und sann, ohne auf das Richtige zu kommen.
„Ah pah! Warum mir den Kopf zerbrechen? Ich werde auf Jeannette ja alles erfahren!“ rief er so laut, als ob es jemand hören solle.
Das Pferd mochte glauben, gemeint zu sein, denn es setzte in ein beschleunigteres Tempo ein. So ging es fort, und schon war der Meierhof in Sicht, als der Reiter plötzlich sein Pferd mit einem Ruck anhielt.
„Donnerwetter! Welch ein Gedanke!“ rief er. „Wenn dies wahr wäre! Richemonte traute diesem Florian nicht. Das wäre ein ganz verfluchter Strich durch unsere Rechnung. Rasch vorwärts! Ich muß so bald wie möglich Gewißheit und Aufklärung haben.“
Er spornte sein Pferd, daß es in Karriere davonflog, und hielt nicht eher an, als bis er sich auf dem Hof der Meierei befand. Dort sprang er ab und eilte nach dem Zimmer des Kapitäns. Er fand diesen wachend auf dem Sofa liegen. Richemonte erhob sich nachlässig.

„Wieder da?“ fragte dieser.
„Wie Sie sehen.“
„Die Wechsel mitgebracht?“
„Ja. Doch ob ich sie vernichte, ist noch nicht ganz gewiß.“
„Wieso?“
Er betrachtete erst jetzt den Baron aufmerksamer und bemerkte alle Zeichen einer nicht gewöhnlichen Unruhe. Er fuhr darum fort:
„Was haben Sie? Ist etwas passiert?“
„Vielleicht sehr viel. Beantworten Sie mir schnell einige Fragen.“
„Fragen Sie.“
„Wurde noch später eine Spur von diesem Königsau gefunden?“
„Nein.“
„Sind Ihre Mutter und Schwester noch hier?“ fragte der Baron weiter.
„Natürlich.“
„Sie können nicht entkommen?“
„Es steht ein Posten vor der Tür.“
„Dann ist es rätselhaft. Befindet sich Florian noch auf dem Meierhof?“
„Jedenfalls. Wenigstens habe ich erst vor kurzem mit dem Menschen gesprochen.“
„Er ist nicht mehr da. Auch ich habe mit ihm gesprochen.“
„Wo?“
„Zwischen hier und Sedan. Es war ein Dragonermajor mit zwei Soldaten bei ihm. Eine Täuschung ist nicht möglich, denn ich sprach mit ihm.“
„Kam der Major von Jeannette?“
„Ja.“
„Es ist nur ein einziger hier. Er kam gestern als Ordonnanz und schläft noch.“
„Das ist möglich, denn der Major, welchen ich gesehen habe, war kein anderer als dieser Königsau.“
Bei diesem Wort sprang Richemonte gleich zwei Schritt vorwärts.
„Baron, was sagen Sie?“ rief er.
„Ja, es war Königsau; dieser Florian ist ein Verräter.“
„Irren Sie sich nicht?“
„Nein. Der Deutsche flog im Galopp an mir vorüber; ich konnte sein Bild also nur höchst flüchtig in mir aufnehmen.

Darum mußte ich längere Zeit angestrengt nachdenken, ehe ich darauf kam, wem dieses Gesicht gehörte."

„Verdammt! Sie hätten ihm sonst nachreiten können, um ihn in Sedan festnehmen zu lassen."

„Allerdings. Das ist es ja, was mich ärgert."

„Nun, jetzt ist er entkommen."

„Und die beiden Soldaten mit. Ich will nur wünschen, daß ich mich in meinen weiteren Vermutungen wegen der beiden Soldaten irre."

„Was ist's mit den Soldaten?"

„Sie sahen Ihrer Mutter und Schwester außerordentlich ähnlich."

Richemonte erbleichte.

„Sie wollen doch nicht etwa sagen, daß . . ." stotterte er.

„. . . daß dieser verdammte deutsche Leutnant sich in unser Hauptquartier und in die unmittelbare Nähe des Kaisers wagt, um mir meine Braut vor meinen Augen zu entführen? Ja, gerade das will ich sagen."

„Das ist ein Unding, eine Unmöglichkeit. Wenn dies wahr wäre, so würde ich fast gezwungen sein, mich zu erschießen."

„Überzeugen Sie sich."

„Ja. Kommen Sie mit."

Die beiden Männer begaben sich nach dem Zimmer Margots. Vor demselben hielt der Posten.

„Etwas passiert?" fragte Richemonte.

„Nein."

„Viel Geräusch gehört?"

„Gar keins."

Der Kapitän sowohl, als der Baron sahen einander verdutzt an, und es schien, als ob sie wieder Vertrauen in die Lage ihrer Sache gewonnen hätten.

Richemonte wandte sich nun an den wachthabenden Posten mit der weiteren Frage:

„Ist da im Zimmer nicht gesprochen worden?"

„Nein", rapportierte der Soldat.

„Treten wir ein!" erklärte der Kapitän.

Er öffnete die Tür. Dies war jetzt möglich, da Margot vor ihrer Entfernung den Riegel mit Absicht wieder zurückgezogen hatte.

„Kein Mensch hier!" sagte er. „Aber dort ist noch eine Tür!"

Er gelangte in das Zimmer, welches für Königsau bestimmt gewesen war. Auch hier war nichts zu sehen. Von da aus wagte er sich bis an die Treppe, welche in den Stall führte, und von welcher er hinabgestürzt war.

„Hier sind sie hinab", sagte er. „Der Schurke von Florian ist ihnen dabei behilflich gewesen und hat auch den Deutschen irgendwo versteckt gehabt. Wir müssen sehen, ob die Baronin und ihr Sohn mit ihm im Bunde gewesen sind."

Er eilte, von Reillac gefolgt, nach dem Zimmer der Baronin. Dort stand der Posten, welchen er vor der Tür gelassen hatte.

„Ist die Gefangene noch anwesend?" fragte er.

„Ja", antwortete der Mann.

„Hast du sie gehört?"

„Ich habe soeben mit ihr gesprochen."

„Was?"

„Sie trat an die Tür und verlangte ihre Bedienung zur Toilette."

„Ist das Mädchen bereits bei ihr?"

„Sie ist im Augenblick eingetreten."

„Wollen sehen."

Er öffnete die Tür. Die Baronin saß, von dem Frisiermantel umhüllt, auf einem Stuhl. Beim Anblicke der beiden Männer erhob sie sich überrascht.

„Madame, haben Sie während der Nacht dieses Zimmer einmal verlassen gehabt?" fragte Richemonte, ohne sie vorher zu grüßen.

Sie warf ihm einen erstaunt-verächtlichen Blick entgegen und antwortete: „Monsieur, seit wann ist es Sitte, ohne Anmeldung und Gruß in das Boudoir einer Dame einzudringen?"

„Seit jeher, falls die Dame nämlich Gefangene ist. Sie haben meine Frage gehört, und ich ersuche Sie, mir eine Antwort zu geben."

Sie zuckte die Achseln und entgegnete:

„Es kann hier von einer Antwort keine Rede sein. Ich spreche nur mit Personen, welche die im Verkehr mit Damen notwendige Höflichkeit besitzen. Ihnen aber mangelt dieselbe vollständig."

„Ah!" meinte er zornig. „Vergessen Sie nicht, daß Sie sich in meiner Gewalt befinden!"

„Jedenfalls in der des Kaiser, dessen Kerkermeister oder Büttel Sie ja nur sind. Verlassen Sie mich!"

„Ich werde nicht eher gehen, als bis Sie meine Frage beantwortet haben."

Sie wendete sich stolz von ihm ab und schwieg.

„Ich muß Ihnen nämlich sagen, daß meine Mutter und Schwester während dieser Nacht entflohen sind . . .“

Bei diesen Worten des Kapitäns zuckte die Baronin zusammen. Sie konnte diesen Ausdruck der Verwunderung nicht beherrschen oder verbergen, doch schwieg sie noch immer.

„Und daß Sie der Beihilfe zu dieser Flucht dringend verdächtig sind“, fuhr er in barschem Ton fort.

Sie gewann es auch jetzt über sich, zu schweigen. Dies steigerte seinen Zorn in der Weise, daß er nahe an sie herantrat und ihr zurief:

„Haben Sie das Sprechen verlernt, Madame! Man wird rasch genug Mittel finden, Sie zu Worte zu bringen.“

Auch diese rüde Drohung würdigte sie keiner Antwort. Da mischte sich Reillac in die Angelegenheit, indem der Richemonte beim Arm ergriff und zurückzog.

„Dieses Zimmer hat nur den einen Ausgang“, sagte er. „Der Posten hat gesagt, daß Madame es nicht verlassen habe, und so meine ich, daß wir es glauben können!“

„Möglich!“ antwortete der Kapitän. „Aber ich bin gewöhnt, Antwort zu erhalten, wenn ich frage.“

„Lassen wir das jetzt. Wir versäumen damit nur ganz unnütz die kostbare Zeit. Jedenfalls steht der junge Baron mit im Bunde.“

„Oh, das ist nicht nur möglich, sondern sogar sehr wahrscheinlich. Also schnell zu ihm. Und wehe ihm, wenn ich ihn schuldig finde.“

Sie verließen das Gemach und begaben sich nach den Parterreräumlichkeiten, welche der Baron bewohnte. Auch hier berichtete der Posten, daß der Gefangene das Zimmer nicht verlassen habe. Vor den Fenstern der Wohnung hatte ein zweiter Soldat Wache gehalten, und da auch dieser aussagte, daß er nichts Verdächtiges bemerkt habe, so hätte man eigentlich die Unschuld des Barons für erwiesen achten können, aber dennoch drangen die beiden ohne Gruß und Anmeldung in dessen Zimmer ein.

Er lag auf dem Sofa und schien die Nacht schlaflos zugebracht zu haben. Als die beiden erschienen, gab er seine liegende Stellung auf.

„Sie sind beschuldigt, Mitwisser eines Ereignisses zu sein, welches eine für Sie sehr strenge Strafe nach sich ziehen kann“, sagte der Kapitän rauh. „Ich hoffe, daß Sie diese Strafe dadurch zu mildern suchen, daß Sie mir meine Fragen aufrichtig und reuevoll beantworten.“

Der Baron sah den Sprecher ganz erstaunt an.

„Reuevoll!" sagte er. „Ich bin mir bewußt, nichts getan zu haben, was ich zu bereuen hätte."

„Das wird sich finden. Haben Sie während der verflossenen Nacht dieses Zimmer verlassen?"

„Nein."

„Es ist aber jemand bei Ihnen gewesen?"

„Kein Mensch."

„Oder Sie haben wenigstens mit irgend jemand Zeichen gewechselt oder in irgendeiner anderen Weise sich mit ihm in Verbindung gesetzt?"

„Nein."

„Wollen Sie wirklich leugnen?"

„Ich brauche nicht zu leugnen."

„Sie wissen aber, was während dieser Nacht geschehen ist?"

„Ich weiß nur, daß es mir während der Nacht gelungen ist, ein Buch bis zu Ende zu lesen."

„Versuchen Sie nicht, mich zu täuschen. Sie haben gelesen; Sie sind also stets wach gewesen?"

„Allerdings."

„Nun, das genügt nicht nur, unsern Verdacht zu bestärken, sondern es stellt sogar Ihre Mittäterschaft außer allen Zweifel."

„Sie sprechen in Rätseln, Monsieur. Mittäterschaft! Was ist denn geschehen, woran ich teilgenommen haben soll?"

„Gut, ich werde es Ihnen sagen, obgleich Sie es eher wußten, als wir es erfuhren. Madame und Mademoiselle Richemonte sind entflohen."

Der Baron machte eine Bewegung des Erstaunens.

„Entflohen? Unmöglich!"

„Nein, wirklich."

„Aber warum?"

„Das werden Sie wohl wissen."

„Und wohin?"

„Auch diese Frage werden Sie beantworten können!"

„Bei meiner Ehre! Ich weiß kein einziges Wort davon."

„Auch nicht, daß Ihr Kutscher mit ihnen fort ist?"

„Florian?"

„Ja."

„Wie soll ich das wissen? Vor meiner Tür steht ein Posten und vor den Fenstern ein zweiter. Ich bin vollständig isoliert gewesen."

„Ich werde Ihnen aber doch beweisen, daß Sie lügen."
Da runzelte der Baron die Stirn.
„Monsieur", sagte er, „Sie gebrauchten soeben einen Ausdruck, den zurückzunehmen ich Sie bitten muß."
„Das kann mir nicht einfallen. Sie sind Mitwisser des Ereignisses."
„Ich versicherte Ihnen bereits bei meiner Ehre, daß ich nichts weiß."
„Ich glaube Ihnen nicht."
„Donnerwetter, Sie glauben meinem Ehrenwort nicht? Wissen Sie, was das zu bedeuten hat?"
„Das hat nichts zu bedeuten, als daß ich als Untersuchender dem Inkulpaten keinen Glauben zu schenken brauche, ja, daß es vielmehr die größte Unvorsichtigkeit und der größte Fehler sein würde, ihm zu vertrauen."
„Sie meinen also, daß Sie mich als Lügner betrachten?"
„Ja, das meine ich", antwortete der Kapitän kaltblütig.
„Nun, Sie wissen, daß ich Kavalier und Edelmann bin. Sie werden mir jedenfalls Genugtuung geben."
„Fällt mir nicht ein! Sie sind jetzt weder Kavalier, noch Edelmann, sondern Untersuchungsgefangener.
Da trat der Baron nach der Ecke des Zimmers, in welcher ein Spazierstöckchen lehnte. Er griff darnach und sagte:
„Pah! Sie sind nicht der Mann, der mich seinen Inkulpaten oder Untersuchungsgefangenen nennen könnte. Ich frage Sie einfach, ob Sie mir Genugtuung geben wollen oder nicht?"
„Fällt mir nicht ein!" wiederholte der Kapitän.
„Nun, so werde ich Sie zwingen."
Bei diesen Worten machte der Baron Miene, mit dem Stock auf seinen Gegner einzudringen. Dieser aber trat schnell zurück, so daß der Posten sichtbar wurde, und rief:
„Halt! Einen Schritt weiter, so gibt Ihnen dieser Mann eine Kugel."
Der Baron blieb stehen. Er besann sich und warf den Stock von sich.
„Monsieur, Sie sind ein ehrloser Feigling", sagte er. „Aber", fügte er rasch hinzu, „dort sehe ich einen, welcher mir Genugtuung verschaffen muß und auch verschaffen wird."
Der Kaiser war nämlich bereits wach geworden und trat soeben aus dem Portal. Der Baron hatte ihn erblickt und öffnete, ehe es verhindert werden konnte, das Fenster.
„Sire! Majestät!" rief er mit lauter Stimme.

In seiner gegenwärtigen Aufregung dachte er gar nicht daran, daß es eigentlich ganz unerhört sei, sich in dieser Weise an den Kaiser zu wenden. Dieser wendete sich ihm zu und trat näher. Seine Stirn verfinsterte sich.

„Ah, Baron! Was wollen Sie?“ fragte er kurz und streng.

„Gerechtigkeit, Sire.“

„Sie wird Ihnen werden.“

Er machte Miene, sich umzudrehen, doch der Baron hielt ihn mit den Worten fest:

„Man hält mich ohne Recht gefangen; man dringt auf die unverschämteste Weise bei mir ein; man beleidigt meine Ehre und verweigert mir doch die Genugtuung. Ich verlange, gehört zu werden.“

Der Kaiser richtete einen finstern, beinahe starren Blick auf ihn.

„Junger Mann, Sie sind sehr kühn“, sagte er. „Ich komme selbst.“

Er hatte natürlich im Hof gestanden. Jetzt kehrte er durch das Portal zurück, um zum Baron zu gelangen.

Dieser wurde jetzt von Richemonte und Reillac vom Fenster weggerissen, aber freilich zu spät.

„Unsinniger, was wagen Sie?“ rief Reillac.

„Der Kaiser, ah, der Kaiser kommt“, sagte Richemonte.

Er war totenbleich geworden. Er hatte die Bewachung der Entflohenen übernommen und fühlte fürchterliche Angst bei dem Gedanken, wie Napoleon die Kunde von ihrer Entweichung aufnehmen werde.

„Ja, er kommt“, meinte der Baron. „Ich habe ihn nicht zu fürchten.“

„Hole Sie der Teufel! Aber machen Sie sich auf das Schlimmste gefaßt, wenn Ihnen nur der kleinste Gedanke einer Mitschuld zu beweisen ist.“

In diesem Augenblick präsentierte der Posten das Gewehr. Der Kaiser nahte. Er trat langsam ein, warf einen raschen Blick auf die Anwesenden und fragte dann:

„Kapitän Richemonte, was ist geschehen?“

„Sire, etwas, was ich Eurer Majestät nur auf Dero Zimmer melden kann“, antwortete der Gefragte.

„Sprechen Sie hier!“ klang es kurz und befehlend.

Der Kapitän räusperte sich in größter Verlegenheit und meldete:

„Die Gefangenen sind entflohen, Sire.“

Es ging ein schnelles, unheilverkündendes Zucken über Napoleons Gesicht.
„Welche Gefangenen?" fragte er.
„Meine Mutter und meine Schwester."
Das bronzene Gesicht des Kaisers wurde um einen Schein dunkler. Er trat rasch zum Fenster und blickte hinaus, als ob er irgend etwas Auffälliges da draußen bemerkt habe. Doch geschah dies nur, um seine Gefühle zu verbergen und Zeit zu gewinnen, ruhig zu erscheinen. Als er sich wieder umdrehte, war in seinen eisernen Zügen nicht die mindeste Aufregung zu bemerken.
„Wann sind sie entflohen?" fragte er.
„Beim Morgengrauen", antwortete der Kapitän.
„Das zu untersuchen, begab ich mich hierher, Majestät. Ohne Beihilfe von anderer Seite wäre den Damen die Flucht unmöglich gewesen."
„Wann hat man ihre Entfernung bemerkt?"
„Herr Baron de Reillac ist Ihnen zwischen hier und Sedan begegnet."
„Ah! Er hat sie nicht festgehalten?"
„Er hat sie nicht erkannt, da sie als Soldaten verkleidet waren."
„Sie waren allein?"
„Nein, der Kutscher Florian begleitete sie, und der Anführer der Truppe war jener deutsche Leutnant Königsau."
Der Kaiser preßte die Lippen zusammen. Es dauerte eine Weile, ehe er weiter forschte:
„Hatten Sie nicht Posten vor die Tür beordert?"
„Ja, Majestät."
„So hat dieser Mann geschlafen."
„Schwerlich. Die Gefangenen sind mit Hilfe des Kutschers nach dem Stall und von da in das Freie gekommen."
„So hatte das Zimmer derselben noch einen zweiten Ausgang?"
„Allerdings, Sire."
„Es stand kein Posten davor?"
„Nein."
„Kannten Sie diesen zweiten Ausgang?"
Die Fragen des Kaisers folgten mit außerordentlicher Geschwindigkeit, so daß der Kapitän Mühe hatte, seine Antworten mit derselben Schnelligkeit zu geben. Jetzt aber stockte er.
„Nun, Antwort!" befahl der Kaiser streng.
„Ja, ich kannte ihn", antwortete Richemonte gepreßt.
„Warum ließen Sie ihn nicht besetzen?"

„Weil ich ihn für unpassierbar hielt. Es waren dieselben Stufen, von denen ich heruntergefallen war."

„Was tun Sie dann hier?"

„Ich kam, um den Baron zu verhören, nachdem ich vorher auch bereits bei seiner Mutter gewesen war."

„Was sagte die Dame aus?"

„Daß sie von nichts wisse."

„Und Sie, Baron?"

Mit dieser Frage wendete Bonaparte sich direkt an Sainte-Marie.

„Auch ich weiß von nichts", antwortete dieser. „Ich versicherte dies dem Kapitän auf Ehrenwort, als Edelmann und Kavalier; er aber nannte mich einen Lügner, und als ich Genugtuung verlangte, verweigerte er mir dieselbe, weil ich Inkulpat sei."

Der Kaiser blickte den Kapitän mit einem undefinierbaren Ausdruck in das Gesicht und fragte ihn:

„Also die beiden Posten haben ihre Schuldigkeit getan?"

„Ja, Majestät", antwortete er.

„Das Zimmer der Baronin hat nur den einen Ausgang, welcher bewacht wurde?"

„Ja."

„Und dieses auch?"

„Ja, wie Majestät sich selbst überzeugen können."

„Nun, so sind Sie allein schuld an dem Entweichen der Gefangenen, indem Sie die Treppe nicht bewachen ließen. Ich sollte Sie streng bestrafen."

Er ließ den vor Angst fast vergehenden Kapitän ein Weilchen warten; dann fuhr er fort:

„Doch ist diese ganze Angelegenheit eine so untergeordnete und gleichgültige, daß ich davon absehe. Diese Leute mögen sich immerhin entfernt haben; es liegt nichts an ihnen. Der Baron de Sainte-Marie und seine Mutter aber sind auf alle Fälle unschuldig; der Zimmerarrest ist aufgehoben: Sie sind beide frei."

„Majestät, ich danke!" rief der Baron. „Oh, ich wußte, daß mein Kaiser uns die Gerechtigkeit nicht verweigern werde."

Napoleon beachtete diese Worte nicht; er wendete sich an Richemonte:

„Diese Angelegenheit ist also erledigt. Nehmen Sie die Posten weg und verfügen Sie sich dann nach Ihrem Zimmer. Der Baron de Reillac wird Sie begleiten."

Er wendete sich kurz um und ging. Die beiden folgten ihm.

Als sie nach kurzer Zeit Richemontes Zimmer betraten, meinte dieser:

„Was sagen Sie nun, Baron?"

„Ein ganz verfluchter Fall."

„Oh, ich brenne vor Wut, daß der Kaiser mir vor diesem jungen Menschen den Verweis geben mußte. Nun werden die Weiber entkommen."

„Meinen Sie? Ich glaube es nicht."

„Nicht? Inwiefern?"

„Ich bin überzeugt, daß die Gleichgültigkeit des Kaisers nur affektiert gewesen ist. Er hat die Absicht gehabt, den Baron und dessen Mutter sicher zu machen. Es sollte mich nicht wundern, wenn Sie in der nächsten Minute zu ihm gerufen würden."

„Verdammt! Aber ich möchte es auch fast glauben."

„Natürlich! Wir sollen uns in Ihr Zimmer verfügen. Zu welchem anderen Zweck denn, als sofort bei der Hand zu sein, wenn er schickt."

„Ich könnte mich vor Grimm verzehren. Es ist wirklich . . ."

Er wurde unterbrochen, denn ohne daß vorher angeklopft worden war, öffnete sich die Tür, und – der Kaiser trat ein.

Die beiden standen in strammer Haltung, aber auch in banger Erwartung vor ihm. Er zog die Tür zu, versicherte sich, daß sie wirklich verschlossen sei und wendete sich zuerst an Reillac:

„Baron, ich höre, daß Sie diese Margot Richemonte lieben?"

Der Gefragte verneigte sich stumm.

„Sie ist Ihre Verlobte?"

„Noch nicht, Sire."

Die Stimme des Kaisers klang scharf und schneidend, als er antwortete:

„Sie ist es! Ihr Kaiser sagt es, und hier haben Sie meine schriftliche Bestätigung. Nehmen Sie."

Er hatte bisher einen zusammengefalteten Bogen in der Rechten gehalten. Jetzt übergab er denselben dem Baron und fuhr dann fort:

„Die Braut ist Ihnen entflohen. Was ist Ihre Pflicht?"

„Ihr nachzueilen", antwortete Reillac rasch.

„Allerdings. Ich hoffe, daß Sie es schleunigst tun werden."

„Gern, Majestät! Aber meine anderen so wichtigen Verpflichtungen . . ."

„Welche meinen Sie?"

„Ich bin Armeelieferant, Majestät."

„Pah! Haben Sie Stellvertreter?"

„Die Verwaltung meines Geschäftes ist allerdings so organisiert, daß ich mich ohne Schaden eine kurze Zeit entfernen könnte."

„So eilen Sie! Ich hoffe, daß es Ihnen gelingen wird, die Flüchtigen baldigst einzuholen. Erzählen Sie schnell, wie und wo sie dieselben getroffen haben!"

Der Baron stattete seinen Bericht ab, welchem der Kaiser mit der gespanntesten Aufmerksamkeit folgte. Dann wendete sich der Monarch mit einer raschen Bewegung zu Richemonte:

„Kapitän", sagte er in jenem Ton, welcher bei ihm so gefürchtet war.

„Sire!" antwortete Richemonte, beinahe zitternd.

„Es ist Genugtuung von Ihnen gefordert worden?"

Richemonte machte eine kurze, bejahende Verneigung.

„Sie haben dieselbe verweigert – einem Edelmann verweigert?"

Dieselbe Verneigung. Man hätte das Herz des Kapitäns klopfen hören können, so war er von Angst erfüllt.

„Sie haben Leute entkommen lassen, welche ich selbst Ihnen anvertraute. Wissen Sie, was dies heißt?"

Dem Kapitän tröpfelte der Schweiß von der Stirn.

„Ich habe Ihnen vorhin gesagt, daß ich Ihnen das letztere verzeihe. Die Gegenwart des Barons von Sainte-Marie zwang mich dazu. Aber ich kann Sie kaum mehr als Offizier und Ehrenmann betrachten. Schließen Sie sich der Verfolgung der Flüchtlinge an und lassen Sie sich ohne dieselben nie wieder vor mir sehen. Sind Sie in der Ergreifung derselben glücklich, so können Sie vielleicht auf eine mildere Beurteilung Ihres Verhaltens rechnen. Sind Sie überzeugt, daß der deutsche Husarenleutnant bei den Damen gewesen ist?"

„Ja, Majestät."

„Bringen Sie ihn mir lebendig oder erschießen Sie ihn, sobald Sie ihn treffen. Die Damen aber muß ich auf alle Fälle haben."

„Wir werden augenblicklich aufbrechen."

„Aber wohin?"

„Zunächst nach Sedan, wo wir wohl erfahren werden, in welcher Richtung die Entwichenen zu suchen sind. Majestät geruhen wohl, uns die Erlaubnis zu erteilen, die zur Verfolgung nötigen Mannschaften zu requirieren."

„Welch ein Gedanke!" zürnte Napoleon. Wollen Sie zwei Frauen mit einem Reiterregiment fangen? Wollen Sie die Augen der Welt auf dieses private Unternehmen ziehen? Drei bis höchstens vier Mann genügen vollständig. Diese nehmen Sie gleich von hier mit. Wenn Sie gut reiten, werden Sie die Frauen in kürzester Zeit einholen."

Nach diesen Worten drehte er sich scharf auf dem Absatz herum und schritt zur Tür hinaus.

„Sehen Sie, daß ich recht hatte?" sagte Reillac. „Er ist sogar selbst gekommen, anstatt uns zu sich zu befehlen. Nun möchte ich zunächst diesen Bogen und seinen Inhalt kennenlernen."

„Nein, nein!" meinte Richemonte. „Das können Sie unterwegs vornehmen. Wir müssen augenblicklich aufbrechen, denn der Kaiser wird uns scharf beobachten."

In demselben Augenblick schritt Napoleon auf die Treppe zu, welche nach seinen Gemächern führte, als eine Tür geöffnet und ihm gerade an den Kopf gestoßen wurde.

„Donnerwetter, wer hat ..." rief eine zornige Stimme aus dem geöffneten Zimmer.

Zu gleicher Zeit erschien ein bärtiger Mann, welcher eine fast paradiesische Erscheinung bildete, denn er war nur mit dem Hemd bekleidet. Es war jener Dragonermajor, welchem Florian die Uniform entwendet hatte, um sie Königsau zu bringen.

Napoleon fuhr sich mit beiden Händen an den Kopf und sagte:

„Mon dieu! Wer kann so unvorsichtig sein!"

Der Mann sah, wem er die Tür in das Gesicht geschlagen hatte.

„Alle Teufel; der Kaiser!" rief er, auf das Heftigste erschreckt.

„Ja, der Kaiser! Ich rate Ihnen, in Zukunft – ah!" unterbrach er sich. „Major Marbeille!"

„Pardon, Majestät", stotterte der Offizier. „Ich suchte meine Kleidung, welche man aus irgendwelchem Grund entfernt hat."

Napoleon hatte sich bereits in die Szene gefunden.

„Man hat sie gestohlen", meinte er, über die vor ihm stehende Figur nur mit Mühe ein Lächeln unterdrückend.

„Gestohlen! Bei Gott, den Dieb lasse ich hängen."

„Man wird erst sehen müssen, ob er sich fangen läßt!"

„Aber, was fange ich an?"

„Leihen Sie sich einstweilen eine andere Uniform, und schließen Sie jetzt die Tür, Major."

Bei diesen Worten schritt er davon. Der Major aber kam erst jetzt zum vollen Bewußtsein der Situation, in welcher er sich hatte überraschen lassen.

„Donnerwetter!" sagte er. „Im Hemd! Und es war der Kaiser.

Ich werde sogleich nach anderen Kleidern klingeln und dann nach dem Spitzbuben forschen. Erwische ich ihn, so lasse ich ihn hängen, erschießen und rädern für die Blamage, die er mir bereitet hat."

Er drückte seine Tür gerade zur rechten Zeit zu, um nicht auch noch von Richemonte und Reillac bemerkt zu werden, welche eben jetzt vorüberschritten. Nach wenigen Minuten verließen beide den Meierhof zu Pferde, gefolgt von drei Kavalleristen, mit denen sie im gestreckten Galopp auf Sedan zusprengten.

Dort erfuhren sie zunächst, daß die Gesuchten hier durchgekommen seien, und am jenseitigen Ausgang der Stadt gab man ihnen dann an, daß sie die Richtung nach Bouillon eingeschlagen hatten.

Die Verfolger nahmen natürlich dieselbe Richtung.

Sie kamen viel schneller vorwärts als Königsau, welcher die Damen hatte berücksichtigen müssen. In verhältnismäßig kurzer Zeit erreichten sie Bouillon. Jenseits dieses Ortes erblickten sie zwei Personen auf einer Wiese. Dort hielten sie an.

„Seid ihr von hier?" fragte Richemonte.

„Ja, Monsieur", antwortete der Mann.

„Wer seid Ihr denn?"

„Ich bin der Besitzer des Gasthauses dort, und das ist meine Frau."

„Wie lange arbeitet Ihr heute bereits hier?"

„Seit drei Stunden."

„Sind keine Reiter hier vorübergekommen?"

„Ja, doch."

„Wie viele?"

„Vier waren es."

„Soldaten?"

„Drei Soldaten; einer von den Dragonern und zwei Gemeine."

„Wer war der vierte?"

„Das muß ein Landmann gewesen sein!"

„Ist Euch an diesen Leuten nichts aufgefallen?"

Der Mann blickte seine Frau und sie ihn an.

„Soll man es verraten?" flüsterte er.

„Hm! Wer weiß denn, was das klügste ist", antwortete sie ebensoleise, wie er gesprochen hatte.

Richemonte bemerkte ihr Flüstern und ihre Ungewißheit und sagte:

„Ich bin ein Abgesandter des Kaisers. Ihr habt mir die Wahr-

heit zu sagen, wenn Ihr nicht in Strafe kommen wollt. Also, ist Euch nicht etwas Ungewöhnliches an diesen Reitern aufgefallen?"
„Ja, doch", antwortete der Mann zögernd.
„Was?"
„Der eine von den Soldaten war ein Weib."
„Ah! Woher wißt Ihr das?"
„Weil ihr das Haar aufging, als der Major sie vom Pferd hob."
„Er hob sie vom Pferd? Weshalb?"
„Es mochte ihr übel geworden sein, denn er trug sie zum Wasser und gab ihr zu trinken."
„Blieben sie lange hier?"
„Nein. Sie ritten bereits nach kurzer Zeit wieder fort."
„Wohin? Wohl jedenfalls nach Paliseul zu?"
„Nein, sondern links da in die Berge hinauf."
„Donnerwetter! Was wollen sie dort!" sagte er zu Reillac. „Sie fangen es nicht ganz übel an, uns zu entkommen."
„Ja", meinte der Baron. „Da in den Bergen und Wäldern wird es uns schwer werden, auf der Spur zu bleiben. Wir sind leider keine Indianer, welche jeder Fährte zu folgen vermögen. Aber nach müssen wir ihnen doch!"
„Das versteht sich ganz von selbst."
Und zu dem Wirt gewendet, fragte er weiter:
„Ritten diese Leute sehr schnell?"
„Nein, sondern sehr langsam."
„Haben Sie mit Euch gesprochen?"
„Kein Wort. Aber den Major kennen wir."
„Wieso? Wie heißt er?"
„Das wissen wir nicht. Er hat vor kurzer Zeit eine Nacht bei uns geschlafen."
„War er in Uniform bei Euch?"
„O nein. Er gab sich für einen Musikus aus Paris aus."
„Das ist eine Lüge. Ich will Euch sagen, daß er ein preußischer Spion ist, den wir fangen wollen. Wohin führt der Weg, den sie geritten sind?"
„Nur in den Wald zu einer alten Kohlenbrennerhütte."
„Nicht weiter? Nach keiner Stadt und keinem Dorf?"
„Nein."
„Das ist schlimm. Wie lange ist es her, daß sie hier waren?"
„Vielleicht eine halbe Stunde."
„Hurra, so erwischen wir sie vielleicht noch, bevor der Weg aufhört und der Wald anfängt?"

„Ja, wenn Sie die Pferde anstrengen wollen, so ist es möglich, daß Sie sie noch bei der Hütte einholen."

„Dann vorwärts!"

Er gab seinem Pferd die Sporen und lenkte in den schmalen Bergweg ein. Die anderen folgten.

Es war schwer, hier reitend emporzukommen, aber die beiden Verfolger hatten keineswegs die Absicht, ihre Tiere zu schonen. Diese wurden vielmehr zum möglichst schleunigen Tempo angetrieben, und so wurde die Entfernung sehr rasch zurückgelegt.

Richemonte spähte höchst aufmerksam nach vorn und hielt, eben als er um einen Busch biegen wollte, sein Pferd plötzlich an.

„Was gibt es?" fragte Reillac.

„Da, sehen Sie."

Bei diesen Worten deutete der Kapitän nach vorn. Reillac folgte mit seinen Augen der angegebenen Richtung.

„Hölle und Teufel!" sagte er. „Das muß die Köhlerhütte sein."

„Natürlich! Und die beiden, welche da im Moos sitzen?"

„Das ist dieser verfluchte Florian."

„Und der Soldat neben ihm? Er dreht uns den Rücken zu."

„Ah, jetzt dreht er sich etwas herum. Richemonte, das ist Ihre Mutter!"

„Wahrhaftig! Wer hätte diesem Weib jemals zugetraut, sich in die Montur eines gemeinen Soldaten zu stecken! Aber wo mögen die beiden anderen sein?"

„Königsau und Margot? Jedenfalls im Innern der Hütte."

„Das glaube ich nicht", meinte der Kapitän kopfschüttelnd.

„Warum nicht?"

„Weil ihre Pferde nicht zu sehen sind."

„Ah, richtig! Sollten sich diese Leute getrennt haben, um die etwaigen Verfolger irrezuführen?"

„Unsinn! Diese beiden werden ein wenig vorausgeritten sein. Sie sind ja Liebesleute!"

„Hole Sie der Teufel! Was tun wir?"

„Wir fallen natürlich über sie her, ganz plötzlich, so daß dieser brave Florian sich gar nicht zu verteidigen vermag."

„Da ist es am besten, wir reiten heimlich um die Hütte herum, steigen ab, schleichen uns näher und überfallen sie von hinten."

„Richtig! Tun wir das! Vorwärts!"

Sie ritten einen Bogen und gelangten an den Teil des Waldes, welcher an der Rückseite der Hütte lag. Hier stiegen sie ab und schlichen sich leise herbei. Die beiden, denen dieser Überfall galt, ahnten nicht, welche Gefahr ihnen so nahe war. Auch Tiger, der Hund, merkte nichts.

„Wird es nun bald wieder gehen, Madame?“ fragte Florian.

„Ich hoffe es“, antwortete Frau Richemonte. „Ich habe mich ein wenig ausgeruht und denke, daß wir aufbrechen können. Aber werden wir die beiden glücklich wiederfinden?“

„Natürlich.“

„Also an einer Schlucht erwarten sie uns?“

„Ja, ich kenne sie. Darf ich Ihnen in den Sattel helfen?“

„Ich bitte, lieber Florian.“

Sie erhob sich aus dem Moos. Florian wollte dasselbe tun, kam aber nicht dazu, denn ohne daß ein Laut die Nähe der Verfolger angezeigt hätte, wurde er von sechs kräftigen Armen gefaßt und niedergedrückt, nachdem zunächst der Hund durch einen Kolbenschlag unschädlich gemacht worden war, während vier andere Arme sich um Frau Richemonte schlangen.

„So! Endlich haben wir Euch!“ sagte der Kapitän tief aufatmend.

Sie wandte ihm ihr Gesicht zu.

„Albin! Mein Gott, es ist Albin!“ rief sie, auf das Heftigste erschrocken.

„Ja“, höhnte er. „Es ist der liebe Albin, und mit ihm kommt der heißgeliebte Bräutigam, um sich seine Braut zu holen!“

„Verdammt! Laßt mich los!“

Bei diesen Worten machte Florian eine gewaltige Kraftanstrengung, um sich zu befreien, aber dies war ihm, dreien gegenüber, unmöglich.

„Bursche, füge dich!“ meinte Reillac. „Sonst geht es dir nicht gut! Du bist ein Lügner und Verräter!“

„Pah! Ich reite spazieren, mit wem ich will!“ meinte der Kutscher.

„Ja, aber der gegenwärtige Spazierritt wird dir schlecht bekommen. Wo ist dieser Monsieur Königsau?“

„Ich weiß es nicht.“

„Und Margot?“

„Jedenfalls bei ihm.“

Florian glaubte, daß es dem Leutnant doch möglich sein werde, mit der Geliebten den Verfolgern zu entkommen.

„Mensch, antworte besser, sonst bekommst du Hiebe! Wo sind die beiden zu treffen?“

„Ich weiß es nicht. Schlagt immer zu.“

„Dazu ist es später auch noch Zeit. Übrigens irrst du dich,

wenn du meinst, daß wir sie nicht finden. Die Schlucht, von welcher Ihr vorhin spracht, wird nicht sehr weit entlegen sein."

„Hier sind sie fortgeritten; man sieht ihre Spuren."

Während Richemonte diese Worte sprach, deutete er auf die Erde.

„Wirklich!" antwortete Reillac. „Es wird hier nicht sehr schwer sein, ihnen zu folgen."

„Sie haben auf die Mama und den lieben Florian warten wollen. Wir dürfen uns also Zeit nehmen und können zu Fuß gehen."

„Das wird das beste sein. Zu Pferde geht es schlecht. Aber vorher wollen wir dafür sorgen, daß diese zwei Vögel uns nicht wieder ausfliegen."

Florian wurde sehr fest, Frau Richemonte aber leichter gefesselt. Die drei Soldaten erhielten den Befehl, sie zu bewachen. Dann folgten Richemonte und Reillac der Spur Königsaus.

Diese hatte sich in dem lockeren Waldboden tief genug eingedrückt, um leicht genug erkannt zu werden. So gelangten die Verfolger bald zur Stelle, wo die Pferde angebunden waren.

Richemonte erblickte die Tiere zuerst. Er faßte den Gefährten am Arm und hielt ihn zurück.

„Halt!" sagte er. „Sehen Sie dort die Pferde?"

„Natürlich! Wo aber mögen die Reiter sein?"

„Jedenfalls in der Nähe."

„Warten wir hier, bis sie kommen?"

„Nein. Ich habe nämlich so meine Gedanken."

„Welche?"

„Sie haben an der Schlucht warten wollen. Daraus schließe ich, daß sie das Innere derselben haben aufsuchen wollen."

„Dazu müßte ein Grund vorhanden sein."

„Allerdings, und zwar muß dieser Grund ein Geheimnis enthalten, denn sie haben die beiden anderen nicht mitgenommen."

„Es wäre doch merkwürdig, wenn wir hier etwas Wichtiges erführen."

„Das ist sehr möglich. Schleichen wir uns also einmal am oberen Rand der Schlucht hin; aber leise und vorsichtig."

Sie taten es und bemerkten gar bald Königsau, vor welchem Margot auf einem Stein saß, der ihr etwas sehr Interessantes zu erzählen schien. Sie hörte sehr aufmerksam zu.

„Dort sitzen sie", flüsterte Reillac.

„Ja. Er erzählt. Was mag es sein? Wer es doch hören könnte!"

„Man könnte sie ja belauschen."
„Das ist wahr. Gleich neben ihnen steht ja Gesträuch, welches dicht genug ist, uns zu verbergen."
„Aber wenn sie uns bemerken?"
„Was ist da weiter? Wir fallen sofort über ihn her. Margot wird sich nicht sehr wehren können."
„Töten wir ihn?"
„Nur dann, wenn es nicht anders geht. Ist es aber möglich, so soll er leben bleiben, um seiner Strafe und unserer Rache willen."
Obgleich der eine von ihnen vorher gesagt hatte, daß sie keine Indianer seien, gelang es ihnen doch, ganz unbemerkt hinter das erwähnte Gebüsch zu kommen, wo sie sich niederduckten und so nahe waren, daß sie ein jedes Wort verstehen konnten.
„Das war also dieselbe Kriegskasse, von welcher der Wirt erzählt hatte?" fragte soeben Margot.
„Ja, jedenfalls.
„Weißt du, wie viel darinnen ist?"
„Nein; jedenfalls aber zählt es nach Millionen."
„Wer aber mag noch davon wissen?"
„Einige; niemand aber kennt den Ort, wo sie vergraben liegt. Nur ich allein weiß denselben."
„Aber wie wirst du das benutzen?"
„Ich werde zunächst abwarten, welche Ereignisse der bevorstehende Krieg mit sich bringt. Dann erst werde ich wissen, was zu tun ist."
„O bitte, zeige mir den Ort, lieber Hugo! Ich möchte einmal wissen, wie es ist, wenn man auf einem verborgenen Schatz steht."
„Das sollst du sofort erfahren. Komm."
Er nahm sie bei der Hand und zog sie nach der Stelle, wo die Kasse vergraben lag.
„Hier, Margot stehst du auf einem sehr, sehr großen Reichtum", sagte er. „Die Geister der beiden Toten werden ihn bewachen, so daß er keinem anderen in die Hände fällt."
Er drehte sich bei diesen Worten ein wenig nach rechts herum, um nach der Stelle zu deuten, wo der Mörder neben seinem Opfer lag, und dabei fiel sein Auge auf die Sträucher, hinter denen die beiden Lauscher steckten.
„Donnerwetter! Jetzt hat er mich gesehen", flüsterte Richemonte.
„Ich denke es auch", sagte Reillac ganz leise.

„Nein, doch nicht. Er spricht mit Margot ganz unbefangen weiter. Der Kerl muß keine Augen haben."

Der Sprecher irrte sehr. Königsau hatte nicht nur ihn gesehen, sondern auch bemerkt, daß noch ein zweiter in der Nähe steckte. Er erschrak zwar, hatte aber die Geistesgegenwart, sich nichts merken zu lassen, und fuhr daher ruhig in seinem Gespräch fort:

„Übrigens ist dies nicht der einzige Schatz, den ich kenne."

„Wie? Du kennst noch mehrere?" fragte Margot erstaunt.

„Ja, liebes Kind. Ich bin an jenem Tag außerordentlich glücklich gewesen. Jene Spitzbuben hatten nämlich zu derselben Zeit einen großartigen Diamantendiebstahl ausgeführt. Die Steine sind hier in der Nähe vergraben."

„Wo?"

„Nicht weit vom Ausgang der Schlucht."

„Was für Wunderbares ich heute erfahre! Was wirst du mit den Steinen beginnen?"

„Später werde ich sie den rechtmäßigen Eigentümern wieder zustellen."

„Ich danke dir, Hugo, obgleich ich es von dir nicht anders erwarten konnte. Für einen anderen wäre die Versuchung, die Steine für sich zu behalten, außerordentlich groß gewesen."

„Für mich nicht, ich kenne meine Pflicht. Und zu dieser gehört es, daß ich für die Sicherheit dieses Schatzes Sorge trage. Die Steine sind nämlich so unvorsichtig versenkt, daß sie durch den einfachen Zufall leicht entdeckt werden können. Darum bin ich mit dir hierher gegangen, um sie mit deiner Hilfe besser zu verbergen."

„Wohin?"

„Ich habe den Plan, sie mit zur Kriegskasse zu stecken. Diese liegt ja an einem Ort, der niemals in den Verdacht kommen wird, einen Schatz, und zwar einen so großen, zu verbergen. Stimmst du bei?"

„Was du tust, das ist mir recht."

„So warte hier, liebe Margot, bis ich wiederkomme. Ich werde jetzt die Diamanten holen"

„Wie lange währt es, bis du wiederkommst?"

„Vielleicht zehn Minuten."

„Oh, das ist sehr lange! Wie nun, wenn wir verfolgt werden?"

„Kein Mensch wird ahnen, daß wir hier in den Bergen stecken. Wir sind vollkommen sicher."

„Oh, ich fürchte meinen Bruder."

„Ich nicht. Ich glaube nicht, daß er mir gewachsen ist."

„Aber ich mag nicht zehn Minuten lang hier allein bleiben, wo diese beiden Toten begraben liegen. Bitte, nimm mich lieber mit."

„Nun gut. In zehn Minuten sind wir wieder hier, und fünf Minuten dauert das Vergraben der Steine; so können wir also nach einer Viertelstunde wieder aufbrechen."

Er nahm sie bei der Hand und führte sie nach dem Ausgang der Schlucht hin, wo die Pferde standen, welche aber von hier aus nicht mehr gesehen werden konnten.

Richemonte und Reillac blickten einander an.

„Rasch, ihnen nach!" flüsterte der letztere, indem er Miene machte, sein Versteck zu verlassen.

„Halt! Keine Dummheit, Baron!" warnte der Kapitän, indem er ihn zurückhielt. „Wir müssen hierbleiben."

„Ah! Warum?"

„Erstens könnten wir uns verraten, so daß er uns bemerkt, und dann wären die Diamanten für uns verloren, denn wir würden den Ort nicht erfahren, an welchem sie stecken."

„Das ist allerdings wahr!"

„Und zweitens ist uns der Schmuck ja gewiß; er holt ihn doch herbei, und dieses müssen wir erst abwarten."

„Hm! Wird er auch Wort halten?"

„Jedenfalls! Aber sagen Sie! Habe sie alles gehört?"

„Jedes Wort!"

Die Augen des Kapitäns glühten vor Habsucht. Er, der arme Teufel, welcher des Geldes wegen so vieles gewagt und getan hatte, des Mammons wegen vor keiner Untat zurückgeschreckt war, stand oder lag vielmehr hier vor der Quelle eines Reichtums, der groß genug war, ihn tausendmal aus allen Verlegenheiten zu reißen. Aber an dieser Quelle lag noch ein zweiter. Sollte dieser auch mittrinken, mitgenießen können? Hatte dieser zweite nicht die Wechsel in der Tasche, welche der Grund so vielen Ärgers gewesen waren. Hatte dieser zweite nicht Margot zu seiner Universalerbin eingesetzt. Und sie konnten ihn nur dann beerben, wenn er – tot war.

Ein finsterer Gedanke zuckte durch Richemontes Gehirn, und dieser Gedanke wurde sofort zum festen Vorsatz.

„Was sagen Sie dazu?" fragte er.

„Außerordentlich! Ganz außerordentlich!"

„Ja, wer hätte dies gedacht! Aber hatte ich nicht recht, als ich sagte, daß wir hier ein Geheimnis erfahren würden?

„Ja, wunderbar. Wer kann hier eine vergrabene Kriegskasse vermuten."

„Und wie schön hat dieser Königsau uns den Ort verraten."

„Prächtig, Kapitän, prächtig! Aber wie ist er selbst denn eigentlich zu diesem Geheimnis gekommen?"

„Wer weiß es. Wären wir eher gekommen, so hätten wir es gehört. Doch ist das ja ganz gleichgültig. Es fragt sich nur, was wir tun werden."

„Nun, das ist doch sehr einfach."

„Was meinen Sie?"

„Zunächst nehmen wir sie gefangen, verraten aber nicht, daß wir sie belauscht haben. Wir bringen sie alle vier zum Kaiser, und dann . . ."

„Nun, dann?"

„Dann holen wir uns die Kasse."

„Wenn wir diesen Plan ausführen wollen, dürfen wir sie aber nicht hier gefangennehmen."

„Warum nicht?

„Weil sie sonst wissen würden, daß wir sie belauscht haben. Und dann wäre die Kasse für uns verloren."

„Das ist wahr. Es wird also am besten sein, wir sehen uns erst das Vergraben der Diamanten mit an, und dann wird sich ja ganz von selbst ergeben, was zu tun ist."

„Richtig. Aber da wollen wir etwas tiefer in das Gebüsch kriechen. Wir könnten leicht bemerkt werden."

„Ja, kommen Sie."

Reillac kroch voran, und Richemonte folgte ihm, placierte sich aber in der Weise ein wenig rückwärts neben ihm, daß es ihm leicht war, seinen Plan in Ausführung zu bringen. Er griff nämlich, unbemerkt von dem anderen, in seine Tasche und zog einen Nickfänger hervor, der auch als Dolch zu brauchen war.

„Und wenn wir die Kriegskasse haben, was tun wir mit ihr?" fragte er, um den anderen zu beschäftigen.

„Teilen, natürlich!" antwortete Reillac. „Wir haben heute beide den glücklichsten Tag unseres Lebens."

„Beide? O nein!"

„Nicht? Inwiefern nicht? Sie werden doch nicht etwa so dumm sein, eine Teilung des Schatzes auszuschlagen?"

„Nennen Sie das wirklich dumm?"

„Natürlich."

„Warum?"

„Nun, wer soll die Kasse denn sonst erhalten, als wir. Wollen Sie sie gar dem Staat überlassen?"

„Das fällt mir gar nicht ein. Aber auf eine Teilung brauche ich trotzdem nicht einzugehen. Ich brauche das Geld für mich allein."

„Ah! Meinen Sie?" fragte der Baron, indem er eine Bewegung machte, sich nach ihm umzudrehen. „Sie denken, ich soll den Schatz Ihnen allein überlassen, Kapitän?"

„Ja."

„Nein, so verrückt bin ich doch nicht, denn – oh – ooh!!!"

Er stieß diesen Ruf nur halblaut aus; mehr war ihm nicht möglich, denn gerade in diesem Augenblick war Richemontes Klinge ihm durch den Rücken genau bis in das Herz gedrungen. Ein krampfhaftes Zittern durchlief seine Glieder; dann streckten sich seine Extremitäten; er war – tot.

„So, mein Herr Baron!" grinste der Kapitän. „Nun teilen Sie, mit wem Sie wollen. Sie haben meinen Vater verführt und mich unglücklich gemacht. Sie haben den Grund gelegt zu allem, was ich bin. Jetzt kommt die Strafe. Dem Kaiser werde ich sagen, daß Königsau Sie im Kampf erstochen habe. Die Kriegskasse ist mein; die Diamanten werden mein und die Wechsel auch."

Er öffnete den Rock des Toten und visitierte die Taschen desselben.

Er fand eine reich gespickte Börse und ein Portefeuille, welches voller Banknoten war. Auch die Wechsel und die kaiserliche Bestätigung der Verlobung befanden sich darin.

„Das genügt, um Margot zu seiner Universalerbin zu machen. Sie wird in meine Hand gegeben sein; folglich bin ich der eigentliche Erbe", murmelte er. „Jetzt mag Königsau kommen und die Steine vergraben. Ich schieße ihn einfach nieder, sobald er im Begriff steht, sein Pferd wieder zu besteigen."

Während er auf das Erscheinen des Leutnants wartete, steckte er seinen Raub zu sich. Er hatte das kaum getan, so fuhr er zusammen, denn ein Schuß erscholl.

„Was war das?" fragte er. „Ein Schuß! Donnerwetter, noch einer – und noch einer. Drei Schüsse! Sie kamen aus der Gegend der Köhlerhütte! Drei Schüsse und drei Wächter bei den Gefangenen! Was ist da vorgegangen? Ich muß es wissen."

Er kroch eilig aus den Sträuchern hervor und sprang dem Ausgang der Schlucht zu. Dort blieb er einen Augenblick halten.

„Die Pferde fort!" sagte er. Und sich mit der Faust an den

Kopf schlagend, fügte er hinzu: „Beim Teufel, dieser Königsau ist mir wirklich abermals überlegen gewesen. Die Kasse liegt da, aber das von den Steinen war Schwindel, augenblicklich erdacht, um mit guter Manier fortzukommen. Denn jetzt ist es gewiß, daß er mich bemerkt und gesehen hat. Aber noch sind wir nicht fertig, Monsieur Königsau. Noch bin ich da, um ein letztes Wort mit Ihnen zu sprechen."

Seine beiden Pistolen ziehend und schußfertig haltend, eilte er auf die Köhlerhütte zu, sich jedoch vorsichtig in Deckung der Bäume haltend.

Seine Vermutung war eine ganz richtige.

Als Königsau die Hand der Geliebten ergriffen und mit ihr die Pferde erreicht hatte, band er die letzteren los und sagte leise:

„Schnell auf das Pferd, Margot! Schnell, schnell!"

„Warum?" fragte sie, ganz erstaunt über den plötzlich veränderten Ausdruck seiner Gesichtszüge.

„Das sage ich dir noch."

Bei diesen Worten hatte er sie auch bereits in den Sattel gehoben. Im nächsten Augenblick saß auch er auf, ergriff den Zügel ihres Pferdes und lenkte nach der Hütte zurück, aber auf einem Umweg.

„Zurück?" fragte sie. „Warum?"

„Um Mama zu retten", antwortete er.

„Zu retten? Befindet sie sich denn in Gefahr?"

„Ja, in einer sehr großen. Sie ist gefangen."

„Mein Gott! Das ist ja unmöglich! Wie könntest du das wissen?"

„Ich weiß es. Weißt du, wen ich gesehen habe, als wir auf der Stelle standen, wo die Kriegskasse liegt?"

„Wen?" fragte sie voller Angst.

„Deinen Bruder. Er lag in dem Gebüsch. Und hart neben ihm bemerkte ich noch einen anderen. Sie haben unsere Spur gefunden; sie sind uns gefolgt und haben uns belauscht. Sie wissen nun auch das Geheimnis der Kriegskasse. Ganz sicherlich hätten sie mich erschossen und dich gefangengenommen, wenn ich nicht augenblicklich die Fabel von den Diamanten erfunden hätte."

„Das war erfunden?"

„Ich sagte es nur, um uns zu retten. Sie haben uns erlaubt, uns zu entfernen, weil sie dachten, auch in den Besitz der Steine zu kommen, welche ich eingraben wollte."

„O Ihr Heiligen! Meine Mama! Hugo, mein Hugo, was ist zu tun? Was ist mit ihr geschehen?"

„Wenn die Verfolger sich bereits in der Schlucht befinden, so ist als ganz sicher anzunehmen, daß sie die beiden Zurückgelassenen schon vorher in ihre Gewalt bekommen haben."

„So sind sie verloren."

„Noch nicht. Es kommt darauf an, mit wieviel Verfolgern wir es zu tun haben. Ich lasse dich hier zurück und gehe rekognoszieren."

Sie waren an ein dichtes Tannicht gekommen, welches nicht weit von der Köhlerhütte lag. Hier hielt er die Pferde an.

„Nein! Um Gottes willen, verlaß mich nicht", bat sie.

„Sei ohne Sorge", beruhigte er sie. „Hier bist du sicher, und ich komme ganz gewiß zurück."

„Ist das wahr?"

„Ja."

„Du wirst dich in keine Gefahr begeben, ohne mich vorher zu fragen?"

„Nein."

„Nun, so gehe, Hugo! Aber denke an mich! Ich wäre dann ohne alle Rettung verloren, wenn du ergriffen würdest."

Er stieg vom Pferd und schlich sich nach der Hütte hin. Als sein Blick sie zu erreichen vermochte, sah er Frau Richemonte gefesselt an der Erde sitzen; neben ihr lag Florian, an Händen und Füßen gebunden, und daneben standen drei französische Soldaten als Wächter.

„Arme Teufels!" sagte er. „Aber ich darf sie nicht schonen."

Er schlich sich glücklich bis an diejenige Wand der Hütte, welche der beschriebenen Gruppe entgegengesetzt lag, und zog seine beiden geladenen Pistolen, deren Hähne er spannte. Er tat dies sehr vorsichtig; aber den kriegsgeübten Ohren der Franzosen entging doch dieses eigentümliche Knacken nicht.

„Werda?" fragte der eine, indem er rasch um die Ecke trat.

Er erhielt in demselben Augenblick Königsaus Kugel in den Kopf, und ehe die beiden anderen zu den Waffen greifen konnten, hatte sie das gleiche Schicksal ereilt.

„Herr Leutnant!" rief Florian erfreut.

„Oh, mein Sohn!" stimmte Frau Richemonte bei.

„Gelungen!" rief Hugo, den Gefangenen die Bande zerschneidend. „Aber, vor allen Dingen, mit wie vielen haben wir es zu tun?"

„Nur mit dem Kapitän und Reillac", antwortete Florian.

„Dann schnell auf die Pferde, ehe sie kommen."

Diesem Ruf wurde schleunigst Folge geleistet, und dann ging es der Stelle zu, an welcher sich Margot befand. Sie hatte natürlich die Schüsse vernommen und schwebte in höchster Angst. Ihr Gesicht hellte sich auf, als sie die Nahenden erblickte.

„Wer hat geschossen?" fragte sie, noch immer nicht beruhigt.

„Ich", antwortete der Leutnant.

„Auf wen?"

„Später, später! Jetzt haben wir keine Zeit zu Auseinandersetzungen. Kommt, kommt, mir nach."

Er ritt voran und zwar wieder nach der Schlucht zurück. Wäre er nicht den vorigen Bogen geritten, so hätte er auf Richemonte treffen müssen, welcher ja eben jetzt zur Hütte eilte. Als er in die Schlucht einbog, fragte Florian erstaunt:

„Warum hier herein?"

„Nicht fragen, sondern folgen. Wir müssen dieses Gras ein wenig zerstampfen; aber schnell."

Er lenkte sein Pferd der Stelle zu, an welcher er Richemonte gesehen hatte, und bemerkte eine fürchterliche Blutlache.

„Was ist das?" fragte er. „Blut? Die beiden können nicht mehr hier sein. Sie haben die Schüsse gehört und sind jedenfalls fortgeeilt, um ihren Untergebenen Hilfe zu bringen. Was ist es?"

Florian war nämlich vom Pferd gesprungen und an das Gesträuch getreten, wo man die Lache bemerkte.

„Herrgott, ein Toter!" sagte er.

Die beiden Damen wendeten sich schaudernd ab. Königsau aber sprang auch vom Pferd und trat hinzu. Sie zogen den Körper aus dem Busch heraus und drehten ihn um.

„Reillac!" rief Florian, ganz und gar erschreckt.

„Ja, Reillac!" bestätigte Königsau.

Er bog sich zu dem Toten nieder, um ihn zu untersuchen. „Er ist noch warm, aber tot. Ein Stich durch den Rücken bis in das Herz. Uhr und Börse, alles ist fort. Kapitän Richemonte ist der Mörder."

Frau Richemonte stieß einen Schrei des Entsetzens aus.

„Gott, das ist nicht möglich!" rief sie.

„Er ist es. Es war kein anderer bei dem Baron. Ich kenne den Grund, weshalb er diesen getötet hat. Aber jetzt haben wir keine Zeit. Es kann uns in jedem Augenblick seine Kugel treffen. Fort von hier. Der Tote mag liegenbleiben!"

Er tummelte sein Pferd noch einige Male um den Platz, den er als die Stelle des Schatzes bezeichnet hatte, möglichst unkenntlich zu machen, und dann ritten sie gleich an der Böschung der Schlucht empor, um keinen Umweg zu machen.

Als Richemonte bei der Hütte ankam, erblickte er die drei Toten.

„Hölle und Teufel! Er hat sie erschossen und die Gefangenen befreit!“ rief er. „Wohin aber sind sie? Er hat mich in der Schlucht gesehen. Er wird wieder hin sein, um auch mit mir abzurechnen; aber da soll er sich irren. Meine Kugel trifft ihn, ehe er mich erblickt.“

Er band die mitgebrachten Pferde los und ließ sie, außer dem seinigen, welches er bestieg, frei. Dann ritt er nach der Schlucht zurück. Erst nach längerem Rekognoszieren bemerkte er, daß sie verlassen war. Er ritt in sie hinein und betrachtete alles.

„Ja, sie sind hiergewesen“, knirschte er grimmig. „Sie haben den Boden zerstampft; aber ich werde die Kasse dennoch finden. Und da – Donnerwetter! Da liegt der Baron! Sie haben ihn gefunden. Sie wissen, daß ich ihn erstochen habe. Das kann schlimm ausfallen. Schnell ihnen nach! Die beiden Kerle müssen sterben! Mutter und Schwester habe ich nicht zu fürchten. . .“

Es war am vierzehnten Juni, nur ganz kurze Zeit nach dem Erzählten, als ein jugendlicher Reiter in höchster Eile von Lüttich nach Namur sprengte. Er hatte Zivilkleider an, aber auf der von preußischem Militär reich belebten Chaussee gab es manchen Offizier, der ihn vertraulich grüßte, wenn er an ihm vorüberflog.

In Namur angekommen, fragte er nach dem Quartier des Feldmarschalls Blücher. Dort angekommen, meldete er sich sofort zur Audienz und wurde sogleich vorgelassen.

Bei dem Marschall befanden sich eben Gneisenau, der Generalmajor von Grolman, welcher Generalquartiermeister war, und der Adjutant Major von Drigalski. Trotz der Anwesenheit dieser hochgestellten Persönlichkeiten ging Blücher dem Eintretenden höchst erfreut entgegen.

„Königsau! Junge!“ rief er. „Bringt dich der Teufel schon wieder zurück? Hast du mich etwa in Lüttich gesucht?“

„Ja, Exzellenz. Ich wußte noch nicht, daß Sie Ihr Hauptquartier nach Namur verlegt haben.“

„Das war notwendig, denn es geht los, mein Sohn, Keile setzt es, fürchterliche Keile! Aber wer sie zunächst bekommt, das weiß man nicht. Weißt du es vielleicht?“

„Auch nicht. Aber wer sie bekommen soll, das wenigstens weiß ich.“

„Ah! Wer denn?"

„Euer Exzellenz."

„Wie? Wa – wa – was?" fragte der Alte. „Ich? Ich soll die Keile kriegen? Wer sagte das denn?"

„Der Kaiser selbst."

„Er selbst? Dann ist er verrückt, total verrückt, was ich übrigens schon längst nicht mehr bezweifelt habe. Aber zu wem hat er es denn gesagt?"

„Zu Ney, Grouchy und Drouet."

„Ha, das sind lauter hübsche Kerle, die ich wohl noch unter die Fäuste bekommen werde. Bist du etwa verwandt mit einem von ihnen, he?"

„Danke für diese Ehre, Exzellenz!"

„Na, ich dachte beinahe, weil du so genau weißt, was sie mit dem Napoleon gesprochen haben."

„Ich habe sie belauscht."

„Wo denn?"

„Auf dem Meierhof Jeannette."

„Dort? Wohin du dein Mädel geschafft hast? Dort war der Bonaparte?"

„Ja, Exzellenz."

„Was wollte er denn dort?"

„Hm! Ich glaube, er hatte die Absicht, mich um meine Braut zu bringen."

„Du flunkerst wohl, he?"

„Nun. Tatsache ist, daß er der Margot eine förmliche Liebeserklärung gemacht hat."

„Donnerwetter! Der sollte sich doch lieber um ein Paar warme Filzschuhe und um ein seliges Ende bekümmern! Erzähle!"

„Exzellenz, es ist da sehr viel Privates dabei, dessen Bericht eine sehr kostbare Zeit wegnehmen würde. Darf ich nicht lieber vorher über die strategischen Absichten Napoleons berichten, welche sofortige Dispositionen unsererseits notwendig machen?"

„Natürlich! Rede also! Wird er angreifen?"

„Ja."

„Wann?"

„Morgen oder spätestens übermorgen."

„Gut! Je eher die Prügel, desto wärmer sind sie. Aber wen?"

„Sie, Exzellenz."

„Nicht Wellington?"

„Nein. Ich kenne auch den Grund, weshalb er zunächst Sie angreift."

„Laß ihn hören, mein Sohn!"

„Er sagte, Euer Exzellenz seien schnell und hitzig, Wellington aber überlege und wäge gern ab. Greife er den letzteren an, so wäre Feldmarschall Blücher schnell mit der Hilfe bei der Hand . . ."

„Das ist wahr. Wir werden ihn schon kuranzen."

„Greife er aber Euer Exzellenz an, so würde Wellington wohl so lange zaudern und sinnen, bis die Preußen geschlagen sind."

„Höre, Junge, der Kerl ist doch noch nicht ganz so sehr verrückt, wie ich dachte. An dem Zeug ist sehr viel Wahres."

Königsau erzählte nun weiter alles, was er auf Jeannette erlauscht und dann auch später während seines Rittes noch erfahren hatte. Es stellte sich heraus, daß in Folge dieser Berichte allerdings schleunige Dispositionen nötig waren, welche den Marschall so in Anspruch nahmen, daß er erst am Abend eine kurze Zeit für Königsau übrig hatte.

Da saßen sie denn beisammen, ein jeder eine brennende Tonpfeife in der Hand, und der Leutnant erzählte die Erlebnisse der letzten Tage ausführlich. Blücher unterbrach ihn öfters durch einen kräftigen Fluch, eine drastische Bemerkung oder eine Frage, welche bewies, mit welchem Interesse er diese Erzählung verfolgte. Als Königsau geendet hatte, meinte der Marschall:

„Du glaubst also, daß dieser Richemonte euch auch noch weiter verfolgt hat?"

„Ich denke es."

„So hältst du deine Margot also auch in Gedinne nicht für sicher?"

„Nein, obgleich der brave Florian sie bewacht."

„Hm! Was du mir da erzählst, ist der reine Roman. Aber er will ernstgenommen sein. Wir wissen nicht, was die nächste Zeit bringt, und darum soll ein jeder das seinige tun. Auch du."

„Geben Exzellenz mir Gelegenheit dazu."

„Sogleich, mein Sohn. Weißt du, was jetzt das Notwendigste für dich ist?"

„Ich bitte, es erfahren zu dürfen."

„Du mußt dir dein Mädel zu erhalten suchen."

„Exzellenz."

„Schon gut! Ich weiß, was du sagen willst. Aber indem du so für dein Glück sorgst, kannst du zu gleicher Zeit auch dem Vaterland einen großen Dienst erweisen. Ahnst du, worauf ich ziele?"

„Vielleicht auf die Kriegskasse?"

„Ja. Du denkst, daß Richemonte bestrebt sein wird, sich ihrer so rasch als möglich zu bemächtigen?"

„Ja."

„Nun, so ist es notwendig, daß wir ihm zuvorkommen. Aber wie? Der Ort liegt in Feindesland."

„Es wird bald das unserige sein."

„Ja; aber bis dahin kann der Teufel die Kasse geholt haben. Man müßte sie wenigstens bewachen, bis wir kommen."

„Das ist entweder zu gefährlich oder zu umständlich oder zu langwierig, Exzellenz."

„Weißt du einen besseren Plan?"

„Ich meine, daß es genügen würde, die Kasse herauszunehmen und ihr eine neue Stelle anzuweisen. Da kann sie liegen, bis die Preußen kommen, und dieser Richemonte findet sie nicht."

„Donnerwetter, Junge, das ist wahr! Willst du das übernehmen?"

„Von Herzen gern!"

„Warum aber hast du es nicht bereits getan?"

„Ich hatte die nötigen Kräfte nicht. Auch gehören treue und verschwiegene Leute dazu."

„Ja; die müßte ich dir mitgeben. Wie viele brauchtest du?"

„Mit zehn Mann glaube ich es fertigzubringen."

„Gut, du sollst sie haben. Suche sie dir selbst aus. Wie du es aber anfängst, das ist ganz und gar deine eigene Sache. Als Extrabelohnung für dich aber werde ich dafür sorgen, daß der schändliche Meuchelmord, welchen dieser Richemonte an seinem Kumpan begangen hat, nicht verschwiegen bleibt!"

Einige Tage später zog durch den Ort Gedinne ein zerlumpter Kerl, dessen Kleider kaum zureichten, seine Blöße zu bedekken, desto mehr Lappen aber hatte er um seinen Kopf gewickelt.

Am Wirtshaus blieb er stehen, als besinne er sich, ob es möglich sei, auch ohne Geld einen Schluck zu erlangen. Da klopfte es von innen an das Fenster.

„Komm herein, Kerl, wenn du Hunger hast!" rief eine laute Stimme.

Das ließ sich der Mann nicht zweimal sagen. Er trat in das Haus und dann in die Stube. Dort saßen verschiedene Gäste, alle aus dem Ort gebürtig, außer einem, eben demjenigen, welcher den Vagabunden hereingerufen hatte.

Als dieser eintrat, waren aller Augen auf ihn gerichtet. Man schüttelte mißbilligend die Köpfe, und der Wirt fragte:

„Mensch, wer bist du?"

„Ein armer Savoyar", antwortete er bescheiden.

„Was willst du hier?"

„Ich weiß nicht, was ich soll. Dieser Monsieur hat mich gerufen."

Da wendete sich der Wirt an den Bezeichneten und fragte:

„Monsieur, warum bringen Sie mir solche Leute in die Stube?"

Der Gefragte war ein noch junger Mann von anständigem Äußern. Er blickte den Wirt von oben bis unten an und fragte:

„Kennen Sie mich?"

„Nein", lautete die Antwort.

„Nun, so will ich Eure Frage verzeihen. Ich hoffe, daß Ihr ein guter Franzose seid?"

„Das bin ich, Monsieur!"

„Und diese anderen Herren auch?"

„Ja."

„Habt Ihr von dem Armeelieferanten Baron von Reillac gehört?"

„Dem Millionär? Den kennen wir alle, wenigstens seinen Namen."

„Nun gut. Er ist plötzlich spurlos verschwunden, und ich bin von dem Kaiser beauftragt, nach ihm zu forschen, da man ein Verbrechen ahnt."

„So seid Ihr wohl Prokurator?"

„Ja. Aus Paris. Wenn ich also diesen Mann hereinkommen lasse, weil ich ihm die Not, den Hunger und den Durst ansehe, so werde ich es wohl verantworten können!"

„Ihr habt recht, Monsieur! Tut, was Euch beliebt. Nur seht zu, daß dieser Mann auch mit Legitimation versehen ist!"

„Das soll sogleich geschehen." Und sich zu dem Vagabunden wendend, fügte er hinzu: „Was bist du eigentlich?"

„Ich war Besitzer eines Affen und eines Murmeltieres", antwortete der Gefragte in seinem savoyardischen Dialekt. „Ich war mit diesen meinen Ernährern bis hinein nach Holland. Da kam ich in die Hände der Preußen, und sie nahmen mir meine Tiere, und auch mein Geld ab. Nun bettle ich mich nach Hause!"

„Laß dir auf meine Rechnung zu essen und zu trinken geben, armer Teufel, und setze dich mit her zu mir!"

Der Savoyarde folgte dieser Einladung wie einer, dem ein großes Glück begegnet und ließ sich das Vorgesetzte vortrefflich schmecken. Der Prokurator ließ sich in ein gleichgültiges Gespräch mit ihm ein, welches zuweilen bis zum Flüsterton herabsank.

„Sind alle beisammen?" fragte er in einem Augenblick, in welchem niemand auf sie horchte.

„Alle bis auf einen", antwortete der Savoyarde.

„Und die Werkzeuge?"

„Liegen im Wald, Herr Korporal."

„Laß den Koporal! Ich wundere mich über die Virtuosität, mit welcher du deine Rolle spielst."

„Sie ist nicht schwer. Wo treffe ich den Herrn Leutnant?"

„In dem einsamen Haus am Anfang des Waldes."

„Welchen Namen führt er?"

„Du fragst nach dem Florian. Das andere findet sich. Die Befehle des Leutnants bringst du nach dem Rendezvous. Jetzt will ich gehen. Halte auch du dich nicht zu lange hier auf."

Der vermeintliche Prokurator bezahlte seine Zeche und entfernte sich. Der Savoyarde folgte sehr bald diesem Beispiel. Er hatte das Zimmer noch nicht lange Zeit verlassen, so trat ein neuer Gast ein. Er blickte sich im Kreis um und sagte im vornehmen Ton:

„Ich bin der Kapitän Richemonte und fand den Maire nicht zu Hause. Man sagte mir, daß er hier sei."

Da erhob sich einer der Anwesenden.

„Der Maire bin ich, Monsieur", sagte er. „Was wünschen Sie?"

„Eine Auskunft."

„Ich stehe zu Diensten."

„Hat sich in letzter Zeit die Einwohnerschaft Ihres Ortes vermehrt?"

„Ja, allerdings."

„Wie?"

„Wir haben in zwei Wochen eine Geburt gehabt."

„Pah! Unsinn!" sagte Richemonte. „Das meine ich nicht, sondern ob vielleicht Fremde bei Ihnen sich niedergelassen haben."

„Nein, das ist nicht der Fall."

„Müssen Besuche bei Ihnen angemeldet werden?"

„Ja."

„Sind solche Anmeldungen eingegangen?"

„In letzter Zeit gar nicht."

„Gut. Ich suche nach drei Personen, zwei Damen und einem Knecht; die Damen sind Mutter und Tochter. Sie müssen sich in dieser Gegend verborgen halten, und ich würde denjenigen, der sie mir nachweisen könnte, sehr gut belohnen."

„Würden Sie mir diese Personen beschreiben können?"

„Ist nicht nötig. Die Tochter soll sehr schön sein."

„Eigentümlich. Heute wird nur immer gesucht. Soeben war ein Prokurator aus Paris da, welcher auch jemand suchte."

„Ah! Wen suchte er?"

„Einen Baron Reillac, welcher Armeelieferant ist und verschwunden sein soll."

Der Kapitän verfärbte sich jetzt.

„Wohin begab sich der Prokurator von hier aus?"

„Ich weiß es nicht, Monsieur."

„Gibt es noch Militär hier?" fragte der Kapitän weiter.

„Nein. Da der Kaiser gestern die Schlacht bei Ligny gewonnen hat, so wurden die Truppen von hier fortgezogen. Befehlen Sie etwas?"

„Ein Glas Wein."

Der Kapitän setzte sich und trank seinen Wein schweigend aus. Er schien in seinem Inneren außerordentlich beschäftigt zu sein. Nachdem er das Haus verlassen hatte, schlug er den Weg nach Paliseul ein. Unterwegs sprach er laut mit sich, blieb stehen, ging weiter und blieb abermals stehen.

„Verdammtes Unglück", brummte er. „Die Armee gewinnt Schlachten, und ich darf mich nicht vor dem Kaiser, das heißt also, in Reih und Glied, sehen lassen. Warum verlor ich doch die Spur dieser verteufelten Weiber! Könnte ich wenigstens diesen Königsau erwischen!"

Er schritt weiter, blieb abermals stehen und fuhr fort:

„Diese Kriegskasse wird mich für alles entschädigen. Aber ist es denn auch wirklich wahr, daß eine dort vergraben liegt? Warum überzeuge ich mich nicht lieber, anstatt dieser Margot nachzurennen, ohne sie zu finden? Dort liegt Reillac noch unbegraben. Wenn man ihn findet! Waren die drei Grenadiere wirklich tot? Wenn einer noch lebte und als Zeuge gegen mich aufträte! Ich habe mich nicht überzeugt, ob das Leben wirklich aus ihnen entwichen war. Ich werde heute in Paliseul bleiben und morgen mit dem Frühesten hinauf nach der Schlucht gehen, um die Sache in Ordnung zu bringen."

Er blieb stehen und horchte. Es war ihm, als ob er ein Geräusch gehört habe, dem entfernten Donner ähnlich.

„Sollte man sich wieder schlagen?" fragte er sich. „Pah! Mordet euch immerhin, aber laßt mir nur die Kriegskasse."

Er ahnte nicht, daß er sich auf dem gegenwärtigen Weg von dem entfernte, was er so sehnsüchtig gesucht hatte.

Drüben am Waldrand stand nämlich ein nettes Häuschen. Es sah nicht reich, aber hübsch und sauber aus. Der Besitzer war ein Freund und Verwandter Florians und war gern bereit gewesen, die beiden Frauen aufzunehmen und zu verbergen. In den letzten Tagen war ihm dies freilich schwer geworden. Es hatte viel Militär im Orte gelegen, und auch ihm hatte man reichliche Einquartierung gegeben. Darum war er gezwungen gewesen, die Frauen im Keller zu verbergen. Jetzt aber befanden sie sich in dem kleinen Giebelstübchen, während er mit Florian in dem Gärtchen saß und über allerlei plauderte.

Da plötzlich stockte das Gespräch, und beide horchten.

„Hast du es gehört, Florian?" fragte der Wirt.

„Ja", antwortete der Gefragte, „schon einige Male."

„Das ist ein Erdbeben."

„Nein, wie Donner. Ich bemerke es bereits seit Mittag."

„Sollte es eine Schlacht sein?"

„Jedenfalls."

„So werden die Deutschen abermals geschlagen."

Bei diesen Worten blickte er den Kutscher forschend von der Seite an.

„Warum gerade wieder die Deutschen?" fragte dieser.

„Ich denke es mir."

„Das wäre dir wohl sehr lieb?"

„Nein. Du weißt, daß ich kein geborener Franzose bin. Aber weil du gar so heimlich mit mir tust, wird es mir wohl auch erlaubt sein, mit meinen Gesinnungen Versteckens zu spielen."

„Das bringst du gar nicht fertig. Ich weiß doch, daß du ein braver Kerl bist."

„Warum also hast du kein Vertrauen zu mir?"

„Kein Vertrauen? Worüber hättest du in dieser Beziehung zu klagen?"

„Ich habe wohl zu klagen. Habe ich nicht bereits seit heute früh bemerkt, daß fremde Gestalten sich da drüben im Wald befinden, welche von Zeit zu Zeit nach meinem Haus blicken?"

„Das habe ich noch nicht bemerkt", meinte Florian sehr aufrichtig.

„So sage, wer eigentlich jener Herr war, welchen du mit den Damen zu mir brachtest."

„Hm! Es ist mir zwar von ihm verboten, aber ich weiß, daß ich dir Vertrauen schenken darf. Er ist ein Deutscher."

„Ein Deutscher? Ah, da hat er viel gewagt!"

„Allerdings. Aber er hat noch mehr gewagt, als du von ihm weißt. Ich werde dir erzählen."

Und er erzählte. Der Wirt hörte sehr aufmerksam zu. Als Florian geendete hatte, sagte er:

„Das klingt, als hättest du es in einem Buch gelesen, aber ich will es dir glauben. Doch siehe, da kommt einer mit einem Wägelchen gefahren. Gewiß ein Hausierer. Wollen einmal sehen, was er hat."

Der Mann, welcher sich jetzt langsam dem Haus näherte, hatte rotes fuchsiges Haar und ebensolchen Bart. Er war zwar nicht lumpig, aber beinahe liederlich gekleidet und zog einen vierräderigen Karren nach sich.

Als er das kleine Vorgärtchen erreichte, griff er an die Mütze und grüßte. Die beiden Männer begaben sich zu ihm.

„Womit handelt Ihr?" fragte der Wirt. „Was habt Ihr zu verkaufen?"

„Nichts", antwortete er. „Ich kaufe im Gegenteil ein."

„Was?"

„Knochen, altes Eisen, Zinn und ähnliches. Habt Ihr nichts für mich?"

Florian hörte die Stimme, blickte den Mann scharf an, schlug sodann die Hände zusammen und rief:

„Ist es möglich, Monsieur! Aber wahrhaftig, Sie sind fast gar nicht zu erkennen. Diese Perücke und der Bart verstellen Sie ganz."

„Wer ist es denn?" fragte der Wirt.

Da griff Florian schnell zu, nahm dem Mann die Mütze und die Perücke ab und sagte:

„Da sieh einmal selbst!"

Vor den beiden stand – Königsau.

„Verzeihen Sie die Täuschung", sagte er. „Aber ich nehme an, daß Florian Ihnen wohl bereits gesagt hat, daß ich ein Deutscher bin?"

Ehe der Wirt noch antworten konnte, wurde oben das kleine Giebelfensterchen geöffnet, und die Stimme Margots ertönte:

„Hugo, mein Hugo! Darf ich hinunterkommen?"

Er blickte mit glücklichem Lächeln empor und antwortete:

„Nein, sondern ich komme zu dir."

Im Nu war er in das Haus getreten und flog die Treppe empor. Sie öffnete und lag in seinen Armen.

„Ich sah dich kommen!" sagte sie.

„Und dein Herz klopfte vor Liebe und Seligkeit?" lächelte er.
„Ah, ich erkannte dich ja nicht. Oh, diese häßlichen roten Haare!"
„Wenn du wüßtest, wer mich soeben auch nicht erkannte."
„Wer war es?"
Er trat mit ihr in das Stübchen, begrüßte vorerst auch die Mutter und deutete sodann zum Fenster hinaus.
„Siehst du den Mann da auf dem Weg nach Paliseul?"
„Ja."
„Dieser Mann ist kein anderer als dein Bruder."
„Der Kapitän?" fragte sie erschrocken.
„Ja."
„Hat er dich erkannt?"
„Nein. Er hat wohl geglaubt, mich bereits einmal gesehen zu haben, und darum hat er mir so lange nachgeblickt; aber erkannt hat er mich sicherlich nicht."
„Das würde auch ein großes, großes Unglück sein, denn er sucht nach uns. Der Wirt erzählte, daß er überall nach zwei Damen und einem Knecht frage. Aber, Lieber, welcher Umstand führt dich wieder zurück?"
„Der Feldmarschall schickt mich in die Berge, um die Kriegskasse in Sicherheit zu bringen. Ich soll ihr nur eine andere Stelle geben, damit der Kapitän sie nicht findet. Ich habe Leute hierherbestellt, welche heute eintreffen werden."
„Ist es wahr, daß die Preußen eine Schlacht verloren haben?"
„Ja, bei Ligny. Sie wurden fast erdrückt, da Wellington nicht standhalten konnte. Dafür aber werden sie heute eine desto bedeutendere gewinnen. Hast du gehört, daß man sich wieder schlägt?"
„Ja. Wo wird es sein?"
„Im Süden von Brüssel, vielleicht in der Gegend von Waterloo."
„Aber wenn die Verbündeten doch nicht siegen?"
„Sie siegen; das ist meine Überzeugung."
„Wie hat der Marschall dich empfangen?"
Auf diese Frage hin kam er ins Erzählen. Dies nahm ihn so sehr in Anspruch, daß er den Savoyarden gar nicht bemerkte, welcher sich dem Haus näherte. Als dieser die beiden Männer bemerkte, grüßte er sehr höflich und fragte:
„Verzeihung! Wohnt ein Monsieur Florian hier?"
„Ja, der bin ich", antwortete der Kutscher.
Der Fremde betrachtete ihn aufmerksam und sagte dann:

„Ich habe mich bei Ihnen nach jemandem zu erkundigen."
„Nach wem?"
„Das darf ich nicht sagen."
„Ah", nickte der Kutscher, „Sie sind eingeweiht. Sie meinen den Herrn Leutnant Königsau?"
„Allerdings", antwortete der andere. „Ist er anwesend?"
„Er ist soeben erst gekommen. Wollen Sie ihn sprechen?"
„Ja."
„Ich werde ihn holen."
Er ging und brachte den Leutnant von den Damen herab. Als dieser den Savoyarden bemerkte, stieß er ein helles Lachen aus und sagte:
„Prächtig, Kunze! In dir sucht niemand einen Preußen. Was hast du mir zu sagen?"
„Daß sie alle da sind, außer einem."
„Wer ist es?"
„Ich weiß es noch nicht."
„Die Werkzeuge sind da?"
„Ja."
„Darf man wissen, um was es sich handelt?"
„Jetzt noch nicht. Kann ich meinen Wagen sicher bei Ihnen einstellen?"
„Das versteht sich."
„Er enthält außer den Knochen und dem alten Eisen Gewehre und Munition, welche wir brauchen. Hören Sie die Kanonade. Es scheint heiß herzugehen."
„Gebe Gott nur den Verbündeten den Sieg", sagte Florian.
„Er wird diesen Wunsch erhören, und unser Siegeszug wird ein schnellerer sein als das vorige Mal."
Die Männer besprachen dieses Thema noch einige Zeit, und dabei merkte Königsau, daß er dem Wirt vollständig vertrauen könne. Später kehrte er zu den Damen zurück, denen es ein Trost war, ihn wieder bei sich zu sehen. Margot hatte sich von ihrer Verwundung völlig erholt. Sie war schön und reizend wie immer und freute sich im stillen innig darüber, daß der Geliebte heute nicht den Schlachtgeschossen ausgesetzt war.
„Was wird Napoleon tun, wenn er siegt?" fragte sie.
„Er wird sofort Herr des Rheines sein."
„Und wenn wir siegen?"
„So stehen wir binnen einer Woche vor Paris und diktieren einen Frieden, welcher gewiß nicht wieder gebrochen wird. Und weißt du, was nachher geschieht, meine Margot?"

„Was?“ fragte sie, lieblich errötend.
„Dann wirst du deinen Siegeszug nach Berlin antreten.“
Sie legte die Arme um ihn und flüsterte ihm zu:
„Unter deinem Schirm und Schild, ja, Geliebter.“
Gegen Mitternacht begab sich der Leutnant zu dem Stelldichein im Wald, wo er zehn mutige und kräftige Burschen fand, welche ganz geeignet waren, auch in Feindesland ein Abenteuer auszuführen. Der Karren mit den Waffen wurde geholt, und dann trat man den nächtlichen Weg an.
Sie erreichten den Fuß der Höhe mit Tagesanbruch und begannen dann den Aufstieg. Der Forst lag still und menschenleer, und so gelangten sie nach der Schlucht, ohne von jemand gesehen zu werden.
„Hier ist es“, sagte der Leutnant zu den Leuten. „Haltet hier Wache, bis ich zurückkehre. Ich werde einen passenden Ort suchen, welcher in nicht zu großer Entfernung liegen darf.“
Wer den Sprecher jetzt sah, hätte ihn allerdings nicht für einen preußischen Husarenleutnant gehalten, denn er trug Perücke und roten Bart, gerade so, wie auch die anderen in Verkleidungen steckten.
Nachdem er sich entfernt hatte, lagerten sich die anderen zwischen den Büschen, um seine Rückkehr zu erwarten.
„Pfui Teufel, was stinkt da?“ fragte einer. „Herrgott, eine Leiche hier hinter dem Strauch!“
Sie traten näher. Es war der Körper Reillacs.
„Das wird der französische Baron sein, von welchem der Herr Leutnant erzählt hat“, meinte der Korporal. „Er sagte, daß wir ein Dokument darüber ausstellen würden.“
Erst nach längerer Zeit kehrte Königsau zurück. Es war nicht leicht gewesen, einen passenden Ort zu finden.
„Grabt ein!“ befahl er.
Bei der Arbeit so rüstiger Hände ging das Bloßlegen der Kriegskasse rasch vonstatten. Es wurde aus abgeschnittenen Stämmchen eine Trage gemacht, mit deren Hilfe man sie nach ihrem neuen Bestimmungsort brachte. Dort wurde sie sehr vorsichtig eingegraben, worauf man noch vorsichtiger jede, auch die geringste Spur vertilgte.
Dann zog der Leutnant Papier und Stift hervor, um einen Situationsplan auszufertigen, mit dessen Hilfe es einem Dabeigewesenen leicht war, den Platz wiederzufinden.
Während dieser Arbeit war es Mittag geworden. Die Leute nahmen einen kurzen Imbiß zu sich und kehrten dann nach der

Schlucht zurück, um das dort offengelassene Loch wieder zuzuwerfen.

Auch der Kapitän Richemonte hatte sein gestriges Vorhaben ausgeführt. Er hatte sich mit einem Spaten versehen und war an dem heutigen Morgen in die Berge gegangen. Er hatte die Absicht, Reillac einzuscharren und sich dann zu überzeugen, ob die Kriegskasse wirklich vorhanden sei.

In der Schlucht angekommen, ging er ahnungslos auf die bewußte Stelle zu, blieb aber starr vor Schreck stehen, als er das Loch bemerkte, dessen glattgedrückte Seiten zur Evidenz bewiesen, daß sich hier ein großes Gefäß befunden habe.

„Fort! Weg!“ rief er. „Herrgott, ich komme zu spät!“

Es war ihm, als sei alles Leben aus seinen Gliedern gewichen.

„Das ist nur vor kurzer Zeit geschehen“, fuhr er fort, „denn die Erde ist noch ganz frisch. Wer aber ist es gewesen?“

Er blickte umher, konnte aber nichts finden, was ihm einen Anhalt hätte bieten können. Er stampfte den Boden mit dem Fuß und rief:

„Nun ist auch diese Hoffnung hin! Gewiß ist es dieser Königsau gewesen. Oh, ich wollte, ich hätte ihn in diesem Augenblick hier bei mir! Wie sollte er meine Rache fühlen!“

Gerade zu dieser Zeit kehrte Königsau nach der Schlucht zurück. Er dachte an nichts weniger als daran, daß er jemand da antreffen werde. Daher erstaunte er, als er einen Menschen an dem offenen Loch heftig gestikulieren sah. Er winkte seinen Leuten, leise zu folgen, und schlich sich auf den Fußspitzen vorwärts. Er erkannte den Kapitän und legte ihm die Hand auf den Arm.

„Mit wem sprechen Sie hier, Kapitän Richemonte?“ fragte er.

Der Gefragte fuhr herum und wurde leichenblaß vor Schreck.

„Wer – wer seid Ihr?“ stammelte er.

„Schatzgräber, gerade wie Sie, aber glücklicher. Doch, Sie kommen uns gerade gelegen. Treten Sie doch gefälligst einmal zu dieser Leiche. Kenne Sie dieselbe?“

Richemonte blickte jetzt dem Sprecher schärfer in das Gesicht.

„Verflucht!“ knirschte er. „Königsau!“

„Ja, ich bin es! Aber haben Sie keine Sorge; ich werde Ihnen nichts zuleide tun. Nur gestehen sollen Sie mir, daß Sie der Mörder dieses Mannes sind.“

„Den Teufel werde ich gestehen, aber dieses nicht.“

Bei diesen Worten bemühte er sich, von der Faust Königsaus loszukommen. Dieser aber hielt ihn fest.

„Sie geben wenigstens zu, daß diese Leiche diejenige Ihres Freundes Reillac ist?“ fragte er.
„Was geht mich dieser Kadaver an?“
„Mir auch recht! Aber da wollen wir dem Herrn doch einmal in die Taschen sehen. Haltet ihn fest!“
Er wurde trotz seines Sträubens so festgehalten, daß er sich nicht zu bewegen vermochte. Er schäumte vor Wut, konnte aber doch nicht verhindern, daß Königsau die Börse und die Brieftasche des Ermordeten zum Vorschein brachte; beide waren mit dem Namen und Wappen Reillacs versehen.
„So, das ist genug“, meinte der Leutnant. „Mehr brauchen wir nicht. Ich werde diese Gegenstände behalten und an geeigneter Stelle deponieren. Nehmt ihm die Waffen, und gebt ihm einen Fußtritt. Das ist alles, was er von uns zu fordern hat.“
Man kam diesem Befehl sofort nach. Dann wurde die Leiche untersucht und begraben. Ein kurz abgefaßtes Protokoll, an Ort und Stelle verfertigt und von sämtlichen Leuten unterschrieben, steckte er zu sich; dann wurde der Rückweg angetreten.
Richemonte wußte nicht, wie ihm geschehen war. Er hatte kein Wort zu sprechen gewagt und sogar den Fußtritt ruhig hingenommen. Er hatte den Fuß des Berges erreicht, als ob es im Traum geschehen sei. Dann aber kam er zu sich. Er blieb stehen, ballte einen Augenblick die Faust und rief:
„Rache! Rache! Ich weiß jetz alles! Dieser verkleidete Offizier ging nach dem einsamen Haus. Dort wird sich die Dulcinea befinden. Man wird ja sehen, was geschieht.“
Er eilte so, daß er noch vor Anbruch des Morgens nach Gedinne kam. In dem Ort schlief kein Mensch. Eine flüchtige Soldatenschaar, welche noch jetzt da rastete, hatte die Meldung gebracht, daß der Kaiser völlig geschlagen und Frankreich verloren sei. Da gab es ein Jammern und Klagen, welches dem Kapitän höchst willkommen war. Er ergriff das Wort und erzählte, daß er diesen braven Patrioten elf deutsche Spione in die Hände liefern wolle. Die Braut des Anführers befinde sich jedenfalls in dem einsamen Haus am Waldrand.
Die Bürger des Ortes ließen sich nicht so leicht hinreißen wie die Soldaten, welche sofort unter Richemontes Führung nach dem Häuschen zogen, es besetzten und die Bewohner desselben gefangennahmen. Während einige als Wache zurückblieben, zogen die anderen den „deutschen Spionen“ entgegen, um sie zu vernichten.
Die Preußen hatten es nicht für nötig gefunden, sich jetzt

noch zu trennen. Königsau hatte ihnen dies angeraten und sich dann von ihnen getrennt. So kamen sie, die Karre mit sich führend, ahnungslos daher; da krachte eine Salve, und alle zehn stürzten, zu Tode getroffen, zu Boden.

Richemonte untersuchte sie.

„Der Anführer ist nicht dabei“, sagte er. „Er wird noch nachkommen. Er darf uns nicht entgehen.“

Er täuschte sich. Königsau hatte unterwegs daran gedacht, daß er von Richemonte auf seinem Weg zum Waldhäuschen beobachtet worden sei, und das hatte ihn besorgt gemacht. Daher trennte er sich von dem langsamen Zug seiner Leute und eilte ihnen voraus. Dabei schlug er durch dick und dünn die gerade Richtung ein und wurde so von Richemonte nicht getroffen.

In der Nähe des Häuschens angekommen, merkte er sofort, was geschehen war; aber er bemerkte auch, daß die Besatzung keine große sein werde. Dagegen erblickte er eine preußische Husarenpatrouille nicht, welche am Waldrand dahergeritten kam.

Er schritt auf das Häuschen zu und trat ein. Der an der Tür stehende Posten wollte es ihm verwehren, aber in demselben Augenblick hörte er Margots Stimme um Hilfe rufen. Sofort riß er die Pistolen hervor und drang ein. In der Stube rang Margot mit vier Soldaten. Der Wirt und Florian lagen gebunden in der Ecke, und Frau Richemonte war ohnmächtig. Die vier Schüsse krachten, und die vier Angreifer stürzten tot zu Boden; aber der Posten war dem Leutnant gefolgt.

Margot stieß einen schrillen Warnungsruf aus. Königsau wollte sich schnell umdrehen, aber es war zu spät. Der Pallasch des Franzosen sauste durch die Luft und fuhr ihm in den Kopf. Er sank nieder und Margot neben ihm.

Unterdessen war die Patrouille aus dem Wald hervorgebrochen. Der sie befehligende Offizier hielt an und schaute sich um. Da fielen in dem nahen Haus vier Schüsse, und dann hörte man einen schrillen Angstschrei.

„Was ist das? Dort kämpft man!“ sagte der Offizier. „Vielleicht bedarf man unserer Hilfe. Vorwärts!“

Sie sprengten herbei, saßen ab und drangen ein. Da sprang gerade der Franzose, welcher den Hieb gegen Königsau geführt hatte, zum Fenster hinaus, da er sich nicht anders retten konnte. Aber der Husar erkannte auf den ersten Blick, was hier geschehen war, und sandte ihm eine Kugel nach, welche auch ihr Ziel nicht verfehlte.

Florian und der Wirt wurden ihrer Fesseln entledigt und erfuhren, daß eine größere preußische Truppenabteilung im Anzug sei, so daß sie nun nichts mehr zu befürchten hatten. Sie erzählten in kurzen Umrissen, was geschehen war, und mußten auf Befehl des Offiziers die Damen nach oben bringen.

Königsaus Kopfwunde war lebensgefährlich. Er erhielt einen notdürftigen Verband, bis nach ungefähr einer Stunde die erwähnten Truppen ankamen und ein Arzt sich seiner annehmen konnte. Dieser schüttelte zwar höchst bedenklich den Kopf, gab aber doch der inzwischen wieder zu sich gekommenen Margot eine tröstliche Antwort, obgleich er ihr nicht erlaubte, den Geliebten zu sehen.

Richemonte kehrte nicht nach dem Hause zurück; er hatte unterwegs von dem Anrücken der Preußen gehört und vorgezogen, sich nicht in eine gar zu große persönliche Gefahr zu begeben. Von der Verwundung seines Todfeindes wußte er allerdings noch nichts.

Die Tochter des Kabylen

Oft treten im Lauf der Ereignisse Pausen ein, welche vermuten lassen, daß der Faden der Geschichte vollständig abgerissen sei. Aber das Leben gleicht dem Weltmeer. Die Wogen, welche es wirft, sind nicht die Folgen einer horizontalen Bewegung, sondern die Wasser steigen auf und nieder. Der Tropfen, welcher sich jetzt, hoch aufspritzend, aus den Wellenkämmen erhebt, sinkt im nächsten Augenblick vielleicht in die Tiefe des Grundes hinab und kommt erst lange Zeit später in seiner Auflösung oder Vereinigung mit anderen Tropfen auf der Oberfläche wieder zum Vorschein.

So verschwinden auch im Leben der Völker oder des einzelnen Menschen die Ereignisse zuweilen von der Oberfläche und kommen zu unserer Überraschung ganz plötzlich an einem Ort und zu einer Zeit wieder zum Vorschein, wo und wann wir es am allerwenigsten erwartet haben.

Seit den zuletzt erzählten Ereignissen waren mehrere Jahrzehnte vergangen, als in einem Kaffeehaus zu Biskara einige französische Offiziere rauchend, trinkend und plaudernd beisammensaßen.

Biskara oder Biskra, wie der Araber das Wort ausspricht, ist ein Städtchen der Provinz Constantine in Algerien, wichtig als an der großen Karawanenstraße gelegener Handelspunkt und damals zur Zeit seiner Märkte sehr besucht von den Berbern und Beduinen der Umgegend, welche herbeikamen, um zu tauschen oder ihre Einkäufe zu machen.

Das Kaffeehaus hatte ein orientalisches Aussehen. An einem der Boulevards von Paris hätte es sich allerdings wohl ein wenig fremdartig ausgenommen, aber hier in Biskara war ganz dasselbe der Fall, freilich vom entgegengesetzten Standpunkt aus. Das Gebäude war in maurischem Stil errichtet, doch hatte man einige Fensteröffnungen durch die vordere Mauer gebrochen und über dem Eingang ein mit einer französischen Firma versehenes Schild angebracht.

Während der Mohammedaner in seinen Kaffeehäusern sich

mit untergeschlagenen Beinen auf dem Teppich niederläßt, welcher auf dem bloßen Fußboden ausgebreitet wird, gab es hier einige allerdings ziemlich roh gezimmerte Tische und Stühle.

Die Herren tranken schweren portugiesischen Wein und schienen ziemlich angeheitert zu sein.

Der Wirt trug die Tracht eines Zuaven, war aber allem Anschein nach nicht ein Eingeborener, sondern ein Franzose, denn er sprach, wenn er gefragt wurde, genau den Dialekt der Gegend von Tours. Eben jetzt schüttelte er den Kopf und sagte:

„Wie kann ich wissen, ob dieser Mann bereits einmal in Biskara gewesen ist, Messieurs? Ich könnte günstigen Falles nur wissen, ob er mein Café einmal besucht hat."

„Und das hat er wohl nicht?"

„Nein, obgleich ich die Möglichkeit zugebe, daß es einmal geschehen sein kann. Ich kenne ihn ja nicht."

„Er ist also wirklich eine so rätselhafte Persönlichkeit?"

„Ja. Niemand kennt ihn. Er sitzt vielleicht unter uns, ohne daß wir es wissen. General Cavaignac ist wohl der einzige, der ihn kennt."

„Verkehrt er nur mit diesem?"

„Wer weiß das."

„Und wie heißt er?"

„Auch das weiß niemand. Er ist weder uns, noch unseren Feinden, den Beduinen, bekannt. Sie geben ihm nach ihrer Weise einen Namen, welcher ganz genau sagt, wofür sie ihn halten."

„Wie heißt dieser Name?"

„'ain el fransawi, das heißt, Auge der Franzosen, oder noch deutlicher, Spion oder Kundschafter der Franzosen. Man will ihn hier oder da gesehen haben; man beschreibt ihn bald als alt und bald als jung, aber man weiß nichts Genaues über ihn. Fragen Sie Cavaignac, den Generalgouverneur. Er kann und wird Ihnen Auskunft geben – wenn er will."

Im hintersten Winkel des Cafés saß in schlechter, beduinischer Tracht ein Mann, welcher gegen dreißig Jahre zählen mochte. Er hatte auf seinem Stuhl in einer Weise Platz genommen, daß man leicht merken konnte, er sei eher auf Kissen und Matten, als auf Stühlen zu sitzen gewohnt. Sein Bart war dünn. Er starrte mit jener Gleichgültigkeit gerade vor sich hin, welche den fatalistischen Muselmanen eigen zu sein pflegt. Er hatte ein Täßchen Kaffee vor sich stehen und hielt einen Tschibuk in der Hand, aus welchem er dann und wann einen Zug tat, um den Rauch zu verschlucken und dann durch die Nase wieder von sich zu geben. Der Araber nennt diese Art des Rauchens ‚Tabak trinken'.

„Wer ist dieser Kerl?" fragte einer der Offiziere den Wirt.

„Ich kenne ihn nicht!"

„Ein Beduine?"

„Jedenfalls, denn er verlangte Pfeife und Kaffee in arabischer Sprache."

„Vielleicht versteht er uns. Es ist unangenehm, fremde Lauscher in der Nähe zu haben."

„Versuchen Sie, ob er Französisch spricht."

Der Offizier tat dies. Er wandte sich an den Fremden und fragte französisch:

„Wer bist du?"

„Tugger – ein Kaufmann", antwortete der Gefragte, indem er nur dieses einzige arabische Wort aussprach.

„Womit handelst du?"

„Fewakih – mit Früchten."

„Woher bist du?"

„Wadi Dscheddi."

Wadi heißt im Arabischen sowohl Fluß als auch das Tal eines Flusses. Der Mann war also aus dem Tal des Flusses Dscheddi, welcher seine wenigen Wasser im Süden von Biskra in den Schott Melair laufen läßt."

„Verstehst du Französisch? Ja, wie es scheint?"

„Kalil – wenig."

„Wo hast du es gelernt?"

„Algier."

„Ah, du warst in Algier?"

„Na'm – ja."

„Lange Zeit?"

„La – nein."

Der Mann hatte seine Antworten mehr durch Gestikulationen, als durch die kurzen Worte gegeben, welche er aussprach. Dennoch fragte der Franzose weiter:

„Hast du von dem Mann gehört, welchen Ihr 'ain el Fransawi nennt?"

„Lissa ma – noch nicht."

„Bist du reich?"

„Ma li scheh – ich habe nichts."

„Armer Teufel. Hier, trinke ein Glas Wein."

Dieses Bedauern war nur ein scheinbares. Der Offizier wußte recht gut, daß der Beduine als Muselman keinen Wein trinken durfte. Dieser machte auch sofort eine zurückweisende Handbewegung und sagte:

„Kullu muskürün haram – alles, was trunken macht, ist verboten."

Es war dies die wörtliche Anführung von dem Verbot Mohammeds.

„So laß es bleiben, und gehe nicht an Orte, wo man Wein trinkt! Weißt du nicht, daß deine Weigerung eine Beleidigung für mich ist?"

„La – nein."

„So pack dich zum Teufel, oder trinke mit. Wir brauchen keinen Maulaffen, welcher nur zuhört, aber nicht mittut."

Es wäre wohl zu einer unangenehmen Szene gekommen, wenn nicht die Aufmerksamkeit der Franzosen von dem Beduinen abgezogen worden wäre. Der Gehilfe des Kaffeewirts trat nämlich ein und legte die neuesten Zeitungen auf den Tisch, welche soeben angekommen waren. Hier auf den Höhen des Atlasgebirges waren die Neuigkeiten aus Paris wichtiger, als das Anrempeln eines nichtsbedeutenden Arabers, der doch dagegen nichts anderes tun, als sich nur schweigend entfernen konnte.

Die Gazetten waren im Nu auseinandergenommen und verteilt, so daß ein jeder mehrere Blätter in den Händen hielt. Man wartete nicht, bis jeder einzelne seine Seiten herabgelesen hatte, sondern sobald etwas Wichtiges entdeckt wurde, gelangte es zur sofortigen Vorlesung; einer der Herren meinte:

„Ich habe jedenfalls das Interessanteste erwischt. Da sind nämlich die Nachrichten über Algerien."

„Ah! Was schreibt man über diese Kolonie?" fragte ein anderer.

„Mehr als wir selbst über sie wissen. Da ist zum Beispiel auch der Marabut Hadschi Omanah erwähnt."

Ein Marabut ist ein moslemitischer Einsiedler, welcher von der Bevölkerung für heilig gehalten wird. Hadschi aber wird ein jeder Moslem genannt, welcher eine Pilgerreise nach Mekka oder Medina mitgemacht hat.

„Was schreibt man über ihn?"

„Hier steht:

‚Die Haltung des berühmten Marabut Hadschi Omanah ist noch immer eine unerforschliche. Er übt einen ungeheuren Einfluß auf die am Aurasgebirge wohnenden Stämme aus, weshalb es von großem Vorteil sein würde, zu wissen, ob man ihn gegebenen Falles als Feind zu betrachten hat. Man spricht davon, daß das Generalgouvernement bedacht gewesen ist, durch Abgesandte seine Stimmung erforschen zu lassen; aber er hat sich stets als unnahbar gezeigt. Auch seine Abstammung liegt im dunklen. Er trägt den grünen Turban, ein Recht, welches nur den direkten Abkömmlingen Mohammeds zusteht. Seine Verehrer sagen, daß er aus den heiligen Gegenden Arabiens nach dem Aurasgebirge gekommen sei. Dabei ist zu verwundern, daß seine Gesichtszüge auf das Abendland hindeuten, wie ja auch die Sage geht, daß ein französischer Reisender, welcher ihn einst in der Nähe zu sehen bekam, in ihm einen Bekannten aus der Gegend von Metz oder Sedan wiedergefunden zu haben meint. Eine gewisse Ähnlichkeit wird der Grund dieser Behauptung sein, welche sicherlich auf einer Täuschung beruht.'"

„Da sind wir gerade so klug wie vorher", meinte einer der Zuhörer. „Was da gesagt wird, wußten wir bereits längst. Hat man nicht bisher gemeint, daß diese Marabuts unverheiratet seien und in tiefster Einsamkeit leben?"

„Allerdings."

„Nun, so ist es jedenfalls auffallend, daß dieser Marabut verheiratet gewesen sein muß."

„Das ist kein Verstoß. Er kann ja trotzdem einsam leben."

„Das tut er aber nicht."

„Wieso?"

„Er hat einen Sohn bei sich. Ist das Einsamkeit?"

„Nicht ganz. Aber wenn in unseren Klöstern Mönche in tiefer Abgeschlossenheit beieinander leben, ist das keine Einsamkeit?"

„Eine vollständige jedenfalls nicht. Übrigens soll der Sohn beinahe ganz in demselben Geruche der Heiligkeit stehen wie der Vater. Was liest man weiter über Algerien?"

„Hier steht weiter unter der Bezeichnung ‚Timbuktu':

‚Die Expedition, welche vor zwei Jahren von der deutschen wissenschaftlichen Gesellschaft ausgerüstet und abgeschickt wurde, um den Sudan zu erforschen, scheint bessere Erfolge zu verzeichnen zu haben, als verschiedene vorhergehende. Es verlautet, daß das militärische Mitglied der Expedition, Oberleutnant von Königsau, sich von Timbuktu aus bereits auf dem Heimweg befinde. Er soll außer den rein wissenschaftlichen Errungenschaften auch bedeutende materielle Reichtümer mit sich führen und seinen Weg über Insalah, el Golea und Tuggurt nehmen.'"

„Donnerwetter!" rief einer der Franzosen. „So wird dieser Deutsche auch hierher nach Biskra kommen. Man kennt diese unangenehmen Menschen, welche sich seit den Jahren vierzehn und fünfzehn einbilden, auf uns herabsehen zu dürfen. Königsau? Ist Ihnen dieser Name nicht bekannt, Messieurs?"

„Nein", antwortete es im Kreis.

„Mir scheint, daß ich ihn bereits einmal gehört habe."

Er machte die Miene des Nachdenkens, nickte dann und sagte:

„Ah, ich habe es! Königsau hieß ja jener Liebling des alten Grobians Blücher, welcher mit dem Gardekapitän Richemonte verschiedene Rencontres hatte. Sie haben doch jedenfalls von Richemonte gehört?"

„Derselbe, welcher nach der Schlacht bei Belle-Alliance infam kassiert wurde?"

„Ja, derselbe. Ich erinnere mich, verschiedene Niedertächtigkeiten über ihn gehört zu haben. Mein Oheim hatte mit ihm gedient und kannte ihn genau."

„Man hat niemals wieder etwas über ihn gehört. Er scheint untergegangen zu sein."

„Dies könnte ein Irrtum sein. Richemonte war zwar gezwungen, Frankreich zu verlassen, aber verschollen ist er doch noch nicht. Sie wissen, welch eine Begebenheit der Grund war, daß Frankreich im Jahr 1827 Algier blockierte?"

„Ja. Der Dey von Algier hatte dem französischen Konsul Deval mit dem Fliegenwedel in das Gesicht geschlagen."

„Nun, Deval behauptete später, Richemonte in der unmittelbaren Umgebung des Deys gesehen zu haben."

„Hat er ihn denn gekannt?"

„Ja. Deval hatte mit ihm in Paris verkehrt, und zwar so oft, daß an ein Verkennen gar nicht zu denken ist."

„Trug Richemonte in Algier maurische Kleidung?"

„Ja."

„Mit einem Turban?"

„Ja, wie Deval berichtet."

„So ist es sicher, daß er Mohammedaner geworden ist."

„Diesem ehrlosen Menschen ist dies recht gut zuzutrauen. Gibt es noch etwas, was über Algier zu lesen ist?"

„Ja, hier wird berichtet, daß der Generalgouverneur sich auf einer Inspektionsreise durch die Kolonie befindet. Das ist es, was uns am meisten interessiert."

„Cavaignac wird uns ganz sicher überraschen. Man erwartet ihn binnen einer Woche hier, aber ich wette, daß er früher . . ."

Er wurde unterbrochen. Die Tür wurde aufgerissen, und ein jüngerer Offizier trat ein. Man sah es ihm an, daß er sehr schnell gelaufen war.

„Was ist's? Was gibt's? Was bringen Sie?" tönte es ihm entgegen.

Der Gefragte holte tief Atem und ergriff eins der vollen, auf dem Tisch stehenden Gläser. Nachdem er es hinuntergestürzt hatte, antwortete er:

„Eine Neuigkeit, Messieurs."

„Gut oder schlimm?"

„Wie man es nimmt. Cavaignac, der Generalgouverneur, wird sogleich ankommen."

„Alle Teufel!" rief der vorige Sprecher. „So habe ich ganz recht geweissagt. Also er ist noch nicht da?"

„Nein, aber soeben traf einer seiner Adjutanten ein. Der General befindet sich noch auf der Straße von Busada her, wird aber in einer halben Stunde eintreffen."

„Dann bleibt uns noch Zeit, die Geister des Weines in Wasser zu ersäufen."

Er ergriff ein Wasserglas und leerte es in einem Zug. Die anderen folgten diesem Beispiel und stürmten dann zum Haus hinaus.

Außer dem Wirt befand sich nur noch der Beduine im Zimmer. Er hatte die Worte des Gespräches scheinbar gar nicht beachtet, aber doch alles deutlich vernommen. Er erhob sich jetzt von seinem Stuhl, legte die Pfeife hin und griff in die Tasche. Nachdem er ein kleines Silberstück neben die Tasse gelegt hatte, verließ er das Kaffeehaus und trat hinaus auf den freien Platz vor demselben.

Im Schatten der Häuser hielten die Verkäufer ihre Waren feil. Er schritt auf einen Mann zu, welcher hinter einem Haufen von getrockneten Datteln saß.

Dieser Mann war lang und hager und trug die Tracht der Eingeborenen. Er schien nicht wohlhabend zu sein, denn sein Turban war aus einem alten, zerfetzten Schal gewickelt, und sein schmutziger Burnus wurde von einem kamelhaarenen Strick zusammen gehalten.

„Sie sind fort", sagte er leise zu dem Kommenden. „Ich sah sie gehen. Hast du etwas erlauscht?"

Diese Worte waren in fließendem Französisch gesprochen. Der Gefragte antwortete ganz geläufig in derselben Sprache:

„Ja."

„Von wem sprachen sie?“
„Von dir.“
„Von mir? Alle Teufel! Wie kommen sie auf mich?“
„Sie kamen auf dich, weil sie vorher von einem Oberleutnant von Königsau redeten.“
Der Sitzende schien nahe am sechzigsten Jahr zu sein, konnte aber auch noch mehr zählen. Sein Haupthaar wurde vom Turban vollständig verdeckt. Sein Gesicht zeichnete sich durch einen großen, dichten, fast weißen Schnurrbart aus. Als er den zuletzt ausgesprochenen Namen hörte, zog sich sein Schnurrbart in die Höhe, so daß man zwei Reihen großer, gelber Zähne sehen konnte. Es war, als ob ein Raubtier gegen einen Angreifer die Zähne fletsche.
„Königsau? Leutnant?“ fragte er. „Ein Deutscher?“
„Ja.“
Die Augen des Alten glühten unheimlich auf, doch nach einem kurzen Nachdenken ließ er den erhobenen Kopf sinken und sagte:
„Er ist es nicht. Es muß ein anderer sein.“
„Warum?“
„Der, welchen ich meine, kann jetzt längst nicht mehr Oberleutnant sein. Es sind über dreißig Jahre vergangen. Was ist der Königsau, von dem sie sprachen?“
„Er ist Mitglied einer afrikanischen Expedition, welche von Deutschland ausgerüstet wurde.“
„Woher stammt er?“
„Ich weiß es nicht.“
„Wo befindet er sich?“
„Auf dem Heimweg von Timbuktu.“
„Ah! Das ist interessant.“
„Höchst interessant, Cousin. Er führt nämlich große Schätze bei sich.“
„Alle Teufel? Weißt du das genau?“
„Die Offiziere sagten es. Es steht in der Zeitung.“
Die Augen des Alten glänzten und funkelten wie diejenigen eines Raubtieres.
„Ah! Vortrefflich! Welchen Weg schlägt er ein?“
„Er kommt über Insalah und el Golea nach Tuggurt.“
Da wäre der Alte vor Freude beinahe von seinem Sitz aufgefahren.
„Nach Tuggurt?“ fragte er. „So ist es jedenfalls der Europäer, den dir unsere Späher angemeldet haben.“

Der andere nickte zustimmend mit dem Kopf. Er hatte jetzt nicht mehr das gleichgültige Gesicht von vorhin, sondern dasselbe hatte einen höchst verschmitzten Ausdruck angenommen. Er antwortete:

„Ich zweifle nicht daran."

„Wann wird er nach Tuggurt kommen?"

„Das konnte noch nicht gesagt werden."

„Welche Begleitung hat er?"

„Außer den Kameltreibern dreißig Krieger vom Stamm der Ibn Batta."

„Die werden zu überwältigen sein. Also die Offiziere sprachen von mir?"

„Ja."

„Was?"

„Daß du nach der Schlacht bei Belle-Alliance infam kassiert worden seiest."

„Der Teufel soll sie holen! Was noch?"

„Daß man dich in der Umgebung des Deys erkannt hat."

„Ich wollte, dieser Konsul wäre blind gewesen."

„Sie sprachen ferner von dir, ohne zu wissen, daß du es bist."

„Wie soll ich das verstehen?"

„Ich meine, daß sie von 'ain el fransawi redeten."

„Was sagten sie da?"

„Daß dieser Mann ihnen ein Rätsel sei."

„Hoffentlich werde ich es auch bleiben."

„Ferner erwähnten sie den Marabut Hadschi Omanah."

„Jedenfalls war auch dieser ihnen ein Rätsel?"

„Ja."

„Daran sind sie selbst schuld. Sie mögen nur gescheite Kerle zu ihm schicken, welche es verstehen, ihn auszuhorchen. Aber warum liefen sie so schnell davon?"

„Weil sie die Nachricht erhielten, daß Cavaignac komme."

„Ah! Ich dachte es! Wann kommt er?"

„In einer halben Stunde, und diese Zeit ist fast vorüber."

„So spute dich. Eile ihm entgegen, damit er erfährt, daß ich hier bin."

Der andere entfernte sich augenblicklich, ohne ein weiteres Wort zu sagen. Er schritt dem Ort zu, wo sich draußen vor dem Städtchen die französischen Truppen versammelten, um den Generalgouverneur zu empfangen.

Dort standen auch bereits viele Einheimische, welche gehört hatten, daß Cavaignac komme, der sich durch seine Siege berühmt gemacht hatte, aber gerade deshalb bei ihnen nichts weniger als beliebt war.

Als der Maure dort anlangte, sah man bereits die Kavalkade vom Westen her angesprengt kommen, geführt von einigen Turkos, welche den Weg kannten, und begleitet von einer hinreichenden Schar von Chasseurs d'Afrique, um ihnen Sicherheit zu bieten.

Als General Cavaignac in der Nähe der Truppenaufstellung ankam, zogen sich die Führer zurück, so daß der General nun an der Spitze ritt. Die Trommeln wirbelten, die Musik fiel ein, und die Truppen präsentierten. Der General salutierte, ritt an der Front vorüber und wendete sich dem Eingang des Ortes zu, nachdem der Befehlshaber der Truppen ihm eine kurze Meldung gemacht hatte.

Er winkte den letzteren an seine linke Seite und fragte im Reiten:

„Sind Sie mit der Bevölkerung zufrieden?"

„Bis jetzt kann ich nicht klagen, mein General."

„Sie werden auch in Zukunft nicht zu klagen haben, solange Sie meine Grundsätze befolgen. Der Beduine hält jede Milde für Schwachheit. Man muß ihn streng und gerecht behandeln; das imponiert ihm. Wie steht es mit den Stämmen im Gebirge?"

„Sie halten sich von der Stadt fern."

„Haben ihre Scheichs die Burnusse angenommen?"

Frankreich schenkte nämlich jedem Scheich einen kostbaren Burnus. Die Beduinen sollten das für einen von Frankreich geleisteten Tribut nehmen; doch wußten sie gar wohl, daß sie sich durch die Annahme dieses Geschenkes in Abhängigkeit zu Frankreich stellten.

„Nein", antwortete der Kommandant.

„Das ist ein schlimmes Zeichen. Haben Sie ihnen die Burnusse nicht angeboten?"

„O doch."

„Und man hat die Annahme geradezu verweigert?"

„Nein, dazu sind die Leute zu schlau."

„Was sonst?"

„Wenn meine Boten an die Orte kommen, wo die Lager gestanden hatten, waren dieselben abgebrochen."

„Das ist noch schlimmer. Das ist gerade, als wenn eine Kugel in weiche, nachgiebige Erde fährt. Ein solcher Schuß ist nutzlos, während eine Kugel den festesten Stein zerbricht und zermalmt. Ich möchte Ihnen raten . . ."

Er hielt inne. Sein Auge war auf den Mauren gefallen, welcher gerade an dem Weg stand, wo sie vorüberkamen. Er hielt sein Pferd an, und sein sonst so strenges Gesicht zeigte den Ausdruck der Zufriedenheit.

„Ah! Da bist du!" sagte er.

Der Maure kreuzte die Arme über die Brust, verbeugte sich tief und antwortete:

„Allah jekun ma'ak!"

Diese Worte heißen zu Deutsch: „Gott sei mit Dir."

„Bist du allein?"

„La – nein."

„Dein Verwandter ist mit da!"

„Na'm – ja."

„Wo ist er?"

„Hunik, fil suk – dort auf dem Markt."

„Er handelt mit Früchten?"

„Ja."

„Sind sie gut?"

Diese Frage mußte irgend eine Nebenbedeutung haben, denn der Maure lächelte verständnisvoll und antwortete:

„S'lon daiman – wie immer."

„So mag er mir welche bringen. Er wird erfahren, wo ich mein Quartier nehme."

Er nickte dem Mann wohlwollend zu und ritt weiter.

Der Kommandant wunderte sich nicht wenig, daß der General einen Mann kannte, welcher hier in Biskra war. Er fragte:

„Sie kennen diesen Menschen, mein General?"

„Ja", antwortete Cavaignac kurz.

„Ich habe ihn noch nie gesehen."

„Ich sehr oft. Er ist ein Fruchthändler, welchen ich in Blidah kennenlernte. Wo werde ich wohnen?"

„Ich gebe mir die Ehre, Ihnen mein Quartier anzubieten."

„Ich nehme es an. Wenn der Verwandte dieses Mannes kommt, mag er sofort zu mir gelassen werden. Ich interessiere mich für ihn."

„Woran wird man ihn kennen?"

„An seinem großen, grauen Schnurrbart und an seinem Namen. Es ist der Fakihadschi Malek Omar."

Fakihadschi heißt Fruchthändler.

Während der General nach seinem Quartier ritt, begab der Maure sich nach dem Markt zurück, wo der Alte auf ihn wartete.

„Nun?“ fragte ihn dieser erwartungsvoll.
„Ich habe mit ihm gesprochen.“
„Was?“
„Er fragte mich, ob du anwesend seist.“
„Das konnte er sich denken. Weiter.“
„Ich beantwortete diese Frage, und darauf sagte er, daß du zu ihm kommen sollst.“
„Wo wohnt er?“
„Das weiß ich nicht. Wir werden es erfahren.“
„So gehe und erkundige dich!“
Der andere ging, während der Alte bei den Früchten zurückblieb. Der geneigte Leser hat in diesem ganz sicher den einstigen Kapitän Richemonte wiedererkannt.
Sein Gehilfe, der sich „Cousin“ mit ihm nannte, kehrte nach einer Weile zurück und nannte jenem das Haus, in welchem der General abgestiegen war. Nun füllte Richemonte ein aus Dattelfasern geflochtenes Körbchen mit Früchten und begab sich mit den gravitätischen Schritten eines freien Arabers nach dem angegebenen Ort, an dessen Eingang zwei Posten standen.
„Wohin?“ fragte der eine.
„Fil seri asker“, antwortete der Gefragte.
„Was heißt das? Rede französisch, Bursche!“
„Ge-ne-ral!“ buchstabierte der andere, scheinbar mit großer Mühe.
„Zu General Cavaignac?“
Der Gefragte nickte.
„Wer bist du?“
„Fakihadschi Malek Omar.“
„Das ist wieder Arabisch; aber ich denke, so klang der Name, welcher uns genannt wurde. Du kannst passieren!“
Richemonte trat ein, schritt durch den dunklen, engen Hausgang und gelangte nach einem Hof, welcher rundum von einer Säulenhalle umgeben war. Dort stand eine Ordonnanz, welche die Fragen wiederholte und ihn dann nach einem großen Gemach geleitete, in welchem der General vom langen Ritt ausruhte. Als er den Eintretenden erkannte, erhob er sich aus seiner bequemen Stellung und sagte:
„Pünktlich wie immer! Sie wußten, daß ich nach Biskra kommen werde?“
„Ja, mein General.“
„So hat mein Bote Sie getroffen?“

„Vor vier Tagen. Ich befand mich im Wadi Hobla und bin sofort hierhergeritten, um Ihre Befehle entgegenzunehmen."

Er sprach jetzt sein fließendes Französisch.

„Haben Sie mir Ungewöhliches zu melden?"

„Nicht viel. Der Stamm der Beni Hassan rüstet sich zum Widerstand."

„Ah! Wo wohnt der Stamm?"

„Im Süden von Biskra."

„Wie viele Krieger zählt er?"

„Wenn alle Unterabteilungen sich beteiligen, so können einige Tausend zusammenkommen."

„Ah! Das ist beträchtlich und also gefährlich. Wer regt sie auf?"

„Der Marabut Hadschi Omanah, wie ich glaube."

„So nimmt dieser Mann jetzt gegen uns eine feindliche Stellung ein?"

„Wie es scheint. Doch glaube ich nicht, daß eine Macht, wie die angegebene, zusammenkommt, da sich einige Unterabteilungen weit nach Süden und einige andere auf tunesisches Gebiet hinübergezogen haben."

„Das beruhigt mich einigermaßen. Wir haben jetzt im Norden und Westen des Landes so viel zu tun, daß es uns unmöglich ist, größere Truppenmassen nach Süden zu geben. Sind Ihre Berichterstatter noch treu?"

Richemonte zuckte die Achseln.

„So lange ich gut bezahle, ja", antwortete er.

Der General lächelte.

„Sie wollen sagen, daß Sie sich ausgegeben haben?" fragte er.

„Nichts anderes, mein General."

„Nun, ich werde Ihre Kasse wieder füllen, da ich den Wert eines guten Kundschafters zu schätzen weiß. Übrigens bin ich in der Lage, Sie in den Stand zu setzen, sich eine beträchtliche Extragratifikation zu verdienen."

„Ich stelle mich zur Verfügung."

„Es handelt sich nämlich um den Marabut."

„Ich ahnte es."

„So hat Ihr Scharfsinn Sie nicht getäuscht. Es gilt, endlich einmal zu erfahren, was man von ihm zu halten hat."

„Sie wußten das bis jetzt noch nicht?" fragte der Spion lächelnd.

„Leider, nein. Ich hatte meine Aufträge unfähigen Leuten übergeben, wie es scheint, und werde mich nun an Sie wenden. Getrauen Sie sich, den Mann aufzusuchen und auszuhorchen?“

Der Gefragte machte ein sehr bedenkliches Gesicht.

„Das ist schwer!“ sagte er.

„Ich weiß es.“

„Und gefährlich für mich.“

„Gefährlich? Ah, Sie wollen Ihren Verdienst steigern, damit ich die Gratifikation entsprechend vergrößere. Sie sind ein Schlaukopf!“

„Ich spreche nur die Wahrheit“, meinte Richemonte im Ton der Kränkung.

„Wie könnte ein Besuch bei dem Marabut gerade Ihnen gefährlich sein? Sie gelten für einen guten Moslem, und tausende von Muselmännern besuchen den Heiligen, ohne daß ihnen dabei eine Gefahr droht.“

„Das mag sein. Aber bedenken Sie, mein General, daß ich ‚das Auge der Franzosen‘ genannt werde. Gerade so, wie ich darauf brenne, den Marabut zu durchschauen, glüht er darauf, das ‚Auge der Franzosen‘ in seine Hand zu bekommen. Der kleinste Umstand genügt, mich ihm zu verraten, und dann bin ich verloren.“

„So haben Sie nichts zu tun, als vorsichtig zu sein.“

„Das sieht leichter aus, als es ist.“

„Das heißt, Sie wollen diesen Auftrag nicht übernehmen.“

„O doch, wenn ich mit der Belohnung zufrieden bin.“

„Ah, da kommt es! Wieviel verlangen Sie für eine sichere Nachricht über die Stimmung und Haltung des Marabut uns gegenüber?“

„Außer den gewöhnlichen Spesen fünftausend Franken.“

Cavaignac erhob sich und schritt einige Male im Raum hin und her. Endlich blieb er vor dem Spion stehen und sagte:

„Das ist viel, aber ich bin dennoch bereit, Ihnen diese Summe zu zahlen, falls Sie Ihre Aufgabe gründlich lösen. Sie kennen den Aufenthalt des Marabut?“

„Ja.“

„Sie waren bereits einmal dort?“

„Nein.“

„So haben Sie ihn noch gar nicht gesehen?“

„Nein. Sie wissen, daß ich seit langen Jahren im westlichen Algerien und Marokko beschäftigt gewesen bin.“

„Allerdings. Sie haben uns da sehr gute Dienste geleistet, so daß ich hoffe, Sie werden auch Ihre jetzige Aufgabe lösen. Sind Sie vollständig ausgerüstet dazu?“

„Ich habe alles; nur das Metall fehlt."

„Ich erwartete Sie und habe bereits das Nötige zu mir gesteckt. Hier haben Sie. Die Extragratifikation werden Sie sich allerdings erst verdienen müssen."

Er zog eine sehr umfangreiche Börse aus der Tasche und hielt sie ihm entgegen. Als er sie schüttelte, gab ihr Inhalt einen hellen Klang.

„Wann werden Sie Ihre Reise antreten?"

„Bereits heute, mein General."

„Gut! Und wann kann ich nach Constantine Nachricht erhalten?"

„Das ist unbestimmt, doch hoffe ich, in nicht viel über zwei Wochen dort eintreffen zu können!"

„Das ist sehr lange. Ich glaube nicht, Sie so lange entbehren zu können."

„So haben Sie noch weitere Aufträge für mich?"

„Allerdings. Sie sprachen ja davon, daß die Beni Hassan im Begriff stehen, sich gegen uns zu erheben. Haben Sie sichere Anzeichen beobachtet?"

„Ja. Ich habe mit einigen Scheichs darüber gesprochen."

„Sie sind Freund mit ihnen?"

„Noch mehr als Freund; ich bin Gast bei ihnen."

„Als was kennt man Sie dort?"

„Ich bin aus einer östlichen Oase und durchsuche die westliche Sahara nach einem Stamm, gegen den ich eine Blutrache habe. Anders konnte ich meine unstete Lebensweise bei diesen Leuten nicht erklären."

„Und man glaubt es Ihnen?"

„Ja. Nichts legitimiert bei diesen Leuten mehr als eine Blutrache."

„Das ist gut. Darum wäre es mir eigentlich lieb, wenn Sie jetzt bei diesem gefährlichen Stamm bleiben könnten. Ich wäre dann sicher, durch Ihre Beobachtungen immer auf dem laufenden gehalten zu werden."

„Keine Sorge, mein General! Zur Erhebung eines Stammes gehört Zeit. Die Vorbereitungen, die Verhandlungen und Beratungen nehmen da Monate in Anspruch. Ich bin überzeugt, daß ich vom Marabut zurück sein werde, ehe ein fester Entschluß gefaßt worden ist. Innerhalb eines Monats schon bin ich frei."

„Das beruhigt mich. So treten Sie denn Ihre Reise an, und lassen Sie sich möglichst bald in Constantine sehen! Haben Sie mir sonst noch etwas zu sagen?"

„Nein."
„Nun, so bin ich es, der noch einen Punkt mit Ihnen besprechen möchte."
„Ich bin bereit dazu."
„Zu jeder Auskunft?"
„Zu jeder."
Der General sah ihn scharf und forschend an und fragte im Ton des Nachdrucks:
„Wirklich zu jeder?"
Die Miene des Spions wurde weniger zuversichtlich. Er antwortete:
„Zu jeder, welche sich mit meinen Verhältnissen verträgt, natürlich."
„So machen Sie also doch eine Bedingung! Welche Verhältnisse meinen Sie?"
„Meine persönlichen."
„Und auf diese bezog ich mich ebenfalls. Seit wann haben Sie Frankreich hier in Algerien gedient?"
„Seit dem Jahr achtzehnhundertdreißig."
„Stets in Ihrer gegenwärtigen Eigenschaft?"
„Meist."
„Hat keiner Ihrer Vorgesetzten oder Auftraggeber gewußt, wer Sie eigentlich sind?"
„Keiner."
„Warum beobachten Sie eine so strenge Verschwiegenheit?"
„Weil es teils in meinem Charakter, teils auch in meinem Interesse liegt."
„Würden Sie sich nicht entschließen, Vertrauen zu mir zu haben?"
„Ich vertraue Ihnen, mein General, sonst würde ich Ihnen nicht dienen; aber in diesem Punkt zwingt mich eine Pflicht, welche ich unmöglich verletzen darf, zur Verschwiegenheit."
„So werde ich diese Pflicht gelten lassen müssen, obgleich es mir natürlich lieb und erwünscht sein muß, nur mit Männern zu tun zu haben, deren Verhältnisse offen vor mir liegen. Doch wenigstens fragen darf ich wohl, ob Sie ein geborener Franzose sind?"
„Das bin ich allerdings."
„Welches war Ihr früherer Stand?"
„Ich bitte um die Erlaubnis, diese Frage übergehen zu dürfen."
Die Miene des Generals verfinsterte sich.
„Ich glaube, daß Sie mit Ihrer Schweigsamkeit zu weit gehen",

sagte er. „Es scheint, Sie waren gezwungen, Frankreich zu verlassen?"

„Nein. Ich ging freiwillig von zu Hause fort."

„Ihr Ton ist der Ton der Wahrheit; ich will Ihnen glauben. Ich möchte gern, daß ich etwas für Sie tun könnte. Haben Sie Verwandte in der Heimat?"

„Nein, wenigstens keine näheren."

„Und soll es auch fernerhin verborgen bleiben, daß der Fruchthändler Malek Omar derjenige ist, welchen man das Auge der Franzosen nennt?"

„Ja. Es liegt ganz in Ihrem eigenen Interesse. Erführe man die Wahrheit, so könnte ich unmöglich weiter für Sie tätig sein."

„Nun gut! Sie hüllen sich in ein undurchdringliches Geheimnis und zwingen mich, es zu achten. Darum dürfen Sie aber nicht erwarten, daß ich mich Ihnen unbedingt anvertraue. Sie spielen gegen die Beduinen geradeso den geheimnisvollen Freund wie gegen mich und uns überhaupt. Gegen wen sind Sie nun wahr und ehrlich?"

„Natürlich gegen Sie und meine Landsleute, General!"

Diese Worte waren im Ton der aufrichtigen Beteuerung gesprochen; aber die Spur von Mißtrauen, welche in den Worten des Generals lag, machte doch, daß sich der graue Schnurrbart in die Höhe zog, so daß die Zähne sich fletschend sehen ließen. Cavaignac bemerkte dies und sagte:

„Ich hoffe das um ihretwillen. Das Gegenteil würde ja nur zu Ihrem eigenen Verderben führen. Nehmen Sie sich dies zu Herzen."

Die sonnenverbrannten Wangen des früheren Gardekapitäns röteten sich. Aus seinem Auge schoß ein Blitz auf Cavaignac. Er fragte:

„Wie kommen Sie zu diesem plötzlichen Mißtrauen, mein General? Haben Sie mich vielleicht einmal unzuverlässig gefunden?"

„Oh, dazu sind Sie zu vorsichtig. Aber ich will gegen Sie aufrichtiger sein, als Sie gegen mich, und Ihnen sagen, daß es mir bisweilen geschienen hat, als wenn Sie nur unter einer gewissen Reserve Frankreich Ihre Dienste zur Verfügung stellten. Auch der klügste, der geriebenste Mensch exponiert sich einmal, wenn er es nicht durch und durch ehrlich meint. Es will mir scheinen, als ob Sie dem Herrn dienten, von dem Sie den größten Lohn erwarteten. Frankreich ist reicher, als so ein Beduinenscheich. Wäre es umgekehrt der Fall, was würden Sie tun?"

„Ich würde dennoch Frankreich dienen!“ antwortete Richemonte mit Emphase.
„Ah! Wirklich?“
„Ich bin sogar bereit, für Frankreich zu sterben!“
„Nun, warten Sie damit noch einige Zeit. Es ist zwar sehr rühmlich, für sein Vaterland zu sterben, vorteilhafter aber ist es doch, für sein Vaterland zu leben. Ich will hoffen, daß ich mich in jeder Beziehung auf Sie verlassen kann! Aber noch eins: Wie nennt sich Ihr Gefährte?“
„Ben Ali.“
„Also der Sohn Alis. Er ist demnach nicht Ihr Sohn?“
„Nein.“
„Ein Verwandter von Ihnen?“
„Ein Cousin von mir.“
„Also auch ein Franzose?“
„Ja.“
„Hat er über seine Verhältnisse dasselbe Stillschweigen zu beobachten wie Sie?“
„Ganz dasselbe.“
„Eigentümlich! Nun, ich will nicht in Sie dringen. Dienen Sie mir gut, so finden Sie Ihren Vorteil dabei. Ertappe ich Sie aber bei einer Untreue, so hoffe ich, daß Ihnen meine Strenge und Gerechtigkeit bekannt sind. Ich erwarte Sie baldigst in Constantine. Adieu.“
Richemonte machte eine sehr devote Verbeugung und ging. Cavaignac blickte ihm nach, bis er hinter der Tür verschwunden war. Dann fuhr er sich mit der Hand über das Gesicht und murmelte:
„Und dennoch habe ich dieses Gesicht gesehen! Es sind keine guten, ehrlichen, Vertrauen erweckenden Züge. Als ich noch als Knabe in Paris lebte, wohnte den Eltern gegenüber in der Rue d’ange ein Offizier, an welchem ich dasselbe Zähnefletschen bemerkte, wenn er zuweilen aus dem Fenster sah. Er bewohnte die Hälfte der ersten Etage, während seine Mutter mit der Schwester die andere Hälfte innehatte. Leider kann ich mich nicht mehr auf den Namen besinnen. Ich weiß nur noch, daß einst ein preußischer Husarenleutnant diese Etage vor der Plünderung rettete. Ich traue diesem Spion nicht ganz und werde vorsichtig sein.“
Seine Erinnerung hatte ihn ganz richtig geleitet.
Richemonte verließ das Lokal in keineswegs guter Stimmung. Er suchte sein Gesicht zu beherrschen; aber als er zu seinem Ge-

fährten zurückkehrte und hinter den Datteln neben ihm Platz nahm, machte er seiner Stimmung Luft.

„Dein Gesicht glänzt nicht wie Sonnenschein“, sagte der Cousin, welcher sich also Ben Ali nannte, „und dann, welche Unvorsichtigkeit.“

„Was?“

„Daß der General diese Datteln nicht behalten hat.“

„Oh, wir hatten keine Zeit, an die Früchte zu denken.“

„Gab es so viel Wichtiges?“

„Gewiß. Vor allen Dingen aber sage ich dir, daß ich diesen Generalgouverneur von heute an glühend hasse, weil er mich tödlich beleidigt hat.“

Er ließ seine gelben Zähne auf eine wirklich drohende Weise sehen.

„Wieso?“ fragte Ben Ali neugierig.

„Er traut mir nicht.“

„Ah! Warum nicht?“

„Er sagt, daß er denke, ich werde dem Herrn dienen, welcher mir das meiste bietet.“

Der Cousin ließ ein leises Kichern hören.

„Hat er da unrecht?“ fragte er.

„Nein! Aber denken soll er es nicht und sagen noch weniger.“

„Nun, dieser General scheint kein dummer Kerl zu sein. Willst du dich darüber ereifern und wohl gar auf unseren Vorteil verzichten?“

„Das fällt mir durchaus nicht ein!“ brummte der Alte.

Er stützte den Kopf in die Hände und blickte einige Zeitlang sinnend vor sich nieder. Dann sagte er:

„Ich habe Unglück gehabt, so lange ich lebe . . .“

„Wirklich, solange du lebst?“

„Schweig! Ich erwartete Ruhm und Karriere. Da kam jener verfluchte Königsau. Es lag ein Reichtum vor mir, Millionen groß – abermals kam dieser Mann. Meine Ehre war hin, und ich mußte das Land verlassen. Jetzt gab es nur einen Gedanken. Reich wollte ich werden; reich wollte ich zurückkehren, denn Reichtum bringt Ehre. Ich diente dem Dey; ich diente den Engländern, den Franzosen, den Beduinen. Was habe ich erworben? Nichts, gar nichts! Ich ließ dich aus der Heimat kommen, um Unterstützung meiner Pläne zu finden. Ich fand sie, aber dennoch blieb der Reichtum aus. Nichts, nichts will mir mehr glücken. Jetzt sind mir lumpige fünftausend Franken geboten. Was helfen sie mir?“

„Fünftausend Franken? Wofür?“

„Ich soll den Marabut Hadschi Omanah ausforschen."
„Wirst du es tun?"
„Was bleibt mir anderes übrig? Kann ich diese Summe etwa bei den Beduinen verdienen?"
„Warum nicht?" fragte Ben Ali langsam und mit Nachdruck.
Der Alte blickte ihn zweifelnd an.
„Was fällt dir ein? Woher nimmt der Kabyle so viel bares Geld? Und welchen Dienst könnte ich ihm leisten, um es zu bekommen?"
„Oh, das scheint mir sehr naheliegend."
„Willst du klüger sein als ich?"
„Nein; aber vielleicht bin ich es doch."
„So rede!"
„Du fragst, woher ein Beduine Geld nehmen soll? Nun, so verschaffe es ihm doch; dann wird er dir deinen Teil gern auszahlen."
„Ich glaube, du sprichst am hellen Tag im Traum."
„Ich werde dir beweisen, daß ich sehr wach bin. Sprachst du nicht soeben von diesem Königsau, von dem du mir bereits erzählt hast?"
„Du hörtest es ja deutlich genug."
„Wird es in Deutschland viele geben, welche diesen Namen tragen?"
„Ich glaube nicht."
„Nun, so sind er und derjenige, welcher jetzt mit so großen Schätzen aus Timbuktu kommt, jedenfalls Verwandte."
„Möglich! Ah, jetzt errate ich!"
„Was errätst du, Cousin?"
„Du meinst, ich soll mich an dem einen Königsau rächen, indem ich dem anderen seinen Reichtum abnehme."
„Natürlich."
„Der Gedanke ist gut, außerordentlich gut. Er tut meinem Herzen wohl und würde mich zum reichen Mann machen, wenn er ausführbar wäre."
„Warum soll er nicht ausführbar sein?"
„Dieser Königsau hat dreißig Krieger der Ibn Batta bei sich; wir aber sind nur zwei Personen."
Da legte der Junge dem Alten die Hand auf die Schulter und sagte:
„Cousin, du verleugnest dich ganz! Wir waren so lange Zeit bei den Beni Hassan, und du hast doch gehört, daß sie in Blutfehde mit den Ibn Batta leben."

Da sprang Richemonte dieses Mal wirklich von seinem Sitz auf.

„Mensch!“ sagte er. „Daran dachte ich wirklich nicht. Jetzt bemerke ich, daß du bei mir in einer ausgezeichneten Schule gewesen bist. Laß uns jetzt kein Wort, keinen Augenblick verlieren. Wir brechen augenblicklich auf.“

„Wohin?“

„Zu unseren Gastfreunden, den Beni Hassan.“

„Ich denke, du mußt zu dem Marabut?“

„Das hat Zeit.“

„Aber unsere Datteln hier?“

„Die verkaufen wir im ganzen. Dort unter jenem alten Dach haust ein Tagir – Händler –, welcher mir alles abkaufen wird, wenn ich einen billigen Preis fordere. Wir haben die Früchte ja nur zum Schein. Ich werde ihn holen.“

Er schritt mit einer Eile über den Platz hinüber, welche sich mit der muselmännischen Gravität nicht sehr in Einklang bringen ließ, und brachte wirklich bereits nach einigen Minuten den Händler herbei, welcher nach kurzem Feilschen die Datteln kaufte und bezahlte.

Jetzt wollte Richemonte sofort aufbrechen, aber der Cousin fragte:

„Hast du von dem General Geld erhalten?“

„Ja.“

„Wieviel?“

„Ich habe es wirklich noch nicht gezählt.“

„So zähle es sofort!“

„Warum?“

„Weil ich meinen Anteil brauche.“

„Das hat Zeit, bis wir zum Teilen Muße haben.“

„Nein, das hat keine Zeit. Ich will mir Verschiedenes hier kaufen.“

„Kaufen? Hast du nicht alles, was du brauchst?“

„Ja, das habe ich; aber ich habe keine Kassabe – Pfeife –, keine Bawaby – Pantoffel –, keine Halkar – Ringe – und keinen Semsije – Sonnenschirm –.“

„Bist du des Teufels! Wozu willst du das alles?“

„Da fragst du noch? Die Pfeife will ich für Scheich Menalek, und die Ringe, Pantoffel und den Sonnenschirm soll seine Tochter Liama erhalten.“

„Also bist du wirklich so verliebt in dieses Mädchen?“

„Sie muß mein werden.“

Er sagte dies in einem Ton, der jede Gegenrede abschnitt. Richemonte zog den Beutel heraus und zählte das Geld.

„Hier", sagte er. „Zwei Drittel für mich und ein Drittel für dich."

„Gut. Gehst du mit?"

„Ja. Ich müßte sonst zu lange warten."

Sie gingen in einige Basare, und bald waren die erwähnten Gegenstände gekauft, eine prächtige Pfeife für den Scheich der Beni Hassan und für seine Tochter silberne Arm- und Knöchelringe, ein Paar Pantoffeln aus blauem Samt, mit Stickerei verziert, und ein seidener Sonnenschirm.

Mit diesen Sachen wanderten die beiden zur Stadt hinaus. Diese liegt am Wadi Biskra. Am rechten Ufer desselben zog sich ein Terebinthengebüsch hin, in welches sie eindrangen, bis ihnen das Schnauben von Pferden entgegentönte. Sie gelangten an eine Stelle, an welcher zwei Reitpferde versteckt waren.

„Da sind sie noch. Welch ein Glück!" sagte der Cousin.

„Wer sollte sie uns genommen haben?" fragte Richemonte.

„Diebische Beduinen."

„Die ahnen nicht, daß sich hier Pferde befinden."

„Oder Raubtiere."

„Löwen und Panther gibt es hier nicht, und wenn es welche gäbe, so gehen diese Tiere erst des Nachts auf Raub aus. Ziehen wir uns rasch um."

An jeden der beiden Lehnsattel war ein Bündel gehängt. Sie wurden geöffnet, und da zeigte es sich, daß sie alles enthielten, was zu einer reichen Kleidung und Bewaffnung gehört. Das Habit, welches ein jeder der beiden in der Stadt getragen hatte, war nur eine Verkleidung gewesen. Die Anzüge wurden gewechselt, und bald hatten die zwei Spione das Aussehen von wohlhabenden Beduinen.

Die alten Sachen wurden in Bündel geschnürt und hinter den Sätteln befestigt. Dann führten sie die Pferde in das Freie, stiegen auf und ritten nicht das Wadi entlang, sondern nach Süden auf dem Wege nach Uinasch davon. Das war allerdings nicht die Richtung zu dem Marabut.

Während des Rittes nun hatten sie Zeit, die vorhin unterbrochene Unterhaltung wieder aufzunehmen.

„Glaubst du, daß wir die Beni Hassan dazu bringen werden, den Deutschen zu überfallen?" fragte der Junge.

„Ganz gewiß", antwortete der Alte. „Wir müssen nur sagen, daß er ein Franzose sei; sie sind ja den Franzosen feindlich gesinnt. Und übrigens wird er von den Leuten des Stammes Ibn Batta begleitet, mit denen sie sich in Blutrache befinden. Es bedarf also nur eines Wortes."

„Aber werden sie uns die Schätze lassen?"

„Ich hoffe es. Es kommt darauf an, es klug anzufangen. Gehen sie nicht mit darauf ein, so zwingen wir sie."

„Zwingen? Wie wäre das möglich?"

„Siehe, jetzt bin ich dir überlegen", lachte der Alte. „Ich würde sie ganz einfach durch die Franzosen zwingen."

„Wieso?"

„Ich hole die Franzosen und überfalle sie. Die Schätze reklamiere ich dann als mein Eigentum."

„Werden die Franzosen auf diesen Überfall eingehen?"

„Unbedingt. Ich habe bereits heute dem General die Mitteilung gemacht, daß die Beni Hassan im Begriff stehen, sich aufzulehnen."

„Das ist gut. Aber . . ."

„Was aber? Was hast du einzuwenden?"

„Was wird dann aus Liama?"

„Mensch, ich begreife dich nicht. Dieses Mädchen hat dich wirklich um deinen ganzen Verstand gebracht."

„Ist es ein Wunder? Sie ist schön wie ein Engel."

„Pah! Es ist zwar wahr, daß sie sehr schön ist; aber in Frankreich kommt zu der Schönheit noch die Bildung."

„Welche schöne und gebildete Französin würde einen Spion heiraten?"

„Du gebrauchst da ein nicht sehr schönes Wort. Weiß es übrigens die Französin, daß du hier Spion warst?"

„Sie kann es erfahren."

„Wir bringen Reichtümer mit. Das gleicht alles aus."

„Dieses Mädchen ist mir lieber als aller Reichtum."

Der Alte zog den Schnurrbart in die Höhe.

„Du bist unverbesserlich! Liebt sie dich denn wieder?"

„Ich weiß es nicht."

„Du hast noch nicht mit ihr gesprochen?"

„Nein."

„Ah, du bist ein guter Rechner. Du rechnest mit Seifenblasen."

„Warum sollte eine Araberin nicht einen Franzosen lieben?"

„Richtig!" lachte der Alte. „Du brauchst ja nur zu kommen und die Hand auszustrecken. Und der Scheich? Was wird er dazu sagen?"

„Er wird ja sagen, sobald er sieht, daß sie mich liebt."

„Aber ein Fremder erhält die Tochter eines Scheichs nie anders, als daß er Mitglied des Stammes wird."

„Gut, so werde ich Beduine."

„Mensch, ich fange wirklich an, zu glauben, daß diese sogenannte Liebe auch ein sonst verständiges Individuum von Sinnen bringen kann."

„So hast du nie geliebt?"

„O, doch."

„Ah! Du sprachst doch nie davon."

„Das war auch nicht notwendig. Ich habe geliebt und liebe noch."

„Wen?"

„Mich. Jetzt weißt du es. Dies ist die einzige und vernünftigste Liebe, welche ich kenne. Übrigens würde ich dir deine Überspanntheit strengstens untersagen, wenn ich nicht dächte, auch meine Rechnung dabei zu finden."

„Das glaube ich dir. Ein Egoist, wie du, tut nichts, wobei er nicht irgendeinen Vorteil im Auge hat. Welche Rechnung meinst du da?"

„Du weißt, daß ich bei den Beni Hassan für deinen Vater gelte. Wenn mein Sohn der Eidam des Scheichs wird, gewinne ich bedeutend an Einfluß. Der Stamm stellt, wenn er alle Abteilungen zusammenzieht, über dreitausend Männer ins Feld. Du siehst ein, daß man damit einen bedeutenden Druck ausüben kann."

„Ich gebe dir recht. Übrigens denke ich dabei auch an diesen Königsau."

„Inwiefern?"

„Wenn der Scheich mein Schwiegervater ist, so wird er nichts dagegen haben, daß wir die Schätze, welche dieser Deutsche mit sich führt, unter uns zweien teilen."

„Teilen? Hm!" brummte der Alte. „Unserem bisherigen Abkommen gemäß erhalte ich stets zwei Drittel."

„Das ist hier eine ganz andere Sache. Es war bisher nur von dem die Rede, was wir uns durch unsere Kundschafterei verdienten."

„Und du denkst, daß du von des Königsaus Sachen die Hälfte erhältst?"

„Ich denke es nicht bloß, sondern ich verlange es."

„Gut! So ist aber die Kriegskasse da drüber in den Ardennen auch eine andere Sache. Ich werde sie selbst heben, ohne dich zu brauchen."

„Du weißt nicht, wo sie liegt."

„Ich werde den Ort finden."
„Du wirst dich wohl kaum wieder nach Frankreich begeben."
„Warum nicht? Sobald ich als reicher Mann auftreten kann, gehe ich hinüber . . ."
Zwischen den zwei Karawanenwegen, welche westlich von Uinasch nach El Baadsch und östlich von Tahir Rassa nach Um el Thiur gehen, erstreckt sich eine Ebene lang von Norden nach Süden. Ihr nördlicher Teil wird vom Wadi Dscheddi und ihr südlicher vom Wadi Itel durchzogen, ein sicherer Beweis, daß es diesem Teil der Wüste nicht ganz an Wasser und Feuchtigkeit fehlt.
Um el Thiur heißt zu Deutsch Mutter der Vögel, wo es aber Vögel gibt, da muß es auch Bäume und Sträucher geben, und in der Tat ist diese Gegend auch mehr Weideland als Wüste.
Hier hatte sich der Teil der Beni Hassan, welcher unter dem bereits genannten Scheich Menalek stand, für einige Zeit niedergelassen, um seine Herden weiden zu lassen.
Die Ebene war zwar nicht mit reichem, aber doch zulänglichem Grün bedeckt, von welchem die weißen Zelte der Beduinen angenehm abstachen. Pferde sprangen hin und her; Rinder grasten, indem sie sich in ruhigem Schritt vorwärts bewegten, und Kamele und Schafe lagen, mit Wiederkäuen beschäftigt, an der Erde. Dabei standen die Hirten, um aufzupassen, daß keines dieser Tiere sich in die Weite verlaufe.
In der Nähe der Zelte jagten Beduinen hin und her, um ihren jungen Pferden die berühmte arabische Schule beizubringen. Andere lagen, ihre Pfeife rauchend, in oder vor und zwischen den Zelten, um dem geschäftigen Treiben ihrer Frauen und Töchter zuzusehen, welche unverschleiert auf und ab gingen. Der Beduine zwingt das weibliche Geschlecht nicht, wie der Städtebewohner, das Gesicht, den edelsten Teil des menschlichen Körpers, unter der neidischen Hülle zu verbergen.
Im Westen, vom Wadi Fahama her, welches sich bei el Baadsch mit dem Wadi Itel vereinigt, kam ein Reiter geritten.
Sein Pferd mußte einen weiten Weg zurückgelegt haben, denn es zeigte sich so ermüdet, daß es schwer hielt, ihm einen kurzen Trab abzugewinnen. Er war ein noch junger Mann von wenig über zwanzig Jahren, und nur ein kurzer, weicher Flaum bedeckte seine Oberlippe. Er trug den weißen Burnus der Beduinen, und sein Kopf war gegen die Strahlen der Sonne durch ein buntes Tuch geschützt, welches er malerisch um denselben geschlungen hatte. Auch das Sattel- und Riemenzeug war arabisch, aber seine Waffen schienen nicht die hier gewöhnlichen zu sein.

Er hatte nämlich eine doppelläufige Büchse quer vor sich liegen, und aus den Satteltaschen guckten die Kolben von zwei Pistolen hervor. Dennoch war dieser junge Mann kein Europäer, sondern ein Beduine. Das sah man schon dem freudeglänzenden Blick an, welchen er auf die sich vor ihm entfaltende Szenerie warf. Es war der Blick einer Menschen, welcher, heimkehrend nach langer Zeit, den schmerzlich entbehrten Anblick genießt, welchen er seit frühester Kindheit gewohnt war.

Die Hirten hatten ihn schon von weitem beobachtet. Jetzt zwang er sein Pferd, die letzten Kräfte an einen Galopp zu setzen; dann parierte er es vor dem Hirten, welcher am entferntesten von dem Duar oder Zeltdorf stand.

„Muharak – Dein Tag sei gesegnet!“ sagte er.

„Neharak saaide – Dein Tag sei beglückt!“ antwortete der Hirte.

Aber als er das Gesicht des Ankömmlings genauer betrachtet hatte, rief er aus:

„Allah il Allah! Du bist Saadi, und fast hätte ich dich nicht erkannt!“

„Hat die Zeit mein Angesicht so sehr verändert?“ fragte der Jüngling lächelnd.

„Nein; aber meine Augen waren mit Blindheit geschlagen.“

„Wie geht es den Söhnen der Abu Hassan?“

„Sie dienen Allah, und er hat sie lieb.“

„Und den Töchtern des Stammes?“

„Allah begnadigt sie mit Schönheit des Leibes und der Seele.“

„Den Herden?“

„Allah macht sie furchtbar, daß sie wachsen von Tag zu Tag.“

„Ist Menalek, der Scheich des Stammes, im Dorf?“

„Er sitzt vor seinem Zelt und freut sich seiner Weisheit.“

„Ist Abu Hassan, der Bruder meines Herzens, gesund?“

„Allah verkündete ihm langes Leben und Freude an seinem Sohn.“

„So will ich sehen, ob er sich auch über mich, seinen Bruder, freut.“

Er zwang sein Pferd zu einem abermaligen Galopp, der ihn durch die Herden hindurch bis an das Zelt des Scheichs brachte. Dieser saß, wie der Hirte gesagt hatte, rauchend vor seinem Zelt. Er hatte den Reiter kommen sehen. Als dieser jetzt vom Pferd stieg, um ihn, den Obersten des Stammes, ehrfurchtsvoll zu grüßen, zog sich seine Stirn in Falten.

„Allah jekun ma'ak – Gott sei mit Dir!“ sagte der Jüngling.

„Rua lil dschehennum – geh zum Teufel!" lautete die Antwort.

Da hob der Angekommene den Kopf stolz empor.

„Ma fehimitu – ich habe es nicht verstanden," sagte er.

„Geh zum Teufel!" wiederholte der Scheich.

Da blitzten die Augen des anderen auf.

„Dein Alter ist größer als das meinige; ich verzeihe dir!" sagte er.

„Ich brauche deine Verzeihung nicht."

Schon hatte der junge Mann eine scharfe Entgegnung auf den Lippen; da öffnete sich der Vorhang des Zeltes, und es war ein Bild zu sehen, so lieblich, so hold, daß er seine Worte vergaß.

Ohne daß der Vater es merkte, war hinter ihm die Tochter erschienen. Sie konnte siebzehn Jahre zählen, war aber bereits vollständig entwickelt.

Ihre Züge waren jene reinen, weichen, melancholischen, wie man sie so oft bei Orientalinnen höheren Standes beobachtet. Ihr großes Auge hatte einen Ernst an sich, welcher ihrer Jugend eine ergreifende Weihe gab. Das herrliche, schwarze Haar hing in schweren, dicken Flechten herab und war mit goldenen Fäden verziert. Stirn und Hals schmückten Reihen großer Gold- und Silberstücke. Die Beine steckten in rotseidenen Hosen und die nackten, schneeweißen Füßchen in Pantöffelchen von ebensolcher Farbe. Der Oberleib war mit einem blauen, goldgestickten und ärmellosen Jäckchen bekleidet, welches, vorn offenstehend, eine herrliche Büste sehen ließ, die von einem weißen Hemd verhüllt wurde, dessen weite Ärmel, aus der Jacke hervorquellend, zwei schöne, volle Arme nur halb bedeckten. An den Fußknöcheln und Handgelenken trug dieses zauberhaft schöne Wesen Ringe von Silber und Spangen von massivem Gold.

Als Liama den Jüngling erblickte, röteten sich ihre Wangen. Sie legte den Finger bittend an den Mund und verschwand augenblicklich wieder hinter dem Vorhang, welcher den Eingang des Zeltes verschloß.

Ihr Vater hatte ihr Erscheinen gar nicht bemerkt. Saadi aber hatte verstanden, was ihm der an den Mund gehaltene Finger sagen sollte. Darum drängte er die bittere Antwort zurück und sagte in mildem Ton:

„Vergib mir! Du hast recht. Die Jugend darf nicht wagen, dem Alter zu verzeihen!"

Er ergriff sein Pferd am Zügel und führte es an den Zelten

hin, bis es vor einem der kleinsten und ärmlichsten halten blieb. Bei dem Geräusch, welches die Tritte des Pferdes verursachten, öffnete sich dasselbe, und es trat ein Beduine hervor, in welchem man sofort den älteren Bruder erkennen mußte.

„Abu Hassan!"

„Saadi!"

Nur diese beiden Rufe erschallten, dann lagen sich die Brüder in den Armen. Da öffnete sich das Zelt abermals, und es kam eine Frau zum Vorschein, welche Kleider trug, deren Ärmlichkeit aber ihre Schönheit nicht zu verdunkeln vermochte. Sie wartete, bis die Männer ihre Umarmung gelöst hatten, schritt dann auf Saadi zu, streckte ihm mit strahlender Miene die Hand entgegen und sagte;

„Ta ala, marhaba – komm und sei willkommen!"

„Allah sei Dank!" meinte Saadi. „Endlich höre ich ein Willkommen."

„Wer hat dir dieses Wort versagt?" fragte sein Bruder, schnell ernst werdend.

„Der Scheich."

„Du mußt ihm verzeihen, denn er ist sehr erzürnt auf dich."

„Warum?"

„Weil du zu den Giaurs gegangen bist."

„Hat Allah dies verboten?"

„Nein; aber er haßt die Franzosen."

„Ich habe euch nicht der Franzosen wegen verlassen."

„War der Inglis, mit dem du gingst, nicht auch ein Giaur?"

„Ja. Aber war er nicht vorher der Gast des Scheichs?"

„Du hast recht, doch er haßt dich auch deshalb, weil Liama, seine Tochter, dich nicht vergessen will."

„Allah allein ist Herr des Herzens, aber nicht der Mensch. Darf ich in dein Zelt treten, mein Bruder?"

„Tritt herein! Was mein ist, das ist dein; ich bin du, und du bist ich."

Die beiden verschwanden in dem Zelt. Die Frau des älteren Bruders nahm dem Pferd den Sattel und gab ihm dann einen Schlag, um ihm zu sagen, daß es frei sei und weiden könne. Dann trat auch sie hinein, um ihren Gast zu bedienen.

Einige Zeit später verließ Liama ihr Zelt und schritt hinaus zu den Herden. Zuweilen blieb sie stehen, um sich umzusehen. In der Tiefe einer Schlucht verschwand sie.

Bald darauf öffnete sich auch das Zelt der beiden Brüder; Abu Hassan und Saadi traten hervor. Der Blick des letzteren glitt sofort nach des Scheichs Zelt. Dieser war nicht zu sehen; er hatte sich zurückgezogen.

Die Brüder gingen von Zelt zu Zelt und von Mann zu Mann. Saadi mußte sich begrüßen lassen. Als dies vorüber war, trennte er sich von dem Bruder und schritt der Schlucht entgegen.

Ihr mußte er vor allen Dingen seinen Besuch machen, denn hier war es vor zwei Jahren gewesen, als der Stamm ebenso wie jetzt hier lagerte, daß ihm Liama gestanden hatte, daß er ihr lieber sei als alle Männer der Abu Hassan zusammengenommen.

Er hatte keine Ahnung, daß die Geliebte vor ihm desselben Weges gegangen sei. Langsam stieg er in die mit Büschen besetzte Schlucht hinab, um zu der Stelle zu gelangen, an welcher er damals mit Liama gesessen hatte.

Als er dort anlangte und die Sträucher auseinanderschob, stieß er einen Ruf des Entzückens aus. Er stand vor derjenigen, an welche er soeben gedacht hatte.

„Liama!“ sagte er, halb flüsternd und halb frohlockend.

Sie erglühte über und über.

„Saadi,“ hauchte sie.

Er ergriff ihre beiden Hände.

„Warum gingst du hierher an diesen Ort?“ fragte er.

Sie schlug die Augen nieder und antwortete nicht.

„Warum gingst du hierher?“ wiederholte er.

„Ich bin alle Tage hier“, antwortete sie endlich. „Aber warum ist dein erster Gang zu dieser Stelle?“

„Weil ich dich hier gefunden habe.“

Sein Auge verschlang fast das herrliche Mädchen. Es war viel, viel schöner geworden, seit er es nicht gesehen hatte.

„Ich dachte, du habest diesen Ort vergessen“, sagte es.

„Nie, nie werde ich ihn vergessen, so lange Allah mir das Leben schenkt. Und auch du bist hierhergegangen? Täglich?“

„Täglich!“ antwortete Liama.

Er bog sich nieder, sah ihr tief in die herrlichen Augen und fragte leise:

„Nur des Ortes wegen?“

„Nein, sondern des Andenkens wegen.“

„Des Andenkens? An wen?“

Sie zögerte mit der Antwort. Da legte er den Arm um sie, zog sie leise an sich heran und bat:

„Sage es, Liama! An wen?“

Da hob sie ihren feuchten Blick zu seinen Augen empor und antwortete:

„An dich!“
„So hast du an mich gedacht?“ fragte er hochbeglückt.
„Ja.“
„Und mich nicht vergessen?“
„Nie.“
„Mich, den armen Mann? Du, die Tochter des reichen Scheichs?“
„Allah macht alle Menschen reich!“
„Ja, du hast recht! Auch ich bin reich, reich an unendlicher Liebe für dich, du schönste, herrlichste Tochter aller Zelte in der Wüste. Weißt du, was wir uns versprachen, ehe wir uns trennten?“
Sie sagte nichts, aber sie nickte leise mit dem Kopf.
„Sage es!“ bat er sie.
„Sage du es!“
„Wir versprachen, einander treu zu bleiben für das ganze Leben. Ich halte diesen Schwur. Und du, meine Liama?“
„Ich auch“, bekräftigte sie.
„Ich danke dir, du Wonne meiner Lebens!“
Er drückte sie inniger an sich und küßte ihre vollen, roten Lippen. Sie ließ sich dies gefallen; ja, er fühlte deutlich, daß ihr Mund den Druck des seinigen erwiderte.
„Aber dein Vater?“ fragte er dann.
„Allah wird seinen Willen lenken.“
„Ja, Allah ist allmächtig und allgütig. Verdammst auch du mich, daß ich mit dem Inglis gegangen bin?“
„Nein . . .“
Er merkte, daß sie seinen Namen hatte aussprechen wollen.
„Sprich weiter!“ bat er. „Sage das Wort!“
Sie drückte ihr Köpfchen fester an seine Brust und hauchte erglühend:
„. . . mein Saadi.“
„Ich danke dir!“ sagte er, während sein Herz diese Wonne kaum zu fassen vermochte. „Soll ich mit deinem Vater sprechen?“
„Ja.“
„Soll ich ihm sagen, daß du mein sein willst?“
„Sage es ihm.“
„Ich war zwei Jahre nicht hier. Ist keiner gekommen, welcher seine Hand nach dir ausstrecken wollte?“
„Es waren mehrere hier.“
„Was sagte der Scheich?“

„Sie waren ihm zu arm."
„Oh, ich bin ja noch viel ärmer als sie. Ich habe nicht einmal ein Lamm, um es zu schlachten, wenn mich ein Gast besucht."
Da legte sie alle Zurückhaltung ab, schlang die Arme um ihn und sagte:
„Nein, du bist reich, denn die Tochter des Scheichs Menalek liebt nur dich und hat dir versprochen, dein Weib zu sein."
„Und dieses Wort wirst du halten?"
„Ja. Nur der Tod soll uns trennen."
„Schwöre es mir."
„Ich schwöre es dir bei Allah und seinem Propheten."
„Habe Dank! Du bist süßer als die Huris des Paradieses und reiner als die Engel des Lichtes. Wer waren die Männer, welche kamen, um zu versuchen, dich mir zu rauben?"
„Der Sohn eines Scheichs der Merasig, ein alter Emir der Aalad Sliman und dann ein Scheich der Beni Hamsenad. Auch kamen zwei fremde Araber aus dem Osten, Vater und Sohn, einer Blutrache wegen. Der Sohn folgte meinen Schritten, und ich mußte ihn immer fliehen."
„Wo sind sie jetzt?"
„Ich weiß es nicht, sie werden sehr bald wiederkommen."
„Dies sagte dir der Sohn?"
„Ja."
„Wie hieß er?"
„Ben Ali."
„Und sein Vater?"
„Malek Omar."
„Wie kann dieser Abkömmling der Araber Ben Ali, der Sohn Alis heißen, wenn sein Vater Malek Omar heißt. War er jung?"
„Er war älter als du."
„Schön?"
„Er war nicht häßlich."
„Tapfer?"
„Ich habe nichts gesehen."
„Reich?"
„Die beiden Männer hatten stets viele Goldstücke bei sich."
„Malek Omar! Ich habe einen Mann gesehen, welcher Malek Omar hieß und ein Fakihadschi war. Er handelt mit Früchten und ging im Haus des Generals aus und ein. Aber dieser ist ein anderer Mann. Hat sein Sohn dir gesagt, daß er dich liebhat?"
„Nein. Aber seine Augen redeten, was seine Lippen verschwiegen."

„Es ist gut! Es soll keiner um dich werben. Ich werde morgen mit deinem Vater sprechen, und er wird mich anhören."

„Nicht morgen, sondern heute."

Diese Worte erschallten im zornigsten Ton neben ihnen. Sie fuhren überrascht herum und erblickten den Scheich, welcher vor ihnen stand. Sein Gesicht war vom Zorn gerötet, und seine Augen funkelten.

„Giaur."

Nur dieses eine Wort warf er Saadi entgegen, aber es gibt keine größere Beleidigung, als dieses eine Wort einem gläubigen Moslem zu sagen. Es enthält alles Schlimme, was man kaum mit tausend anderen Worten sagen könnte.

Saadi trat einen Schritt zurück und fuhr mit der Hand an das Messer.

„Was wagtest du?" donnerte er.

„Giaur, Ungläubiger!" wiederholte der Scheich.

Saadi zog sein Messer aus der Scheide, aber Liama fiel ihm um den Hals.

„Zurück! Stecke dein Messer ein! Er ist mein Vater", rief sie.

Das war genug, um ihm seine ganze Selbstbeherrschung zurückzugeben.

„Ich will dir gehorchen, Liama", sagte er, „Aber verlaß diesen Ort! Du darfst nicht hören, was gesprochen wird. Was nur meine Ohren hören, das kann ich verzeihen; was aber andere hörten, das müßte ich rächen."

„Nein, bleib!" gebot ihr der Scheich. „Du sollst sehen, wie ich diesen Freund der Franzosen zur Erde treten werde."

Sie wußte nicht, ob sie gehen oder bleiben solle. Vom Standpunkt der Ehre aus hatte Saadi recht, aber was konnte alles geschehen, wenn sie sich entfernte und also nicht vermitteln konnte. Der Geliebte erriet ihr Bedenken.

„Geh, Liama!" bat er. „Ich liebe dich; ich werde nichts tun, was dich betrüben könnte."

Sie blickte ihm forschend in die aufrichtigen Augen und sagte dann:

„Ich vertraue dir; ich gehe!"

„Nein, du bleibst!" befahl der Scheich.

Er streckte seine Hand aus, um sie zu halten, aber sie entschlüpfte ihm und verschwand hinter den Büschen.

„Ah! Dir gehorcht sie eher als mir", rief der Scheich. „Bei Allah, ich werde ein strenges Gericht über euch halten. Zuvor aber werde ich dich hier zu meinen Füßen niederschlagen."

Er erhob die Faust. Saadi reckte sich hoch empor und sagte:

„Scheich Menalek, bist du ein Kind oder ein Mann? Sagt nicht der Prophet: Weiber und Kinder sind Sklaven des Zornes; aber ein Mann beherrscht ihn? Ich sage dir, daß ich Liama mein Wort gegeben habe, nichts zu tun, was sie kränken könne; aber sobald du mich berührst, bist du ein Sohn des Todes."

Menalek ließ doch die Hand sinken; er kannte Saadi und wußte, daß diese seine Worte wahr machen werde.

„Ah, du drohst mir?" fragte er.

„Nein. Du selbst drohst dir, indem du mich zwingst, es zu tun. Jetzt rede, was du zu reden hast. Ich werde dich ruhig anhören und dir dann Antwort geben."

Der Scheich warf einen haßerfüllten Blick auf ihn und fragte:

„Du wirst dein Auge auf meine Tochter?"

„Ich liebe sie."

„Und sie?"

„Sie liebt mich wieder."

„Du hast sie verführt. Wer bist du, und was bist du?"

„Ein freier Krieger der Beni Hassan. Bist du mehr?"

„Ich bin der Scheich des Stammes."

„Wer hat dich dazu gemacht? Etwa du selbst? Du wurdest gewählt und kannst wieder abgesetzt werden."

„Zähle meine Herden! Was aber hast du?"

„Ich habe Allah und mich; das ist genug."

„Lästere nicht! Du hast Allah verloren, denn du bist zu den Giaurs gegangen."

„Sind die Giaurs nicht deine Gäste gewesen?"

„Verbietet das der Koran?"

„Verbietet der Koran etwa, zu den Giaurs zu gehen?"

„Du hast ihren Glauben gehört und bist nun selbst Giaur geworden."

„Wer sagt dir das?"

„Ich sehe es. Wärst du ein Anhänger des Propheten geblieben, so würdest du die Gewalt des Vaters achten. Du willst das Kind dem Vater rauben."

„Nein, sondern ich will dem Vater zu seinem Kind noch einen Sohn geben, mich."

„Ich mag dich nicht. Du bist die Schande der Beni Hassan."

„Deine Beleidigung ist eine tödliche. Mein Messer hätte längst dein Herz gefunden, wenn ich nicht des Wortes dächte, welches ich Liama gegeben habe."

„Dein Messer? Ah, du getraust dir nicht, dich zu rächen; du bist ein Feigling."

Saadis Wangen wurden bleich. Er mußte die ganze Macht seiner Liebe zu Hilfe nehmen, um ruhig zu bleiben.

„Was habe ich dir getan, daß du solche Worte sagst?" fragte er. „Ich liebe deine Tochter und schenke dir meine Ehrerbietung; dafür dankst du mir mit Beleidigungen, welche ein jeder andere mit dem Leben bezahlen würde. Soll ich den Stamm seines Scheichs und Liama ihres Vaters berauben? Soll ich die Blutrache in die Zelte deiner und meiner Verwandten tragen, nur um einer Liebe willen, welcher ich nicht widerstehen kann, weil Allah selbst sie in mein Herz gelegt hat?"

Der Scheich schüttelte verächtlich mit dem Kopf.

„Du wirst an keiner Blutrache schuld sein, denn du bist ein Feigling", sagte er. „Ich habe bei dir die Waffe der Giaurs gesehen. Sie sind nicht gefährlich, denn du verstehst nicht, sie zu gebrauchen."

„Du irrst. Ich habe mit ihnen den Löwen erlegt und den Panther des Gebirges."

„Lüge nicht. Du wirst mit dabeigewesen sein, als Hunderte von Giaurs sich aufmachten, eine armselige Katze zu jagen, welche du in deiner Feigheit für einen Panther gehalten hast. Die Giaurs brüllen vor Angst, wenn sie eine Katze sehen, und das hast du von ihnen gelernt."

„Hat dir nicht der Inglis, welcher in deinem Zelt wohnte und den ich dann begleitete, gesagt, daß er ganz allein ausgeht, um den Löwen zu schießen?"

„Er hat gelogen, und ich glaubte es ihm nicht. Um einen Löwen zu töten, sind mehr als fünfzig tapfere Jäger erforderlich."

„Er hat nicht gelogen, denn ich selbst bin dabeigewesen, als er den Löwen tötete, und ich erschoß das Weib des Löwen."

„Du lügst noch mehr als dieser Inglis. Wenn der Sohn eines Stammes auf die Rache des Blutes auszieht, so ist dies eine Pflicht und eine Ehre; aber wenn der Nachkomme eines Vaters das Dorf verläßt, nur um die Städte der Ungläubigen zu besuchen, so erntet er Schande."

„Ich habe den Stamm für kurze Zeit verlassen, weil ich arm war."

„O Allah! Du wolltest dir Geld verdienen?"

„Ja."

„Du, ein freier Araber?"

„Ja."

„Du gingst in den Dienst eines Ungläubigen? Schande über dich!“

„Ich war nicht sein Diener, sondern sein Beschützer. Ich zeigte ihm die Wege der Wüste und der Steppe und machte ihn bekannt mit den Stämmen unserer Freunde. Ist dies eine Schande?“

„Ja, denn er gab dir Lohn dafür.“

„Er gab mir keinen Lohn. Ich verlangte nichts von ihm; ich ging nur deshalb mit ihm, weil ich ein Geschenk von ihm erwartete und andere Gegenden kennenlernen wollte. Ist es eine Schande, ein Geschenk anzunehmen?“

Darauf konnte oder mochte der Scheich nicht antworten. Er fragte höhnisch:

„Ist sein Geschenk reich ausgefallen?“

„Ich bin zufrieden“, sagte Saadi zurückhaltend.

„Was hat er dir gegeben?“

„Er hat mir Gold gegeben. Dieser Inglis war sehr reich, und er hatte mich lieb. Ich kann mir ein Zelt erbauen.“

„So erbaue es und führe als Weib hinein, welche du willst, nur meine Tochter nicht. Wenn ich dich noch einmal bei ihr sehe, so werde ich dich durchpeitschen lassen, gerade so, wie die Beherrscher von Algier ihre Sklaven schlagen ließen.“

„Ich wiederhole dir, daß ich dich töten würde, sobald du es wagtest, die Hand an mich zu legen.“

„Oh, du tust dies nicht; du bist ja ein Feigling.“

„Deine Worte sind nicht die Worte eines weisen Mannes. Lerne von mir, dem Jüngeren, wie es sich schickt, seine Leidenschaften zu beherrschen. Allah ist gnädig und allgütig, aber auch seine Geduld kann ein Ende haben, warum also nicht diejenige eines Sterblichen. Darum gehe ich und lasse dich stehen, denn ich denke an Liama, welche deine Tochter ist.“

Er wandte sich um und ging.

„Feigling!“ rief ihm Menalek laut nach.

Saadi war im tiefsten Herzen empört. Sein Inneres wallte und kochte. Er mußte dieses schöne Mädchen unendlich liebhaben, da er die Kraft gefunden hatte, ihretwegen so schwere Beleidigungen ungeahndet über sich ergehen zu lassen.

Wie hatte sich seine Seele nach der Heimat gesehnt! Und nun er sich bei den Zelten seines Duars befand, erntete er Haß anstatt Liebe und grimmige Verachtung anstatt Wohlwollen. Das Gebüsch, durch welches er schritt, bestand aus wilden, dornigen Akazien und stacheligen Mimosen. Er bemerkte gar nicht, daß diese Dornen und Stacheln ihn verwundeten. Er strich durch die Sträucher hin, nur daran denkend, seine Seele zu beruhigen.

Die Schlucht wurde immer breiter und höher, da sich ihre Sohle immer tiefer senkte. Der bisher sandige Boden wurde steinig, und hier und da lagen Steintrümmer, von Felsen herrührend, welche von den Wänden der Schlucht herabgestürzt waren.

An einem solchen Stein blieb das Auge Saadis plötzlich haften.

Der Stein zeigte Eindrücke, als ob man mit einer scharfen, mehrzinkigen Harke über denselben hinweggefahren sei. Saadi bückte sich nieder und blickte, da es in der Tiefe dieser Schlucht bereits zu dunkeln begann, genauer hin.

„O Allah! Der Herdenwürger", sagte er.

Herdenwürger wird der Löwe genannt. Der König der Tiere war in jenen Gegenden ganz und gar nicht selten.

Saadi untersuchte die Eindrücke auf dem Stein und murmelte: „Sie sind ganz neu. Der Löwe ist bereits des Morgens hiergewesen. Er hat Hunger, denn er hat seine Krallen an diesem Stein geschärft. Er wird heute nacht nach dem Dorf kommen, um sich Fleisch zu holen."

Er betrachtete den Boden genau und fand die Fährte des Tieres, welcher er eine Zeitlang folgte. Sie führte hin und her. Das Tier war ungewiß gewesen, wohin es sich wenden solle.

„Er hat noch kein bestimmtes Lager gehabt, sondern es sich erst gesucht", meinte Saadi. „Er ist also erst am Morgen hier angekommen, um eine neue Wohnung zu finden. Er hat die Wanderung während der Nacht gemacht. Er ist allein; er hat also sein Weib und seine Kinder zurückgelassen. Er wird sie nachholen, sobald er findet, daß es hier gute Beute gibt."

Diese Kalkulation zeigte, daß Saadi wirklich nicht unerfahren sei. Der Engländer, welchem er sich angeschlossen hatte, war jedenfalls kein sogenannter Aas- oder Sonntagsjäger gewesen.

„Soll ich diese Spuren weiter verfolgen?" fragte sich Saadi. „Nein. Ich habe mein Gewehr nicht bei mir, und es wird die Nacht gleich hereinbrechen. Der Würger der Herden versteckt sich am Tag, aber des Nachts kommt er heraus. Wenn er mich fände, würde er mich töten und fressen. Ich muß zurückkehren, um die Männer des Dorfes vor ihm zu warnen, damit sie auf der Hut sind, wenn er kommen wird, um die Herden zu besuchen."

Er stieg an der Seite der Schlucht empor. Das Dorf lag in weiter Ferne, er konnte es kaum erkennen, denn die in jenen Gegenden so kurze Dämmerung war hereingebrochen und ging sehr schnell in das Dunkel des Abends über.

Noch ehe er die Zelte erreichte, sah er die kleinen Feuer des Lagers glimmen, an denen die Frauen das Abendmahl bereiteten. Dort angekommen, schritt er gerade auf das Zelt des Scheichs zu; er hielt es für seine Pflicht, gerade diesem letzteren seine Meldung zu machen, denn er selbst hatte nicht das Recht, die Versammlung zusammenzurufen.

Auch vor diesem Zelt brannte ein Feuer. Menalek saß bei demselben und sah zu, wie sein Weib und seine Tochter das Kuskus bereiteten. Als er den Nahenden erblickte, griff er mit der Hand nach seinem Messer. Er glaubte, dieser komme, um sich an ihm zu rächen.

„Was willst du?“ fragte er drohend. „Packe dich fort von hier!“

Mutter und Tochter fühlten die größte Angst vor dem, was jetzt kommen werde.

„Du darfst mich nicht fortweisen“, sagte Saadi mild und ruhig. „Du bist der Scheich, und ich habe mit dir zu sprechen.“

„Hast du mit Menalek oder mit dem Scheich zu sprechen?“

„Ich komme zum Scheich.“

„So rede, wenn die Frauen es hören dürfen.“

„Sie dürfen. Laß die Männer zusammenkommen und sage ihnen, daß heute Nacht der Herr des Erdbebens kommen wird, um unseren Herden einen Besuch abzustatten.“

Der Löwe wird auch Herr des Erdbebens genannt, weil seine Stimme, besonders wenn sie in weiter Ferne erschallt, gerade so klingt, als ob die Erde bebte.

„Du bist toll!“ antwortete der Scheich.

„Ich habe seine Spur gesehen.“

„Wo?“

„In der Schlucht.“

„Du hast von der Katze geträumt, welche du mit den Giaurs getötet hast.“

„Ich weiß die Spur einer Katze von der eines Löwen zu unterscheiden.“

„Deine Augen sind vor Liebe blind. Gehe nach dem Zelt deines Bruders, um dich auszuschlafen. Morgen wirst du bei Sinnen sein!“

„Dein Haß ist groß; aber er darf dich nicht veranlassen, deine Pflicht zu vernachlässigen. Wenn dem Scheich die Nähe des Löwen gemeldet wird, hat er sofort die Männer des Lagers zu versammeln.“

„Willst du mir drohen?"

„Nein. Aber wenn du es nicht selbst tust, so werde ich in das Horn stoßen."

Er zeigte auf ein großes Büffelhorn, welches am Eingang des Zeltes hing. Es hatte den Zweck, durch seinen Ton die Versammlung herbeizurufen.

„Wage es!" sagte der Scheich.

Saadi trat trotz dieser Warnung hinzu. Da zog Menalek das Messer.

„Zurück! Wenn jemand ohne meine Erlaubnis näher tritt, so habe ich das Recht, ihn zu töten."

Saadi blieb stehen und sagte ernst:

„Ich fürchte dein Messer nicht, aber ich achte die Gesetze des Stammes. Ich werde also deinem Zelt nicht zu nahe kommen; aber ich bitte dich zum letzten Mal, die Versammlung zu berufen."

„Es fällt mir nicht ein, die Männer mit deinen Lügen zu belästigen."

„Du bist ein freier Mann und hast deinen Willen, ich aber habe den meinigen auch. Ist es dir nicht passend, deine Pflicht zu erfüllen, so weiß ich, was ich zu tun gezwungen bin. Merke auf!"

Er legte zwei Finger an den Mund und stieß einen schrillen Pfiff aus. Dies war das Alarmzeichen der Beni Hassan.

„Was tust du?" fragte Menalek erschrocken.

„Ich werde die Dschemma zusammenrufen, um sie vor dem Löwen zu warnen und sie zugleich zu fragen, was der Scheich verdient, welcher es verschmäht, über die Seinigen zu wachen."

Die Dschemma ist die Versammlung der Ältesten. Sie hat über alle Angelegenheiten zu beraten und besitzt sogar die Macht, einen Scheich abzusetzen.

„Du zwingst mich?" sagte der Scheich zornig. „Gut! Aber bedenke, daß es in meiner Macht steht, mich zu rächen."

„Ich fürchte mich nicht vor dir, sobald es sich um meine Pflicht handelt."

Als Saadi den Pfiff erschallen ließ, waren alle Männer von ihren Feuern aufgesprungen oder aus ihren Zelten getreten. Sie horchten nun auf das zweite Zeichen, um zu wissen, nach welcher Richtung sie sich zu wenden hätten. Jetzt setzte Menalek gezwungenermaßen das Horn an den Mund und blies hinein. Kaum war der Ton erklungen, so kamen alle Männer herbeigeeilt. Die Frauen und Mädchen blieben zurück. Sie wußten, daß sie nicht die Erlaubnis hatten, an einer Beratung teilzunehmen.

Selbst Liama und ihre Mutter mußten sich entfernen, damit sie kein Wort der Verhandlung hören konnten.

Es wurde ein großer Kreis gebildet, in dessen Mitte der Scheich trat.

„Hört, ihr Männer des Duars, was ich euch zu sagen habe", begann er. Und auf Saadi zeigend, fuhr er fort: „Dieser Abtrünnige, welcher mit den Giaurs gereist ist, hat mich gezwungen, euch zu rufen, um euch zu sagen, daß der Herr des Erdbebens heute nacht zu uns kommen werde. Glaubt ihr das?"

„Das ist nicht wahr!" rief die Stimme eines vorlauten, jungen Mannes.

„Auch ich halte es für eine Lüge. Darum bitte ich euch um Verzeihung, daß ich gezwungen wurde, euch zu belästigen."

Da meinte ein hochbetagter Greis, der mit zur Versammlung der Alten gehört:

„Seit wann ist es bei den Beni Hassan Sitte, daß die Jungen ihre Stimmen erheben, ehe die Greise gesprochen haben? Seit wann ist es Sitte, ein Wort, welches zwar unwahrscheinlich klingt, ohne weiteres eine Lüge zu nennen? Wir haben seit vielen Jahren kein Tier unserer Herde verloren, aber warum soll es nicht Allah einmal gefallen, den Herrn des Erdbebens über uns zu senden? Ich fordere Saadi auf, uns zu sagen, was er gesehen hat!"

Die Würde des Alters übte einen solchen Einfluß aus, daß es dem Scheich gar nicht einfiel, zu widersprechen. Auch die übrigen gaben durch ihr Schweigen zu erkennen, daß sie mit dem Greis übereinstimmten. Darum trat Saadi hervor und sagte:

„Was ich gemeldet habe, ist die Wahrheit und keine Lüge. Ich befand mich in der Schlucht, welche nach dem Wadi Itel geht, da sah ich ganz deutlich die Spuren des Löwen. Sie waren groß. Dieser Würger der Herden ist ein sehr starkes und altes Tier."

„Kennst du die Fährte des Löwen?" fragte der Alte.

„Ja. Der Inglis, mit welchem ich zwei Jahre lang ritt, lehrte mich, die Spuren aller Tiere zu unterscheiden."

„Aber wenn sich der Herr des Erdbebens in der Schlucht befände, würde er unsere Herden bereits längst besucht haben."

„Er ist während der letzten Nacht von fernher gekommen."

„Woraus siehst du das?"

„Die Spur führt bald dahin und bald dorthin. Er hat sich nach einem Lager umgesehen. Ich fand einen Stein, an welchem er sich die Krallen geschärft hatte. Er ist also hungrig und zum Raub bereit."

„So glaube ich, daß du die Wahrheit sagst. Laßt uns beraten, was wir tun werden; aber die Alten werden sprechen, und die Jungen mögen schweigen."

Die Beratung begann und war sehr kurz. Außer dem Scheich schenkten alle Saadis Bericht Glauben. Man beschloß, große Feuer anzubrennen und die Herden ganz in die Nähe der Zelte zu bringen. Kam der Löwe wirklich, so mußte man ihm sein erstes Opfer überlassen; morgen sollte dann aber eine Jagd auf ihn abgehalten werden.

Der Araber ist ein sehr schlechter Löwenjäger. Er wagt nur, das Tier in großer Überzahl und bei Tage anzugreifen, nie des Nachts. Dann wird so lange auf dasselbe geschossen, bis es vor Blutverlust aus meist leichten Wunden zusammenbricht, vorher aber mehrere der Jäger zerrissen hat.

Saadi war jung. Er hatte seine Pflicht getan und wagte nicht, eine andere Ansicht laut werden zu lassen.

„Ihr habt beschlossen; tut, was ihr wollt!" meinte der Scheich. „Ich aber glaube nicht daran und werde mich an keinen Löwen kehren. Übrigens brauchen wir jetzt gar keine Sorge zu haben. Der Herr des Erdbebens holt sich nie vor Mitternacht seinen Fraß."

In letzterer Beziehung gaben ihm die anderen Recht; Saadi aber meinte:

„Die Ehrwürdigen mögen mir, obgleich ich jung bin, noch ein Wort gestatten!"

„Rede, mein Sohn!" sagte der älteste der Alten.

„Ich habe bereits gesagt, daß der Herr des Erdbebens erst heute nacht gekommen ist. Vielleicht hat er einen weiten Weg zurückgelegt; er ist sehr hungrig. Er hat die Krallen geschärft; er ist also ungeduldig. Es ist leicht möglich, daß er bereits vor Mitternacht kommt."

„Deine Worte sind wohlerwogen; aber ehe er kommt, wird er es uns melden."

Der Löwe pflegt nämlich, wenn er auf Raub ausgeht, laut zu brüllen.

„Du hast recht", meinte Saadi. „Aber es gibt dennoch alte, erfahrene Tiere, welche so schlau sind wie ein Panther. Sie brüllen erst dann, wenn sie ihre Beute zerrissen haben. Übrigens glaube ich nicht, daß der Herr des Erdbebens über die Ebene kommen wird. Er wird in der Schlucht herauskommen, welche hier ganz in der Nähe mündet, und dann ist es zu spät, erst noch Maßregeln der Vorsicht zu treffen."

„Was du sagst, ist gut. Laßt uns also sofort beginnen. Wir müssen die Herden so stellen, daß zwischen ihnen und der Schlucht sich das Duar befindet."

Dies geschah. Nur der Scheich war trotz aller Bitten und Vorstellungen nicht dazu zu bewegen, seine Tiere jetzt schon in Sicherheit zu bringen. Er wollte Saadi nicht als Sieger anerkennen.

Dieser nahm mit seinem Bruder ein frugales Mahl ein. Der letztere besaß nur wenige Tiere, welche so nahe am Zelt untergebracht wurden, daß sie vor einem Überfall vollständig sicher waren. Dann griff Saadi nach seiner Doppelbüchse, sah nach der Ladung und schickte sich an zu gehen.

„Wohin willst du?" fragte Abu Hassan besorgt.

„Ich will einmal nach den Herden sehen."

„Was gehen sie dich an? Du begibst dich unnütz in Gefahr."

Doch jener ging, und zwar gerade nach der Seite hin, auf welcher sich die Tiere des Scheichs befanden. Der leise Abendwind, welcher sich erhoben hatte, wehte gerade von der Schlucht herüber. Saadi war überzeugt, daß der Löwe von dorther kommen werde, und er wollte ihn erwarten. Der Scheich hatte ihn einen Feigling genannt, und er wollte ihm beweisen, daß er es nicht sei.

Darum legte er sich zwischen den Tieren und dem Ausgang der Schlucht auf den Boden nieder und harrte der Dinge, die da kommen sollten.

Rund um das Lager brannten hohen Feuer, von trockenen Akazienzweigen genährt. Die ganze Gegend war hell erleuchtet. Zeit um Zeit verging. Es konnte kaum mehr eine Stunde an Mitternacht fehlen. Da sah Saadi vom Duar her eine Gestalt kommen. Es war der Scheich, welcher nun den Knechten, die sich noch bei den Tieren befanden, den Befehl erteilen wollte, diese letztere in die Nähe der Zelte zu treiben. Um zu zeigen, daß er an Saadis Worte nicht glaube, kam er selbst herbei. Die Tiere wurden fortgetrieben. Der Scheich aber, um durch die Tat zu zeigen, wie sehr er Saadis Warnung verachte, schloß sich nicht an, sondern schritt langsam dem Ausgang der Schlucht zu.

In der Nähe derselben blieb er stehen. Sein weißer Burnus war weithin sichtbar, so daß man seine Gestalt im Lager deutlich sehen konnte. Die Stimmen seines Weibes und seiner Tochter ließen sich vernehmen. Sie baten ihn voller Angst, zurückzukommen. Er befand sich kaum zwanzig Schritt von Saadi entfernt, sah ihn aber nicht, denn dieser hatte seinen weißen Burnus nicht mitgenommen und lag in seinem dunklen Untergewand an der Erde, so daß er von derselben nicht unterschieden werden konnte.

„O Allah!“ hörte man Liama rufen. „Komm zurück, Vater! Der Löwe könnte kommen.“

„Schweig!“ rief er zurück. „Es gibt keine Katzen hier!“

Aber in demselben Augenblick war es, als ob die Erde unter ihm berste. Es erscholl gerade vor ihm ein tiefer, dumpf grollender Ton, der schnell zu einem lauten, mächtigen Brüllen anschwoll, mit welchem der stärkste Donner nicht verglichen werden kann, und sich dann zu einem Röcheln abdämpfte, welches nicht anders klang, als ob eine ganze Herde von Rindern im Sterben liege.

Bei diesen Tönen war die ganze Natur starr und stumm vor Schreck.

Auch der Scheich vermochte nicht, ein einziges Glied zu bewegen. Er sah den Löwen langsam und majestätisch aus den Büschen treten, gerade da, wo Saadi es vermutet hatte. Es war ein gewaltiges, riesenhaftes Tier. Beim täuschenden Schein der flakkernden Feuer schien er mehr als Ochsengröße zu besitzen.

Der Löwe schüttelte seine Mähnen und senkte den Kopf. Er hatte den Scheich erblickt und stieß ein zweites Brüllen aus, bei dessen Klang jeder Lebensfunken im Körper Menaleks zu verlöschen schien. Der Löwe stand keine dreißig Fuß von ihm entfernt und duckte sich jetzt nieder, zum Sprung bereit. Drei Sekunden später mußte der Scheich verloren sein. Dies gab ihm die Sprache wieder.

„Ma una meded – zu Hilfe!“ rief, nein, brüllte er; aber ein Glied zu rühren vermochte er nicht.

„Siehst du, daß es hier Katzen gibt?“ klang es in seiner Nähe.

Ein Schuß krachte. Ein fürchterliches Brüllen antwortete. Ein zweiter Schuß folgte gedankenschnell. Der Scheich wurde mit fürchterlicher Gewalt zu Boden gerissen und verlor die Besinnung.

Als er erwachte und die Augen öffnete, sah er viele Leute um sich stehen. Mehrere hatten Fackeln in der Hand. Neben ihm knieten sein Weib und seine Tochter, ängstlich mit ihm beschäftigt.

„Was ist’s? Wo bin ich?“ fragte er.

„Bei uns, mein Vater“, antwortete Liama. „O Allah sei Dank, daß du lebst! Er hat dich aus der Gefahr des Todes errettet, als der Herr des Donners dich zerreißen wollte. Bist du verletzt?“

„Ich glaube nicht. Wo ist der Löwe?“

Er besann sich erst jetzt auf das, was geschehen war. Liama deutete hinter ihn.

„Hier liegt er“, sagte sie. „Kannst du dich erheben, um ihn zu sehen?“

Er richtete sich empor. Da lag der Löwe, der gewaltige Beherrscher der Wüste, tot und überwunden. Und bei ihm kniete Saadi, im Begriff, ihm das Fell abzunehmen. Der Scheich erblickte ihn und fragte:

„Wer hat geschossen?“

„Saadi, war es“, antwortete Liama.

„Saadi!“

Es lag ein ganz eigentümlicher Ausdruck in diesem Wort, welches der Scheich aussprach. Er versuchte, sich zu erheben, und es ging. Er trat zu dem Jüngling, betrachtete mit Blicken des Entsetzens die seltene Größe des fürchterlichen Tieres und fragte:

„Saadi, du warst es, der mich rettete?“

„Ich war es, o Scheich“, antwortete der Gefragte. „Allah ist gütig und gnädig; er hat es so gewollt. Ihm sei Dank, aber nicht mir.“

„Aber wie ist das gekommen?“

„Ich sah deine Herde in Gefahr und wußte, daß der Löwe kommen werde. Darum ging ich hinaus, ihm entgegen, um ihn zu erwarten. Da kamst du, und er trat dir entgegen. Du riefst um Hilfe, und ich schoß. Meine Kugel glitt am Stirnknochen ab und drang nicht in das Auge ein, wie ich es gewollt hatte. Er sprang auf dich ein, aber mitten im Sprung traf ihn meine zweite Kugel in das Herz. Er riß dich zwar nieder, aber verwundete dich nicht. Jetzt liegt er tot hier, und du stehst lebend vor ihm. Allah sei Dank, der Herr ist über Leben und Tod.“

Der Scheich vermochte nicht zu antworten; tausend mächtige Gefühle stürmten auf ihn ein. Er vergegenwärtigte sich den Augenblick der Gefahr; er sah den Löwen augenrollend vor sich stehen, er hörte den markerschütternden Ton seiner gewaltigen Stimme, er vergegenwärtigte sich den Augenblick, in welchem die Glieder des Raubtieres sich zum tödlichen Sprung bogen, und er hatte nicht Kraft genug, zu verhüten, daß bei dieser Erinnerung ein Zittern sich seines Körpers bemächtigte. Er reichte Saadi die Hand und sagte:

„Du hast mich vom Tode errettet. Du bist klüger als ich, und Allah hat dir ein mutiges Herz gegeben, welches nicht erbebt vor dem Herrn des Donners. Willst du vergessen, daß ich dich beleidigt habe?"

Die Augen des jungen Mannes leuchteten vor Entzücken.

„Alles, was du zu mir sagtest, soll so sein, als ob ich es nicht gehört hätte", antwortete er. „Du bist der Scheich, und ich darf dir nicht zürnen."

„So komm zu mir, sobald du das Fell des Löwen genommen hast."

Menalek ergriff die Hand seines Weibes und seiner Tochter und schritt mit ihnen seinem Zelt zu.

„Kannst du den Retter nun noch hassen?" wagte die Mutter zu fragen.

„Ich liebe ihn", antwortete er. „Er hat gezeigt, daß ein Jüngling zuweilen einen Alten beschämen kann."

Er gestand diese Beschämung ein, ohne sich von derselben zur Bitterkeit fortreißen zu lassen. Er war ein stolzer, aber auch ein einsichtsvoller Mann.

Die meisten der Zeltbewohner blieben bei Saadi zurück, um die außerordentliche Größe des Löwen zu bewundern. Dieser war jedenfalls eines jener alten Tiere, welche in Einsamkeit leben und selbst zu ihresgleichen in immerwährender, grimmiger Feindschaft stehen. Solche Exemplare werden, gerade wie bei den Elefanten, Einsiedler genannt und sind wegen ihrer Erfahrung, List und Verschlagenheit doppelt gefährlich.

Kurze Zeit später wurde Saadi im Triumph in das Zeltdorf geleitet. Er übergab das Fell des Löwen seiner Schwägerin, der Frau seines Bruders, zur Zubereitung und begab sich dann nach dem Zelt des Scheichs.

Er wurde dort ganz anders empfangen als vorher. Er mußte sich neben Menalek auf den Ehrenplatz setzen und erhielt Tabak und Pfeife, wobei Liama ihn bedienen mußte, was sie natürlich mit der größten Freude tat.

Die beiden Männer rauchten lange Zeit schweigend, ohne ein Wort zu sprechen; endlich aber legte der Scheich die Pfeife weg und sagte:

„Saadi, du tapferer Sohn der Beni Hassan, du hast mich am Leben erhalten, als ich bereits an der Pforte des Todes stand. Du liebst Liama, meine Tochter?"

Der Gefragte legte nun auch seine Pfeife fort und antwortete:

„Ich liebe sie von ganzem Herzen. Mein Leben gehört dir und ihr; darum habe ich es für dich gewagt, als der Herr des Donners dich zerreißen wollte."

Der Scheich wendete sich an seine Tochter:

„Liama, du Weide meiner Augen, ist deine Seele diesem Tapferen zugetan?"

„Ja, Vater", antwortete sie. „Allah hat ihm mein Herz geschenkt; Allah ist allmächtig, ihm ist nicht zu widerstehen."

„So möge er dein Herr sein, und du sollst sein Weib sein, so lange Allah euch das Leben schenkt. Mein Segen sei euer Eigentum und leuchte euch bis zur letzten Stunde eurer Tage."

Er legte ihre Hände ineinander. Sie knieten vor ihm nieder, und er segnete sie. Dann trat auch sein Weib herbei und legte unter Tränen ihre Hände auf die Häupter der beiden. Diese Abkömmlinge Ismaels hatten die Sitten ihrer Urahnen in solcher Ursprünglichkeit erhalten, daß die gegenwärtige Szene sehr leicht in die alttestamentliche Zeit zurückgedacht werden könnte.

„So seid ihr denn bereits heute Mann und Weib", sagte der Scheich. „Doch wenn der neue Monat beginnt, soll eure Hochzeit gefeiert werden, so weit die Herden der Beni Hassan weiden. Von jetzt an soll Saadi in meinem Zelt wohnen. Liama ist mein Kind und er mein einziger Sohn. Was ich habe, ist auch sein Eigentum. Der Wille Allahs soll geschehen."

Hierauf zog er sich in den hinteren Teil des Zeltes zurück; die Liebenden aber, welche so unerwartet und plötzlich glücklich geworden waren, traten aus demselben hinaus, um beim Schein der Sterne von der Seligkeit zu flüstern, welche jetzt in ihrem Herzen wohnte.

Am anderen Morgen ritten drei Männer in das Zeltdorf ein. Sie sahen ungeheuer staubig aus und hatten ganz das Aussehen von Leuten, welche eine große Reise hinter sich haben.

Sie sprangen vor dem Zelt des Scheichs vom Pferd. Dieser trat hinter dem Vorhang hervor. Als er sie betrachtete, legte sich seine Stirn in Falten.

„Wer seid ihr?" fragte er.

„Wir sind Tuareg", antwortete einer der Männer in stolzem Ton.

Die Tuareg sind ein vielstämmiges Wüstenvolk, dunkler gezeichnet als die Mauren und als unverbesserliche Räuber bekannt.

„Was wollt ihr bei den Zelten der Beni Hassan?" fuhr der Scheich fort.

„Bist du Scheich Menalek?"

„Ich bin es."
„Wir suchen zwei Männer, welche unter dem Schutz deines Stammes wohnen."
„Wer sind sie?"
„Es ist Vater und Sohn. Sie stammen aus dem Osten und kamen in diese Gegend, um einer Blutrache zu gehorchen."
„Wie heißen sie?"
„Malek Omar und Ben Ali."
„Ich kenne sie."
„Wo befinden sie sich?"
„Sie sind fortgeritten, ohne mir zu sagen, welches ihr Ziel ist."
„Werden sie wiederkommen?"
„Sie sagten es."
„Wann?"
„Ich weiß es nicht."
„Sie haben uns gesagt, daß sie uns hier erwarten werden. Wirst du uns erlauben, bis zu ihrer Rückkehr das Salz und Brot deines Stammes zu essen?"

Es dauerte eine Weile, ehe er sagte:
„Ich erlaube es, wenn ihr Freunde dieser Männer seid."
„Wir sind ihre Freunde."
„Sie sind unsere Gäste, und die Freunde meiner Gäste sind auch meine Freunde. Tretet bei mir ein, um Salz und Brot zu essen und euch bei mir auszuruhen; denn ich sehe, daß ihr einen weiten Weg zurückgelegt habt."
„Wir sind mehrere Tage und Nächte geritten, um deinen Gästen eine sehr wichtige Botschaft zu überbringen."

Sie ließen ihre Pferde frei stehen und folgten dem Scheich in sein Zelt. Sie hatten dasselbe aber noch nicht lange betreten, so langten zwei andere Reiter an, welche von Norden herbeigeritten kamen. Es war Richemonte mit seinem Cousin.

Auch sie hielten vor dem Zelt des Scheichs, und dieser trat aus demselben hervor, um sie zu empfangen. Er sagte ihnen, daß drei Tuareg angekommen seien, um ihnen eine wichtige Botschaft zu bringen.
„Wo sind sie?" fragte Richemonte.
„In meinem Zelt."
„Laß ihren Führer hervortreten! Wir werden mit ihm sprechen."

Die beiden verkappten Franzosen stiegen von den Pferden. Der Tuareg, welcher vorhin den Sprecher gemacht hatte, kam herbei und wurde von ihnen durch die Zeltreihe hinaus in das

Freie geführt, wo man reden konnte, ohne sich der Gefahr auszusetzen, belauscht zu werden.

Sie trafen dabei auf Saadi. Er war mit Liama zu den Herden gegangen, um diese zu besichtigen. Das Mädchen war dort bei seinem Lieblingskamel zurückgeblieben. Er betrachtete im Vorübergehen die fünf Männer, und dabei begegneten seine Augen denen Richemontes. Über beider Angesicht zuckte es wie ein plötzliches Erkennen, doch setzten sie ihren Weg ruhig in entgegengesetzter Richtung fort. Der Scheich stand noch vor dem Zelt, als Saadi dort ankam.

„Wer waren diese Leute?" fragte der letztere.

„Zwei Araber aus dem Osten, welche meine Gäste sind", antwortete der Gefragte, „und einer von den drei Tuareg, welche jetzt kamen, um sie aufzusuchen."

„Wie heißt der Gast mit dem grauen Bart?"

„Malek Omar."

Sofort erinnerte sich Saadi des gestrigen Gespräches mit der Geliebten. Der Jüngere der beiden Gäste war also Ben Ali, welcher Liama liebte.

„Ich kenne ihn", sagte er.

„Du kennst ihn?" sagte Menalek erstaunt. „Du warst ja nie in den östlichen Oasen. Wo hast du ihn gesehen?"

„In Algier."

„Du irrst. Er ist nie in Algier gewesen."

„Ich irre nicht. Es ist Malek Omar, der Fruchthändler."

„Mein Sohn, dein Auge wird dich täuschen."

„Mein Auge betrügt mich nicht. Ich sah diesen Mann einige Mal in das Haus des Generalgouverneurs gehen. Glaubst du, daß man dieses Gesicht verkennen kann?"

„Nie!" antwortete der Scheich nachdenklich.

„Haben diese beiden Männer die Sprache des Ostens?"

„Ich habe sehr viele Dialekte gehört, aber der ihrige ist mir unbekannt. Sie müssen aus einer Oase oder aus einem Land stammen, wo ich noch nicht gewesen bin."

„Reden sie vielleicht die Sprache unseres Volkes so, wie sie von den Franken gesprochen wird?"

Über das Gesicht des Scheichs ging ein rasches, eigentümliches Zucken.

„Allah ist groß! Du hast richtig geraten, Saadi!"

„Sie sind wegen einer Blutrache da?"

„Ja."

„Denke über sie nach, o Scheich! Ich war dort, wo die Franken wohnen und habe erfahren, daß ihr Herz falsch ist. Diese Männer kommen von Osten und sagen nicht, wo ihre Heimat ist. Sie haben eine Blutrache und sprechen nicht davon. Sie verkehren mit Tuareg, welche Räuber und Mörder sind. Sie sprechen wie die Franken. Der Vater heißt Malek Omar, und der Sohn nennt sich Ben Ali. Müßte er nicht Ben Malek Omar heißen, wenn er wirklich der Sohn des anderen wäre? Ich habe diesen Fruchthändler in Algier gesehen, und er hat dir gesagt, daß er noch nie dort gewesen sei? An diesen Männern klebt die Lüge. Ich sage dir, daß sie nicht das sind, wofür sie sich ausgeben."

„Du hast recht, mein Sohn", meinte der Scheich, indem sein Auge finster die Richtung suchte, in welcher die drei Männer verschwunden waren. „Aber warum belügen sie mich? Wer sollen sie sein?"

Saadi blickte nachdenklich vor sich hin und fragte:

„Hast du von dem Mann gehört, welcher das Auge der Franzosen genannt wird?"

„Ja. Er ist der Spion der Franken."

„Keiner kennt ihn!"

„Keiner!"

„Ich denke an ihn, indem ich an diesen Fruchthändler Malek Omar denke."

Es sah fast aus, als ob der Scheich erschrecken wollte.

„Allah il Allah!" rief er. „Mein Sohn, deine Gedanken sind schlimm."

„Vielleicht aber treffen sie das Richtige!"

„Du meinst, er ist es?"

„Es ist möglich, daß er es ist, obgleich ich es ihm nicht beweisen kann."

„Er ist mein Gast; aber dennoch müßte er sterben, wenn er ein Verräter wäre."

„Vielleicht entdecken wir es. Laß uns ihn prüfen. Ich werde ihm sagen, daß ich ihn in Algier gesehen habe, und wenn er gerechte Sache hat, wird er zugeben, daß er dort gewesen ist; leugnet er es aber, so ist sein Herz voller Trug gegen uns."

„Aber wir haben dann doch noch keine Gewißheit."

„Nein; aber wir wissen wenigstens, daß wir ihm nicht trauen dürfen."

„Deine Sprache ist die Sprache der Vorsicht und Weisheit. Bleibe bei mir; denn du sollst gegenwärtig sein, wenn diese Männer mit mir zu sprechen verlangen. Warst du längere Zeit in Algier?"

„Mehrere Monate."
„Hast du die Sprache der Franken gehört?"
„Ja."
„Hast du etwas von ihr behalten?"
„Ich kenne viele ihrer Worte und auch mehrere Fragen."
„Sprich einige solche Worte zu diesen beiden Männern, und zwar dann, wenn sie es nicht erwarten. Vielleicht werden sie überrascht und gefangen, indem sie dir darauf antworten."
„Dein Rat ist klug, o Scheich. Ich werde ihn befolgen."
Während dieses Gespräches hatten die drei, von denen die Rede war, das Zeltdorf verlassen und den Eingang der Schlucht erreicht, wo gestern der Löwe getötet worden war. Der Kadaver desselben war aus Ehrfurcht vor dem Herrn des Donners in den Sand vergraben worden; darum fanden sie keine Spur desselben. Sie setzten sich an dem Rand der Schlucht nieder, so daß sie sicher waren, jeden sich Nähernden sofort zu bemerken.
Sie hatten bis jetzt kein Wort gesprochen; nun aber begann Richemonte:
„Seit wann befindet ihr euch in diesem Lager?"
„Wenige Augenblicke", antwortete der Targi – Einzahl von Tuareg –.
„Welche Botschaft bringt ihr?"
„Die, welche du verlangtest."
„So habt ihr den Reisenden gesehen, welcher von Timbuktu kommt?"
„Wir haben ihn gesehen, denn wir sind zwei Tagereisen weit mit seiner Karawane geritten."
„Habt ihr etwas erfahren?"
„Alles!"
„So erzähle."
„Wir stießen zwei Tage vor Insalah zu dieser Karawane und wurden friedlich aufgenommen. Der Herr des Zuges stammt aus einem fernen Land des Nordens. Er ist ein Nemtse."
Nemtse heißt Deutscher.
„Habt ihr seinen Namen erfahren können?"
„Ja, es ist ein Name, wie ihn nur ein Barbar, ein Ungläubiger tragen kann. Ich habe meine Zunge lange Zeit vergeblich gezwungen, ihn auszusprechen. Er lautet ungefähr wie Ko-ni-kau."
„Königsau?" fragte Richemonte.
„Deine Zunge ist gelenkiger als die meinige, denn ganz so, wie du ihn aussprichst, ist dieser Name."

„Hatte er viele Leute bei sich?“

„Er hatte einen Führer und einen Obersten der Kameltreiber nebst fünfzehn Treibern. Und zum Schutz seiner Waren begleiteten ihn dreißig Krieger vom Stamm der Ibn Batta.“

„Was trugen seine Kamele?“

„Viele trugen trockene Pflanzen, ausgestopfte Tiere und Bücher, auch Flaschen, in denen allerlei Gewürm sich befand. Mehrere Kamele aber waren mit kostbaren Waren beladen, welche die Franken brauchen, die Tuareg aber nicht.“

„Wann wird diese Karawane nach Tuggurt kommen?“

„Erst wenn zwei Wochen vergangen sind.“

„Könnt ihr sie dort beobachten?“

„Was bietest du uns dafür?“

„Was verlangt ihr?“

„Ich werde mich mit meinen Gefährten besprechen.“

„Tue dies. Ihr werdet uns in zwei Wochen hier in diesem Zeltlager finden, um uns zu sagen, wann die Karawane von Tuggurt aufbricht.“

„So dürfen wir uns nicht ausruhen; denn wir müssen ihr bis Rhadames entgegenreiten. Werden wir hier frische Pferde bekommen?“

„Ihr könnt die eurigen umtauschen; ich werde euch dabei behilflich sein. Jetzt aber kannst du in das Zelt des Scheichs zurückkehren, denn du bedarfst der Ruhe, und ich habe mit meinem Sohn zu sprechen.“

Der Targi befolgte diese Weisung, und die beiden Zurückbleibenden begannen, sich in französischer Sprache zu unterhalten.

„Weißt du, daß ich vorhin tüchtig erschrocken bin“, sagte Richemonte.

„Worüber?“ fragte der Cousin.

„Hast du den jungen Kerl gesehen, welcher uns begegnete?“

„Ja.“

„Ich kenne ihn, und ich befürchte, daß auch er mich erkannt hat.“

„Ah! Woher kennst du ihn?“

„Von Algier aus. Er war der Begleiter des englischen Konsuls gewesen und hat mich einige Male gesehen, als ich zum Gouverneur ging.“

„Das ist verteufelt unangenehm.“

„Ganz und gar.“

„Aber gefährlich doch noch nicht.“

„Das bezweifle ich. Wenn der Mensch nun davon spricht, daß er mich in Algier gesehen hat?"

„Nun, was tut das? Du gibst einfach zu, daß du dort gewesen bist."

„Was soll ich dort gewollt haben?"

„Die Blutrache! Können wir nicht den, welchen wir töten wollen, in Algier gesucht haben?"

„Das wäre allerdings möglich; aber du vergißt, daß ich zu Scheich Menalek bereits gesagt habe, daß ich Algier noch gar nicht kenne."

„Verdammt!"

„Ja. Es bleibt mir nichts übrig, als alles abzuleugnen."

„Das wird unter diesen Umständen allerdings das beste sein. Ich glaube nicht, daß wir Mißtrauen erwecken. Wer weiß, ob der Kerl sich dein Gesicht gemerkt hat."

„Er hat es sich gemerkt, und ich bin im aufgefallen; das habe ich sogleich gesehen, als er uns begegnete; ich sah es ihm an den Augen an."

„Nun, so hat er sich einfach geirrt. Menschen sehen sich ja ähnlich. Aber, da fällt mir ein, daß, wenn wir ja Mißtrauen erwecken, der Scheich sich sehr hüten wird, mit uns im Bunde die Karawane zu überfallen."

„Das wäre allerdings ein dicker Strich durch unsere Rechnung."

„Was täten wir in diesem Falle?"

„Wir müßten uns auf die Tuareg verlassen. Sie könnten eine Anzahl der Ihrigen anwerben. Ich glaube, daß sie dazu bereit sein würden."

„Aber diese Räuber würden alles nehmen und uns nichts lassen."

„Das befürchte ich nicht. Vieles von dem, was der Deutsche mit sich führt, wird vollständig unbrauchbar für sie sein. Gehen wir zum Scheich, um mit ihm zu sprechen und Gewißheit zu erhalten, ob ich erkannt worden bin."

Sie machten sich auf, um diesen Vorschlag auszuführen. Indem sie langsam wieder den Zelten entgegenschritten, bemerkte der Cousin Liama, welche bei einem wunderschönen Kamelfüllen stand und dasselbe zärtlich streichelte.

„Siehst du dort die Tochter des Scheichs?" fragte er.

„Ja, sie ist's", antwortete Richemonte.

„Ich muß hin."

„Halt, jetzt nicht."

Diese letzten Worte kamen zu spät. Der andere hatte sich bereits mit raschen Schritten entfernt. Richemonte setzte seinen Weg fort, indem er eine zornige Verwünschung über den Verliebten in den Bart brummte.

Dieser näherte sich dem schönen Mädchen, indem seine Augen mit Gier auf ihren reizenden Formen ruhten.

„Salam aleikum – Friede sei mit Dir!" grüßte er sie.

„Aaleikum sallam", antwortete sie, indem sie sich zu ihm umdrehte. Aber kein freundlicher oder gar aufmunternder Blick fiel auf ihn.

„Die Tochter der Beni Hassan ist heute so schön wie immer", sagte er.

„Und der Mann aus dem Osten schmeichelt wie immer", antwortete sie.

„Ich sage die Wahrheit."

„Es ist nicht nötig, daß du sie sagst."

„Warum nicht? Ist es dir nicht lieb, schön zu sein?"

„Allah gibt die Schönheit, und er nimmt sie. Sie gehört ihm, aber nicht uns."

„Du hast recht. Aber so lange man sie besitzt, soll man sich ihrer freuen. Oder weißt du nicht, welches Glück die Schönheit bringt?"

„Welches?" fragte sie im gleichgültigsten Ton.

„Schönheit bringt Liebe."

„Liebe, nur durch Schönheit erweckt, mag ich nicht."

„Warum nicht?"

„Die Liebe hat nur dann Wert, wenn sie die Tochter des Herzens ist."

„Auch jetzt hast du recht. Aber sage, ob dein Herz gut ist?"

„Wer kann sein eigenes Herz erkennen? Wer darf von sich selbst sagen, daß er gut sei? Nur Allah sieht in die Verborgenheit."

„Du sprichst so weise wie ein Marabut. Wenn man auch nicht den Wert seiner Seele erkennt, so kann man doch die Gefühle seines Herzens kennen. Sage mir, Liama, ob dein Herz noch frei ist."

„Frei? Kann das Herz ein Sklave sein?"

„Ja, ein Sklave der Liebe."

„Dann würde ich die Liebe hassen, denn nur ein Tyrann besitzt Sklaven."

„Und dennoch ist die Liebe ein Tyrann. Sie beherrscht das

Herz, ich welchem sie wohnt, vollständig. Auch mein Herz ist ihr Sklave."

„Ich bedaure dich", sagte sie kalt.

„Ja, bedaure mich, aber erlöse mich auch."

Er trat ihr einen Schritt näher und erhob den Arm, als ob er denselben um sie legen wolle. Sie aber wich zurück und sagte:

„Ich verstehe dich nicht. Wie könnte ich dich erlösen?"

„Indem du meine Liebe erwiderst. Ja, Liama, ich muß dir sagen, daß ich dich liebe, daß ich an dich denke bei Tag und bei Nacht, daß ich ohne dich nicht glücklich werden kann. Sage mir, ob du mich wiederliebst."

„Seine Augen leuchteten in der Glut der Leidenschaft. Er hatte diese Worte fast zischend zwischen den Lippen hervorgestoßen.

„Nein", antwortete sie kalt.

„Nicht?" fragte er. „Warum nicht?"

„Ich weiß es nicht. Allah allein gibt Liebe."

Er biß sich auf die Lippe. Das hatte er nicht erwartet. Er, ein Franzose, ein Angehöriger der großen Nation, sollte bei diesem Arabermädchen keine Liebe finden? Das hatte er gar nicht für möglich gehalten.

„Bin ich dir zu häßlich?" fragte er.

„Nein", antwortete sie lächelnd.

„Zu alt?"

„Nein."

„Zu arm?"

„Ich weiß ja gar nicht, wieviel du besitzest."

„Oder liebst du bereits einen anderen?"

Da richtete sich ihre Gestalt stolz empor.

„Wie darfst du wagen, der Tochter des Scheichs Menalek diese Frage vorzulegen?" sagte sie. „Bin ich deine Dienerin, daß ich dir antworten muß?"

Sie war in ihrem Stolz, in ihrem Zorn doppelt schön. Sein Auge verschlang sie fast. Seine Leidenschaft ließ sein Herz so heftig klopfen, als ob er durch einen Dauerlauf atemlos geworden sei.

„Nein, antworten mußt du mir nicht", sagte er, „sondern ich bitte dich nur, mir eine Antwort zu geben."

„Du hast keine Erlaubnis zu dieser Bitte."

„Ah, du liebst", zischte er.

„Was geht es dich an?"

„Viel, sehr viel. Ich habe dir gesagt, daß ich dich liebe. Jeder meiner Atemzüge gehört dir; alle meine Gedanken sind dein

Eigentum. Du sollst und du mußt mich lieben; du mußt mein Weib werden. Ich werde um dich kämpfen, und ich sage dir, daß ich dich besitzen werde."

Ehe sie Zeit fand, auszuweichen, hatte er ihre beiden Hände ergriffen.

„Laß mich!" sagte sie.

„Nein, ich lasse dich nicht! Meine Liebe gibt mir ein Recht auf dich."

Sie versuchte, ihre Hände zu befreien, aber es gelang ihr nicht.

„Ich befehle dir, fortzugehen!" sagte sie in gebieterischem Ton.

„Fortgehen? O nein, nein, und tausendmal nein!" antwortete er, indem er sich bestrebte, sie an sich zu ziehen.

Er vergaß, wo er war; er vergaß, daß man ihn hier auf der offenen Ebene beobachten konnte, ja, daß man ihn sehen mußte. Die Leidenschaft machte ihn blind, so daß er nicht einmal die beiden Männer bemerkte, welche hinter seinem Rücken rasch herbeigeschritten kamen. Sie aber hatte dieselben gar wohl bemerkt, nur entging ihm das freudige Aufleuchten ihrer Augen.

„Soll ich um Hife rufen?" fragte sie.

„„Rufe!" antwortete er. „Es wird dir nichts nützen, denn ich werde in dieser Stunde bei deinem Vater um dich anhalten."

Da erklang es hinter ihm laut und in französicher Sprache:

„Was tust du da?"

Er drehte sich rasch um. Er bemerkte Saadi, welcher in kurzer Entfernung hinter ihm stand und antwortete schnell und zornig in derselben Sprache:

„Was geht es dich an?"

Saadi war nämlich mit dem Scheich noch im Gespräch begriffen gewesen, als der Tuareg von der Schlucht zurückkehrte. Kurze Zeit später sahen sie auch die beiden anderen daherkommen. Sie bemerkten, daß der Jüngere nach der Gegend eilte, in welcher sich Liama befand.

„Er geht zu ihr!" sagte Saadi, indem sich seine Brauen zusammenzogen.

„Zu Liama?" fragte der Scheich. „Was will er dort?"

„Hat Liama es dir nicht gesagt, daß er ihr nachgeht, daß er ihr Schritt auf Schritt folgt?"

„Er mag sich hüten! Er ist ein Fremdling, den ich gastlich aufgenommen habe. Verletzt er das Gastrecht, indem er mein Kind beleidigt, so wird mein Dolch sein Herz finden. Und ist er gar ein Franzose, so . . ."

Er hielt inne; aber seine Miene sagte deutlich, was er auszusprechen zögerte.

„Sieh, er spricht mit ihr! Komm!“ sagte Saadi.

Er faßte den Scheich bei der Hand und zog ihn mit sich fort. Sie schritten schnell zwischen einigen Zelten hindurch und gelangten in das Freie. Die dort weidenden Tiere boten ihnen Deckung genug, unbemerkt in die Nähe des bedrängten Mädchens zu kommen. Ein starkes Lastkamel stand da, welches an den spärlichen Halmen naschte.

„Verstecke dich hinter dem Tier“, sagte Saadi.

„Warum?“

„Ich werde ihn in der Sprache der Franzosen anreden. Vielleicht antwortet er mir in derselben; er würde dies aber nicht tun, wenn er dich sofort mit bemerkte. Der Sand wird unsere Schritte dämpfen.“

Der Scheich nickte und huschte mit einer Behendigkeit, welche man dem ernsten, gravitätischen Araber gar nicht zugetraut hätte, vorwärts, bis ihn der Leib des Kameles verbarg.

Saadi schlich sich ebenso behende heran und rief die bereits erwähnten Worte:

„Was tust du da?“

„Was geht es dich an?“ antwortete der andere ebenso französisch, indem er sich herumdrehte und, zornig über die Störung, den Beduinen anblickte.

„Mehr als du denkst.“

„Mille tonnerres, wie meinst du das?“

Da trat der Scheich hinter dem Kamel hervor und sagte.

„Allah ist groß! Du redest die Sprache der Franzosen?“

Der Spion merkte jetzt erst, welch einen Fehler er begangen hatte; aber er faßte sich augenblicklich und antwortete, indem er auf Saadi deutete:

„Dieser doch auch.“

„Von ihm wußte ich es, von dir aber nicht. Was tust du hier?“

Erst jetzt ließ der Franzose die Hände des Mädchens los.

„Ich spreche mit Liama, deiner Tochter“, antwortete er.

„Aber du sprichst so mit ihr, daß sie um Hilfe rufen wollte!“

Die Hand des Scheichs hatte sich unwillkürlich an den Griff des Dolches gelegt.

„Ich habe ihr nichts Böses getan“, meinte der Franzose.

„Sie hat mit dir gerungen.“

„Das tut ein jedes Mädchen im ersten Augenblick, wenn man mit ihr von Liebe spricht. Scheich Menalek, ich bitte dich, mit nach deinem Zelt zu kommen, denn ich habe notwendig mit dir zu sprechen."

„Worüber?"

„Über Liama."

„Hier steht sie, und hier stehe ich. Rede! Wir brauchen nicht erst nach dem Zelt zu gehen, denn wir können deine Worte hier ebenso deutlich verstehen."

Das kam dem Franzosen unerwartet. Auch war die Miene des Scheichs keineswegs so, daß sie ihm hätte Mut machen können. Bei einer Unterredung im Zelt hätte er auf den Beistand Richemontes rechnen können, während er hier allein war. Darum sagte er, auf Saadi deutend.

„Aber dieser hier?"

„Er darf alles hören", antwortete der Scheich. „Sprich! Ich höre."

Dagegen gab es nun keine weiteren Einwendungen. Darum begann er zögernd:

„Ich – ich – ich liebe deine Tochter."

Der Scheich nickte ernst, ohne eine Antwort zu geben.

„Ich hoffe, daß du mir dies nicht verbietest."

„Ich kann es nicht verbieten."

„Ich bitte dich, sie mir zum Weib zu geben."

Der Scheich warf mit einem stolzen Lächeln den Kopf zurück und sagte:

„Du sprichst mit sehr kurzen Worten. Ich bin Menalek, der Scheich der Beni Hassan. Die Herden, welche du hier siehst, sind mein Eigentum. Wer aber bist du, und wo weiden deine Herden?"

Diese Fragen brachten den Franzosen in Verlegenheit. Er konnte ohne Richemonte keine Auskunft erteilen; darum antwortete er: „Ich bin reich! Sprich mit meinem Vater. Er wird dir sagen, wer wir sind und was wir besitzen."

„Wird er mir das in der Sprache der Franzosen sagen?" fragte der Scheich boshaft.

„Er versteht sie nicht; er ist ein Beduine gerade wie du."

„Aber du verstehst sie."

„Nur wenige Worte, welche ich zufällig gehört habe."

„Hast du Liama gesagt, daß du wünschest, sie zum Weib zu haben, und was hat sie dir geantwortet?"

Der Franzose zögerte mit der Antwort. Er fühlte sich höchst verlegen.

„Liebt sie dich?"

„Ich weiß es nicht."

„Du lügst! Du weißt, daß sie dich nicht liebt; sie muß es dir gesagt haben, denn sie hat ihr Herz bereits einem anderen geschenkt."

Der Franzose fuhr empor.

„Wem?" fragte er rasch.

Der Scheich deutete auf Saadi und antwortete:

„Hier steht er, den sie liebt, und dem ich sie versprochen habe. Du kommst zu spät. Laß dich nicht wieder bei Liama sehen. Saadi hat gestern den Herrn des Donners getötet, und würde auch dich töten, wenn er noch einmal sehen müßte, daß du diejenige berührst, welche sein Eigentum ist. Hast du mir noch etwas zu sagen?"

Der Franzose war bleich geworden. Die Eifersucht wühlte tief in seinem Innern. Aber aus diesem leichenblassen Angesicht schoß sein Auge einen Blick glühendsten Hasses auf seinen bevorzugten Nebenbuhler.

„Wer ist dieser?" fragte er.

„Es ist Saadi, ein Angehöriger der Beni Hassan."

„Gut! Du fragst, ob ich dir noch etwas zu sagen habe? Nein, jetzt nicht, Scheich, aber jedenfalls später."

Er drehte sich um und ging den Zelten zu.

„Allah sei uns gnädig. Er wird sich rächen!" sagte Liama, als er sich bis auf Hörweite entfernt hatte.

„Rächen? Dieser?" fragte der Scheich verächtlich. „Wir fürchten ihn nicht. Wie will er sich rächen, da er uns braucht, um die Karawane der Franzosen zu überfallen? Er hat uns nötig, nicht aber wir ihn. Komm, Saadi, mein Sohn. Laß uns nach dem Zelt gehen, um weiter zu hören, was dieser Vater und dieser Sohn mit den Tuareg gesprochen haben."

Indem sie nebeneinander herschritten, fragte er seinen Begleiter nach den französischen Worten, welche dieser vorhin ausgesprochen hatte. Saadi gab ihm eine Übersetzung derselben.

„Kann es möglich sein, daß er nur wenige Worte versteht?" fragte der Scheich.

„Nein. Was er gesprochen hat, kann nur einer sagen, der mehr als nur einige wenige Worte gehört hat."

„So glaubst du, daß er ein Franzose ist?"

„Ich glaube es. Er redet unsere Sprache gerade so, wie ich es in Algier gehört habe, wenn die Offiziere der Franzosen arabisch sprachen."

„So wollen wir vorsichtig sein. Wenn er ein Spion ist, so will er uns veranlassen, eine französische Karawane zu überfallen nur zu seinem Vorteil und zu unserem Schaden. Er würde den Raub an sich nehmen; wir aber würden die Rache des Gouverneurs auf uns laden und auf unseren Weideplätzen überfallen und getötet werden."

Als die beiden in das Zelt traten, hatte der Cousin sich neben Richemonte niedergelassen, ohne Zeit gefunden zu haben, diesem das Erlebte mitzuteilen. Sie griffen, ohne sich etwas merken zu lassen, zu ihren Pfeifen, während die Frau des Scheichs beschäftigt war, den Gästen ein Morgenmahl vorzulegen.

Dasselbe wurde verzehrt, ohne daß der Scheich und Saadi an demselben teilnahmen. Dies war eigentlich ein sicheres und deutliches Zeichen, daß diese beiden jetzt gewillt waren, die Gastlichkeit nicht in vollem Umfang in Anwendung zu bringen. Richemonte merkte dies gar wohl. Er fragte:

„Warum nimmst du nicht von dieser Speise?"

„Ich pflege nicht, des Morgens zu essen", antwortete der Scheich.

„Aber doch habe ich dich des Morgens essen sehen."

„Wohl selten", entgegnete Menalek kurz.

Als das Mahl beendet war und ein jeder sich die fettigen Finger am Burnus abgewischt hatte, brachte Richemonte das Hauptthema zur Sprache.

„Ich hörte, daß du in Blutrache mit den Ibn Batta lebst?" fragte er.

„So ist es", antwortete der Scheich. „Sie haben zwei Beni Hassan getötet."

„Nun wirst du jeden Ibn Batta töten, der in deine Hände fällt?"

„Ja, ich werde ihn töten."

„Wirst du mir dankbar sein, wenn ich dir deine Feinde in die Hand liefere?"

„Ich werde es dir danken."

„Nun, so will ich dir sagen, daß dies geschehen wird, wenn zwei Wochen vergangen sind."

„Wo?"

„Auf dem Weg von hier nach Tuggurt. Es wird da die Karawane der Franzosen ankommen, welche von Timbuktu unterwegs ist."

„Was gehen mich die Franzosen an?"

„Es sind dreißig Krieger der Ibn Batta bei ihnen."

„Ich werde ihnen nichts zuleide tun", sagte der Scheich kalt. „Diese will ich nicht."

Richemonte erstaunte.
„Warum gerade diese nicht?"
„Weil sie jetzt Diener der Franzosen sind."
„Sie sind dennoch deine Feinde."
„Aber die Franzosen würden sie an mir rächen."
Richemonte wußte jetzt wirklich nicht, woran er mit dem Scheich war.
„Fürchtest du die Franzosen?" fragte er.
„Ich fürchte sie nicht."
„Du hassest sie?"
„Ja, aber ich will trotzdem in Frieden mit ihnen leben."
„Wie kommt es, daß du deine Ansichten so schnell änderst, Scheich Menalek?"
„Ich ändere sie nicht. Meine Ansicht ist stets gewesen, niemals das zu tun, was mir und den Meinen Schaden bringt."
„Schaden? Ah, ich sage dir, daß du großen Vorteil haben würdest?"
„Welchen Vorteil meinst du?"
„Die Karawane ist sehr bedeutend."
„Meinetwegen mag sie so lang sein, wie die Wüste breit ist."
„Sämtliche Kamele, Pferde und Waffen würden in eure Hände fallen. Nur das übrige würde ich für mich nehmen."
„Nur?" fragte der Scheich mit ironischer Betonung.
„Ja, nur; denn das alles ist nicht so viel wert als die Beute, welche ihr machen würdet."
„Ich mag kein Kamel, kein Pferd und keine Waffe der Franzosen. Ich weiß, daß du nur Scherz mit mir treibst."
„Scherz? Wie kommt dir dieser Gedanke?"
„Wie kannst du ernstlich meinen, daß ich eine französische Karawane überfallen soll, da du doch ein Freund der Franzosen bist."
„Ich?" fragte Richemonte erstaunt. „Wer hat dir das gesagt?"
„Ich vermute es."
„Weshalb?"
„Weil du mit jenen verkehrst."
„Allah behüte deinen Verstand. Wo soll ich mit ihnen verkehren?"
„In der Stadt Algier."
„Dort? Ich bin ja niemals dortgewesen."
„Und doch, hier Saadi, der Mann meiner Tochter, hat dich dort gesehen."

Richemonte spielte den Überraschten. Er sah den Genannten erstaunt an und fragte:

„Du? Du willst mich in Algier gesehen haben?"

„Ja", antwortete dieser ruhig.

„So zürne deinen Augen, denn sie haben dich belogen."

„Meine Augen haben mir noch niemals die Unwahrheit gesagt. Ich habe dich gesehen, du gingst zum Generalgouverneur. Ich weiß auch deinen Namen."

„Allah schütze dich! Natürlich weißt du meinen Namen. Jedermann hier im Lager kennt ihn. Man wird ihn dir gesagt haben. Ich heiße Malek Omar."

„Ja, Malek Omar, der Fruchthändler, der Fakihadschi."

„Ich verstehe dich nicht. Ich bin niemals Fruchthändler gewesen!"

Der Scheich machte eine Gebärde der Ungeduld und fragte ihn:

„Du hast von dem gehört, welchen wir das Auge der Franzosen nennen?"

„Ja."

„Du hast ihn auch gesehen?"

„Nie."

„O doch!"

„Allah il Allah! Wo soll ich diesen geheimnisvollen Mann gesehen haben?"

„Überall, wo du nur bist. Du brauchst nur in einen Spiegel oder in ein Wasser zu sehen, so erblickst du ihn."

Der Scheich hatte die Absicht, ihn zu überrumpeln, aber es gelang ihm nicht. Richemonte besaß genug Geistesgegenwart, ruhig zu bleiben.

„Ich verstehe dich nicht", sagte er, „du sprichst in Rätseln, welche ich nicht zu lösen vermag. Ich bitte dich, deutlicher zu reden."

„Nun, so will ich deutlicher sprechen. Du selbst bist das Auge der Franzosen."

Bei dieser direkten Anklage spielte Richemonte den Erstaunten so vortrefflich, daß er jeden anderen getäuscht hätte.

„Bist du toll, Scheich Menalek!" rief er. „Willst du mich beleidigen? Willst du die Sünde auf dich laden, einen treuen Anhänger des Propheten einen französischen Spion zu nennen? Kennst du mich nicht besser?"

„Ich kenne dich nicht! Du hast mir nie gesagt, wo deine Zelte stehen."

Richemonte fühlte, daß er, um den Verdacht, dessen Ursache er nicht begriff, zu zerstreuen, jetzt den Namen irgendeines Ortes nennen müsse.

„Meine Heimat ist Sella im Norden der Harudschberge", sagte er.

„Auch Ben Ali stammt dorther?"

„Ja; er ist ja mein Sohn."

„Wohnen dort Franzosen?"

„Nein."

„Bist du jemals mit Franzosen zusammengekommen?"

„Niemals. Ich schwöre es bei Allah und den Propheten."

„Aber dennoch sprichst du ihre Sprache."

Richemonte glaubte, der Scheich wolle nur auf den Busch schlagen. Er antwortete:

„Wie kommst du auf diesen Gedanken? Ich verstehe kein Wort davon."

„Auch Ben Ali, dein Sohn nicht?"

„Auch er nicht."

Er war so sehr bemüht, sich zu rechtfertigen, daß er die verstohlenen Winke, welche ihm sein Chousin gab, gar nicht bemerkte oder beachtete.

„Und auch er ist nie mit Franzosen zusammengekommen?"

„Niemals, gerade so wie ich."

„Allah il Allah! Du bist ein Ungläubiger, ein Giaur!" rief da der Scheich.

„Ich? Ein Giaur?" entgegnete Richemonte mit erhobener Stimme. „Zügele deine Zunge, Scheich Menalek. Wäre ich nicht dein Gast, so würde ich dir mein Messer zwischen die Rippen stoßen."

„Und dennoch bist du ein Giaur."

„Beweise es!"

„Du schwörst bei Allah und dem Propheten und redest doch die Unwahrheit. Das tut nur ein Giaur, der nicht an Allah glaubt und den Propheten schändet."

„Dein Vorwurf trifft mich nicht! Wie kannst du sagen, daß ich die Unwahrheit spreche? Sage mir eine einzige Lüge, welche du von mir gehört hast!"

„Du sagst, dein Sohn verstehe nicht die Sprache der Franzosen."

„Das ist die Wahrheit."

„Nein, sondern das ist eine Lüge, denn ich selbst habe ihn mit diesen meinen Ohren französisch sprechen gehört."

Erst jetzt warf Richemonte einen beobachtenden Blick auf seinen Cousin. Er sah, daß dieser leise mit den Augenliedern zwinkerte und ahnte sogleich, daß irgendeine Unvorsichtigkeit vorgefallen sei.

„Du selbst? Wo?“ fragte er.

„Draußen vor den Zelten, als ich ihn mit meiner Tochter überraschte.“

„Hat er fremde Worte gebraucht, so ist es nicht Französisch, sondern eine andere Sprache gewesen. Er versteht die Sprache der Türken.“

„Diese war es nicht. Hier Saadi versteht das Französische und hat mit deinem Sohn in dieser Sprache gesprochen.“

„Er lügt!“

Die Angst Richemontes trieb diese Worte in einem zornigen Ton heraus. Kaum aber waren sie ausgesprochen, so riß Saadi sein Messer aus dem Gürtel und sprang auf, um sich auf den Sprecher zu werfen. Aber der Scheich faßte ihn noch zur rechten Zeit, hielt ihn fest und sagte:

„Halt! Ich befehle dir, dein Messer einzustecken! Dieser Mann wohnt unter meinem Zelt und hat mein Brot gegessen. Noch steht er unter meinem Schutz.“ Und sich wieder zu Richemonte wendend, fügte er hinzu: „Du sagst, deine Heimat sei Sella, im Norden der Harudschberge. Sprichst du die Sprache dieser Gegend?“

„Ja“, war Richemonte gezwungen, zu antworten.

„Nein. Ich kenne Sella. Ich war dort und auch in Fugha, als ich meine erste Pilgerreise machte. Ich kenne jenen Dialekt. Du redest unsere Sprache, wie sie von den Franken gesprochen wird. An dir ist alles Lüge. Dieser Mann ist dein Sohn gar nicht.“

„Beweise es.“

„Er müßte deinen Namen tragen und Ben Malek Omar heißen.“

„Ich habe ihn nach seinem Großvater genannt, welcher Ali hieß.“

„Das ist nicht wahr, denn dann wäre sein Name Ben Malek Omar Ibn Ali. Du verrätst dich selbst; du kennst unsere Sitte nicht. Dieser, von dem du sagst, daß er dein Sohn ist, hat das Gastrecht verletzt, indem er Liama, meine Tochter, beleidigte. Sie hat mit ihm ringen müssen. Das tut kein wahrer Anbeter des Propheten, kein echter Sohn eines Beduinen. Ihr seid Spione der Franzosen und kommt, um mich zu einer Tat zu verleiten, welche großes Unheil über mich und meinen Stamm bringen würde.

Ich bin euer Gastfreund nicht mehr. Jetzt ist euer Leben noch nicht in Gefahr. Verlaßt augenblicklich mein Zelt! Befindet ihr euch in einer Stunde noch in der Nähe meines Lagers, so werde ich euch ohne Gnade töten lassen."

Er hatte sich von seinem Sitz erhoben und sprach diese Worte in einem so gebieterischen Ton, daß die Franzosen von ihren Matten auffuhren.

„Redest du wirklich im Ernst?" fragte Richemonte.

Es kam das alles vollständig unerwartet über ihn; er konnte das Verhalten des Scheichs nicht recht begreifen; aber sein Schnurrbart zog sich in die Höhe, und seine Zähne zeigten jenes raubtierartige Fletschen, welches bei ihm stets ein Zeichen einer gefährlichen Seelenerregung war.

„Es ist mein Ernst", antwortete der Scheich.

„Weißt du, welchen Schimpf du uns antust?"

„Ja, eine todeswürdige Schande."

„Nun gut, wir gehen. Du wirfst einen unaustilgbaren Fleck auf die Gastfreundschaft der Beni Hassan; du entehrst und beschimpfest die, denen du Schutz und Freundschaft zugesagt hast. Die Folgen werden über dich kommen."

„Ich verachte deine Drohung."

„Und was sagst du zu diesen drei Kriegern der Tuareg?"

„Sie sind eure Brüder und auch Spione. Sie mögen gehen."

Da standen auch die Tuareg von ihren Plätzen auf. Der Sprecher fragte den Scheich:

„Auch uns weisest du aus deinem Zelt fort?"

„Ja. Kämt ihr zu mir und nicht zu diesen Spionen, so würde ich euch willkommen heißen. Nun aber habt ihr gleiches Schicksal mit ihnen."

Da blickte der dunkelhäutige Mann dem Scheich drohend in das Gesicht.

„Weißt du, daß dies schlimmer ist als Mord?" fragte er.

„Ich weiß es", antwortete der Gefragte ruhig.

„So bist du der Todfeind aller Tuareg, und dein Stamm soll von der Erde verschwinden bis auf den letzten Mann. Die Hölle wird euch verschlingen mit allen euren Söhnen, Töchtern und Kindeskindern."

Jetzt verließen die fünf Ausgewiesenen das Zelt und bestiegen ihre Pferde.

„Wohin?" fragte der Cousin Richemontes leise.

„Zunächst nach Osten, um diese Kerle nicht merken zu lassen, wohin wir wollen."

Ihre Pferde stoben im raschesten Galopp um die Schlucht herum und dann nach Sonnenaufgang zu, immer längs des Wadi Itel dahin. Erst nach mehreren Stunden, als man fast das Ufer des Schott – See – Melric erreicht hatte, hielt Richemonte sein Pferd an und stieg ab. Die anderen taten dasselbe.

„Jetzt wollen wir sprechen“, sagte er. „Komm.“

Sein Verwandter folgte ihm abseits, während die Tuareg sich scheinbar gleichgültig in den glühenden Sand lagerten.

„Was soll das heißen? Wie kam das alles?“ fragte Richemonte. „Ich verstehe und begreife es nicht. Hast du französisch gesprochen?“

„Leider ja“, gestand der Gefragte.

„Esel! Welch ein ungeheurer Schnitzer. Wie konntest du dich so vergessen?“

„Dir wäre es ebenso passiert.“

„Wie kam es?“

„Ich sprach mit Liama . . .“

„Das war der Anfang des Unsinns. Ich rief dich zurück; aber du hörtest nicht. Hast du ihr eine Erklärung gemacht?“

„Ja.“

„Was antwortete sie?“

Der Gefragte stieß einen grimmigen Fluch aus und antwortete:

„Sie – ah, sie mag mich nicht.“

„Ich dachte es. Was gab sie für einen Grund an?“

„Einen sehr triftigen. Sie ist bereits versprochen.“

„Alle Teufel! Mit wem?“

„Mit diesem Saadi, den der Teufel herbeigeführt haben muß.“

„Und der verraten hat, daß er mich in Algier gesehen.“

„Und der es auch war, welcher mich zum Französischreden brachte.“

„Ah, wie kam das?“

„Oh, der Kerl hat es schlau angefangen. Ich stand gerade im Begriff, das Mädchen zu umarmen; da rief es in französischer Sprache hinter mir: ‚Was machst du da?‘ Und unwillkürlich gab ich eine französische Antwort.“

„Da war der dümmste Streich deines Lebens.“

Richemonte ließ nun eine ganze Flut ärgerlicher Ausdrücke los. Der andere ließ dieselbe ruhig über sich ergehen, bis sie zu Ende war.

„Und was nun?“ fragte der frühere Gardekapitän.

„Rache!“

„Natürlich. Aber wie?"
„Ich entführe das Mädchen."
„Laß von diesem Geschöpf! Was willst du mit ihm anfangen?"
„Sie wird meine Frau."
„Unsinn."
„Und gerade erst recht. Ich muß sie haben, und ich will sie haben. Dieser Saadi aber soll nicht nur sie, sondern auch das Leben lassen."
„Das versteht sich ganz von selbst. Übrigens will ich dir das Mädchen gönnen, denn sie ist wirklich einzig schön, und du bist verliebt. Verliebte aber bleiben so lange unzurechnungsfähig, bis man sie dadurch heilt, daß man ihnen den Willen läßt. Aber sie zu deiner Frau zu machen, das wäre Wahnsinn. Jetzt gilt es jedoch vor allen Dingen, keine Zeit zu verlieren. Wir müssen uns rächen und zugleich die Reichtümer des Deutschen an uns bringen. Ich denke, zu beiden werden sich die Tuareg gebrauchen lassen. Sie mögen den Deutschen überfallen."
„Das wäre der eine Teil. Und der andere, die Rache?"
„Hängt eng mit den vorigen zusammen. Die Tuareg überfallen den Deutschen, wir aber schieben die Schuld auf die Beni Hassan."
„Donner und Doria. Das geht!"
„Natürlich geht es. Es ist sehr leicht. Cavaignar wird gezwungen sein, sie zu züchtigen. Wir beide machen die Führer. Dabei bitte ich mir den alten Halunken, den Scheich, und diesen Saadi aus, und du kannst die Bedingung machen, daß dir Liama überlassen wird."
„Sie ist mir auf diese Weise sicher!" rief der Cousin triumphierend. „Sprechen wir mit den Tuareg."
„Geduld! Ehe es zu dieser Katastrophe kommt, haben wir zwei Wochen Zeit, da erst dann der Deutsche anlangt. Das läßt uns Gelegenheit, uns des Auftrages zu erledigen, welchen uns der Gouverneur übergeben hat. Wir suchen den Marabut auf."
„Wie weit ist es hin zu ihm?"
„Mit unseren müden Pferden werden wir sicherlich fünf Tage brauchen."
„Fünf hin und fünf zurück, macht zehn. Da können wir vier Tage bleiben."
„Vielleicht ist es in kürzerer Zeit abgetan. Es kommt darauf an, ob das Glück uns begünstigt oder nicht. Ruhe dich jetzt aus. Ich werde mit den Tuareg verhandeln; dann trennen wir uns von ihnen."

Während er sich zu den braunen Söhnen der Wüste begab, legte sein Verwandter sich in den Sand, um die letzterlebten Stunden nochmals an sich vorübergehen zu lassen. In seinem Innern glühte, kochte und tobte es von Liebe, Haß und Rachgier. Er liebte die schöne Liama mit einer Glut, welche nahe daran war, ihn unzurechnungsfähig zu machen. Der Wunsch, sie zu besitzen, war in ihm fast zur Manie geworden. Vielleicht war sein Körper nicht kräftig genug, dem Sonnenbrand der Wüste zu trotzen. Sein Gehirn war widerstandsfähig, und so hatte diese Liebe so in ihm Platz genommen, daß alle seine Gedanken nur auf sie gerichtet waren.

Natürlich dachte er nur mit dem wildesten Haß an den, welcher ihm die Geliebte weggenommen hatte. Diesen Menschen zu töten dünkte ihm eine Seligkeit, und er nahm sich vor, dies bei der ersten Gelegenheit zu tun. So lag er da im tiefen Sand, unbekümmert um die Unterredung der andern. Er gab nur seinen Leidenschaften und Begierden Audienz, bis ihn ein Ruf Richemontes aus seinen wilden Gedanken schreckte:

„Auf! Wir sind fertig!“

Als er sich erhob, sah er die Tuareg zu Pferde sitzen.

„Salam!“ riefen sie ihm kurz zu.

„Salam!“ antwortete er instinktmäßig.

Dann stoben sie auf ihren Rossen davon, dem Süden entgegen.

„Brechen auch wir gleich auf?“ fragte er.

„Natürlich!“ antwortete Richemonte.

„Bist du mit ihnen einig geworden?“

„Vollständig.“

Dieses Wort wurde in einem Ton gesprochen, welcher deutlich verriet, daß der Sprecher seine Absichten wirklich erreicht habe.

„Was hast du mit ihnen ausgemacht?“

„Sie reiten der Karawane bis zum Brunnen Ben Abu entgegen und ziehen unterwegs so viele Tuareg an sich, als notwendig sind, die Männer der Karawane zu überfallen. Dann begleiten sie dieselbe, natürlich unbemerkt, über Rhadames und Tuggurt bis auf das Gebiet der Beni Hassan, wo der Überfall stattfindet.“

„Wir werden dabeisein?“

„Natürlich.“

„Was erhalten wir?“

„Sechs Kamelladungen, welche wir uns auswählen können.“

„Ist das nicht zu wenig?“

„Ah! Zu viel! Wir nehmen natürlich die Ladungen, welche am kostbarsten sind. Das übrige gehört den Tuareg. Außerdem beanspruchen sie die Waffen und Tiere. Hauptsache aber war ihnen die Rache an dem Beni Hassan."

„Wird der Gouverneur glauben, daß diese die Räuber gewesen sind?"

„Dafür laß mich sorgen! Jetzt steige auf! Unser Weg ist weit, und es ist sehr leicht möglich, daß wir verfolgt werden."

Einige Minuten später ritten sie davon, dem Norden zu, gerade entgegengesetzt der Richtung, in welcher die Tuareg den Platz verlassen hatten.

Da, wo die Höhen des Aurasgebirges im Westen des Wadi el Arab sich nach Südosten allmählich zur Ebene niedersenken, sind sie von tiefen, steilen Einschnitten und Schluchten zerrissen, welche das Gebirge nur sehr schwer zugänglich machen. In diesen Schluchten hausen der Löwe und der schwarze Panther; das Geschrei der Hyänen und Schakale erschallt des Nachts, und nur selten trifft man einen Menschen, welcher es wagt, in die tiefe und gefährliche Einsamkeit dieser Gegend einzudringen.

Ein einziger Ort war hiervon ausgenommen.

Stieg man im Tal des Wadi Mahana empor, so gelangte man an einen mit außerordentlich starken Baumwuchs bedeckten Vorberg, welcher wie ein riesenhafter Altan aus der Masse des Gebirges trat. Der ihn bedeckende Wald gab ihm ein düsteres Aussehen. Aber von diesem Dunkel stach ein glänzend weißer Punkt ab, welchen man oben fast auf der Spitze des Berges bemerken konnte. Es war dies ein weißgetünchtes Bauwerk, klein und unscheinbar, aber doch berühmt im Umkreis von vielen, vielen Meilen.

Dort oben hauste der fromme Marabut Hadschi Omanah, zu dessen Wohnung Tausende pilgerten, um dort ihr Gebet zu verrichten und dann mit dem Bewußtsein heimzukehren, eine Allah wohlgefällige Handlung getan zu haben.

Früher hatte mancher den Marabut gesehen, wenn er aus seiner weißgetünchten Hütte trat, um mit erhobenen Händen die Gläubigen zu segnen. Jetzt aber erschien sein Sohn an der Tür und brachte den Betenden den Segen seines Vaters, welcher die Wohnung nicht mehr verließ.

Woher der Marabut stammte, und wie er ursprünglich geheißen hatte, das wußte niemand. Er nannte sich Hadschi Omanah, und sein Sohn wurde infolgedessen Ben Hadschi Omanah geheißen, das ist der Sohn des Mekkapilgers Omanah.

Ungefähr fünf Tage nach den oben erzählten Ereignissen hielten zwei Männer inmitten eines dichten Gebüsches am Fuß des Berges. Sie hatten sich mit ihren Pferden hier hereingearbeitet und führten ein halblautes Gespräch miteinander. Es war niemand anderes als Richemonte und sein Verwandter.

„Du glaubst, daß die Pferde hier sicher sind?“ fragte der letztere.

„Ja.“

„Aber wenn doch jemand kommen sollte!“

„Hierher? Wer sucht Pferde in diesem Dickicht? Übrigens ist jetzt nicht die Zeit der Pilgerwanderungen. Stecke deine Waffen zu dir, und komm!“

„Wann werden wir oben anlangen?“

„Es führt kein eigentlicher Weg hinauf. Stunden vergehen sicherlich, ehe wir die Höhe erreichen.“

„So wird es ja dann Nacht.“

„Eben das ist ja meine Absicht!“

Der andere blickte Richemonte fragend an.

„Was wollen wir des Nachts da oben? Wird er da zu sprechen sein?“

„Zu sprechen? Was fällt dir ein. Will ich denn mit ihm sprechen?“

„Was sonst? Wie willst du ihn anders aushorchen oder Auskunft über ihn erlangen?“

„Dummkopf! Deine Liebe zu der Maurin hat dich wirklich um den Verstand gebracht. Dieser Marabut wohnt mit seinen Sohn oben. Sie werden nicht stumm sein, sondern miteinander sprechen. Sie werden sich über ihre Lage, über ihre Vergangenheit unterhalten. Wer dies belauschen kann, wird vieles erfahren. Das Lauschen aber ist am leichtesten abends, wenn es dunkel ist.

„Binde das Pferd so an, daß es Raum hat, die Blätter abzufressen, und dann wollen wir keine weitere Zeit verlieren.“

Die beiden sahen sich gezwungen, sich durch dichtes Gestrüpp und über zahlreiche Felsentrümmer langsam und mühselig emporzuarbeiten. Als sie den Aufstieg begannen, war bereits die erste Hälfte des Nachmittags verstrichen, und als sie endlich oben anlangten, hatte die Sonne soeben den westlichen Horizont erreicht.

Sie hielten unter den Bäumen, wo sie nicht bemerkt werden konnten, und sahen eine nicht tiefe, aber breite, lichte Stelle vor sich, auf welcher sich die Hütte des Eremiten befand. Diese war aus rohen Steinen errichtet und mit Kalk angestrichen, so daß sie, von früh bis abends von der glühenden Sonne getroffen, meilenweit hinaus in die Ebene leuchtete.

„Wird er zu Hause sein?“ flüsterte der Cousin.

„Natürlich! Oder hast du nicht in Seribet Ahmed gehört, daß er die Hütte nie mehr verläßt?“ antwortete Richemonte.

„Ich meine den Sohn.“

„Das ist etwas anderes. Wir müssen es abwarten.“

Sie brauchten nicht lange zu warten, so sahen sie einen Menschen; aber er trat nicht aus der Hütte des Marabut, sondern er kam aus den gegenüberliegenden Büschen und schritt auf die letztere zu.

Sein Gesicht war gebräunt, er mochte gegen dreißig Jahre zählen und trug einen langen, kamelhärenen Burnus, welcher mit einem derben Strick um den Leib befestigt war, sowie einen grünen Turban, ein Vorrecht derjenigen Moslems, welche von dem Propheten abstammen. Waffen waren bei ihm nicht zu sehen, aber an dem Strick hingen mehrere kleine Säckchen, welche Verschiedenes zu enthalten schienen.

Beim Anblick der untergehenden Sonne hielt er seinen Schritt inne. Er wendete sich dem Osten zu, in der Richtung nach Mekka, kniete nieder und verrichtete mit lauter Stimme sein Abendgebet. Aus der offenstehenden Hütte antwortete eine zweite Stimme, deren Ton ein müder, dumpfer war.

Als der Beter geendet hatte, schritt er, nachdem er sich vom Boden erhoben hatte, auf die Hütte zu und trat in dieselbe ein. Ihr Inneres war geradezu armselig. Auf dem Boden lag eine breite Schicht von Moos, in einem Mauerloch ein aufgeschlagenes Buch, der Koran in arabischer Sprache, und in einer Ecke erblickte man einige alte Töpfe und Tiegel, denen man es ansah, daß sie zur Zubereitung von Pflastern und Salben dienten.

Auf dem Moos lag eine menschliche Gestalt, welche in ein ähnliches, härenes Gewand eingehüllt war. Man sah nur dieses Gewand, den grünen Turban und ein unendlich hageres, eingefallenes Gesicht, welches mehr einem toten, als einem lebenden Wesen anzugehören schien.

„Salam!“ grüßte der Eintretende.

„Salam!“ antwortete der Alte auf dem Lager. „Gab Allah seinen Segen?“

„Ja, Vater. Der Kranke wird genesen.“

„Allah sei Dank. Er gibt Freude den Sündern und Bußfertigen.“

Der Alte sprach sehr langsam und fast leise. Man hörte deutlich, daß ihm das Reden schwer wurde. Und wie sich unter dem schlechten Gewand seine Brust fieberhaft hob und senkte, hatte es ganz das Aussehen, als ob er ein Sterbender sei, dessen Geist im Begriff stehe, mit den letzten, hastigen Atemzügen den befreienden Weg aus dem schwachen, engen Körper zu suchen.

Der Angekommene öffnete die kleinen Säckchen und Schachteln und entnahm ihnen mehrere Büchsen und Schachteln, welche er zu den Töpfen und Tiegeln legte. Der Alte beobachtete dies schweigend, während seine sehr tiefliegenden Augen mit dem Ausdruck innigster Liebe jeder Bewegung des Sohnes folgten. Dann sagte er:

„Hast du sonst heute nichts Gutes getan, mein Sohn?"

„Leider nein, mein Vater", lautete die Antwort. „Vielleicht ist es sogar etwas Böses, was ich getan habe."

„Allah behüte dich davor. Das Böse ist wie das Raubtier, welches man jung aufzieht; es frißt später seinen eigenen Herrn."

„Ich hätte es nicht getan, aber die Sprache der Franken war daran schuld."

„Die Sprache der Franken? Erzähle!"

„Ich war bei einigen Kranken gewesen und ging hinüber nach dem Wadi Sosama. Unterwegs suchte ich im Wald heilsame Kräuter, als ich plötzlich Stimmen von Menschen hörte."

„Im Wald von Sosama, wo jetzt der Panther haust?"

„Ja. Die, welche miteinander sprachen, wußten von dem Panther nichts; sie waren fremd, denn sie redeten französisch."

Der Blick des Alten belebte sich ein wenig.

„Französisch!" sagte er. „Wie waren sie gekleidet?"

„Wie Beduinen. Auch hatten sie Pferde bei sich. Es waren ihrer zwei. Sie saßen an einem Baum. Ich stand ganz in der Nähe und konnte jedes Wort hören, welches sie sprachen."

„Mein Sohn, hast du sie belauscht?"

„Ja, mein Vater."

„Du hast sehr unrecht getan."

„Vielleicht verzeihst du mir, wenn du erfährst, was ich hörte."

„So sage es."

„Sie redeten von unseren Freunden, den Beni Hassan", antwortete der Sohn."

„In welcher Weise sprachen sie von ihnen?"

„In sehr feindseliger Weise. Sie fluchten ihnen. Es war ein alter Mann mit einem großen und dichten Schnurrbart und ein jüngerer, ungefähr so alt wie ich. Ich hörte aus ihrem Gespräch, daß sie Gäste der Beni Hassan gewesen, aber von ihnen als Spione fortgejagt seien. Der Jüngere scheint die Tochter des Scheichs begehrt zu haben, doch ist diese bereits mit Saadi versprochen gewesen."

„Saadi, der Bruder Hassans, des Zauberers? Ich kenne ihn. Er ist der tapferste und umsichtigste unter allen jungen Männern."

„Ferner sprachen sie von einem Deutschen, welcher mit Schätzen aus Timbuktu kommt. Sie wollen ihn mit Hilfe der Tuareg überfallen."

„O Allah! Einen Deutschen? Haben sie seinen Namen genannt?"

„Ja. Er heißt Königsau."

„Königsau?"

Dieses Wort kam fast wie ein Schrei aus der schneller atmenden Brust des Sterbenden.

„Hast du diesen Namen richtig verstanden?" fragte er weiter.

„Ja, mein Vater. Ich habe mir denselben ganz genau gemerkt."

„Hast du nicht gehört, was er ist?"

„Oberleutnant."

„O Allah! Und er soll überfallen werden?"

„Überfallen und getötet."

„Wo?"

„Auf dem Gebiet der Beni Hassan, damit der Verdacht und die Schuld auf diese falle."

„Welch ein teuflicher Plan! Oh, mein Sohn, wie gut ist es, daß du gelauscht hast. Allah selbst ist es gewesen, der deine Schritte gelenkt hat, um eine finstere, blutige Tat zu verhüten. Eile, eile zu den Nachbarn, um dir das schnellste Pferd zu leihen. Reite zu Menalek, dem Scheich der Beni Hassan. Erzähle ihm alles, was du gehört hast, und sage ihm, daß ich ihm im Namen des gerechten und allbarmherzigen Gottes befehle, mit seinen Kriegern diesem Königsau entgegenzureiten, um ihn zu beschützen. Eile, eile, mein Sohn!"

„Mein Vater, ich darf dich doch nicht verlassen. Du bist krank."

„Allah wird mich schützen."

„Du kannst dich nicht einmal erheben."

„Allah wird mich stützen."

„Du könntest unterdessen sterben."

„Allah wird mein Helfer sein. Eile, eile, mein Sohn."

„Vielleicht hat es noch Zeit, mein Vater. Die beiden Männer sprachen davon, daß sie erst in neun Tagen zu den Tuareg kommen wollten."

„Gott ist gnädig. Diese Frist genügt. Aber hast du auch recht gehört?"

„Ja. Sie haben zwei Wochen Zeit."

„Wohin wollten sie?"

„Das habe ich nicht gehört; sie sprachen davon nicht."

„Wir brauchen es auch nicht zu wissen. Es genügt, daß der Überfall erst so spät stattfinden soll. Oh, wie mich diese Nachricht ergriffen hat!"

Er hatte das härene Gewand, welches ihn bedeckte, halb von sich geschoben, und nun wurden zwei Arme frei, welche nur noch aus den Knochen bestanden, um welche die Falten der Haut schlotterten. Der Turban war ihm entfallen, und es kam ein kahler, haarloser Schädel zum Vorschein, der ganz und gar einem anatomischen Präparat glich.

Der Sohn ließ sich kniend an dem Lager nieder.

„Du bist so schwach, mein Vater", sagte er im Ton der größten Zärtlichkeit und Besorgnis. „Soll ich dir Wasser zur Stärkung reichen?"

„Nein. Ich bedarf keiner irdischen Stärkung mehr. Oh, Allah, ich danke dir, daß dieser Überfall noch Frist hat. Du erlaubst mir, in den Armen meines Sohnes zu sterben."

„Mein Vater."

In diesen zwei Worten sprach sich der ganze Schmerz eines Kindes aus, welches den Vater von dem nahen Tod sprechen hört.

„Sei still", bat der Alte. „Ich gehe zu Gott, von dem ich gekommen bin. Ich verlasse das Land der Trübsal, des Irrtums und der Sünde, um in die Gefilde der Reinheit und der Seligkeit zu fliehen. Ist die Sonne bereits untergegangen?"

Der Sohn eilte zum Eingang, blickte hinaus und antwortete:

„Nein, mein Vater. Ihre letzten Strahlen sind noch zu sehen."

„So trage mich hinaus. Ich will das scheidende Licht des Tages sehen und den Aufgang der Sterne. Mein Scheiden hier wird auch ein Aufgang sein, ein Aufgang jenseits der Grenzen dieser schönen und doch trügerischen Erde."

Der Sohn beeilte sich, Moos vor die Hütte zu schaffen. Dann umschlang er den sterbenden Vater mit kräftigen Armen, trug ihn hinaus und setzte ihn so nieder, daß er mit dem Rücken an der Mauer der Hütte lehnte und die goldenen Strahlen schauen konnte, mit welchen die scheidende Königin des Tages den westlichen Horizont überflutete.

Die Augen des Marabut waren auf diese blitzenden Feuergarben gerichtet.

„Mein Sohn", sagte er, „Du hast vorhin das Abendgebet der gläubigen Moslems gesprochen. Kennst du noch die Lieder der Christen, welche ich dich lehrte?"

„Ja."

„Auch das Abendlied, welches von der sinkenden Sonne und den tausend aufgehenden Sternen spricht?"

„Ich kenne es."

„Bete es, mein Sohn."

Sie falteten beide die Hände. Der Sohn kniete nieder und betete mit lauter Stimme diese Verse des Liedes. Es war gewiß wunderbar, hier vor dem Heiligtum eines Marabut ein christliches Kirchenlied erklingen zu hören. Als die Worte:

„Wer bin ich? Staub und Sünder;
Doch, Vater aller Kinder,
Auch mich begnadigst Du.
Wenn still geweinte Zähren
Dir meine Reu' erklären,
So rufest Du mir Gnade zu!"

gesprochen worden waren, senkte der Alte langsam das Haupt und sagte ein tiefes, seufzendes Amen.

Der Sohn blieb auf den Knien liegen. Es herrschte eine ernste Stille an diesem einsamen, abgeschiedenen Ort. Das Licht des Tages verschwand, und mit der jenen Gegenden eigentümlichen Schnelligkeit kam die Dunkelheit von Osten her geflogen. In der Nähe des Äquators gibt es keine Dämmerung.

Die beiden Lauscher hielten noch unter den Bäumen. Sie hatten keine Ahnung davon, daß sie selbst heute von dem Sohn des Marabut belauscht worden waren.

„Das muß der alte Heilige sein", flüsterte der Cousin, als der Sohn den Vater aus der Hütte getragen brachte und ihm seinen Platz vor derselben gab.

„Jedenfalls", antwortete Richemonte. „Sieh, die alte Vogelscheuche! Es scheint, die muselmännische Heiligtuerei macht nicht fett. Horch, ich glaube gar, sie beten."

Der Sohn kniete eben nieder und betete das Lied.

„Tausend Donner!" sagte Richemonte. „Sie beten französisch! Das ist ja ein Lied, wie es daheim in den Kirchen geplärrt wird! Ist das nicht wunderbar?"

„Ungeheuer! Ich glaube, wenn wir sie belauschen könnten,

würden wir ganz Außerordentliches zu hören bekommen. Sollten diese verkappten Muselmänner etwa gar geborene Franzosen sein?“

„Das möchte man fast wahrscheinlich nennen. Die Sonne geht unter. In fünf Minuten ist es dunkel. Wenn wir uns vorsichtig an die andere Seite der Hütte schleichen, können wir alles hören, was jene sprechen.“

„Aber wenn wir bemerkt werden?“

„Was schadet das? Fürchtest du etwa dort das heilige Gerippe oder den, der am Boden kniet, um fromme Lieder zu plappern?“

„Nein.“

„Also. Wir zwei nehmen hundert solche Kerle auf uns. Laß uns am Rand der Büsche hinschleichen, daß wir auf die andere Seite kommen. Ich soll möglichst viel über diesen frommen Marabut erfahren, und ich glaube, daß wir gerade zur richtigen Stunde gekommen sind, um Dinge zu hören, welche sonst keiner weiß. Komm.“

Sie huschten hinweg von dem Ort, an welchem sie bisher gelegen hatten. Die schnell hereinbrechende Dunkelheit begünstigte ihr Vorhaben, so daß sie völlig unbemerkt an die Hinterwand der Hütte gelangten, vor welcher sich der sterbende Einsiedler mit seinem Sohn befand. Bis jetzt hatten beide nach dem Gebet geschwiegen. Nun aber sagte der Alte, indem er langsam den gesenkten Kopf emporhob:

„Wie strahlend nahm die Sonne Abschied von der Erde. Ich dachte, daß der Tag meines Lebens einst auch so herrlich enden werde; aber wie ist es geworden! Ich bin eingegangen wie die Pflanze, an welcher Würmer nagten.“

„Mein Vater, schone dich“, bat der Sohn.

Der Marabut beachtete dies nicht; er fuhr langsam fort:

„Ja Würmer, Würmer des Vorwurfes und der Reue. Mein Sohn, es gibt eine Last, welche größer ist als jede andere, es ist die Schuld.“

„Du hast diese Last niemals zu tragen gehabt, mein Vater.

„Glaubst du? Oh, wie sehr irrst du dich doch! Nur die Reue kann sie vermindern. Und wie habe ich bereut. Der Glaube der Christen sagt, wer seine Sünden bekennt, dem sollen sie vergeben werden. Ich will meine Schuld nicht hinüber in das Jenseits nehmen, sondern ich will sie bekennen; ich will sie dir beichten, mein Sohn.“

„Mein Vater, deine Worte zerreißen mir das Herz.“

„Und dennoch mußt du diesen bitteren Trank genießen, mir

zur Liebe und Buße. Komm her zu mir. Setze dich neben mich nieder und höre, was ich dir zu sagen habe, vielleicht bietet mir dein Herz Verzeihung an."

„O Allah! Was könnte ich dir zu verzeihen haben?"

„Viel, sehr viel, denn auch gegen dich habe ich gesündigt. Komm, dein sterbender Vater redet zu dir. Du sollst in seine Seele blicken und Geheimnisse erfahren, von deren Dasein du bis jetzt keine Ahnung hattest."

Die beiden Lauscher hörten jedes Wort.

„Was werden wir jetzt erfahren!" flüsterte der Cousin.

„Still!" antwortete Richemonte. „Es darf uns kein Wort des Gespräches entgehen. Horch, er beginnt!"

Der Kranke war während dieser kurzen Pause beschäftigt gewesen, ein Paketchen aus seinem härenen Gewand hervorzuziehen. Er hielt dasselbe seinem Sohn hin und sagte:

„Öffne das!"

„Was ist darin, mein Vater?"

„Ein kostbares Eigentum, welches dir gehört."

Der Sohn entfernte den Umschlag und brachte einige wohlverwahrt gewesene Papiere zum Vorschein. Es war gerade noch hell genug, die auf denselben befindlichen Schriftzüge zu lesen.

„O Allah, das sind ja Worte in der Sprache der Franken", sagte er.

„Ja", antwortete sein Vater. „Du sollst jetzt erfahren, warum ich dich gelehrt habe, die Sprache der Franzosen und Deutschen zu sprechen und zu lesen. Du sollst hören, aus welchem Grund ich dein Lehrmeister gewesen bin in allem, was die Franken können und verstehen. Wir nennen sie Giaurs und Ungläubige; aber sie sind viel klüger und weiser als der Moslem, welcher sie verachtet. Lies diese Papiere, mein Sohn. Sie werden dir ein großes Geheimnis enthüllen."

Der Sohn gehorchte. Er faltete das erste Dokument auseinander. Es war mit einem Amtssiegel und einer behördlichen Unterschrift versehen. Als er fertig war, blickte er seinen Vater befremdet an und sagte:

„Das ist der Geburtsschein eines Knaben, welcher Arthur de Sainte-Marie heißt, lieber Vater?"

„Ja", nickte der Alte.

„Sein Vater ist der Baron Alban de Sainte-Marie auf Schloß Jeannette?"

„Ja, mein Sohn."

„Wo liegt dieses Schloß, mein Vater?"

„Im schönen Frankreich, in der Nähe der Stadt Sedan."
„Dieser Alban war also von Adel. Die Mutter des Knaben aber hat, wie ich hier sehe, nur Bertha Marmont geheißen. Sie war also nicht von Adel?"
„Nein. Sie stammte aus einem einfachen Wirtshaus."
„Und doch habe ich gehört, daß bei den Franken nur solche Personen Mann und Weib werden, welche gleichen Standes sind."
„Das ist im allgemeinen der Fall; doch kommen auch Ausnahmen vor. Aber nimm das zweite Papier!"
Der Sohn tat dies. Als er es gelesen hatte, meinte er:
„Es handelt von demselben Knaben. Es ist sein Taufzeugnis. Er ist einige Wochen nach seiner Geburt in Berlin getauft worden, Zeugen waren drei Personen der Familie Königsau. Ah, mein Vater, das ist ja der Name des Leutnants, welcher überfallen werden soll!"
„Allerdings. Aber lies auch die übrigen Papiere!"
Der Sohn gehorchte und erklärte der Reihe nach:
„Hier ist das Geburtszeugnis des Barons Alban de Sainte-Marie. Hier ist der Schein über seine Trauung mit jener Bertha Marmont. Dann sehe ich hier einige seiner Pässe, und da am Ende finde ich einige Briefe, welche von einem Notar an ihn gerichtet sind."
„Das alles stimmt. Und du, mein Sohn, hast nicht die mindeste Ahnung, wie nahe dich alle diese Schriften angehen."
„Mich? Was könnte ich mit ihnen zu schaffen haben? Ich bin niemals auf Schloß Jeannette oder in Berlin gewesen."
„Und dennoch warst du an beiden Orten."
„Ich?" fragte der Sohn verwundert.
„Ja, du warst daselbst; nur war damals dein Alter zu gering, als daß du dich jetzt noch darauf besinnen könntest. Rechne einmal nach, wie alt dieser Knabe Arthur de Sainte-Marie jetzt sein müßte."
Der junge Mann nahm den Geburtsschein zur Hand, rechnete und sagte dann:
„Gerade so alt wie ich, nämlich neunundzwanzig Jahre."
Der Alte schwieg eine Weile; dann sagte er langsam und sinnend:
„Ja, neunundzwanzig Jahre. Welch eine lange, lange Zeit! Und wie dunkel und drohend sind die Schatten, welche aus dem Abgrund dieser Zeit auftauchen, um mich zu ängstigen. O mein Gott, könnte mir vergeben werden. Könnte ich von hinnen

scheiden mit dem Bewußtsein, daß Gott mir vergeben werde, um meiner Reue und um seines Sohnes Jesu Christi willen, der für uns am Kreuz gestorben ist!"

Es entstand eine peinliche Pause, welche der Sohn durch die Worte abzukürzen versuchte:

„Allah vergibt allen Sündern um des Verdienstes des Propheten und der heiligen Kalifen willen."

Der Alte schüttelte langsam den Kopf und antwortete:

„Ich verzichte auf das Verdienst der Propheten und der Kalifen. Sie waren Menschen; Christus aber ist wahrer Gott von Ewigkeit zu Ewigkeit."

Der Sohn erschrak.

„Wie, mein Vater?" fragte er. „Du bist unter den Gläubigen bekannt als ein Heiliger, und dennoch lästerst du den Propheten?"

„Mein Sohn, du sollst den Anfang des Geheimnisses hören: Ich bin kein Moslem, sondern ein Christ."

„Allah il Allah!" rief der andere erschrocken.

„Ja. Und auch du bist ein Christ."

„Ich?" fragte der Sohn, indem er unwillkürlich zurückfuhr.

„Ja. Du bist als Christ getauft, wenn auch nicht konfirmiert oder gefirmt. Niemals habe ich mit dir eine Zeremonie vornehmen lassen, durch welche du zu den Anhängern des Propheten übergetreten wärst. Ich habe dich den Glauben der Christen und auch den Glauben der Mohamedaner kennen gelehrt. Du betest die Suren des Korans; du absolvierst die vorgeschriebenen Werke und Waschungen; aber du betest auch die Gebote der Christen und ihre Lieder. Der Taufe nach bist du ein Christ; dem Leben und der Gesinnung nach bist du weder Moslem, noch Christ, sondern ein frommer Mensch, welcher seinem Schöpfer dient, ohne zu fragen, ob er denselben Gott oder Allah nennen müsse."

Der Sohn schwieg eine Weile, mehr überrascht als bestürzt. Dann fragte er:

„Aber, mein Vater, warum sagst du mir dies erst heute?"

„Ich glaubte die Zeit noch nicht gekommen. Jetzt aber tritt der Tod an mich heran, und so sollst du alles erfahren, was ich dir bisher verschwiegen habe."

Der junge Mann bemerkte, daß das Reden seinen Vater außerordentlich anstrengte; darum bat er:

„Schone dich, mein Vater. Gott wird mir nicht das Herzeleid antun, dich so schnell von mir zu rufen."

„Wem der Engel des Todes naht, der hört seine Fittiche bereits von weitem rauschen. Dann soll er nicht zögern, seine Rechnung mit dem Leben zu schließen. Willst du nicht raten, mein Sohn, warum jener Knabe jetzt gerade so alt sein würde, wie du bist?"

„Nie vermöchte ich, dies zu erraten."

„So will ich es dir mitteilen: Du bist es selbst."

„Ich?" rief der Sohn. „Wer – wer soll ich sein?"

„Du bist jener Knabe, der in Berlin getauft wurde und dabei den Nanem Arthur de Sainte-Marie erhielt."

„Allah akbar, Allah ist groß. Bei ihm ist nichts unmöglich, denn er ist allmächtig. Wie aber könnte ich jener Knabe sein?"

„Weil ich dein Vater bin."

„Ja, das bist du. Du bist mir ein lieber und treuer Vater gewesen in jedem Augenblick meines Lebens."

„Ich habe an dir sühnen wollen die Sünden meiner Jugend, denn wisse, ich bin jener Baron Alban de Sainte-Marie."

Da schlug der Sohn die Hände zusammen und sagte:

„Welch ein Wort! Ist dies wahr, mein Vater?"

„Am Ende des Lebens treibt man keinen Scherz!"

„So bist du also nicht ein Araber vom Stamm der Schammar, sondern ein Franzose? Und jene Tochter eines Wirts ist meine Mutter? Oh, mein Vater, schnell, schnell! Sage mir, ob sie noch lebt."

Der Alte schüttelte langsam und traurig den Kopf und antwortete:

„Nein, sie lebt nicht mehr; sie ist tot."

„Oh, warum hat Allah sie aus dem Leben gerufen! Wie glücklich würde ich sein, das Antlitz meiner Mutter sehen zu können!"

„Ja, du würdest glücklich sein. Sie war ein sanftes und gutes Weib. Aber desto größer ist meine Schuld, denn ich bin es gewesen, der . . . oh!"

Er stockte und fuhr sich mit den dürren Händen nach dem Kopf.

„Sprich weiter, mein Vater!" bat der Sohn.

„Ich soll sprechen, und doch wie schwer fällt es mir! Oh, mein Sohn, o Arthur, denn so ist ja dein eigentlicher, richtiger Name; hier, hier ist es; hier ist der Ort, von dem die Bibel spricht: ‚wo das Feuer brennt, welches nie verlischt, und wo der Wurm beißt, der niemals stirbt!"

Dabei deutete er mit den Händen nach seinem Kopf und seinem Herzen.

„Du und ihr alle hieltet mich für einen frommen Mann, für einen Liebling Gottes und des Propheten", fuhr er fort. „Und doch war ich etwas ganz anderes. Ich war – ein Dieb, und ich war . . . ich war ein Mörder."

Er hatte dieses letzte Bekenntnis wie mit Gewalt, mit aller Anstrengung herausgestoßen. Es wurde seinem Sohn fast angst dabei. Er ergriff die Hand des Vaters und sagte:

„Du irrst, du irrst! Mein Vater kann kein Dieb und kein Mörder sein!"

„Und doch bin ich es!" erwiderte der Alte. „Und weißt du, wessen Mörder ich bin, Arthur?"

„Nein, wie sollte ich das wissen!" sagte Arthur zaghaft.

„Ich habe diejenige gemordet, welche du so gern zu sehen wünschest, nämlich deine – oh, wie mir dies schwerfällt, es auszusprechen! Ich bin der Mörder deiner – Mutter."

„Allah kerihm! Meine Mutter willst du gemordet haben? Dein eigenes Weib?"

„Ja, Bertha, meine einstige Geliebte, mein eigenes Weib!" stöhnte der Kranke.

Arthur fuhr erschreckt empor.

„Sage, daß es aus Versehen geschehen ist, mein Vater!" rief er.

„Oh, wenn ich das sagen könnte!"

„Mein Gott! So hast du es mit Absicht getan?"

„Ja, mit Absicht; aber es geschah im Zorn."

Da drang ein Ruf der Erleichterung aus dem Mund des Sohnes.

„Allah sei Dank!" rief er. „Im Zorn ist es geschehen. Der Prophet sagt, daß der Mensch nicht zu verantworten habe, was der Zorn getan hat."

„Oh, was der Prophet sagt, das beruhigt mich nicht. Der starke, mächtige Gott der Christen ist es, der mit mir ins Gericht gehen wird!"

Da ergriff Arthur die Hand des Vaters und sagte:

„Hast du mich nicht gelehrt, daß dieser starke, mächtige Gott auch die Liebe, die Gnade und Barmherzigkeit ist? Hast du mir nicht gesagt, daß im Himmel der Christen über einen Sünder, welcher Buße tut, mehr Freude sei als über neunundneunzig Gerechte?"

„Ja, mein Sohn, das habe ich dir gesagt. Das war mein einziger Trost im Leben und ist nun auch mein einziger Trost im Sterben."

„So fasse Mut, mein Vater! Vertraue mir an, was dich bedrückt. Vielleicht, daß dann die Last von deinem Herzen verschwindet."

„Ja, ich will es tun. Ich habe dir bereits vorhin gesagt, daß ich beichten will. Vielleicht kannst du mir verzeihen, und dann will ich mit der Hoffnung von hinnen gehen, daß auch der ewige Richter meiner armen Seele gnädig ist."

„So erzähle, mein Vater, erzähle!"

„Ich will erzählen; ich muß erzählen! Lege mir mein Haupt höher auf das Moos und komm nahe heran, daß du alles hörst. Mir graut vor den nächsten Augenblicken. Aber mein Sohn soll mein Richter sein. O Gott im Himmel, gib, daß er mich nicht gnadenlos in die Ewigkeit gehen läßt!"

Arthur erfüllte die Bitte des Vaters. Er legte ihm das Moos höher und rückte so nahe wie möglich zu ihm heran.

Die Dunkelheit der Nacht lagerte über der Ebene und auf den Bergen, aber es war die Dunkelheit des Südens, geschmückt mit Millionen Sternen, von den Zweigen der Bäume wehte eine erquickende Frische, mit welcher sich der eigentümliche Duft der Wüste mischte.

Es herrschte zwischen den beiden eine längere Stille. Dem Alten wurde es schwer, mit seinen Bekenntnissen zu beginnen, und dem Sohn war es eigentümlich bang. Er hatte in seinem Vater einen Heiligen verehrt und sollte nun erfahren, daß dieser nicht nur ein gewöhnlicher, sündhafter Mensch, sondern sogar ein schwerer Verbrecher sei.

Die beiden Lauscher hatten bisher jedes Wort vernommen. Als die jetzige Pause eintrat, stieß der Cousin Richemonte leise an und flüsterte:

„Hast du es gehört?"

„Ja", flüsterte der alte Spion.

„Er ist kein Marabut, kein Mohamedaner, sondern ein Christ! Sogar ein Mörder!"

„Ich wußte es längst."

„So kennst du diesen Marabut?"

„Oh, sehr gut! Aber ich hatte keine Ahnung davon, daß dieser fromme Hadschi Omanah ein alter Bekannter von mir sei!"

„Ein alter Bekannter? So kennst du ihn bereits von Frankreich her und er dich auch?"

„Oh, nur zu gut. Es ist möglich, daß er jetzt auch einiges von mir erzählt."

„Das wäre interessant."

„Für mich nicht."

„Ah, warum nicht?“

„Du wirst wohl einiges von mir hören, was dir noch nicht bekannt sein dürfte. Ich hoffe, daß du alles so verschwiegen hältst, als ob es im Grab läge! Ich würde mich, falls das Gegenteil stattfände, ganz gewißlich sicher zu stellen wissen. Ich spaße mit solchen Dingen nicht!“

„Ah! Du willst mir drohen?“

„Nimm es, wie du willst! Übrigens werde ich deine Verschwiegenheit auch gehörig zu belohnen wissen. Vielleicht heute noch. Ich habe einen Plan, einen famosen Plan. Dieser Abend erweckt längst gestorbene Gedanken. Einst, als du noch ein Knabe warst, hatte ich Großes mit dir vor. Es glückte nicht; es kam nicht zur Ausführung. Vielleicht ist jetzt das möglich, was damals unmöglich war.“

„Du machst mich neugierig.“

„Warte noch! Horch, der Marabut will beginnen. Sei still!“

Der Marabut hatte jetzt tief, tief Atem geholt und stieß jenen leisen Husten aus, dem man es anhört, daß nun gesprochen werden soll. Er begann:

„Ich habe dir so viel von Napoleon, dem großen Kaiser, erzählt?“

„Ja“, antwortete Arthur. „Er wird sogar von den Arabern verehrt und von ihnen nicht anders als Sultan el Kebir, der große Sultan, genannt.“

„Ja, er war groß; aber er war auch ein Sterblicher.“

„Man sagt, er sei nicht gestorben, sondern er lebe noch.“

„Das ist eine müßige Sage. Sein Leib ist längst zu Erde geworden. Aber sein Geist lebt noch, und dieser ist es, welcher einst, wenn die Stunde gekommen ist, alle die, welche ihn stürzten, zu Boden werfen wird. Ich habe ihn nicht geliebt, ich habe einst sogar gegen ihn gehandelt; aber es hat mir keine Frucht gebracht; ich bin doch ein armer Flüchtling geworden.“

„Man hat dich aus dem Vaterland getrieben?“

„Man? Oh, wenn ich dieses sagen könnte. Aber ich bin selbst schuld daran, daß ich mich verbergen mußte. Höre also, mein Sohn!“

Er schloß für einen Augenblick die matten Lider, als wolle er in die ferne Erinnerung blicken, dann fuhr er fort:

„Ich war jung, reich und voller Hoffnung. Man nannte mich Baron Alban de Sainte-Marie. Ich hatte eine gute, liebevolle Mutter, aber ich besaß ein schwankes Herz und leichtes Temperament und einen Charakter, der nicht Gelegenheit gehabt hatte, in der Schule des Lebens zu erstarken. Doch war ich überzeugt, daß ich der beste Mensch, der schönste junge Mann und der untadelhafteste Kavalier der Erde sei."

Er holte Atem und fügte dann leiser hinzu:

„Und jetzt! Ein Gerippe mit einer Vergangenheit voller Selbsttäuschung, voller Fehler und Sünden."

„Sprich nicht so, mein Vater!" bat der Sohn. „Erzähle lieber so, als ob du von einem vollständig Fremden redetest."

„Ich will mir Mühe geben, dies fertigzubringen. Sage mir, mein Sohn, ob du bereits einmal geliebt hast. Ich habe nie bemerkt, daß du eine der Töchter bekannter Stämme ausgezeichnet hättest, und ich habe dich auch nie gefragt."

„Mein Herz hat nur dir gehört, mein Vater."

„Du hast kein Mädchen gekannt, von welchem du gewünscht hättest, daß es dein Weib werde?"

„Niemals."

„So wirst du mich schwerlich verstehen und begreifen. Die Liebe ist eine Macht, der nur wenige Menschen widerstehen können. Es geht über die Kräfte der meisten Sterblichen, mit kaltem Blut die Gefühle des Herzens zu beherrschen. Es gibt Schichten der Bevölkerung, in denen es Sitte und Gepflogenheit ist, mit diesen Gefühlen einen sündhaften Sport zu treiben. Es gibt da tausende von jungen Männern, welche sich bemühen, hübsche und unbescholtene Mädchen zu betören. Sie lügen ihnen Liebe vor und verlassen sie, sobald sie erhört worden sind. Auch ich habe viele Mädchen gekannt, deren Liebe ich mir errang. Die letzte unter ihnen war Bertha Marmont, deine Mutter.

Es lag nicht in meiner Absicht, sie zu meinem Weib zu machen. Ich spielte mit ihr, wie der Verführer mit seinem ahnungslosen, vertrauenden Opfer spielt. Aber sie war rein und gut. Dies stachelte mich. Ich glaubte wirklich, sie heiß zu lieben, und beschloß, sie um jeden Preis zu besitzen. Meine Mutter war gut, aber stolz. Sie bemerkte meinen Umgang mit dem armen, bürgerlichen Mädchen und verbot mir denselben."

„Du gehorchtest?"

„Mein Sohn, gegen eine solche Liebe vermag das Gebot der besten Mutter nichts. Ich beschloß, Bertha im geheimen zu meinem Weib zu machen, aber es trat ein Ereignis dazwischen, welches mit einem einzigen Schlag alle meine Gefühle und Sinne gefangennahm. Es kam eine entfernte Verwandte zu uns auf Besuch; sie brachte eine Tochter mit, ein Mädchen von so unvergleichlicher Schönheit, daß sofort die arme Bertha vergessen war."

„Wie hieß diese andere?"

„Margot Richemonte. Ich war unter ihrem Zauber gefangen, daß ich vom ersten Augenblick an nur danach trachtete, sie zu besitzen. Sie war stolz, edel und rein wie die Rose, welche noch keines Menschen Hand berührt hat. Aber schon nach kürzester Zeit erfuhr ich, daß meine Liebe hoffnungslos sei.

Sie war bereits verlobt mit einem deutschen Offizier, welcher mit nach Frankreich gekommen war, um den Kaiser, um den Sultan el Kebir, zu besiegen."

„Einen Feind des Vaterlandes liebte sie?"

„Ja, aber nicht einen Feind von uns, denn deine Mutter war von Geburt auch eine Deutsche, und ich hatte nicht gelernt, die Deutschen zu hassen. Ich wollte es, aber ich brachte es nicht fertig, denn er war ein Mann, welchen man achten und lieben mußte."

„Wie hieß er?"

„Hugo von Königsau."

„Königsau? Das ist ja abermals der Name jenes Leutnants, welcher überfallen werden soll!"

„Ja. Er kam zu uns, um seine Verlobte zu besuchen. An demselben Tag kam auch der Kaiser nach Jeannette in Quartier. Er sah Margot und liebte sie. Er wollte sie an sich fesseln, sie aber entfloh mit ihrem Verlobten."

„So war sie wirklich stolz und rein, wie du sagtest."

„Sie hatte einen Bruder, welcher ganz das Gegenteil von ihr war. Er jagte ihr nach, um sie dem Kaiser zurückzubringen, aber es gelang ihm nicht; die Flüchtigen wurden zwar entdeckt, aber der Kaiser hatte inzwischen die Schlacht von Waterloo verloren, mußte fliehen und wurde dann von den Engländern nach St. Helena geschafft.

Königsau war schwer verwundet worden; aber der fürchterliche Hieb, den er über den Kopf erhalten hatte, heilte zu. Er zog nach Berlin und Margot wurde seine Frau.

Er mußte den Abschied nehmen. Der Hieb hatte das Gehirn verletzt und eine eigentümliche Gedächtnisschwäche war die Folge. Er konnte sich nicht auf das besinnen, was vor seiner Verwundung geschehen war. Er hatte übrigens dem Vaterland wichtige Dienste geleistet und wurde dafür so belohnt, daß er keine Sorgen zu haben brauchte."

„Was aber tatest du bei der großen Liebe, welche du zu Margot gehegt hattest?"

„Ich war jung und oberflächlich. Vorher hätte ich gedacht, sterben zu müssen, wenn ich gezwungen sein solle, von dem schönen Mädchen zu lassen. Nun es aber in Wirklichkeit so gekommen war, wurde mir es nicht sehr schwer, mich mit der Tatsache zu befreunden. Ich kehrte zu der früheren Geliebten zurück, zu Bertha Marmont.

Ich war störrisch geworden, und so schwor ich mir, von dieser nicht zu lassen. Mutter wiederholte umsonst ihren früheren Befehl. Ich hatte mich in eine wahre Lust des Widerstandes hineingearbeitet und ließ mich nicht besiegen."

„Da gab sie nach?"

„Nein. Sie sorgte dafür, daß Bertha plötzlich verschwand. Darob ergrimmte ich so, daß ich Gehorsam und Dankbarkeit vergaß. Ich sagte mich von der Mutter los und ging in die weite Welt."

„Allah il Allah! Allein? Ohne die Geliebte?"

„Ohne sie. Aber ich hatte ihre Spur entdeckt."

„Sie war arm. Und du jetzt auch, mein Vater!"

Der Kranke schloß die Augen, als ob der Strahl der Sterne ihn blende. Erst nach einer Weile öffnete er sie wieder und antwortete:

„Nein, mein Sohn. Ich war reich, denn ich war – ein Dieb geworden."

Der Sohn legte rasch die Hand auf den Arm des Vaters und fragte:

„Du hast fremdes Eigentum an dich genommen?"

„Ja."

„Wessen?"

„Der Mutter."

„Allah kerihm! Ich bin erleichtert. Das Eigentum der Mutter war ja auch das deinige. Du hast keinen Diebstahl begangen, mein Vater."

„Und doch. Das Besitztum der Mutter war noch nicht mein Eigentum. Ich hatte alles Geld, was vorhanden war, mitgenommen; ich war in Paris gewesen, um auf Rechnung der Mutter große Summen aufzunehmen, und ich nahm sogar den kostbaren Familienschmuck mit, in welchem der größte Reichtum unseres Hauses bestand. Ich ging – als ein Dieb."

„Was tat deine Mutter?"

„Sie tat nichts. Sie ließ mich nicht verfolgen. Sie ließ mir alles, was ich ihr geraubt hatte. Aber sie ließ mir, nachdem sie erfahren hatte, wo ich mich befand, sagen, daß ich nicht mehr ihr Sohn sei und niemals wieder ihr Angesicht sehen werde."

„Mein armer, armer Vater. Hat dieser Fluch sich erfüllt?"

„Ja, mein Sohn."

Er sagt diese drei Worte langsam und stockend. Man hörte es seinem Ton an, daß es wirklich ein Fluch für ihn gewesen war.

„Hast du nie um Barmherzigkeit gefleht?"

„Ich habe es versucht."

„Aber ohne Erfolg?"

„Ich wurde niemals vorgelassen. Ich brachte ihr den größten Teil dessen wieder, was ich ihr genommen hatte; aber ich wurde dennoch abgewiesen. Sie wollte mich nicht sehen und wollte nichts wiederhaben, obgleich ich mich von Bertha getrennt hatte."

„Ah! Ihr bliebt nicht zusammen?"

„Nein. Es war in Berlin, als sie mir einen Sohn gebar. Margot, Königsau und dessen Mutter waren Paten, als dieser getauft wurde. Ich ließ ein Bild des Kindes anfertigen und sandte es der Mutter. Sie schickte es wieder retour. Ich wurde zornig und später auch verbittert. Mein Weib mußte das empfinden. Unser Sohn warst du. Deine Geburt hatte deiner Mutter die Schönheit und die Gesundheit gekostet; ich hörte auf, sie zu lieben."

„Meine arme, arme Mutter!"

„Jawohl, arm! Bald haßte ich sie. Ich gab ihr die Schuld an allem, was ich getan und zu tragen hatte. Ich vernachlässigte sie; ich machte ihr Vorwürfe. Sie wurde von Tag zu Tag unglücklicher, und eines Abends, als ich nach Hause kam, war sie verschwunden."

„Allah! Wohin?"

„Ich wußte es lange nicht."

„Allein?"

„Nein. Sie hatte dich mitgenommen."

„Ah! Was tatest du? Sie hatte mich lieber als du!"

„Nein, mein Sohn. Ich war grausam gegen sie; an dir aber hing meine ganze Seele, denn du warst mein Ebenbild. Dich wollte und konnte ich nicht missen; ich mußte dich wiederhaben. Ich begann meine Nachforschungen."

„War sie nicht nach der Heimat gegangen?"

„Das ahnte ich auch."

„Du folgtest ihr?"

„Ja, und ich fand, daß ich mich nicht getäuscht hatte. Ich fand ihre Spur, aber dabei auch diejenige eines Menschen, in dessen Gesellschaft ich Bertha niemals vermutet hätte."

„Wer war dieser Mensch?"

„Kapitän Richemonte, welcher Margot, seine eigene Schwester, dem Kaiser hatte zubringen wollen. Wie war er auf Bertha getroffen? Welche Absichten hatte er mit ihr?"

„Hast du es erfahren?"

„Das erstere wohl, aber das letztere nicht."

„Du hast sie beide getroffen?"

„Ja. Richemonte war aus irgendwelchen Gründen, die ich nicht erfuhr, aus dem Offizierkorps gestoßen worden und zunächst nach Deutschland gegangen. Er mochte in Berlin nach Königsau gesucht haben, um sich an diesem zu rächen, hatte aber vielleicht keine Gelegenheit dazu gefunden. Da traf er Bertha, die er von Schloß Jeannette her kannte. Er erfuhr, daß sie meine Frau sei und höchst unglücklich mit mir lebe. Einem Menschen von seinen Eigenschaften konnte es nicht schwerfallen, die von mir auf das Äußerste gebrachte Frau zu bereden, mich zu verlassen. Er hatte sie bis nach Marseille geführt, wo sie eine Anstellung finden sollte. Sie beide waren nur zwei Tage vor mir angekommen."

„Du fandest sie und suchtest sie auf?"

„Ja. Er war ausgegangen. Nur Bertha war daheim im Gasthof."

„Wohnten sie beisammen?"

„Nein. Die Geliebte eines anderen Mannes hätte Bertha niemals werden können. Sie hatte mich verlassen, um nicht länger mit mir unglücklich zu sein, und war ihm gefolgt, weil er ihr bei Verwandten von sich eine Stellung angeboten hatte. Das war alles."

„Besaß jener denn Verwandte in Marseille?"

„Nein, so viel ich weiß. Es mußte ihn also irgendeine geheime, jedenfalls schlimme Absicht veranlaßt haben, mir das Weib und den Sohn zu entführen. Ich habe sie aber weder erfahren, noch erraten können."

„Wie empfing dich meine Mutter?"

„Sie war voller Schreck, doch faßte sie sich schnell. Ich bat sie, wieder mit mir umzukehren; sie weigerte sich. Ich drohte ihr; auch das half nichts. Ich verlangte wenigstens mein Kind. Da sagte sie, daß sie sich lieber töten, als von demselben trennen werde.

Ich konnte weder durch Bitten, noch durch Drohungen in deinen Besitz gelangen. Sie stellte sich wie eine Löwin, welche ihr Junges zu beschützen hat, vor dein Bettchen. Auf dem Tisch hatte ein Messer gelegen, spitz und scharf wie ein Dolch. Sie ergriff es und drohte, mich zu erstechen, falls ich Gewalt anwende. Ich lachte über diese Worte. Ich kannte den Mut einer Mutter noch nicht. Ich faßte sie an, um sie von dir fortzuschleudern. Sie wehrte sich. Wir kamen ins Ringen. Ihre Kräfte waren den meinigen nicht gewachsen. Da gebrauchte sie das Messer. Sie stieß es mir durch den Arm.

Aufgeregt durch mein Verlangen, dich zu besitzen, durch Berthas Widerstand und durch den Stich, den ich erhalten hatte, riß ich ihr das Messer, welches sie sofort wieder aus der Wunde gezogen hatte, um einen zweiten Stich zu versuchen, aus der Hand. Ich kannte mich vor Wut nicht mehr und stieß zu. Mit einem halblauten Aufschrei brach sie zusammen. Ich hatte sie mitten in das Herz getroffen."

„O Allah il Allah! Du warst ihr Mörder."

„Ja, mein Sohn, ich war und bin ihr Mörder", sagte der Alte.

Es trat eine Pause ein, während welcher eine tiefe Stille herrschte. Dann brach Arthur das Schweigen zuerst. Er fragte:

„Was dachtest und was tatest du nun, mein armer Vater?"

„Ich starrte vor Entsetzen wie abwesend auf die Leiche der einst so sehr Geliebten. Aber die Angst um mich und ebenso die Sorge, dich nun ganz zu verlieren, brachten mich bald zur Besinnung. Ich mußte handeln."

„Hatte man euch denn nicht gehört?"

„Ich glaube, nein. So lebhaft unser Wortwechsel gewesen war, wir hatten ihn doch nur mit halblauter Stimme geführt, und der Kampf war fast lautlos vor sich gegangen."

„So konntest du entkommen?"

„Ja. Ich riß mir den Rock herunter und band mir das Taschentuch fest um die Wunde, dann nahm ich dich, hüllte dich in dein Kleidchen und verließ mit dir das Zimmer, dessen Schlüssel ich zu mir steckte, nachdem ich die Tür verschlossen hatte."

„Warum tatest du das?"

„Richemonte sollte bei seiner Rückkehr, und ebenso auch die Bediensteten des Hauses, denken, daß Bertha bereits schlafen gegangen sei. Auf diese Weise gewann ich einen weiten Vorsprung zur Flucht."

„Aber die Mutter mußte sich ja rettungslos verbluten, falls der Stich vielleicht nicht tödlich gewesen wäre."

„Er war absolut tödlich gewesen. Ich untersuchte sie ja. Sie war eine Leiche."

„Aber Richemonte mußte bei seiner Rückkehr erfahren, daß ein Fremder zur Mutter gegangen sei. Das mußte seinen Verdacht erwecken?"

„Man hatte mich nicht gesehen. Ich war unbemerkt bei ihr eingetreten, denn ich hatte sie am erleuchteten Fenster stehen sehen. Zum Glück gelang es mir, ebenso unbemerkt zu entkommen, wie ich zu ihr gelangt war."

„Aber du warst verwundet; du warst voller Blut! Wie entkamst du?"

„Es galt zunächst, unbemerkt das Zimmer in meinem Hotel zu erreichen. Ich hatte das Glück eines Bösewichtes: Es gelang mir auch das. Du warst ruhig, du schliefst in meinen Armen; von dir hatte ich keinen Verrat zu befürchten. Zum größten Glück wußte ich, daß in meinem Hotel ein Schiffer aus Ajaccio wohnte, welcher noch diese Nacht nach Hause segeln wollte. Ich fragte ihn, ob er mich mitnehmen wollte, und er machte nicht die geringsten Schwierigkeiten, da ich Geld hatte und mich im Besitz guter Papiere befand. Natürlich hatte ich mich gewaschen und andere Kleider angelegt. Während du schliefest, brachte ich dich in einem leeren Reiseköfferchen an Bord. Ich befand mich bald in Ajaccio und also wenigstens einstweilen in Sicherheit."

„Was wird man gesagt haben, als man am anderen Morgen die Leiche fand?"

„Das erfuhr ich auf Korsika. Man hatte Berthas Leiche bereits während der Nacht entdeckt. Das Blut war durch die Decke gedrungen. Die Mutter war erstochen worden, und das Kind fehlte. Von ihren Habseligkeiten war nicht das geringste entwendet worden. Wer konnte der Täter sein? Kein anderer als der Vater, dem sie entflohen waren. Man forschte und erfuhr, daß ich sie wirklich verfolgt hatte. Nun war man außer allem Zweifel. Ich durfte nie mehr nach der Heimat zurückkehren."

Das Sprechen griff den Kranken von Minute zu Minute mehr an. Er war erschöpft und machte eine Pause; auch der Sohn schwieg. Ihn erfüllte eine Traurigkeit, nicht geringer als die Reue, welche der Vater fühlte. Endlich ergriff dieser letztere wieder das Wort:

„So war aus einem Dieb ein Mörder geworden und aus dem Mörder ein heimatloser Ahasver, welchen die Furien von Ort zu Ort verfolgten. Ich erfuhr, daß man meine Flucht nach Ajaccio entdeckt hatte und dort weiter nach mir suchte. Wo fand ich Sicherheit? Ich ging nach Ägypten. Nicht lange war ich dort, so hörte ich, daß man bereits von meinem Aufenthalt auf Sizilien wisse. Bald mußte man erfahren, daß ich von dort nach Ägypten gegangen sei. Um sicher zu sein, galt es, mich von dir zu trennen. Du mußtest unbedingt für das Kind eines Moslems gelten; daher war es notwendig, dich zu beschneiden. Aber das durfte ich keinem anderen überlassen. Ich beschnitt dich selbst, und nachdem die Wunde geheilt war, brachte ich dich an eins der Findelhäuser, welche damals noch mit einigen Moscheen in Kairo verbunden waren. Ich wartete im verborgenen, bis man dich gefunden und aufgenommen hatte und ging nun den Nil aufwärts bis über die Grenze von Nubien. Dort blieb ich zwei Jahre lang. Während dieser Zeit hatte ich gelernt, das Arabische zu sprechen wie ein Eingeborener. Die größte Sicherheit bot sich mir, wenn ich mich für einen geborenen Araber, für einen wahren Gläubigen ausgab. Ich tat dies und bin niemals in Verdacht gekommen."

„Jetzt, mein Vater, erwacht meine Erinnerung. Ich sehe mich bei alten bärtigen Männern in einem heißen Hof, welcher mit einer hohen Mauer umschlossen ist, und viele andere Knaben sind bei mir."

„Das ist der Findelhof an der Moschee. Ich kehrte nach Kairo zurück und suchte dich auf. Ich sagte, daß ich ein kinderloser Mann sei und die Absicht habe, einen Knaben an Kindes Statt zu mir zu nehmen. Gegen ein Geschenk an die Moschee durfte ich unter den Knaben wählen. Ich erkannte dich wieder, auch gab man mir das Kleidchen, welches du getragen hattest, als man dich fand. Ich hatte es bei einem Juden in einem der engsten Gäßchen von Kairo gekauft. Es war gerade die Zeit der großen Pilgerreise nach Mekka. Ich schloß mich an, denn ich wollte von nun an nur dir leben, und das konnte ich nur dann, wenn ich als echter Muselmann in vollkommener Sicherheit war.

In Mekka blieb ich fünf volle Jahre, um den Islam zu studieren. Dann aber sehnte ich mich nach einem Aufenthalt, an welchem es möglich war, zuweilen etwas von der Heimat zu hören. Ich verließ also Arabien und ging nach Ägypten zurück, und von da durch die Wüste nach Tunesien und später nach Algerien.

In Mekka hatte ich einen arabischen Namen getragen. Auf diesen hatte mir der Scherif meine Zeugnisse und Legitimationen ausgestellt. Ich hatte den Koran aus Mekka am Hals hängen, ich trug das Fläschchen mit dem Wasser des heiligen Brunnen Zemzem am Gürtel; ich besaß viele Reliquien der Stadt und ebenso von Medina. Ich galt überall als ein außerordentlich frommer Hadschi – Pilger –. Kein Mensch hätte in mir einen entflohenen Mörder vermutet. Der Gram und die Reue hatten mich abgezehrt, die Sonne hatte mich schwarz gebrannt. Ich trug sogar den grünen Turban der Abkömmlinge des Propheten, was ich zwar in Algerien, nie aber in Mekka wagen durfte. Und wenn mir jetzt meine Mutter oder Margot oder selbst dieser Richemonte begegnet wäre, niemand von ihnen hätte mich erkannt.

Ich wollte dein Vater und zugleich dein Lehrer sein. Von mir solltest du alle diejenigen Schätze des Charakters und Gemüts empfangen, welche meiner Jugend gefehlt hatten. Ich träumte von einem Sohn, welcher berufen sein solle, eine hohe Stelle einzunehmen. Aber dieser Traum zerrann in nichts, nicht schnell und plötzlich, sondern nach und nach, aber desto sicherer. Ich hatte in der Heimat die Universität besucht und mich vorzugsweise mit Medizin beschäftigt. Auf diesen Bergen wachsen tausend heilsame Kräuter. Ich sammelte sie und erprobte ihre Wirkung. Bald war ich der Wohltäter vieler Stämme. Konnte ein schöneres, besseres Los eines Mörders harren?"

„Nein, mein Vater!"

„Du hast recht, und ich danke dir. Ich baute mir diese Hütte und blieb, was ich war. Du solltest mein Nachfolger werden, niemals solltest du erfahren, wer ich war, und wer du eigentlich bist."

„Und dennoch hast du es mir erzählt."

„Mein Sohn, die Gedanken und Entschlüsse des Menschen sind wie das Haar, welches sich auf dem Sand niedergelassen hat. Der erste Lufthauch nimmt es mit sich fort. Ich war dein Vater und Beschützer. Nun aber gehe ich von hinnen, und du bleibst allein zurück. Wen sollst du lieben, und wer liebt dich? Du wirst unter Moslems stehen, allein, zwar hoch geehrt, aber dein Herz wird keine Worte finden dürfen. Ich habe dich in die Wüste geführt, ich habe dich der Zivilisation und dem göttlichen Erlöser geraubt. Ich muß dich dahin zurücksenden, von wo dein Leben ausgegangen ist."

„Soll ich dich verlassen, mein Vater? Niemals!"

„Mein Leben ist zu Ende. Nach wenigen Augenblicken werde ich zu Staub geworden sein."

„Soll ich dein Grab verlassen?"

„Ja. Mein Segen und mein Geist werden bei dir sein! Und nun, Arthur, mein Sohn, hast du meine Beichte vernommen. Dein Vater liegt vor dir, seine Seele steht unter Tränen bitterer und lange verborgener Reue, und sein Herz schreit auf nach einem Wort der Vergebung. Da droben strahlen Gottes Sterne; sie leuchten Liebe und Barmherzigkeit herab. Du kennst mein Tun. Verdamme oder begnadige mich, wie dir es der Allwissende eingibt jetzt in der Stunde, welche die letzte meines Lebens ist. Ich habe zu viel gesprochen, ich bin müde zum ewigen Schlaf. Bereits werden die Beine kalt und starr. Vielleicht ist in wenigen Augenblicken das Ohr nicht mehr offen, um deinen Richterspruch zu hören."

Er faltete die Hände. So wartete er auf das Wort, welches er aus dem Mund des Sohnes ersehnte. Dieser schluchzte laut vor Schmerz und umschlang den sterbenden Vater mit beiden Armen.

„Mein Vater, o mein Vater!" meinte er. „Will Gott dich wirklich von mir nehmen, sollen wir wirklich scheiden, so habe Dank für deine tausendfältige Liebe und für dein treues Sorgen! Ich wollte, ich könnte mit dir sterben!"

„Keinen Dank!" antwortete der Alte. „Den Richterspruch!"

„Gott ist die Liebe, mein Vater. Er zürnt dir nicht, sondern er hat dir vergeben."

„Und du, Arthur?"

„Auch ich. Mein Schmerz um dein Scheiden ist unsäglich, aber der Wunsch, alle Schuld von dir zu nehmen, ist noch tausendfältig größer. Gehe getrost aus dieser Welt, da oben wird es keinen Vorwurf für dich geben."

Da entflog dem Mund des Sterbenden ein langer, tiefer Seufzer unendlicher Erleichterung. Man sah beim Schein der Sterne, daß sich ein seliges Lächeln über sein Antlitz breitete.

„Ich danke dir, mein Sohn, oh, ich danke dir!" sagte er langsam und mit Anstrengung. „Nun sterbe ich ruhig, denn ich habe Barmherzigkeit gefunden. Grabe in der Hütte unter meinem Lager nach. Dort findest du wohlverwahrt das Kleidchen, welches du in Marseille trugst, meine Aufzeichnungen, welche dich legitimieren werden, den Schmuck und den Rest des Geldes, welches ich raubte. Gehe damit nach Jeannette und siehe, ob du dort Gnade findest, so wie ich sie bei dir gefunden habe."

Der Sohn hielt den Vater noch immer fest umschlungen. Er küßte ihn auf den bleichen, bereits erkaltenden Mund und fragte unter strömenden Tränen:

„Ist's wahr, ist's denn wirklich wahr, daß du sterben mußt?"

„Ja, mein Sohn, mein lieber, lieber Sohn. Und wenn ich tot bin, so lege mich in die Hütte und mauere, ehe du gehst, den Eingang zu. Nur oben laß gegen Osten eine kleine Öffnung, damit täglich ein Strahl der aufgehenden Sonne in das Grab des Mannes falle, dessen Leben von so wenigen Strahlen erwärmt und erleuchtet wurde."

„Ich werde es tun! Ja, mein Vater, ich werde es tun."

„Und noch den letzten Wunsch, mein Kind. – Bereits kann ich – kaum mehr sprechen. Du hast vorhin ein Lied gebetet. Jetzt – das Lied noch vom – Leben und vom Ende."

„Ja, mein guter, mein lieber Vater!"

„Richte mich auf! Lehne – meinen Rücken höher – an die Hütte, damit ich – noch einmal den Sternenhorizont – überschaue."

Unter strömenden Tränen tat Arthur ihm den Willen. Sodann kniete er nieder und faltete die Hände. Er unterdrückte mit aller Anstrengung das Schluchzen und betete mit lauter, zitternder Stimme:

„Bedeckt mit Deinem Segen
Eil' ich der Ruh' entgegen;
Dein Name sei gepreist.
Mein Leben und mein Ende
Ist Dein. In Deine Hände
Befehl ich, Vater, meinen Geist!"

Die Worte klangen laut zu den Wipfeln der Bäume empor und von der Bergeshöhe hinab. Es war ein christliches Sterbegebet inmitten eines durchaus mohammedanischen Landes.

„A – men!" hauchte es von der Mauer herüber.

Dann war es still. Der Beter regte sich nicht. Arthur wartete, daß der Vater ihn rufen, noch ein Wort, ein einziges Wort sagen solle – vergebens! Da endlich erhob er sich und trat zu ihm. Er bückte sich zu ihm nieder.

„Vater, lieber Vater!"

Keine Antwort.

„Schläfst du, Vater?"

Auch jetzt erhielt er keine Antwort. Da nahm er die Hände des Entschlafenen leise und behutsam in die seinigen. Sie hatten noch eine Spur von Lebenswärme, wurden aber bald völlig kalt.

„Gott, mein Gott, ist er wirklich tot, tot, tot?"

Die beiden Lauscher hörten das schnelle Rauschen eines Gewandes. Der Sohn fühlte nach dem Herzen des Vaters, um sich zu überzeugen, ob der eingetretene Schlummer wirklich der ewige sei.

„Allah! Allbarmherziger! Er ist gestorben! Sei ihm gnädig da oben und auch mir hier in meiner Einsamkeit."

Das wurde unter lautem Schluchzen gesprochen. Dann warf sich der Lebende neben dem Toten nieder. Es herrschte tiefe Stille ringsumher. Nur in den Zweigen war ein leises, leises Rauschen zu hören, als ob eine Seele die Schwingen breite, um sich zum Flug nach der ewigen Heimat zu erheben.

Richemonte stieß jetzt seinen Gefährten an.

„Komm!" flüsterte er ihm zu.

„Wohin?"

„Immer hinter mir her. Aber leise, damit er uns ja nicht hört."

Sie schlichen sich von der Hütte fort und nach dem Rand der Lichtung hin. Dort angekommen, faßte der Kapitän den anderen bei der Hand und zog ihn ziemlich tief in das Dunkel des Waldes hinein.

„So!" sagte er, endlich stehenbleibend. „Jetzt sind wir so weit entfernt, daß er nichts vernehmen kann. So lange Zeit ganz und gar lautlos bleiben zu müssen, ist wirklich eine fürchterliche Anstrengung. Ich hätte es nicht fünf Minuten länger ausgehalten."

„Ich auch nicht."

„Hast du alles gehört?"

„Jedes Wort."

„Was sagst du dazu?"

„Wer hätte das gedacht! Alle Teufel, wer hätte das gedacht!"

„Hm! Als ich hörte, daß der Kerl beichten wolle, ahnte ich einen ziemlichen Teil dessen, was wir dann wirklich zu hören bekamen."

„Und es ist alles wahr? Der Kaiser war wirklich in deine Schwester verliebt?"

„Rasend!"

„Sie entfloh?"

„Leider. Mit diesem verdammten Königsau."

„Welch eine kollossale Dummheit von ihr! Du aber verfolgtest sie?"

„Natürlich."

„Doch aber nicht auf den Befehl Napoleons?"

„Auf seinen ausdrücklichen Befehl. Hätte er die Schlacht bei Waterloo nicht verloren, so wäre er mit einem Schlag Meister der ganzen Situation und Herr Europas geworden. Margot hätte die Stelle einer Maintenon oder Pompadour eingenommen, und ich – alle tausend Teufel, was für Chancen hätten sich mir geboten! Was wäre ich heute?"

„Mußtest du den wirklich aus der Armee treten?"

„Das geht dich ganz und gar nichts an. Glaube es oder glaube es nicht; mir ist dies egal."

„Und du hättest dich wirklich nach Deutschland, nach Berlin gewagt?"

„Natürlich! In Frankreich war ja meines Bleibens nicht."

„Was wolltest du?"

„Hm! Ich wollte mit diesem guten Königsau einige Worte sprechen; aber der Satan legte sich mir immer in den Weg, so daß ich nicht so an ihn kommen konnte, wie ich wollte. Da entdeckte ich diesen dummen Sainte-Marie mit seiner noch einfältigeren Dulcinea. Das war mir natürlich im höchsten Grade willkommen."

„Inwiefern? Seines Geldes wegen?"

„Auch! Das wäre später mein geworden. Zunächst hatte ich es natürlich auf seinen Buben gemünzt."

„Auf den Knaben? Das verstehe ich nicht. Das Geld und der Schmuck wären mir ja tausendmal lieber und willkommener gewesen."

„Da sieht man wieder einmal, was für ein Schwachkopf du bist."

„Pah! Ich sehe keine sehr große Geistesstärke darin, einen Menschen mit Hunderttausenden laufenzulassen und dafür sich mit einem Säugling zu begnügen, der einem nur Arbeit und Sorge bringen kann."

„Hm! Wie du es verstehst."

„War diese Bertha denn gleich bereit, mit dir zu gehen?"

„Ich brauchte meine Überredungsgabe allerdings nicht sehr anzustrengen. Sie hatte ihren Mann hassen gelernt und strebte darnach, von ihm fortzukommen, um ihr Kind aus seiner Nähe zu bringen. Es war dann allerdings für mich ein harter Schlag, als ich ihre Leiche fand, die Leiche ganz allein, ohne das Kind."

„Aber, welche Absichten hattest du denn eigentlich mit dem letzteren?"

„Das errätst du nicht?"

„Wie sollte ich!"

„Ja", lachte der Kapitän leise vor sich hin. „Dieser Richemonte ist ein Kerl, dessen Kombinationen nicht so leicht ein anderer folgen kann. Wer war denn der Vater des Kindes, he?"

„Nun, der Baron de Sainte-Marie."

„Schön! Wer war also der Junge?"

„Hm!“ brummte der andere ziemlich verblüfft. „Sein Sohn natürlich.“
„Sehr geistreich geantwortet. Weißt du, was ein Fideikommis ist?“
„Ich denke.“
„Nun?“
„Eine Besitzung, welche ungeschmälert vom Vater auf den Sohn oder überhaupt auf den Erben übergeht, ohne verkauft werden zu können.“
„Ja. In Frankreich darf sogar auch nicht zu Gunsten eines anderen darüber verfügt werden, im Fall der eigentliche Erbe mißliebig wird. Verstehst du mich nun?“
„Noch nicht.“
„So beklage ich die Kürze deines Verstandsfadens. Der Junge war unbedingt der Erbe seines Vaters.“
„Ah! So ist er es ja auch jetzt noch.“
„Sehr richtig.“
„Dieser wilde Beduine – der Erbe der sämtlichen Güter. Donnerwetter! Und so ein zivilisierter Kerl, wie unsereiner ist, hat oft weder zu trinken, noch zu beißen.“
„Du brauchst es ja nur zu ändern.“
„Ich? Du bist wohl närrisch, Alter! Wie sollte ich es ändern können?“
„Oh, sehr leicht, sehr leicht sogar.“
„So erkläre es mir. Ich bin zu einer solchen Änderung auf der Stelle und herzlich gern bereit. Das kannst du mir wohl glauben.“
„Ein Schuß, ein Stich ist das Ganze, was nötig sein würde.“
„Du sprichst abermals in Rätseln.“
„Und für dich wird ein jeder guter Plan, ein jeder geistreicher Gedanke in Ewigkeit ein Rätsel bleiben. Du fragtest vorhin, was ich mit dem Sprößling dieses Sainte-Marie und dieser Bertha wollte . . .“
„Ja.“
„Nun, hast du dich vielleicht auch gefragt, was ich damals mit dir wollte?“
„Nein. Damals war ich zu jung, um mir eine solche Frage vorzulegen. Ich glaube, ich habe damals kaum die Windeln verlassen gehabt.“
„Du warst bereits ein zweijähriger Bube.“
„Aber doch noch immer zu jung zu so einer ungewöhnlichen Frage.“

„So frage ich dich jetzt."
„Gib mir lieber sogleich die Antwort."
„Bei deinem Schwachkopf bleibt mir allerdings gar nichts anderes übrig. So höre also! Du hattest damals bereits weder Vater, noch Mutter mehr."
„Leider! Ich wurde von einer alten Base ausgehungert und durchgeprügelt. Das nannte sie erziehen. Jetzt aber werde ich von dir erzogen."
„Jedenfalls ist meine Manier besser als die ihrige, obgleich ich auch noch keinen Erfolg verspüre. Ich kam damals zu dieser Base und bat sie, dich mir zu überlassen . . . Ich machte ihr allerdings den ihr sehr erwünschten Vorschlag, dich zu adoptieren. Auf diese Weise wäre sie dich losgeworden."
„Leider aber wurde sie mich nicht los. Du kamst nicht wieder. Warum? Das habe ich dich oft gefragt, ohne aber jemals eine Antwort zu erhalten."
„Mein Schweigen hatte seine Gründe; jetzt aber kann ich endlich sprechen."
„So rede! Ich bin sehr neugierig auf das, was ich erfahren werde."
„Du weißt, daß durch die Adoption beide Teile in die Naturrechte eintreten?"
„Was nennst du Naturrechte?"
„Beide gelten als leiblicher Vater und leiblicher Sohn."
„Ah, ja."
„Was der eine hat, gehört dem anderen."
„Ja."
„Und was der eine genießt, erwirbt auch der andere mit. Sie können beide über alles verfügen."
„Natürlich."
„Nun, ich wollte dein wirklicher Vater werden, um das mit genießen zu können, was dir später zufallen würde."
„Parbleu! Du tust ja gerade, als ob mir irgendein Fürstentum hätte zufallen sollen."
„Wenn auch nicht gerade ein Fürstentum!"
„So doch eine Grafschaft?"
„Auch diese nicht ganz!"
„Meinst du etwa eine Baronie?"
„Das ist viel eher und leichter möglich!"
„Du phantasierst!"
„Pah! Ich weiß stets genau, was ich sage und tue. Ich werde dir meinen damaligen Plan anvertrauen. Aber ich hoffe, daß ich das

ohne irgendeine Befürchtung zu tun vermag. Verstehst du mich?"

„Wenn es sich um eine Baronie handelt, werde ich zu schweigen wissen."

Er hatte diese Worte in einem ironischen Ton ausgesprochen.

„Laß diesen Ton! Er gefällt mir nicht und paßt auch nicht hierher!" sagte der Kapitän. „Also höre! Dieser Bertha wollte ich irgendeine Stellung verschaffen, wie du bereits gehört hast. Es wäre das auf alle Fälle eine Stellung gewesen, in welcher sie sich von dem Kind scheinbar nur auf kurze Zeit hätte trennen müssen."

„Wäre sie darauf eingegangen?"

„Ich hätte sie schon zu bearbeiten verstanden. Natürlich hätte sie den Jungen irgendwo in Pflege tun müssen. Und weißt du, bei wem dies gewesen sein würde?"

„Ich habe keine Ahnung davon."

„Nun, nirgends anders als bei deiner alten Base."

„Donnerwetter! Bei dieser? Aus welchem Grunde gerade bei ihr?"

„Zunächst wäre die brave Bertha verschwunden."

„Ah! Wie denn und wohin denn?"

„Meine Sache! Sodann wäre ihr Sprößling verschwunden."

„Aber zu welchem Zweck denn?"

„Schwachkopf! Du wärest an seine Stelle getreten. Die Papiere waren da. Wer hätte beweisen können, welcher von den beiden Buben der richtige Erbe der Baronin ist?"

Der „Schwachkopf" ließ ein leises, verwundertes Pfeifen hören.

„Alle Teufel, ist es das!" sagte er. „Die Nachbaren hätten es beweisen können, denn sie kannten mich und die Alte sehr genau."

„Die Alte hätte den Wohnort gewechselt. Dann war alles gemacht. Ich hätte einen Baron de Sainte-Marie adoptiert gehabt. In Frankreich geht das, während es in anderen Ländern schwieriger sein würde."

„Donnerwetter, welch ein Plan! Schade, daß nichts daraus geworden ist."

„Der Mord kam mir darein und das Verschwinden des Knaben."

„Aber warum hast du mich dann doch noch adoptiert?"

„Du bist allerdings zugleich mein Cousin und mein Sohn. Ich tat es, weil ich doch noch Hoffnung hegte, den Kerl zu erwischen."

„Und da mußte er entkommen! Ich könnte Baron sein!"
„Was damals nicht möglich wurde, kann vielleicht jetzt noch geschehen."
„Ah! Wenn das wäre!" meinte der andere höchst eifrig.
„Warum nicht?"
„Auf welche Weise?"
„Abermals Schwachkopf! Ein Schuß oder ein Stich, sagte ich ja vorhin."
„Donnerwetter! Jetzt beginnt mein Schwachkopf zu begreifen."
„Das ist zu wünschen. Der junge Baron muß, gerade wie ich damals plante, spurlos verschwinden. Eine einzige Kugel ist vollständig genug."
„Das ist wahr."
„Die Papiere sind da."
„Allerdings! Geburtsschein und Taufzeugnis, sämtliche Legitimationen seines Vaters, dazu das Geld und die Schmucksachen!"
„Das ist genug. Du hast fast das gleiche Alter, hast in der Wüste gelebt, sprichst Arabisch und kennst nun auch die ganze Vergangenheit deines Vaters, des Barons Alban de Sainte-Marie."
Der andere schwieg. Richemonte hütete sich, ihn zu stören. Er wußte, daß der ausgestreute Samen mit riesiger Schnelligkeit heranwachsen werde. Er hatte richtig gerechnet, denn sein Gefährte meinte bald:
„Der Kerl da drin wäre bald beseitigt. Aber die Schwierigkeiten in der Heimat! Ich bin zu wenig dazu."
„Pah. Ich helfe dir!"
„Hm. Wenn ich mich wirklich auf dich verlassen könnte, Alter!"
„Natürlich! Ich setze allerdings voraus, daß ich nicht umsonst arbeite."
„Das versteht sich ganz von selbst."
„Also, du denkst, daß es geht?"
„Sehr leicht sogar. Nur müssen wir schnell handeln. Hast du gehört, daß sie von diesem Königsau sprachen?"
„Ja. Wie konnten sie davon wissen?"
„Ob uns der Junge etwa gar im Wald belauscht haben sollte?"
„Das ist möglich."
„Nun, so ist es höchstwahrscheinlich, daß er sich sputen wird, Königsau und die Beni Hassan zu warnen."
„Donnerwetter, das wäre ein Strich durch unsere Rechnung!"

„Und abermals ein gewaltiger. Wer steht uns dafür, daß er nicht den Alten liegenläßt, seine Siebensachen nimmt und noch diesen Augenblick aufbricht, während wir uns hier langatmig beraten?"

„Ja, Cousin, wir müssen handeln. Also vorwärts."

„Halt! Vorher noch eins. Ich sage dir im voraus, daß ich ohne Erfüllung dieser einen Bedingung von der ganzen Sache nichts wissen will. Es handelt sich um Liama."

„Wieder dieses Mädchen", zürnte der Alte. „Was willst du mit ihm? Jetzt stehen die Sachen ganz anders als noch vor zwei Stunden."

„Meine Liebe ist ganz dieselbe geblieben."

„Du kannst sie doch wahrhaftig nicht zur Baronin de Sainte-Marie machen. Das wäre der größte Blödsinn, den es gibt!"

„Ich tue es nicht anders."

„Kerl, nimm Verstand an!"

„Und du, nimm Herz an! Ich habe sie lieb, und ich will sie haben."

„Meinetwegen, als Geliebte!"

„Nein, als Frau."

„Das ist ja ganz unmöglich! Du kannst ja nicht als Prätendent der Baronie auftreten, und dann, wenn man sie dir zugesprochen hat, diese halbwilde Beduinin heiraten."

„Das ist auch nicht nötig. Ich heirate sie bereits hier."

„Sie kennt dich als meinen Sohn Ben Ali. Der junge Sainte-Marie aber muß als Ben Hadschi Omanah auftreten. Dieser Name ist in den Aufzeichnungen des Marabut sicher genannt."

„So nehme ich ihn an. Ist sie einmal meine Frau, wird sie sich meinem Willen fügen müssen!"

Richemonte sah ein, daß jetzt nichts zu erreichen sei. Er hoffte den Plan seines Gefährten doch noch zu durchkreuzen. Es galt, schnell zu handeln, daher gab er scheinbar nach und meinte nach einigem Überlegen:

„Wem nicht zu raten ist, dem ist auch nicht zu helfen. Du sollst meinetwegen deinen Willen haben, aber ich bitte dich im voraus, etwaige unangenehme Folgen nicht mir aufzubürden. Gehen wir also!"

Er wendete sich ab, um die Stelle zu verlassen; da aber faßte ihn der andere beim Arm und sagte:

„Wer soll ihn denn – hm!"

„Was?"

„Wer soll ihm denn zum Verschwinden helfen, meine ich, du oder ich?“

„Natürlich du!“

„Warum ich? Du triffst viel sicherer.“

„Das mag sein; aber ich werde mich hüten, für einen anderen die gebratenen Kastanien aus dem Feuer zu holen und mir die Finger zu verbrennen.“

„Für einen anderen? Dieser andere bin ich, dein Adoptivsohn. Du genießest die Früchte ebenso wie ich!“

„Das gilt erst abzuwarten. Ich war vorher bereit, dem Kerl meine Kugel zu geben; wie die Sache aber jetzt steht, sehe ich hiervon ab, deiner Liama wegen.“

„Ihretwegen? Das begreife ich nicht.“

„Es ist doch sehr leicht erklärlich. Sie weiß, daß du nicht der Sohn des Marabut bist. Sie kann alles verraten, und in diesem Fall will wenigstens ich nicht derjenige sein, dem man den Mord aufwälzt.“

„Ist es das? Gut, so werde ich den Schuß abgeben. Für dieses Mädchen tue ich alles. Aber es wird uns nicht verraten.“

Richemonte lachte in sich hinein. Er hätte die Ermordung des Opfers auf keinen Fall auf sich genommen. Es lag ihm sehr daran, an dem späteren Baron de Sainte-Marie ein willenloses Werkzeug zu besitzen, und dies war nur dann der Fall, wenn er ihn mit Drohungen einzuschüchtern vermochte. Einem Mörder ist am leichtesten zu drohen.

Sie huschten leise zwischen den Bäumen hindurch, bis sie die Lichtung wieder erreichten. Dort duckte Richemonte sich auf den Boden nieder und kroch langsam und leise auf die Hütte zu. Der andere folgte ihm. Auf halbem Wege blieben sie plötzlich halten. Es war ein lichter Strahl aus dem Inneren der Hütte auf den Platz herausgefallen.

„Gut für uns“, flüsterte der Kapitän. „Er ist drin. Wir können herankommen, ohne kriechen zu müssen. Er hat Licht. Das gibt für dich ein festes, sicheres Ziel. Machen wir uns den Spaß, ihn zu überraschen. Welch ein Gesicht er machen wird, wenn so plötzlich zwei unbekannte Personen inmitten der Nacht bei ihm erscheinen.“

„Er wird Waffen in der Hütte haben.“

„Feigling! Ein Marabut und Waffen!“

„Von früher her vielleicht.“

„In diesem Fall erwarte ich, daß du schneller bist als er. Komm!“

Sie schlichen sich leise bis an die Mauer. Dort lehnte noch der tote Marabut. Sie schritten um denselben und standen nun vor dem Eingang, wo sie das Innere der Hütte überschauen konnten.

Ein kleines Tongefäß, mit Fett gefüllt, in welchem ein Docht steckte, bildete eine Lampe, deren Licht gerade hinreichend genug war, die Gegenstände im Inneren der Hütte erkennen zu lassen. Der Sohn des toten Heiligen hatte das Lager zur Seite geschoben und war damit beschäftigt, mit einem spatenartigen Werkzeug den Boden aufzugraben. Da ertönten plötzlich, so daß er erschrocken emporfuhr, hinter ihm die lauten Worte:

„Mesalcheer – guten Abend."

Er drehte sich um und sah zwei bewaffnete Beduinen am Eingang stehen. So sehr erschreckt er war, er faßte sich doch schnell und antwortete:

„Allah jumessik! Was wollt Ihr?"

„Wir kommen, um einige Worte mit dir zu sprechen", antwortete Richemonte.

„Tretet näher."

Sie traten ein, und nun fragte der Kapitän, auf das Loch deutend:

„Was tust du hier?"

„Ich grabe die Grube für den Toten, welcher draußen vor der Tür liegt", antwortete er, schnell gefaßt.

„Wer ist dieser Tote?"

„Mein Vater, der fromme Marabut Hadschi Omanah."

„Du lügst."

„Du irrst! Ich sage keine Lüge."

„Und dennoch lügst du."

„Ich kenne euch nicht; ihr seid Fremde; darum will ich euch verzeihen. Ein Mann eines der nahe wohnenden Stämme würde anders sprechen. Aber auch für euch ziemt es sich nicht, den Mann, unter dessen Dach ihr tretet, einen Lügner zu nennen. Die Leiche eines Marabut heiligt den Ort, an dem sie sich befindet, ihr aber entweiht und entheiligt ihn."

Er hatte sehr ernst und furchtlos gesprochen: der Kapitän aber antwortete ganz in seiner vorigen Weise:

„Ich wiederhole, daß du lügst. Ich kenne den Mann, dessen Leiche ich da draußen liegen sah."

„Wenn du ihn besser kennst als ich, der ich sein Sohn bin, so sage mir, wer du meinst, daß er sei."

„Jetzt ist er nichts als Staub und Erde. Vorher aber war er der

Baron Alban de Sainte-Marie“, sagte Richemonte in französischer Sprache.

„Allah!“ rief der junge Mann erschrocken.

„Der Mörder seines eigenen Weibes.“

Die Augen Arthurs öffneten sich weit vor Entsetzen.

„Der seine eigene Mutter beraubte und bestahl.“

„Wer seid ihr?“ stieß der Überraschte hervor.

„Ich bin derjenige, von dem er dir vorhin erzählt hat.“

„Ah! Ihr habt uns belauscht?“

„Ja. Hast du dir den Namen Richemonte gemerkt? Ich bin es.“

„Gott schütze mich!“

„Ja, Gott schütze dich!“ rief jetzt der andere. „Aber er wird es nicht vermögen, dich, den abtrünnigen Muselmann, zu schützen.“

Er zog blitzschnell seine Pistole hervor, zielte und drückte ab. Der Schuß krachte weit in die Nacht hinaus. Arthur de Sainte-Marie stürzte lautlos mit zerschmetterter Stirn zur Erde. Der Kapitän beugte sich nieder und untersuchte ihn.

„Ausgezeichnet gemacht, mein Junge!“ sagte er. „Die Kugel ist ihm bis ins kleine Gehirn gedrungen. Er war sofort tot und hat nicht viel zu leiden gehabt. Auch das ist der Tod eines Heiligen.“

Der Mörder aber drehte sich scheu zur Seite. Er wagte kaum, einen Blick auf sein unschuldiges Opfer zu werfen.

„Du meinst, ich habe gut getroffen?“ fragte er, um nur etwas zu sagen. „So schaffe ihn hinaus. Ich mag den Kerl nicht vor Augen haben. Dieses Loch im Kopf, diese krampfhaft geballten Fäuste, diese starren, fürchterlichen Augen!“

Er schüttelte sich, als ob es ihn fröstele.

„Hasenherz! Aber es ist dennoch wahr. Wir müssen ihn hinausschaffen, um Platz zu haben, seine begonnene Arbeit fortzusetzen. Fasse an.“

„Tue es allein.“

„Meinetwegen. Ich brauche mich nicht zu fürchten und zu scheuen, denn ich bin es nicht, der ihn erschossen hat. Ich bin unschuldig an diesem Blut.“

Diese Worte trafen den anderen wie ein Donnerschlag.

„Du unschuldig?“ fragte er. „Hast du nicht die ganze Sache angestellt?“

„Pah! Mußt du tun, was andere sagen? Wenn ich dir rate, dir selbst eine Kugel durch den Kopf zu jagen, wirst du es auch tun? Ein jeder trägt die Verantwortung seines Tuns. Die Gründe dazu liegen in ihm selber, wenn auch zehnmal der Anstoß von außen kommen sollte. Ich wünsche übrigens nicht, daß du mir noch einmal zu hören gibst, ich sei es, der dich zu diesem Mord veranlaßt habe."

In diesem Augenblick begann er die Taktik, welche er dann später auch auf Schloß Ortry zu befolgen pflegte. Er faßte den Erschossenen bei den Armen und schleifte ihn auf dem Rücken hinaus vor die Tür. Wieder eingetreten, untersuchte er das Loch und gebot dann seinem Gefährten:

„Nun, was soll die Pistole noch in der Hand? Der Geruch des Blutes hat dich wohl um die Besinnung gebracht? Hier, grabe weiter, mein Junge!"

Der andere gehorchte, ohne ein Widerrede zu versuchen. Er steckte die Pistole in die Tasche, ergriff den Spaten und begann zu graben. Bereits nach kurzer Zeit stieß er auf etwas Hartes.

„Schaffe die Erde weg. Ich bin begierig, zu sehen, was es ist."

Dies geschah, und nun zeigte es sich, daß ein großer, vasenartiger Topf, welcher mit einem tönernen Deckel belegt war, in der Erde steckte.

Der Kapitän nahm denselben ab. Ein ziemlich dickes Papierheft kam zum Vorschein. Richemonte öffnete es, beleuchtete es mit der Lampe und blätterte darin umher.

„Die Aufzeichnungen des alten Sünders", sagte er. „Sie behandeln die Zeit von dem Tag an, an welchem er Jeannette verließ, um seinem Mädchen nachzulaufen, bis einige Jahre vor seinem Tode. Weiter!"

Unter dem Heft befand sich ein alter, wollener Lappen. Als dieser entfernt worden war, entfuhr den beiden Männern ein Ausruf der freudigsten Überraschung. Was sie sahen, war kostbares, mit Perlen und Edelsteinen besetztes Geschmeide, unter welchem der Topf mit lauter englischen Guineen angefüllt war.

„Alle Teufel, das ist mehr, als ich dachte!" rief Richemonte erfreut.

„Das ist ein großer Reichtum", meinte der andere, den Inhalt des Topfes mit gierig funkelnden Augen musternd.

Er wollte die Hand danach ausstrecken, allein der Kapitän schob ihn zurück und sagte in gebieterischem Ton:

„Halt, mein Junge! Das ist vorderhand noch nichts für dich."

„Ah! Bin ich nicht Ben Hadschi Omanah, der Baron de Sainte-Marie?"

„Du sollst es erst werden."

„Dann ist alles mein Eigentum."

„Natürlich! Bis dahin aber werde ich es in meine eigene Verwahrung nehmen. Ich kenne dich. Sobald du Geld in der Tasche hast, bekommt es Flügel. Du bist imstande, deiner Liama hier den ganzen Kram für einen einzigen Kuß an den Hals zu werfen."

„So verrückt bin ich allerdings wohl nicht!"

„Vorsicht bleibt Vorsicht. Ich will dir erlauben, dich herzusetzen, um mitzuzählen. Eingesteckt aber wird kein einziges dieser Goldstücke. Was wir für die nächste Zeit brauchen, das habe ich in Biskra erhalten."

„Aber was soll denn mit diesem Schatz geschehen?"

„Vergraben wird er, bis wir mit Königsau fertig sind. Dann holen wir ihn und kehren nach Frankreich zurück, um zu sehen, ob dort die Verhältnisse unserem Vorhaben günstig sind."

„Wollen wir nicht die Türöffnung verschließen? Es ist doch immerhin eine Überraschung im Bereich der Möglichkeit."

„Pah, wer soll kommen. Draußen liegen die beiden Toten, einer hüben und der andere drüben. Sie halten so gut Wache, daß kein Mensch hereinkann. Komm her, Junge, wollen an unsere Arbeit gehen."

Zunächst wurde der Schmuck besichtigt. Er bestand aus vielen Gegenständen und repräsentierte einen wirklich hohen Wert. Dann zählten die beiden Mörder die Goldstücke; es waren ihrer gegen dreitausend.

„Dieser heilige Marabut ist wirklich ein großer Spitzbube gewesen", meinte Richemonte. „Bescheiden hat er sich bei dem Diebstahl ganz und gar nicht aufgeführt. Desto besser aber ist das für uns, die wir seine dankbaren Erben sind. Er mag in Allah ruhen und selig werden."

„Es ist wirklich zu verwundern", sagte sein Gefährte, „daß seine Mutter sich keine Mühe gegeben hat, wieder zu dem ihrigen zu gelangen!"

„Zu verwundern? O nein! Es beweist das bloß, daß sie viel Stolz und Ehrgefühl besessen hat, daß sie zweitens den Sohn wirklich aus dem Herzen gerissen hat, und daß sie drittens reich genug war, diesen Verlust verschmerzen zu können. Du siehst also ein, daß es sich der Mühe verlohnt, Baron de Sainte-Marie zu werden."

„Ob die alte Frau wohl noch leben wird?"

„Wer kann das wissen. Frauen haben oft ein zähes Leben. Wahrscheinlich aber ist sie gestorben. Sie war bereits damals die Jüngste nicht mehr."

„Wo vergraben wir diese Sachen? Hier oben?"
„Fällt mir gar nicht ein! Unten im Dickicht liegen sie sicherer."
„Und was tun wir mit den Leichen?"
„Den Marabut mag man in Gottes und Allahs Namen immerhin finden. Wir legen ihn in die Hütte, natürlich nachdem wir dieses interessante Loch zuvor wieder zugeworfen haben. Den anderen aber müssen wir irgendwo verscharren, wo er niemals entdeckt werden kann."
„Wenigstens nicht eher, als bis er zur Unkenntlichkeit verwest sein wird, da ich es bin, der für ihn zu gelten hat. Machen wir, daß wir aus der Hütte hinauskommen. Die Lampe ist fast ganz herabgebrannt, und im Dunkeln mag ich nicht hier bleiben."
Das festgetretene Erdreich wurde wieder mit dem Moos des Lagers bedeckt, und dann holte der Kapitän den Marabut herbei, den er darauf legte.
„So!" sagte er. „Die Tür werden wir ihm nicht zumauern, wie er es sich bedungen hat. Er wollte nur einen einzigen Sonnenstrahl täglich haben, wir sind aber Christen und gönnen ihm mehr."
„Und der andere?"
„Der muß liegenbleiben, bis der Morgen anbricht. In der nächtlichen Dunkelheit ist es ganz unmöglich, eine solche Arbeit vorzunehmen."
„Und wo bleiben wir bis dahin?"
„Draußen irgendwo unter den Bäumen. Vom Schlaf ist keine Rede."
„Diesen Schatz nehmen wir doch mit uns?"
„Ja, obgleich er hier bei den Toten sicher aufgehoben sein würde. Aber, alle Wetter, da hätten wir ja beinahe die Hauptsache vergessen. Die Legitimationen, welche der junge Marabut zu sich gesteckt hat. Wenn wir sie mit ihm vergraben wollten, so würde es dir verteufelt schwer werden, den Baron de Sainte-Marie zu spielen."
„Er hat sie in die Innentasche seiner Kutte gesteckt. Ich habe es gesehen."
„So nimm sie heraus."
„Das kannst du ebensogut."
„Abermals Hasenherz!"
„Spotte immerhin. Am hellen Tag und im offenen Kampf, da stelle ich meinen Mann, des Abends oder gar des Nachts aber mag ich von Toten nichts wissen. Es ist das ein alter Grundsatz von mir."

„Ja, Feiglinge pflegen in dieser Beziehung die festesten Grundsätze zu haben. Ich will hinausgehen, die Papiere zu holen. Siehe inzwischen nach, ob vielleicht noch Blutflecke zu vertilgen sind. Wer morgen kommt, darf nichts ahnen. Man muß denken, daß der Alte gestorben ist, während der Junge sich auf einer Exkursion auswärts befindet."

Die Papiere wurden gefunden. Der Kapitän steckte sie zu sich. Nachdem nun auch einige noch sichtbare Blutspuren vertilgt worden waren, löschten die beiden die Lampe aus und begaben sich mit dem Topf nach dem Ort, wo sie bereits vorhin miteinander gesessen hatten. Sie fühlten trotz der Länge ihres anstrengenden Rittes nicht die mindeste Müdigkeit. Das abendliche Erlebnis hatte ihre Nerven erregt, so daß sie keine Spur von Schläfrigkeit bemerkten.

Sie versuchten, sich die Zeit durch leise geführte Gespräche zu vertreiben, wozu ihnen allerdings Stoff genug geboten war. Während einer Pause fragte der Jüngere den Kapitän:

„Leben deine Schwester Margot und ihr Mann noch?"

„Jener verfluchte Hugo von Königsau, der Günstling des alten Blüchers? Ihm habe ich viel Malheur zu verdanken. Ich wollte, daß ihn der Teufel hätte. Ob er ihn aber schon hat, das kann ich nicht sagen, da ich so lange Zeit nicht wieder drüben gewesen bin."

„Ob der Leutnant von Königsau, den wir jetzt so freudig überraschen wollen, wirklich ein Verwandter von ihm ist?"

„Natürlich! Er ist ein Sohn von ihm und meiner Schwester. Wenn dieser Laffe wüßte, daß sein lieber Onkel ihm unterwegs auflauert, um ihn um einige Tropfen Blutes und verschiedene Kamelladungen leichter zu machen! Ich glaube, daß endlich, endlich meine Zeit begonnen hat. Ich habe Jahrzehnte lang vergebens auf sie gehofft und gewartet, und sie ist nicht gekommen. Ich habe gedarbt und gekämpft fast ein ganzes Menschenalter, ohne daß meine Hoffnung erfüllt worden ist. Jetzt aber winkt mir die Erfüllung meiner Wünsche. Rache will ich haben, Rache an diesem Königsau und seiner ganzen Sippe und auch, womöglich, Rache an der ganzen Nation dieser vermaledeiten Deutschen, deren Anwesenheit in Paris ich es zu verdanken habe, daß andere, welche damals neben mir dienten, heute bereits die Marschallsstäbe tragen. Vielleicht gibt der Satan, wenn ich wieder im Vaterland wohne, diesen Deutschen die gehörige Portion Verblendung, einen Krieg mit uns zu beginnen; dann werde ich alles, alles tun, um ihr Blut fließen zu sehen, Blut, Blut und Blut."

Wäre es nicht dunkel gewesen, so hätte man an ihm jenes Zähnefletschen beobachten können, welches bei ihm stets ein Zeichen grimmiger Aufregung war. Er befand sich jetzt in der Stimmung, in welcher er sich am wohlsten fühlte.

„Wer hätte gedacht“, meinte sein Gefährte, „daß wir heute so rasch zum Ziel kommen würden.“

„Und zu welch einem Ziel! Zwei Sainte-Marie sind tot, und ein Richemonte wird Baron. Das ist überschwenglich, mehr, als selbst die kühnste Hoffnung erwarten konnte. Wir können zufrieden sein.“

„Welche Nachricht wirst du dem Gouverneur Cavaignac bringen?“

„Bringen? Keine. Ich werde sie ihm durch den Kommandanten von Biskra, zu dem wir reiten, schicken. Es hat sich durch unser heutiges Abenteuer so vieles geändert, daß auch ich meinen Plänen eine andere Richtung geben muß. Es wird dies der letzte Dienst sein, den wir dem Gouverneur erweisen. Ich habe die Spionage satt.“

„Wird er erfahren, wer der Marabut eigentlich gewesen ist?“

„Wo denkst du hin! Er wird erfahren, daß er den frommen Hadschi Omanah nicht mehr zu fürchten braucht, weil dieser heute gestorben ist. Und unseren Lohn werden wir sicher erhalten. Ich hole ihn mir nach dem Überfall der Karawane des Deutschen.“

„Mir recht. Noch aber ist mir nicht klar, wie wir die Beni Hassan in den Verdacht bringen wollen, den Deutschen überfallen zu haben.“

„Das laß nur meine Sorge sein. Der Plan dazu ist fertig, er harrt nur noch der Ausführung und des Gelingens.“

„Ich mache aber die strenge Bedingung, daß dieser Saadi, der Geliebte Liamas, sterben muß.“

„Am liebsten ließe ich den ganzen Stamm vernichten und deine süße Liama zu allererst. Du wirst sehen, wohin dich diese Liebesblindheit führen wird. Ich habe meine Schuldigkeit getan und dich gewarnt; jetzt siehe du zu, ob du auch imstande sein wirst, die voraussichtlichen Folgen deiner Starrköpfigkeit auf deine eigenen Achseln zu nehmen.“

„Das laß nur immerhin meine Sorge sein“, antwortete der andere so kurz wie möglich, „du sollst gar nicht das Glück haben, die Folgen dieses dummen Streiches, wie du ihn nennst, mit genießen zu können.“

Mit dieser etwas scharfen Entgegnung wurde das Gespräch abgebrochen.

Der Duft der Wüste stieg empor; es wehte leise, leise in den Zweigen; wie Flügelschlag einer fliehenden Seele; die Sterne des Südens lächelten herab, als ob es kein Ereignis gegeben habe, durch welches die Ruhe und der tiefe Frieden des heiligen Berges in so entsetzlicher Weise gestört worden sei. Als Arthur auf Wunsch des sterbenden Vaters betete:

„Mein Leben und mein Ende
Ist Dein. In Deine Hände
Befehl ich, Vater, meinen Geist!"

hatten sein Schmerz und sein gewaltsam niedergehaltenes Schluchzen nur diesem Vater gegolten, und doch hatte er sein eigenes Sterbegebet gesprochen. Er hatte die Wüste verlassen sollen, um nach dem Heimatland seines Vaters zu pilgern; nun aber war er mit diesem eingegangen in eine Heimat, welche höher und herrlicher ist als alle Stätten der Erde.

Kaum begann im Osten der Horizont sich leise aufzuhellen, so machten die beiden Mörder sich an die Arbeit, den Topf mit dem Gold und den Kostbarkeiten einzugraben. Sie fanden bereits nach kurzem Suchen einen außerordentlich passenden Ort, an welchem sie den geraubten Schatz für voraussichtlich nur kurze Zeit der Erde anvertrauten. Einige nur ihnen in die Augen fallende Kennzeichen dienten zur Bezeichnung dieser Stelle, und sodann gingen sie wieder in die Hütte des Marabut.

Sie traten nochmals in das Innere, um sich nun auch beim Licht des hereinbrechenden Morgens zu überzeugen, daß keine Spur ihrer schaurigen Tat vorhanden sei. Dann ergriffen sie die Leiche des Ermordeten, um sie im tiefen Wald zu verscharren, zu welchem Zweck sie den in der Hütte vorgefundenen Spaten mitnahmen. Auch dieses unheimliche Geschäft wurde rasch beendet, dann aber machten sie sich auf den Weg, um ihre zurückgelassenen Pferde aufzusuchen. Sie fanden dieselben an Ort und Stelle und trabten bald, da die Tiere sich mittlerweile ziemlich erholt hatten, munter dem Osten zu, in welcher Richtung Biskra, ihr nächstes Ziel, zu suchen war.

Zum besseren Verständnis des nun Folgenden ist ein kurzer Rückblick auf diejenigen Personen nötig, deren Erlebnisse gewiß das größte Interesse des freundlichen Lesers in Anspruch genommen haben.

Der alte Marschall Vorwärts hatte nach der siegreichen

Schlacht bei Waterloo Frankreich zum zweiten Male niedergeworfen. Paris war erobert und ein erneuter Frieden geschlossen worden, derselbe hatte Napoleon Thron und Freiheit gekostet. Er war nach der Insel St. Helena verbannt worden, von wo eine Rückkehr nicht so leicht zu bewerkstelligen war, wie von Elba.

An diesem Niederringen der Kohorten des großen Korsen hatte Hugo von Königsau leider nicht mit teilnehmen können. Er war von den Folgen der fürchterlichen Hiebwunde monatelang an das Lager gefesselt worden. Lange, lange Zeit hatte er in völliger Bewußtlosigkeit gelegen. Diese war zunächst in einen apathischen, dann in einen traumhaften Zustand übergegangen, und erst später hatte es hier und da einen kurzen, lichten Augenblick gegeben, in welchem das Auge des Schwerkranken mit Bewußtsein an der Gestalt seiner Pflegerinnen gehangen hatte.

Diese waren seine aus Berlin herbeigeeilte Mutter, Frau Richemonte und ihre Tochter Margot, seine Geliebte.

Er erkannte sie alle drei. Er lernte sich von Stunde zu Stunde besser und deutlicher auf alles, was früher geschehen war, besinnen. Seine Erinnerung reichte bis zu seiner Ankunft auf dem einsamen Hof, wo der brave Kutscher Florian seine Geliebte in Sicherheit gebracht hatte. Aber weiter konnte er sich nicht besinnen, so sehr er seinen leidenden Kopf auch anstrengte. Und selbst als die Ärzte ihn für hergestellt erklärten, war in diesem Punkt sein Gedächtnis noch immer nicht wiedergekehrt.

Er wußte ganz genau, daß er nach dem Hof gekommen war, um die Kriegskasse an einer anderen, sicheren Stelle zu verbergen. Er hatte auch den Situationsplan bei sich, den er gezeichnet hatte, er wußte den Ort, an welchem die Kasse zuerst verborgen gewesen war, ganz genau, seine erste Exkursion nach seiner Genesung führte ihn hinauf nach der Schlucht, wo er bei der dort vorgenommenen Nachgrabung auch die Leichen der beiden Männer fand; er besaß sogar noch das über die Ermordung des Barons Reillac abgefaßte und von seinen Untergebenen unterzeichnete Protokoll – aber dennoch blieb es ihm vollständig unmöglich, sich auf das zu besinnen, was innerhalb der Zeit von ungefähr zwölf Stunden vor seiner Verwundung geschehen war.

Er kannte die Namen aller, welche bestimmt gewesen waren, ihn nach der Schlucht zu begleiten und ihm bei der Ausgrabung der Kasse behilflich zu sein, er hielt genaueste Nachforschung und erfuhr, daß sie nie wieder zurückgekehrt seien. So sah er sich gezwungen, nach Berlin zu gehen, ohne in dieser wichtigen Angelegenheit Klarheit gewonnen zu haben.

Auch Blücher kehrte nach dem Friedensschluß nach der Hauptstadt Preußens zurück. Er wurde natürlich sofort von Königsau aufgesucht, und jener empfing denselben mit seiner herkömmlichen, freundlichen Derbheit.

„Guten Morgen, mein Junge!“ meinte der Marschall. „Ich hörte, du hättest einen solchen Schmiß über den Kopf erhalten, daß der Teufel jeden Augenblick bereit gewesen sei, dich zu holen?“

„Ja, es war ein verfluchter Schmiß, Exzellenz“, antwortete Hugo.

„Der Teufel hat aber doch auf dich verzichten müssen? Na, das ist gut, das freut mich! Quecken, Hederich, Sauerampfer und anderes Unkraut verliert sich nicht so leicht; das habe ich an mir hundert Mal erfahren.“

„Aber eine verdammte Geschichte war es doch, Durchlaucht!“

„Hm! Ja! So ein Hieb wirft einen aufs Bett. Da gibt's rotrussisches Seifenpflaster, Meiermüllers Universalpflaster, Schwarzburger Zugpflaster, gelben Zug, roten Theakel, Heinswalder Kanaillenpflaster, Brausebeutel, Rizinusöl, Brechmittel, Purganzen und lauter solches verfluchtes Zeug, was einen Kranken nur noch elender macht, anstatt ihm auf die Socken zu helfen. Ich kenne das, oh, ich kenne das sehr genau. Mir aber dürfen diese Pflasterkasten nicht wieder an den Korpus. Wenn ich einmal meinen letzten Atem schnappe, so will ich ohne Medizin gen Himmel fahren.“

„Mag sein, Exzellenz. Aber das ist es nicht, was mich am meisten geärgert hat.“

„Nicht? Nun, was hat dich denn sonst gewurmt?“

„Zweierlei.“

„Laß es hören.“

„Erstens, daß ich nicht weiter mitmachen konnte.“

„Ja, das ist allerdings für einen jeden braven Kerl eine verflucht unangenehme Geschichte; aber man muß sich drein finden.“

„Man bringt es auch fertig“, sagte Königsau, „wenn man sich über verschiedenes hinwegzusetzen vermag.“

Blücher klopfte seine Tonpfeife an der Ecke des Tisches aus, so daß die noch glimmende Asche auf den Teppich fiel und ihn versengte, blickte den Leutnant von der Seite forschend an und fragte:

„Über verschiedenes? Was wäre das wohl, he?“

„Nun", antwortete Hugo etwas zögernd, „das versäumte Avancement zum Beispiel."

Der Alte nickte bedächtig und wohlwollend.

„Hm, ja, das ist allerdings wahr", sagte er. „So etwas ist zum Ohrfeigenkriegen. Aber da kann man doch wohl ein wenig nachhelfen. Du hast uns ganz famose Dienste geleistet. Du hast uns hundert Mal mehr genützt, als wenn du Kombattant geblieben wärest. Laß mich sorgen, mein Junge. Ein Wort, welches der alte Blücher sagt, wird schon noch gelten, meinst du nicht auch?"

„Ich denke es", antwortete Königsau lächelnd.

„Na, also! Ich wollte es ihnen auch nicht geraten haben, eine Empfehlung von mir in den Winkel zu schmeißen. Ich bin in solchen Dingen ein ganz kurioser Kauz. Aber, was ist denn nun das andere, worüber du dich ärgerst?"

„Die Kriegskasse, Exzellenz."

„Die Kriegskasse? Alle Wetter, ja! Ich detachierte dich doch mit einer kleinen Anzahl von Leuten, um diese alte Sparbüchse anderweit in Sicherheit zu bringen. Du kamst nicht wieder, und ich mußte weiter, immer hinter diesem Bonaparte her, um ihm zu zeigen, was deutsche Hiebe für Beulen machen. Dann hörte ich, daß du verwundet worden seist. Wie ist es denn mit der Kasse geworden?"

„Ja, das weiß ich nicht, Exzellenz."

„Nicht?" fragte Blücher verwundert. „So bist du verwundet worden, noch ehe du zur Kriegskasse kamst?"

„Nein, später."

„Aber, da mußt du doch wissen, ob du sie gefunden hast?"

„Jedenfalls habe ich sie gefunden."

„Und anderswo vergraben?"

„Ich denke es."

„Ich denke? Alle Teufel, was ist das für ein dummes Wort! Hier kann es ja gar nichts zu denken geben!"

„Eigentlich nicht, Durchlaucht. Aber ich habe es leider vergessen."

„Vergessen? Das mit der Kriegskasse? Alles? Den ganzen Schwamm? Mensch! Kerl! Bist du ein Kind, so etwas Wichtiges zu vergessen?"

Königsau deutete auf die blutrote Narbe, welche sich über den ganzen Kopf und noch über die Stirn bis auf die Nasenwurzel herabzog und antwortete:

„Ich kann nicht dafür, Exzellenz. Diese da ist schuld."

„Die Wunde? Heiliges Donnerwetter! Hat sie dich um das Gedächtnis gebracht?"

„Leider. Ich bin nicht imstande, mich auf das zu besinnen, was in der Nacht vor meiner Verwundung geschehen ist."

„Du hast dir keine Mühe gegeben, mein Junge."

„O doch, und welche! Ich habe ganze Tage und Nächte durchgewacht, gesonnen und gegrübelt. Die Erinnerung aber hat nicht kommen wollen."

„Das ist wunderbar. Es ist dir da irgendein Rad im Kopf ausgeschnappt, oder der Hieb hat dir einen Teil des Gedächtniskastens lädiert. So etwas läßt sich nicht wieder flicken oder zusammenkleistern. Aber oben bist du gewesen, wo die Kasse vergraben lag? Und die Leute mit dir?"

„Jedenfalls."

„Und die Kasse habt ihr herausgenommen?"

„Ich denke es."

„Wenn du das nur genau wüßtest."

„Ich denke, daß es so ist. Ich bin nach meiner Genesung oben gewesen und habe gefunden, daß die Kasse nicht mehr vorhanden war."

„Es kann sie ja auch ein anderer gefunden und gehoben haben."

„Hm, wahrscheinlich ist es nicht, wohl aber möglich."

„Möglich doch? Wieso?"

„Ich traue diesem Kapitän Richemonte nicht."

„Ah, diesem Kerl? War er denn oben?"

Königsau machte ein etwas verlegenes Gesicht, zuckte die Achsel und antwortete:

„Höchstwahrscheinlich."

„Wieder höchstwahrscheinlich! Donnerwetter! Junge, ich bin mit dir ganz und gar nicht zufrieden! Was tue ich mit einer Wahrscheinlichkeit? Gewißheit will ich haben."

„Nun, freilich kann ich auch diese geben. Es ist nämlich fast für sicher anzunehmen, daß ich es gewesen bin, der die Kasse ausgegraben hat, denn ich habe einen Situationsplan gezeichnet und später bei mir gefunden, welcher jedenfalls den Ort anzeigen soll, an welchem ich das Geld wieder versteckt habe. Hier ist er."

Blücher nahm das Papier und betrachtete es genau.

„Der Plan ist gut und deutlich. Hier Fichten, dort Birken und drüben einige Kiefern. Hier ein Kreuz – jedenfalls die Stelle, wo ihr die Kasse wieder eingegraben habt. Das muß doch zu finden sein."

„Ich habe vergebens tagelang gesucht, aber den Ort nicht gefunden."

„Die Fichten, Birken und Kiefern auch nicht, mein Junge?"

„Nein, ich kann mich absolut nicht besinnen, in welcher Richtung wir uns damals von der Schlucht aus gehalten haben."

„Das ist eine verdammte, ganz und gar miserable Geschichte, bei welcher einem sogar die Pfeife ausgehen kann."

Er legte dieselbe fort, obgleich er sie eben erst neu gestopft und angebrannt hatte. Mit dem Plan in der Hand, ging er nachdenklich in dem Zimmer auf und ab. Dann warf er ihn auf den Tisch und sagte:

„Na, du kannst jedenfalls nicht dafür. Der verfluchte Hieb hat dein Gehirn bankrott gemacht; daran ist nichts zu ändern. Aber wo sind die anderen, welche dabei waren? Sie müssen sich doch besinnen können!"

„Ich habe nach ihnen geforscht. Es lebt keiner mehr."

„Hol's der Teufel! Sie sind in den späteren Kämpfen gefallen?"

„Nein, sondern wohl noch während jenes Tages. Das Haus, von welchem unsere Exkursion ausging, wurde von Franzosen überfallen, wobei ich meinen Hieb erhielt. Preußische Husaren kamen zu Hilfe und fanden später in der Richtung nach den Bergen zu gerade so viel erschossene Männer, als ich bei mir gehabt hatte."

„Fand man nichts bei ihnen, was einen Anhalt hätte geben können, wer sie gewesen sind?"

„Nein. Sie waren vollständig ausgeplündert."

„Das ist fatal! Na, wir haben wenigstens einen Trost dabei, nämlich den, daß wir die Kasse auch dann nicht bekommen würden, falls du es ganz genau wüßtest, wo sie verborgen liegt."

„Nicht? Ich würde es in diesem Fall für nicht schwer halten, sie zu holen, Exzellenz."

„Diebstahl, mein Junge. Sie liegt auf französischem Grund und Boden. Aber meintest du nicht, daß dieser Kapitän Richemonte, mit euch oben in den Bergen gewesen sei? Woraus schließest du das?"

„Weil ich hier ein Dokument habe, nach welchem er da oben den Baron Reillac ermordet hat. Ich selbst bin Zeuge gewesen. Hier nun steht klar und deutlich, daß wir die Leiche Reillacs gefunden haben, und daß Richemonte bei ihr stand. Auch sind die Gegenstände verzeichnet, welche er bei sich trug, die aber Reillac gehörten."

„Ihr habt sie ihm doch abgenommen? Wo sind sie?"

„Ich habe sie später in meinem Besitz gefunden und habe sie noch."
„Aber wie es scheint, ist euch Richemonte selbst entkommen."
„Entweder ist er uns entkommen, oder wir haben ihn freiwillig gehen lassen, Exzellenz."
„Das letztere wäre eine unendliche Dummheit von euch gewesen."
„Entschuldigung, Exzellenz. Ich möchte es doch nicht so bezeichnen."
„Nicht? Warum nicht, he?"
„Es gilt zu bedenken, daß wir uns in Feindesland befanden."
„Ach so! Hm! Ja! Ihr waret gleichsam Spione; wenigstens befandet ihr euch heimlich mitten unter einer feindlichen Bevölkerung. Da war es wirklich nicht geraten, den Kerl zu arretieren."
„Vielleicht könnte man ihn noch jetzt beim Schopf nehmen."
„Noch jetzt? Ah, ja! Das ist wahr; würde man Reillacs Leiche finden?"
„Jedenfalls."
„Hm! Der Gedanke ist nicht schlecht. Beweise hätten wir auch, nämlich das, was du gesehen hast, eure Unterschriften und dann die Gegenstände, welche Reillac gehörten und die ihr ihm abgenommen habt."
„Oh, es gibt noch mehr Beweise, Exzellenz."
„Welche?"
„Margot hat einen Brief von ihm erhalten, in welchem er ihr mitteilt . . ."
Blücher machte eine schnelle Bewegung und unterbrach ihn: „Margot! Ah, Donnerwetter, an dieses alte Mädel habe ich gar nicht gedacht. Wie dumm von mir. Wo steckt es denn eigentlich?"
„Hier in Berlin bei meiner Mutter."
„So. Die muß ich besuchen, und das sehr bald, mein Junge."
Königsau räusperte sich ein wenig und sagte dann:
„Es war jetzt meine Absicht, Ew. Exzellenz zu einem solchen Besuch ganz gehorsamst einzuladen."
„Wirklich? Gibt es vielleicht eine besondere Bewandtnis dabei?"
„Allerdings, Durchlaucht. Hochzeit."
„Hochzeit? Kreuzmillionensternhagel! Du willst die Margot heiraten, Alter? Wann denn?"
„Übermorgen ist die Trauung."
„Schon übermorgen? Da schlage doch das Wetter drein. Wie

kann ich bis dahin mit dem Hochzeitsgeschenk fertig werden! Bis übermorgen kriege ich ja weiter nichts als höchstens eine Kohlenschaufel, einen Kinderkorb und einen Strauß von Aurikeln und Lindenblüten. Kerl, warum habe ich das denn nicht eher erfahren?"

„Exzellenz sind ja soeben erst in Berlin angekommen."

„Das ist wahr. Aber höre, hast du bereits einen Brautführer, und wer ist es?"

„Leutnant von Wilmersdorf."

„Der Wilmersdorf?" fragte der Marschall. „Donnerwetter! Warum denn diesen Kerl?"

„Er ist ein guter Freund von mir."

„Unsinn. Freund hin, Freund her. Es gibt noch andere Leute, die deine und Margots Freunde sind. Nicht jeder Freund hat das Zeug, ein tüchtiger Brautführer zu sein. Hast du dir den Wilmersdorf denn einmal ganz genau angesehen?"

„Sehr oft", antwortete Hugo unter einem ahnungsvollen Lächeln.

„Diese dünnen krummen Beine."

„Hm. Nicht sehr schlimm."

„Stumpelnase."

„Ein wenig."

„Drei Haare im Schnurrbart."

„Vielleicht noch einige mehr, Exzellenz."

„Unsinn! Da sieh mich einmal dagegen an. Hier, guck her."

Er drehte sich einige Male um seine eigene Achse und fuhr dann fort:

„Habe ich etwa dünne Beine?"

„Nein, Exzellenz", antwortete Königsau.

„Oder sind sie krumm?"

„Nicht im mindesten."

„Ist meine Nase stumpelig? Oder fehlt es meinem Bart an Melissengeist?"

„Exzellenz haben allerdings kein solches Frühbeetmittel nötig."

„Nun also. Oder ist dieser Leutnant von Wilmersdorf etwa ein honetterer Kerl als ich?"

„Das glaube ich nicht."

„Du glaubst es nicht? Ah, du glaubst es bloß nicht. Sieh doch einmal an. Kerl, mache mir keine dummen Witze, sonst heirate ich dir die Margot vor der Nase weg. Ich sage dir, wäre ich fünfzehn Jahre jünger, so müßte sie meine Frau werden. Da ich aber nun einmal das Pech habe, so ein alter Methusalem zu sein, so will ich wenigstens das Vergnügen haben, ihr Brautführer zu sein. Verstanden?"

„Zu Befehl, Exzellenz."

„Zu Befehl? Lauf zum Kuckuck mit deinem Befehl! Diese Geschichte soll nicht durch einen Armeebefehl erzwungen werden. Liegt dir nichts daran, so tue den Schnabel auf."

„Oh, Durchlaucht, es gereicht mir ja nicht bloß zur größten Ehre, sondern es gewährt uns auch das innigste Glück, Ihren Wunsch zu erfüllen."

„Na also! Endlich nimmt der Mensch drei Zoll Verstand an. Nun führe ich die Margot bis in die Ehe, und dieser Leutnant von Wilmersdorf mag Hunde führen bis Bautzen. Aber sagtest du nicht, daß dieser Richemonte an Margot geschrieben hätte?"

„Ja, bereits drei Mal."

„Ah. Wie kann sie sich mit diesem Kerl in Briefwechsel stellen?"

„Das fällt ihr gar nicht ein."

„Aber sie hat ihm doch geantwortet?"

„Nein."

„Wo befindet er sich jetzt?"

„Für zwei Wochen in Straßburg."

„Habt Ihr seine Adresse?"

„Ja. Er erwartet dort unsere Antwort."

„Das ist gut. Da wissen wir, wo der Herr Urian zu finden ist. Was schreibt er denn?"

„Margot soll mich verlassen und zu ihm kommen."

„Der Kerl ist verrückt. Das Mädel wird dich aufgeben."

„Oh, er gibt einen sehr gewichtigen Überredungsgrund an."

„Da bin ich doch neugierig."

„Margot ist arm; er aber will, sobald sie mich verläßt und zu ihm kommt, sie zu einer reichen, ja zu einer steinreichen Erbin machen."

„Sapperlot! Welcher Krösus ist denn gestorben?"

„Reillac."

Blücher fuhr erstaunt zurück.

„Reillac?" fragte er in einem unendlich gedehnten Ton. „Natürlich ist er tot. Aber er ist es, den sie beerben soll? Da sollen doch gleich tausend Bomben platzen. Wie geht das zu?"

„Wissen Euer Exzellenz, daß Baron Reillac reich, sehr reich war?"

„Ja. Aber er war reich, weil er ein großer Schuft war. Er

machte den Gurgelabschneider und sammelte sich als Armeelieferant Millionen, während die armen Soldaten hungern mußten und in Lumpen gingen."

„Erinnern sich Exzellenz auch noch meiner früheren Mitteilung, daß Napoleon Margot gesehen hatte?"

„Ja, er hatte ein Auge auf sie geworfen, oder auch wohl alle beide."

„Nun, es ist im Plan gewesen, daß Reillac sie heiraten solle."

„Der? Dem soll ein heiliges Wetter auf den Leib fahren, aber kein solches Prachtmädel, wie die Margot ist. Aber hätte der Kaiser denn dazu seine Einwilligung gegeben?"

„Natürlich. Von diesem ist ja der Plan ausgegangen. Margot sollte als Baronin de Reillac am kaiserlichen Hofe Zutritt erhalten."

„Ah, damit Napoleon Gelegenheit erhalte, sie zuweilen beim Kopf zu nehmen? Das mag er sich vergehen lassen! Jetzt mag er auf St. Helena Käse reiben, aber an solche Sachen mag er ja nicht denken."

„Richemonte hat die Hand dabei im Spiel gehabt. Er schreibt, daß Reillac gestorben sei, ohne einen nahen Erben zu hinterlassen und daß er die schriftliche Einwilligung des Kaisers zur Verheiratung Margots mit Reillac in den Händen habe."

„Ah. Das galt damals als vollzogene Verlobung!"

„Auch jetzt noch?"

„Hm. Kommt auf die Umstände an. Ich bin kein Advokat oder Pandektenwurm."

„Ferner hat Reillac ein Testament hinterlassen."

„Doch? Also gibt es einen Erben? Wer ist es?"

„Eben Margot."

„Heiliges Pech! Margot? Inwiefern denn?"

„Reillac hat seine Verlobung oder die kaiserliche Einwilligung dadurch erkauft, daß er für den Fall seines Todes Margot als unumschränkte Erbin seiner sämtlichen Hinterlassenschaft einsetzte."

„Welch ein Glück oder welch eine Schande für euch."

„Kein Glück, sondern eine Schande, wenn Margot akzeptierte."

„Richtig, mein Junge. Du bist ein tüchtiger Kerl und hast Ehre im Leib. Aber wo befindet sich das Testament?"

„Richemonte hat es."

„Wird es echt sein?"

„Es müßte geprüft werden."

„Dem Kerl ist alles zuzutrauen. Aber ein Esel ist er doch, ein großer Esel."

„Inwiefern, Exzellenz?"

„Er will mit diesem Testament Margot zu sich locken?"

„Ja, wie ich bereits sagte."

„Wenn sie ihm aber nicht folgt . . ."

„So soll sie keinen Genuß davon haben."

„Unsinn. Es wäre leicht, ihm das Testament abzunehmen. Dazu sind die Behörden da, und eben darum ist er ein großer Esel, mein Junge."

„Oh, Durchlaucht, er würde dasselbe versteckt halten und sagen, daß er die Unwahrheit gesagt habe, er würde behaupten, daß die Erfindung von dem Testament nur eine Lockung gewesen sei."

„Das ist allerdings richtig. Was sagt Margot dazu?"

„Sie will natürlich nichts von ihm wissen."

„Und von der Erbschaft?"

„Auch nichts."

„Brav. Ihr habt zwar beide kein Vermögen, aber ich will schon für ein rasches Avancement sorgen, und dann leidet Ihr ja keine Not."

Die Züge Königsaus verdüsterten sich.

„Oh, Exzellenz", sagte er, „mit dem Avancement wird es vorüber sein."

„Vorüber?" fragte Blücher. „Warum?"

Königsau deutete zum zweiten Mal nach der Narbe und antwortete:

„Hier liegt der Grund!"

„Donnerwetter! Ist so eine ehrenvolle Narbe etwa ein Schandfleck?"

„Ganz und gar nicht."

„So brauchst du dich doch auch nicht wegen ihrer zu schämen, fort zu dienen."

„Zu schämen? Ganz und gar nicht, Durchlaucht!"

„Nun, und dennoch soll sie der Grund sein, daß es mit dem Avancement vorüber ist? Das begreife, wer da will, ich aber nicht."

Königsau lächelte trübe, beinahe bitter.

„Haben Exzellenz nicht vorhin selbst gesagt, daß in meinem Kopf irgendein Rad zersprungen sei?" fragte er.

Blücher ahnte, was da kommen werde, darum antwortete er rasch:

„Papperlapapp! Das war ja nur im Spaß gesagt."

„Ich weiß das, und dennoch ist es bitterer Ernst. Mein Gedächtnis hat gelitten und ist nicht mehr zuverlässig."

„Doch bloß in dem einen, vorhin erwähnten Punkt."

„Bisher, ja. Aber es kann mich in jedem Augenblick, bei jedem Punkt, der vielleicht von größter, dienstlicher Wichtigkeit ist, ebenso verlassen."

„Donner und Doria! Wer sagt das?"

„Die Ärzte, die mich behandelten und die als Sachverständige jetzt über meine Zukunft zu entscheiden haben."

Blücher blickte ihn mit einem ganz eigentümlichen Ausdruck an.

„Sachverständige?" fragte er. „Zukunft? Entscheiden? Ich verstehe das nicht."

„Ich wollte es auch nicht verstehen, sah mich aber bald dazu gezwungen. Ich werde meinen Abschied fordern müssen."

„Abschied? Kerl, ist Er verrückt?" rief der Marschall.

„Oh, man hat es mir bereits angedeutet."

Da trat Blücher an das Fenster, blickte ein Weilchen stumm hinaus und drehte, als er seiner Gefühle Herr geworden war, sich wieder um. Seine Wangen waren rot geworden, und seine Augen schimmerten feucht, als er in scheinbar ruhigem, aber aufrichtig herzlichen Ton sagte:

„Also dir hat man angedeutet, daß du deinen Abschied fordern sollst? So einem jungen, talentierten und hoffnungsvollen Offizier. Was hast du zu tun beschlossen?"

„Zu gehorchen."

„Auch wenn ich dir abrate?"

„Auch dann."

„Millionendonnerwetter! Kerl, warum auch dann?"

„Weil ich den Abschied erhalte, wenn ich ihn nicht fordere."

„Da werde ich mich denn doch in der Länge und der Breite dazwischenlegen."

„Ich bin Exzellenz außerordentlich verbunden! Aber, darf ich aufrichtig reden?"

„Rede nur gerade so, wie dir's vom Maule kommt."

„Ihre Intervention würde allerdings mächtig genug sein, mich zu halten; aber ich würde denn doch den Verhältnissen und den nächsten Vorgesetzten gegenüber zu kämpfen haben."

„Diese vorgesetzten Halunken sollte der Teufel holen!"

„Das geht nicht so schnell. Es würde da Scherereien geben, die . . ."

„Ja, ja", fiel Blücher schnell ein. „Ich weiß, was du meinst. Es gibt so kleine, ganz kleine Teufeleien, die in fürchterlicher Menge und Schärfe kommen und gegen welche ich dich nicht schützen könnte. Ich kann dir da allerdings nicht unrecht geben, armer Kerl!"

„Und wie nun, wenn die Ärzte wirklich recht haben?"

„Mit dem Rad im Kopf?"

„Nicht in dieser Bedeutung, Exzellenz. Meine Denk- und Urteilskraft hat nicht im mindesten gelitten; wie aber, wenn dies nur so scheint? Meine Wunde verursacht mir mancherlei Schmerzen und Beschwerden. Wenn ich gerecht und unparteiisch denke, so muß ich die Möglichkeit zugeben, daß eine so bedeutende Hirnverletzung noch schwerere, unvorhergesehene Folgen nach sich ziehen kann!"

„Mensch, du bist ein Schwarzseher."

„Ich bemühe mich nur, keine Möglichkeit unberechnet zu lassen."

„Mag sein! Aber schade, jammerschade ist es doch! Also du bist wirklich gewillt, um deinen Abschied einzukommen?"

„Fest gewillt."

„Na, meinetwegen. Tue es. Aber wann denn?"

„Sobald als tunlich!"

„Unsinn! Hat dein Kopf etwa so gelitten, daß du über einem solchen Gesuch drei Vierteljahre zubringen wirst?"

„Nicht ganz", antwortete Königsau lächend.

„So schreibe es heute."

„Exzellenz, ich erlaube mir die Meinung, daß . . ."

„Unsinn! Maul halten! Wer hat hier eine Meinung zu haben. Er oder ich?" donnerte da der Alte los. „Mache Er die Sache kurz. Hat Er während seines Krankenlagers das Schreiben verlernt?"

„Nein", antwortete Königsau kurz.

„Gut! Dort sieht Er Tinte, Papier und Gänsewische. Reiße Er sich eine Feder heraus. Das Messer, sie zu schneiden, liegt auch dort. Dann setze Er sich hin und fertige Er sein Gesuch. Aber so kurz wie möglich. Ich werde mir inzwischen eine andere Pfeife anbrennen. Also gehe Er los."

Königsau gehorchte. Er setzte sich. Auf dem Tisch lag der Flügel einer Gans, wie man sie zum Ausfegen und Abstäuben damals in Gebrauch hatte. Er riß sich eine Feder heraus, schnitt sie, da sie nicht gezogen war, mühsam zurecht und schickte sich an, zu schreiben.

„Halt!“ meinte da der Marschall. „Wie denkt es sich besser nach, mit Pfeife oder ohne Pfeife?“

„Mit!“ antwortete Königsau.

„So stopfe dir eine, ehe du die Kleckserei beginnst. Greif zu!“

Der Leutnant mußte gehorchen. Er stopfte sich eine holländische Tonpfeife, setzte sie in Brand und begann dann.

„Halt!“ rief der Alte abermals. „An wen adressierst du das Gesuch?“

„Vorgeschriebener Weise an das Regimentskommando.“

„Unsinn! Dich geht diese vorgeschriebene Weise ganz und gar nichts mehr an. Man will dich los sein, und man soll den Willen haben. Aber mit diesen Kerlen sollst du nun auch nicht mehr schriftlich verkehren.“

„An wen meinen Exzellenz sonst, daß ich adressieren soll?“

„Wie? Was? Das leuchtet dir nicht ein?“

„Nein.“

„Da schlage doch das Wetter drein! Muß ich dich denn geradezu mit der Nase hineindrücken? Du adressierst dein Abschiedsgesuch an mich alten Halunken; das ist das Gescheiteste, was du tun kannst.“

„Mit Übergehung sämtlicher anderer Kompetenzen?“

„Jawohl, anders nicht.“

„Ganz, wie Exzellenz befehlen.“

„Ja, das befehle ich. Und nun fange endlich einmal an. Drücke aber vorher den Tabak nieder, sonst fällt er dir aus der Pfeife auf das Papier herunter.“

Königsau schrieb. Er gab sich trotz der Eile die möglichste Mühe; als zehn Minunten vergangen waren, legte er die Feder weg.

„Fertig?“ fragte Blücher.

„Ja.“

„Vorlesen!“

Königsau erhob sich vom Stuhl, nahm den Bogen empor und begann:

„An seine fürstliche Durchlaucht, Herrn Feldmar . . .“

„Halt!“ donnerte da Blücher. „Das ist die Überschrift?“

„Allerdings.“

„Kerl, dich soll der Teufel reiten. Wenn so ein vorgesetzter Kerl von dir an mich schreibt, so verlange ich allerdings, daß er alles, alles bringt, nämlich den Fürsten, den Gebhardt Leberecht, den Marschall, die Exzellenz, den alten Blücher, die Durchlaucht, die Hoheit und das Euer Gnaden. Wehe ihm, wenn er ein Jota weglassen wollte. Aber wenn du, der Zurückgesetzte von diesen Vorgesetzten, mir schreibst, so ist das überflüssig. Ich will diesen Kerlen beweisen, daß ich etwas auf dich halte. Wie viele Zeilen hat denn dein Gesuch?"

„Zweiundfünfzig."

„Mein Gott, zweiundfünfzig! Ist denn solch ein Quirlquatsch nötig? Setze dich hin und nimm einen anderen Bogen. Ich werde dir diktieren."

Königsau gehorchte. Blücher steckte die Pfeife ordentlich in Brand, lief nachdenklich im Zimmer auf und ab und fragte nach einer Weile:

„Kann's losgehen?"

„Ja."

„Gut, also jetzt! Was haben wir heute für einen?"

„Den Dreiundzwanzigsten."

„Ah, ja, übermorgen ist ja Weihnachten. Also gerade zu Weihnachten läßt du dich trauen? Das freut mich, und das paßt mir. Hast du die Feder auch gehörig eingetunkt?"

„Ja."

„So schreibe! Berlin den dreiundzwanzigsten Dezember 1816. An meinen Freund und Gönner Gebhardt Leberecht von Blücher . . . Fertig? Also weiter! Lieber Freund und Kampfgenosse! Ich habe einen gottserbärmlichen Schmiß über den Kopf bekommen. Ich soll deshalb den Abschied verlangen. Ich tue es hiermit. Von Dir ist er mir lieber, als von anderen; denn Du weißt, daß ich meine Pflicht getan habe. Dein treuer Hugo von Königsau, Leutnant."

„Na, weißt du nun, wie ein Abschiedsgesuch gemacht wird?"

„Exzellenz, die Worte wollten mir nicht aus der Feder."

„Warum nicht?"

„Dieser Scherz ist mir allerdings ein erfreulicher Beweis Ihres . . ."

„Unsinn!" unterbrach ihn Blücher. „Es ist kein Spaß, sondern mein Ernst. Zeig mal her! Hast du Streusand drauf? Schütt Tabaksasche drauf! Die löscht viel besser als Sand."

Dies wurde getan, und dann nahm Blücher den Bogen her, um ihn zu lesen.

„Hast wirklich keine üble Hand", meinte er. „Dein Geschreibsel ist besser zu lesen als meines. Rate, wer das zu lesen bekommt."

„Ich habe keine Ahnung, Exzellenz."

„Keine Ahnung? Dummkopf, wer anders, als der König."

Königsau hatte sich das gedacht, aber er erschrak dennoch. „Exzellenz", meinte er zögernd. „Es scheint mir, als ob in diesem Fall das Gesuch denn doch eine veränderte Fassung erhalten müßte."

„Eine andere Fassung? Wie meinst du das? Den Bogen zusammengefaltet? Das versteht sich ja ganz und gar von selber. Es kommt sogar ein Kuvert darüber."

„Ich meine, daß der Inhalt durch andere Worte ausgedrückt werden müsse."

Blüchers Brauen zogen sich zusammen.

„Die Worte verändern?" fragte er. „Mensch, Kerl, Junge, Königsau, was fällt dir ein? Denkst du etwa, daß ich kein Gesuch entwerfen kann?"

Hugo erschrak.

„Exzellenz", beeilte er sich, zu antworten, „ich bin vollständig überzeugt . . ."

„Oder, daß ich nicht diktieren kann?" unterbrach ihn Blücher. „Dieses Gesuch ist ein stilistisches Meisterwerk, und der König bekommt es zu lesen. Damit basta und punktum. Aber nun weiter. Wie steht es mit diesem Richemonte. Wollen wir ihn abfangen?"

„Ich weiß nicht, ob dies möglich ist."

„Warum nicht? Du weißt ja seinen Aufenthalt?"

„Aber Straßburg gehört zu Frankreich."

„Das ist egal. Wie heißt in Frankreich der oberste Ankläger?"

„Generalprokurator."

„Nun gut. An diesen Generalprokurator schreibe ich. Ihm schicke ich die Anklage. Und dann will ich sehen, ob man es wagen wird, einen Antrag des alten Blücher unbeachtet zu lassen. Was hattet ihr diesem Richemonte an der Leiche seines Opfers abgenommen?"

„Reillacs Börse und Brieftasche. Sein Wappen und Namenszug befinden sich darauf."

„Das ist hinreichend. Ihr habt die Leiche begraben, und du könntest die Stelle heute noch finden?"

„Ganz gewiß."

„Es wäre ja möglich, daß man deine Gegenwart forderte. Hast du die Ermordung direkt gesehen?"

„Nein."

„Das ist dumm. Nun kann er leugnen."

„Oh, doch nicht. Ich sah ihn mit Reillac beisammen. Nach einer Zeit von kaum fünf Minuten kehrte ich zurück. Richemonte war fort, Reillac aber lag erstochen am Boden. Er war noch warm. Es fehlten ihm die Gegenstände, welche wir dann bei Richemonte fanden."

„Das ist allerdings genug. Wie mag das Testament in die Hände des Kapitäns gekommen sein?"

„Vielleicht ist es gefälscht. Ist es jedoch wirklich echt, so kann es für Reillac ja irgendeinen Grund gegeben haben, es den Händen Richemontes anzuvertrauen."

„Das ist wahr", meinte Blücher. „Richemonte hat kein Vermögen?"

„Nein, aber desto mehr Schulden, wie Exzellenz ja bereits wissen."

„Dann muß es allerdings verteufelt fatal für ihn sein, in diesem Testament ein riesiges Vermögen in der Hand zu halten, von welchem er nicht einen Heller erhalten wird."

„Deshalb will er Margot zu sich locken."

„Ja, er würde die Erbschaft für sie erheben und dann schleunigst durchbringen. Das soll ihm nicht gelingen. Na, übermorgen bin ich bei euch, da besprechen wir alles, und dann wird gehandelt. Jetzt kannst du dich von dannen trollen, mein Junge. Grüße mir die Margot und auch die anderen beiden Frauen! Das Abschiedsgesuch wird besorgt. Adieu."

„Adieu, Exzellenz!"

Er ging. War er durch seine kaum überwundenen Leiden in einer trüben Stimmung und dann durch den Wink, seinen Abschied zu nehmen, verbittert worden, so hatte ihn jetzt die Unterredung mit dem alten Haudegen förmlich erquickt und wieder aufgerichtet. Er kehrte mit frischem Mut zu den Seinigen zurück.

Zwar war es zutreffend, daß er keinen Reichtum besaß. Das kleine Gut, welches er sein Eigentum nannte, brachte nicht mehr ein, als er zur notwendigen Befriedigung bescheidenster Lebensansprüche bedurfte; aber wenn er die Augen seiner Margot so glücklich und vertrauensfreudig auf sich gerichtet sah, so war es ihm, als ob es niemals einen Tag geben werde, an welchem er mit seinem Schicksal hadern könne.

„Hat er dich freundlich empfangen?" fragte sie, als er sich neben ihr niedergelassen hatte.

„Er hat mir wahrhaftig die alte Zuneigung und Güte bewahrt", antwortete er. „Laß dir nur erzählen, meine Margot."

Er berichtete, und sie freute sich, als sie seine Augen nach so langer Zeit wieder vor Freude und Vergnügen leuchten sah.

Und als er geendet hatte, meinte sie im Ton innigster Überzeugung:

„Blücher ist nicht der Mann, etwas fallenzulassen, was er einmal ergriffen hat. Glaube mir, daß er bemüht sein wird, dich für die Untätigkeit zu entschädigen, in welche man dich zwingen will."

Und sie hatte recht.

Der Weihnachtstag kam heran, und Hugo erhielt das kostbarste Geschenk, welches ihm jemals an diesem Tag geworden war: ein Weib, wie es schöner, lieber und besser kein Mensch besitzen konnte.

Wie entzückend war Margot in ihrem einfach weißen Brautkleid! Sie glich einem überirdischen Wesen und wurde durch keine Brillanten, durch kein Raffinement, sondern nur durch die eigenen Reize, die eigene Lieblichkeit geschmückt.

Die Gäste waren schon alle versammelt, als der Marschall erschien. Er hatte seinen beiden Lieblingen zu Ehren seine beste Hof-, Parade- und Galauniform angelegt. So alt er war: als er eintrat, schien ein Hauch erhöhter Jugend und gesteigerten Wohlbefindens durch die Versammlung zu wehen. Das ist stets der Fall, wenn ein Charakter naht, welchem die Stimme der Natur mehr gilt, als die störenden Ansprüche einer berechnenden und künstlich emporgeschraubten Welt.

„Guten Tag alle mitsammen!" rief er heiter, indem er sich umblickte. „Donnerwetter, ist das ein Weihnachten! Da bringt das Christkind Braut und Bräutigam. Ich wollte, ich könnte es auch noch einmal so gut haben. Langt zu, Ihr Jüngeren! Wo ist denn dieser Mosiöh, der Herr Leutnant von Wilmersdorf?"

„Hier, Exzellenz", meldete sich der Genannte, indem er vortrat und die Fersen klirrend zusammenschlug.

Blücher betrachtete ihn vom Kopf bis zu den Füßen herab und sagte dann:

„Also Er ist der Urian, der mir die Brautführerschaft wegschnappen wollte? Mit ihm sollen doch gleich drei Schock Schulpferde durchbrennen!"

Der Leutnant wurde einigermaßen verlegen, faßte sich aber und sagte:

„Mit Verlaub, Exzellenz, ich hatte keine Ahnung davon, daß ich mit meinem Oberfeldherrn rivalisierte. Ich trete feierlichst zurück."

„Er muß auch! Ob Er das feierlich tut oder nicht, das kommt ganz und gar auf Seinen Geschmack an. Na, Scherz muß sein!

Damit Sie aber sehen, Leutnant, daß ich Sie nicht ganz berauben will, so sollen Sie wenigstens jetzt Gelegenheit erhalten, den Brautführer zu machen. Wo befindet sich Fräulein Margot?"

„Im Nebenzimmer."

„Eigentlich hätte ich sie aufzusuchen; aber um Ihnen die besagte Gelegenheit zu geben, so gehen Sie einmal und bringen Sie sie mir herbeigebracht."

Der Leutnant entfernte sich eilig, um diesem Gebot Folge zu leisten. Unterdessen begrüßte Blücher Königsau und die anderen, als dann aber Margot eintrat, machte er eine Miene größter Überraschung.

„Millionendonnerhagel!" rief er, „Ist das wirklich unsere Margot?"

Und recht hatte er. Ein wahrhaft reines und braves Mädchen macht als Braut den Eindruck, als ob es eine ganz andere sei.

Blücher ließ sie nicht völlig herankommen, sondern er schritt in einer Haltung und mit einer Courtoisie auf sie zu, als ob sie die Prinzessin eines königlichen Hauses sei. Er zog ihre Hand galant an seine Lippen, blickte ihr liebevoll in die Augen, als ob er ihr Vater und sie seine Tochter sei und sagte dann mit sichtlicher Rührung:

„Fräulein, wissen Sie, daß der alte Blücher nicht mehr lange leben wird? Wenn ich es mir auch nicht merken lasse, aber ich bin überzeugt, daß dieser armselige Klapperbein doch so langsam seine Hand nach mir ausstreckt. Es ist mir nicht viel Vergnügen mehr beschert, und so sage ich Ihnen aufrichtig, daß die Freude, welche ich gegenwärtig empfinde, wohl die beste und reinste sein wird, die ich noch genieße."

Diese Worte des alten Helden machten einen eigentümlichen, tiefen Eindruck, den er aber bald durch einige seiner jovialen, derben Scherzworte wieder zu verwischen trachtete. Es gelang ihm dies auch recht gut.

Es hatte sich ganz von selbst herumgesprochen, daß Blücher sich ausgebeten habe, bei Königsaus Hochzeit der Führer der Braut zu sein. Daher kam es, daß in der Kirche ein so dicht gedrängtes Publikum vorhanden war, als ob Gottesdienst gehalten werde. Die anwesenden jungen Männer beneideten den Leutnant um die schöne Französin, welche er sich als Kriegsbeute mitgebracht hatte, und alle Damen gönnten dem schönen, hochgewachsenen und mit einer solchen Narbe geschmückten Mann das Glück, welches er sich erobert hatte. Und sie alle, ohne Ausnahme, freuten sich darüber, daß Blücher um eines einfachen und armen Leutnants willen die stolzen Regeln der hohen Gesellschaft verletzt hatte und nur seinem Herzen gefolgt war.

Als die Trauung vorüber war und die beiden Glücklichen den Segen des Priesters empfangen hatten, nahm Blücher Königsau bei der Hand und sagte:

„Junge, nun ist sie deine Frau. Halte sie wert wie den größten Edelstein, den es auf der Erde gibt. Tue mir das zu Gefallen!"

Und Margot drückte er einen leisen Kuß auf die Stirn, bevor er ihre Hand ergriff und ihr sagte:

„Mein Kind, er ist ein tüchtiger Kerl. Mache es ihm leicht, wenn das Leben ihm verweigert, was er verdient hat. Der warme Blick einer Frau macht alles Unrecht und alle Kränkung gut!"

Er hatte ganz unwillkürlich, so wie es in seiner Gewohnheit lag, so laut gesprochen, daß man es durch die ganze Kirche hörte. Seine einfachen, schlichten Worte brachten eine tiefe Rührung hervor, tiefer als die Rede des Geistlichen es vermocht hatte. Es gab unter ihnen allen kein Paar, dem ein derartiger Mann eine solche Traurede gehalten hatte.

Aber dann später, als die Festgäste beim Mahl saßen, floß mancher Witz aus dem Mund des Alten, welcher noch das Herz und Gemüt eines Kindes und den Mut und die Lebenslust eines Jünglings besaß. Hier und da war auch ein Wort zu hören, welches nicht ganz im Einklang mit der Subordination stand; er aber überhörte das. Endlich stand er auf und sagte:

„Kinder, wir haben heute schon die ganze Zahl von Toasten gebracht, welche an einem solchen Tag notwendig sind. Was ich jetzt bringen will, ist kein Toast, sondern eine Bitte. Komm her, Königsau, mein Junge, schenke mir noch einmal ein! So! Und nun hört, Ihr Leute, der alte Blücher ist heutzutage ein berühmter Mann, woraus er sich aber den Teufel macht. Man wird von ihm reden und die Skribifaxe werden Geschichten von ihm erzählen, allerhand Wahres und Falsches; ja, in den Schulen wird es Weltgeschichtsbücher geben, in denen auch sein Name steht; aber was bringt das ihm für einen Nutzen? Keinen. Er weiß doch, daß alles, was er mit dem Säbel mit Hilfe Gottes und seiner Soldaten zustande gebracht hat, durch die Federfuchser wieder verdorben wird. Nach jedem Delirium tritt eine Abspannung ein, und einem Jahre der Begeisterung pflegt ein Jahr der Reaktion zu folgen. So wird es auch hier sein. Was wir mit Blut errungen haben, wird durch Tinte wieder futsch gehen. Man wird nicht halten, was man versprochen hat. Aber ich sage Euch, daß der liebe Gott doch weiß, was er will. Das Blut eine Volkes ist ein kostbarer und fruchtbarer Samen, welcher sicher früher oder später Früchte bringen muß. So wird auch einst die Zeit kommen, in denen Deutschlands große Ernte beginnt. Ich erlebe sie nicht, Ihr aber könnt es wohl noch wachsen und reifen sehen. Wenn dann an dem Baum unserer Taten die Früchte hängen, welche uns leider für dieses Mal von den Diplomatenwürmern und Politikermaden abgefressen werden, dann denkt an Euern alten Blücher. Und solltet Ihr es nicht erleben, so sagt es Euern Kindeskindern, daß sie dann, wenn der Deutsche wieder dreingehauen hat und es kein solches Ungeziefer mehr gibt, das Glas zur Hand nehmen und es leeren auf das Andenken des alten Marschalls Vorwärts, der am liebsten den ganzen Wiener Kongreß ebenso zusammengehauen hätte wie die Franzmänner jenseits des Rheins! Es ist das letzte Glas, welches Ihr in diesem Leben mit dem Gebhard Leberecht trinkt!"

Die Wirkung dieser Worte und der Eindruck, welchen sie hervorbrachten, läßt sich gar nicht beschreiben. Die Versammlung war auf das tiefste ergriffen. Der Alte hatte seiner Erbitterung hier einmal Luft gemacht; er hatte dann gesprochen wie ein Prophet des alten Testaments, welcher dem Volk Gottes den Vorhang der Zukunft öffnet, und endlich war sein letzter Wunsch für sie ein Vermächtnis geworden, welches sie auf Kinder und Kindeskinder zu vererben hatten. Es war ein Augenblick, so feierlich wie bei solchen Gelegenheiten selten einer. Die Gläser wurden still und wortlos geleert, als ob man sich scheue, die Heiligkeit dieses Momentes zu entweihen.

Blücher aber war es selbst, welcher es unternahm, die vorige fröhliche Stimmung wieder hervorzurufen. Er sagte nämlich, auf eine Seitentafel zeigend, auf welcher man die Hochzeitsgeschenke geordnet hatte:

„Aber jetzt schaut einmal dorthin, Kinder. Was werdet Ihr sagen? Ihr werdet meinen, der alte Isegrimm könne wohl Reden halten, aber die Hauptsache habe er vergessen. Da irrt Ihr Euch jedoch. So etwas lasse ich mir nicht nachsagen. Ich bin kein reicher Kerl, und Ihr wißt, Spiel und Wein haben mich immer ein Heidengeld gekostet. Wenn unser König nicht ein Einsehen gehabt hätte, so wäre ich oftmals bankrott gewesen. Große Gaben kann ich nicht bringen, ein Schuft gibt mehr als er hat; aber etwas bringe ich doch. Da, Margot, nehmen Sie es hin, und geben Sie es Ihrem jungen Mann, wenn ich jetzt ausgerissen sein werde."

Er zog aus der Tasche seines Waffenrockes ein großes Kuvert, welches er Margot überreichte. Sie nahm es zögernd entgegen und öffnete bereits die Lippen, um einen Dank und sonstiges auszusprechen; er aber ließ sie gar nicht zu Wort kommen, sondern fiel ihr schnell ein:

„Halt! Still, kleines Plappermäulchen! Ich mag nichts hören! Ich will nur verraten, daß der König herzlich gelacht hat, nachdem er ein gewisses Abschiedsgesuch gelesen hatte, und die gute Stimmung, in welcher sich die Majestät infolgedessen befand, hat Euer alter Freund klugerweise benutzt, um von einem gewissen Leutnant Königsau zu erzählen. Das ist alles, was Ihr zu wissen braucht. Und nun lebt wohl! Seid so glücklich, wie ich es Euch wünsche, und tut mir den kleinen Gefallen, mich nicht allzu rasch zu vergessen!"

Er schob seinen Stuhl zur Seite und war, ehe sie es sich versahen oder es zu hindern vermochten, zur Tür hinaus. Hugo eilte ihm zwar nach, aber der Alte entging ihm mit fast jugendlicher Schnelligkeit. Nicht weit vom Haus hielt ein Wagen, in welchen er stieg, um schnell davonzukommen. Hugo merkte, daß der alte Haudegen sich diesen Wagen zur bestimmten Zeit bestellt haben müsse.

Als er wieder zu seinen Hochzeitsgästen zurückkehrte, fand er diese voller Wißbegierde, was das Kuvert wohl enthalten werde. Ihnen zu Gefallen und weil er selbst auch eine gleich große Neugierde empfand, öffnete er es. Es enthielt zwei königliche Schreiben. Er las das erste durch und reichte es dann Margot hin.

„Mein Abschied", sagte er unter einem eigentümlichen Lächeln.

In diesem Lächeln war eine gewisse Freude nicht zu verkennen, obgleich sich in demselben auch der Schmerz um eine verlorene Lebensstellung, welche er mit Begeisterung auszufüllen bestrebt gewesen war, aussprach.

Sie blickte ihm mit einer gewissen Besorgnis in die Augen.

„Lies nur, liebes Herz!" nickte er ihr aufmunternd zu.

Sie tat es. Als sie fertig war, sagte sie mit unverkennbarer Genugtuung:

„Allerdings dein Abschied, mein Lieber, aber in den allergnädigsten Ausdrücken."

„Und mit einer Art von Avancement", fügte er hinzu.

„Als Rittmeister, also Hauptmann, mit der Erlaubnis, die Uniform zu tragen. Das ist selbst in der Entsagung eine Freude."

Alle Anwesenden beglückwünschten ihn mit aufrichtigem Herzen.

„Und nun das andere!" bat Frau Richemonte.

Königsau öffnete auch das zweite Schreiben. Als er es rasch überflogen hatte, erheiterte sich sein Gesicht zusehends.

„Da, liebe Margot", sagte er. „Das haben wir unserem guten, alten Marschall zu verdanken."

Sie griff nach dem Papier und las die Zeilen.

„Ist das möglich?" fragte sie, auf das freudigste überrascht.

„Was? Was?" ertönte es rund im Kreis.

„Ein Geschenk", antwortete sie, „ein königliches Geschenk, wie wir es uns gar nicht träumen lassen konnten."

„Wohl gar eine Dotation?"

„So etwas Ähnliches. Seine Majestät macht für im Krieg geleistete wichtige Dienste meinen Hugo zum Besitzer des Gutes Breitenheim."

Das machte Aufsehen. Man fragte nach diesen wichtigen Diensten, und Königsau erzählte, wie er Napoleon und seine Marschälle belauscht habe und dadurch in den Stand gesetzt worden sei, Blücher und Wellington über die Absichten und Pläne des Kaisers auf das genaueste zu unterrichten. Und dann fügte er hinzu:

„Das ist ein Geschenk, welches alle Sorgen von uns fernhält, liebe Margot. Wir müssen um eine Audienz nachsuchen, um uns bei dem König persönlich zu bedanken. So viel habe ich nicht verdient. Wir haben das, wie bereits gesagt, nur Blücher zu verdanken. Ich hätte höchstens an ein Avancement gedacht. Aber weißt du, was dieses Geschenk besonders wertvoll für uns macht?"

„Nun, mein Lieber?"

„Das ist der Umstand, daß Breitenheim mit meinem Gut zusammengrenzt. Ich glaube, beide, der König sowohl wie der Marschall, haben das mit in Erwägung gezogen. Mein Abschied machte mich trauriger, als ich es Euch merken ließ. Nun aber bin ich versöhnt. Ich habe jetzt ein neues Feld, ein Gebiet, auf welchem ich mit Segen für mich und andere wirken kann."

Die Zukunft zeigte, daß dies ein wahres Wort gewesen war.

Die Audienz beim König wurde bereits an einem der nächsten Tage erlangt. Natürlich begab sich das junge Ehepaar auch zu Blücher, um ihm Dank zu sagen. Bei dieser Gelegenheit wurde von der Anzeige gegen Kapitän Richemonte gesprochen. Der Marschall hatte diesen Gegenstand bereits auf der Hochzeit zur

Sprache bringen wollen, dies aber wegen der Anwesenheit der Gäste unterlassen.

„Soll ich ihn gerichtlich verfolgen lassen?" fragte er.

„Er hat es zehnfach verdient", antwortete Königsau.

„Aber Sie, Frau von Königsau? Er ist Ihr Bruder."

Margot zögerte eine Weile; dann antwortete sie:

„Wird es hart erscheinen, wenn ich ihn verdamme?"

„Nicht im geringsten. Wie aber denkt Ihre Frau Mutter?"

„Gerade so wie ich. Er ist der böse Geist unseres Lebens gewesen, und wir haben ihn noch heute zu fürchten. Ich bin überzeugt, daß er Gelegenheit suchen wird, unser Glück nicht nur zu stören, sondern sogar zu vernichten."

„Gut, so wollen wir ihn unschädlich machen. Ich werde noch heute zu dem französischen Gesandten fahren, um ihm den Fall vorzustellen."

Er tat dies auch, und der Gesandte versprach ihm, das Gehörte schleunigst weiter zu verfolgen. Doch kam es anders, als sowohl Blücher wie auch Königsau es sich gedacht hatten.

Der letztere erhielt eine Vorladung vor Gericht, wo er seine Aussagen zu Protokoll zu geben und Börse nebst Brieftasche, sowie auch das damals in der Schlucht abgefaßte Schriftstück zu deponieren hatte.

„Wo befindet sich Richemonte?" fragte Königsau.

„In Straßburg im Gewahrsam", lautete die Antwort.

„Ist dieses Gewahrsam sicher?"

„Jedenfalls. Man pflegt wenigstens bei uns einen Mörder nicht so leicht einzuschließen."

„In diesem Fall aber kommt die Anzeige vom Ausland, und die Deutschen werden von den Franzosen gehaßt."

„Sie mögen recht haben, obgleich ich das in meiner amtlichen Stellung allerdings nicht zuzugeben habe. Wünschen Sie, daß ich eine darauf bezügliche Bemerkung anfüge?"

„Sehr! Ich bitte, die Straßburger Behörde darauf aufmerksam zu machen, daß Richemonte ein höchst gefährlicher und auch unternehmender Mann sei, dem eine gewaltsame Flucht sehr wohl zuzutrauen ist."

„Ich werde das tun, obgleich ich nicht glaube, daß er zu fliehen so sehr nötig hat."

„Ah, Sie meinen, daß man ihn von selbst entlassen werde?"

„Hm! Ich kann nur sagen, daß alles möglich ist, sobald es nur gilt, uns zu zeigen, wie gern sie uns zu Diensten sind."

Es zeigte sich allerdings im Verlauf der nächsten Monate, daß der Beamte ganz richtig vermutet hatte. Königsau hörte, daß Richemonte unter Bedeckung nach Sedan und von da in die Berge geführt worden sei. Hugo hatte mit Sicherheit erwartet, daß man ihn dazu rufen werde; allein dies geschah nicht. Man schrieb dem Berliner Gericht, daß die Angaben des Anklägers vollständig hinreichend seien, den Ort zu finden, an welchem der Baron de Reillac eingescharrt worden sei.

Kurze Zeit später wurde Königsau zur Amtsstelle zitiert. Es wurde ihm da mitgeteilt, daß Richemonte keineswegs getan habe, als ob er in der Schlucht unbekannt sei. Er hatte ganz im Gegenteil selbst und aus freien Stücken den Ort angegeben, an welchem er vor der Leiche Reillacs gestanden hatte. Und nun kam die Pointe, welche Hugo nicht wenig in Bestürzung brachte. Richemonte hatte nämlich den Spieß umgedreht und ausgesagt, der deutsche Leutnant und Spion sei es gewesen, welcher den Baron ermordet und beraubt habe; er trage mit allem Nachdruck darauf an, diesen festzunehmen, um ihm den Prozeß zu machen.

Was sollte Hugo antworten? Er war zur Zeit des Mordes wirklich dort gewesen; er hatte sich im Besitz der geraubten Sachen befunden, und er war es gewesen, der Reillac begraben hatte. Von den Soldaten, welche dabeigewesen sein sollten, war keiner beizubringen. Seine Aussage klang wie eine Fabel. Sollte er die Kriegskasse in Erwähnung bringen?

Zum Glück hatte er Margot und ihre Mutter, welche seinen Aussagen beitraten. Auch der Kutscher Florian, welcher ihm nach Deutschland gefolgt war und jetzt in seinem Dienst stand, trat als Zeuge für ihn auf. Dennoch aber wären Ungelegenheiten für ihn gar nicht zu vermeiden gewesen, wenn nicht Blücher ein gewichtiges Wort gesprochen hätte, in dessen Folge Königsau keine Unannehmlichkeiten zu erleiden hatte.

Daraufhin erklärte die französische Behörde folgendes: Es sind zwei Verdächtige da, ein Deutscher und ein Franzose. Beide klagen einander an. Der Deutsche ist der bei weitem Graviertere. Trotzdem sieht seine Behörde sich nicht veranlaßt, gegen ihn einzuschreiten und nehme ganz einfach an, daß der Fall nicht aufzuklären sei. Die Hinterlassenschaft Reillacs fiel entfernten Verwandten von ihm zu, und Richemonte wurde auf freien Fuß gesetzt.

Man hatte bei ihm nicht eine Spur von Reillacs Testament und auch nicht die kaiserliche Erlaubnis zur Verlobung Margots mit dem Baron gefunden. Er hatte, als seine an Margot gerichteten drei Briefe ihm vorgelegt worden waren, wirklich ausgesagt, daß er dieses Märchen erfunden habe, um seine Schwester zu retten; sie habe nicht die Frau des Mörders seines Freundes werden sollen.

Gerade um diese Zeit stand Hugo und Margot eine Überraschung bevor. Der junge Baron de Sainte-Marie besuchte sie in Berlin. Bertha Marmont, welche heimlich seine Frau geworden war, befand sich bei ihm. Sie hatte ihm ein Söhnchen geschenkt, zu welchem die beiden und Frau Richemonte Pate standen. Daß er eine Mesalliance eingegangen sei, und zwar so ganz und gar gegen den Willen seiner Mutter, konnten die Paten nicht ändern. Sie bemerkten zu ihrer Beruhigung, daß er nicht mittellos sei, und schlossen hieraus, daß er von seiner Mutter freiwillig mit dem Nötigen bedacht worden sei.

Da Königsau es für nötig hielt, auf seinen Gütern anwesend zu sein, verließ er Berlin. Auf diese Weise entging ihm, wie unglücklich der Baron mit Bertha lebte. Später erhielt er von diesem einen Brief, in welchem er ihm anzeigte, daß Bertha mit dem früheren Kapitän Richemonte durchgegangen sei und daß er das Paar schleunigst verfolge.

So war Richemonte doch in der Nähe gewesen, wohl um Rache zu nehmen. Nur das Zusammentreffen mit Bertha hatte ihn davon abgehalten. Eine geraume Zeit später schrieb die Baronin de Sainte-Marie an Frau Richemonte, daß sie ihren Sohn nun auch moralisch verloren habe. Sie hatte in Erfahrung gebracht, daß in Marseille seine arme Frau von ihm ermordet worden sei.

Seit jener Zeit blieb Kapitän Richemonte, ebenso wie der Baron de Sainte-Marie, spurlos verschwunden. Der erstere hatte übrigens, meist infolge davon, daß er wegen Verdacht des Mordes in Untersuchung gesessen hatte, aber auch aus anderen Gründen, aus der Armee treten müssen. Daß die beiden Genannten sich drüben in Afrika befanden, der eine als Marabut und der andere als Spion, konnte niemand ahnen. Nur der freundliche Leser hat es erfahren.

Die Zeit verging. Am 12. September 1819 starb Blücher, von ganz Deutschland, am allermeisten aber von unseren Bekannten, tief und innig betrauert.

Kurze Zeit später beglückte Margot ihren Gatten mit einem Söhnchen, welcher zu Ehren Blüchers Gebhardt genannt wurde. Er wuchs heran, ein vielversprechendes Ebenbild seines Vaters und seiner Mutter. Er war nur kurze Zeit dem Knabenalter entwachsen, so kam die Nachricht, daß die Baronin de Sainte-Marie gestorben sei und ihm, da sie keine anderen Verwandten besitze, den Meierhof Jeanette vermacht habe. Das war eine traurige und zugleich erfreuliche Überraschung.

Natürlich war es Hugos Wunsch, daß sein Sohn Offizier werde. Gebhardt hatte nicht nur die Lust, sondern auch die nötige Begabung dazu, und so kam es, daß er sich unter den Militärschülern bald auszeichnete. Ein einziger war es, der mit ihm gleichen Schritt hielt, namens Kunz von Goldberg. Beide schlossen sich aneinander an und unterstützten sich in ihren Bestrebungen.

Die Jugend träumt gern von der Ferne. Auch die beiden jungen Freunde träumten diesen Traum. Er sollte ihnen erfüllt werden. Sie hatten ihr Examen bestanden und ihr Offizierspatent in der Tasche. Nach verhältnismäßig kurzem Dienst wurde Goldberg der Pariser Gesandtschaft attachiert. Er trat somit in das Leben hinaus, wo ihm leichter Gelegenheit geboten war, sich auszuzeichnen.

Vielleicht erinnert sich der geneigte Leser noch des Namens Kunz von Goldberg. Er war später General, und seinen Namen nebst seinem Bild fand nach Jahren die schöne Nanon in dem Innern des Löwenzahnes, welchen Fritz Schneeberg, das Findelkind, an einer goldenen Kette an seinem Hals trug.

Wohl über ein Jahr hatte Kunz von Goldberg sich in Paris befunden, als sich auch für Gebhardt von Königsau Gelegenheit fand, seiner Wanderlust und seinem Wissensdurst Genüge zu leisten.

Es wurde nämlich eine Expedition durch die Sahara nach Timbuktu ausgerüstet, und man sah sich dabei nach einem jungen, mutigen und zugleich auch in Beziehung auf Wissenschaften nicht ungebildeten Militär um, welcher geeignet sei, die Expedition zu begleiten. Die Wahl fiel auf Gebhardt, und dieser willigte mit hoher Freude ein, obgleich es seinen Eltern schwere Überwindung kostete, ihr einziges Kind so großen Gefahren entgegengehen zu lassen. Die Sahara war damals dem Wanderer noch weit gefährlicher als jetzt, da sie zu einem bedeutenden Teil erschlossen ist.

Es gab da vieles anzuschaffen, Karten, Instrumente und viele andere Dinge, welche in bester Qualität nur in Paris zu haben waren. Daher wurde diese Stadt zum Sammelpunkt der verschiedenen Mitglieder der Expedition bestimmt.

Gebhardt reiste ab, nachdem er den zärtlichsten Abschied von den Seinen genommen hatte. In Paris angekommen, war es sein erstes, seinen Freund Kunz von Goldberg aufzusuchen, von welchem er mit Freuden empfangen wurde. Er hatte noch keine Ahnung, zu welchem Zweck Gebhard nach Paris gekommen sei, da dieser ihm nicht geschrieben hatte, um ihn zu überraschen.

„Du in Paris?" fragte Kunz. „Wohl eine Erholungsreise?"

„Als Umweg nach der Sahara."

„Nach der Sahara?" fragte Kunz erstaunt. „Du willst doch nicht sagen, daß du die Absicht hast, nach der Wüste zu gehen!"

„Nicht nur nach der Wüste, sondern quer durch dieselbe."

„So bitte ich dich dringend, mir das Rätsel zu erklären!"

„Meine Erklärung ist ganz einfach die, daß ich das Glück habe, Mitglied einer Expedition zu sein, welche nach Timbuktu gehen soll."

„Nach Timbuktu? Das klingt ja wie ein Märchen!"

„Es kommt mir selbst so vor."

„Aber sage doch, wie kommst du dazu? Wer alles ist Mitglied dieser Expedition, und welche Zwecke soll dieselbe in Timbuktu verfolgen?"

Nachdem er den erbetenen Aufschluß bekommen hatte, umarmte er den Freund vor Freude und sagte:

„Ich gratuliere dir, lieber Gebhardt. Du glaubst nicht, wie glücklich ich bin zu hören, daß wenigstens dir unser Lieblingswunsch in Erfüllung geht. Du lernst die Sahara kennen."

„Ich danke!" antwortete Gebhardt in scherzender Ironie. „Ich lerne die Sahara kennen; ich wate im tiefsten Sand, während du in den feinen Salons deine Studien machst. Du bereicherst dich mit Kenntnissen, während ich von der Sonne ausgebraten werde. Wenn ich dann später zurückkehre, bist du Major oder Oberst, ich aber – ein Mohr."

„Meinetwegen!" meinte Kunz lustig. „Ich wollte doch, ich könnte mit dir tauschen. Welche Aussicht auf Abenteuer eröffnet sich dir! Du wirst dich mit den wilden Berbern, Arabern und Tuareg herumschlagen, du wirst Hyänen, Schakale und Löwen töten – Löwen, sacré, Löwen, da fällt mir Hedwig ein."

„Hedwig?" fragte Gebhardt. „Hyänen, Schakale, Löwen und Hedwig? Soll das eine Steigerung der Wildheit bedeuten?"

„Hm! Beinahe! Hedwig ist nicht sehr zahm."

„Ah!" lachte Gebhardt. „So ist diese Hedwig wohl eine ungezähmte Tigerin, welche ihre Wohnung im zoologischen Garten hat?"

Kunz schüttelte geheimnisvoll den Kopf und antwortete:

„Nein. Hedwig ist ein wunderschönes, allerliebstes Kreatürchen, welches allerdings einen gewissen, höchst bezaubernden Grad von Unbezähmbarkeit besitzt, aber nicht in einem Tigerkäfig, sondern in einem der Paläste der Rue de Grenelle wohnt."
„Ah! Also kein Raubtier, sondern genus homo?"
„Ja."
„Jung und schön."
„Schön zum Verrücktwerden."
„Reich?"
„Bedeutende Erbschaft zu erwarten."
„Wohl reicher Onkel?"
„Nein, sondern steinreiche Tante."
„Alle Teufel! Nimm du die Hedwig, und laß mir die Tante!"
„Mit größtem Vergnügen! Besser für dich aber wäre es, wenn du nach der Schwester trachtest. Da teilten wir die Erbschaft."
„Sapperlot! Diese Hedwig hat eine Schwester. Auch nicht übel, besonders wegen der Erbschaft. Darf ich um eine möglichst genaue Beschreibung dieser Schwester bitten?"
„Dir stehe ich sehr gern zur Verfügung, einem andern aber nicht."
„Welch eine Auszeichnung! Nimm meinen Dank! Also beginnen wir mit der Beschreibung: Alter?"
„Siebzehn."
„Also ein Jahr jünger als Hedwig. Haar?"
„Mittelblond."
„Schön, meine Lieblingsfarbe. Augen?"
„Hellgrau, mild leuchtend wie Sterne."
„Komet oder Planetoid?"
„So sanft und mild, wie du nur willst."
„Du zeichnest ganz mein Ideal! Gestalt?"
„Schlank, aber voll, trotz ihrer Jugend."
„Stimme?"
„Wie ein silbernes Glöckchen."
„Hm! Sehr nach Goldarbeiter klingend! Hat sie einen, so einen wie die Hedwig bereits hat?"
„Dich, mein Sohn!"
„Alle Teufel, wenn sie mich doch hätte! Da aber liegt der Hase im Pfeffer."
„Wohl schwerlich! Ich denke vielmehr, sie hat dich, du aber nicht sie."
„Magst recht haben! Also, ob sie so einen hat?"
„Noch nicht."

„Höchst günstig! Der Name?"
„Ida."
„Klingt nicht ganz unschön. Eltern?"
„Keine."
„Ah! Also fertig zum Heiraten?"
„Leider nicht. Der alte Zerberus liegt vor der Tür."
„Besteht dieser Zerberus, zu deutsch Höllenhund, etwa in der alten, reichten Tante, so machen wir es wie Herkules: wir besiegen diesen Hund.

Mit dem Knüttel oder mit Liebenswürdigkeit; je nach dem."
„Da hilft weder Waffe, noch Gesellschaftskunst. Ich liebe unglücklich."

Kunz seufzte komisch.

„Man sieht es dir an", meinte Gebhardt. „Das Unglück hängt um dich herum wie die Mönchskutte um den Bajazzo. Vielleicht bin ich glücklicher."

„Will es dir von Herzen wünschen."

„So tue deine Pflicht. Führe mich nach der Rue de Grenelle zu dem Zerberus."

„Ich befürchte sehr, daß er bellt, heult und beißt!"

„Schrecklich! Aber ich fürchte mich dennoch nicht. Ich heiße Leberecht; mein Pate war ein gewisser Blücher, und mein Wahlspruch heißt vorwärts. Doch du sprichst von Bellen, Heulen und Beißen. In welche Unterabteilung des menschlichen Geschlechtes gehört denn da die alte reiche Tante?"

„Sie ist die Gräfin de Rallion."

„Wie kamst du zu ihr?"

„Wurde ihr von unserem Sekretär vorgestellt."

„Sie ist also nicht umgänglich?"

„Ausgezeichnete Deutschenhasserin. Sie liebt überhaupt keinen Menschen."

„Aber du liebst ihre Nichte Hedwig."

„Leider! Mit Hindernissen!"

„Welche sind das? Die Alte?"

„Erstens diese, zweitens die Hedwig selbst und drittens so ein verteufelter Cousin, der mir immer im Wege herumläuft, Graf Jules de Rallion."

„Gib ihm einen Hieb, daß er aus dem Wege fliegt."

„Bei nächster Gelegenheit ganz sicher."

„Bevorzugt ihn denn der Drache?"

„Nicht im mindesten. Der Drache hat überhaupt nicht die mindeste Lust, einen Menschen zu bevorzugen."

„Hm! Scherz bei Seite! Du machst mir wirklich Lust, die Familie kennenzulernen. Ich bitte dich, mich einzuführen."
„Wie lange bleibst du hier?"
„Nicht viel länger als zwei Wochen."
„Gut, so bist du mir nicht sehr gefährlich. Ich werde dich einführen."
„Oho! Ich dir gefährlich? Wo denkst du hin."
„Pah! Du bist größer, stärker, überhaupt hübscher als ich."
„Aber ich bin dein Freund! Hedwig hat nichts zu befürchten. Übrigens bete ich ausgelassene Naturen, wie sie eine zu sein scheint, nicht sonderlich an."
„Sie ist ausgelassen. Ida ist mild und sanft. Ich bin überzeugt, daß du ihr gut werden würdest, wenn du länger hier bleiben könntest."
„Zwei Wochen genügen", lachte Gebhardt. „Ich kam, sah und ward besiegt. Aber sage einmal, hat denn die Tante nicht eine schwache Seite, irgendeine Eigenschaft, bei welcher sie zu fassen wäre?"
„Eigenheit? Donner und Wetter. Davon bin ich ganz abgekommen. Davon wollte ich ja sprechen, als ich vorhin sagte, daß mir Hedwig eingefallen sei. Freilich hat die Alte eine schwache Seite und Hedwig ebenso."
„Welche Schwäche wäre das?"
„Eine ganz und gar eigentümliche, wie man sie bei Damen wohl selten finden wird. Hast du von Gérard gehört?"
„Gérard? Welcher Gérard? Der General?
„Nein, der Löwentöter."
„Der berühmte Saharajäger? Natürlich! Was ist es mit ihm?"
„Tante und Hedwig schwärmen für ihn."
„Das ist sonderbar, aber nicht gerade unweiblich."
„Mir aber desto unangenehmer, sintemal ich leider kein Löwenjäger bin."
„Ah! Die Kleine will nur einen Löwenjäger heiraten. So spricht sie, vielleicht nur um dich zu ärgern, und in diesem Falle könntest du dir Glück wünschen! Denn ein Mädchen, welches es partout darauf anlegt einen Herrn, der ihm nichts getan hat und es im Gegenteil auszeichnet, zu ärgern, ist sicherlich in ihn verliebt."
„Meinst du wirklich?"
„Ich bin überzeugt davon."
„Hergott, hast du Erfahrungen."

„Massenhaft!“ lachte Gebhardt unter einer Miene komischen Stolzes.

„Das ist aber keine große Ehre für dich. Ich habe dich bisher stets für einen unverdorbenen Jüngling gehalten!“

„Das bin ich auch, lieber Kunz. Es hat sich nämlich noch keine die Mühe gegeben, mich zu verderben. Wie aber kommt es, daß die Damen so begeistert für diesen Löwenjäger sind?“

„Das hat zwei Gründe anstatt nur einen.

„Laß sie hören! Der erste?“

„Die Tante liest außerordentlich viel, fast den ganzen Tag, Reisebeschreibungen. Hedwig liest sehr schön und muß ihr also vorlesen. Daher kommt es, daß beide eine besondere Vorliebe für Abenteuer haben und für diejenigen Personen, welche solche bestehen. Gérard ist jetzt in aller Munde. Was Wunder also, wenn auch diese beiden für ihn schwärmen!“

„Das ist ein Grund. Und der zweite?“

„Der liegt nur in der Tante. Sie hat nämlich Gérard gesehen. Sie hat ihn sogar einmal eingeladen und hat seinetwegen eine Soiree gegeben, was bei ihrem Geiz ein fürchterliches Opfer gewesen ist. Dabei aber hat sie eine ganz besondere Ähnlichkeit herausgefunden zwischen Gérard und – hm, ich weiß nicht, ob ich das sagen darf. Ich werde indiskret.“

„Pah! Wir sind Freunde!“

„Allerdings. Also sie hat gefunden, daß Gérard eine bedeutende Ähnlichkeit besitzt mit einem ihrer früheren Anbeter, den sie begünstigt haben muß.“

„So, so! Das hat sie dir doch nicht gesagt? Woher weißt du es also?“

„Mein Sohn, ich bin Diplomat!“

„Ich denke, einstweilen noch Leutnant!“

„Aber dem diplomatischen Korps einstweilen beigezählt, also doch Diplomat.“

„Schön! Meine Hochachtung, lieber Papa.“

„Als Diplomat aber lernt man intrigieren, kombinieren, spionieren und manches heraustüfteln und schließen, was anderen verborgen bleibt.“

„Du bist, bei Zeus, ein Kerl, von dem die Welt einst reden wird. So hast du also den früheren, begünstigten Liebhaber der Alten auch herausgedüftelt?“

„Ja, mit unvergleichlichem Scharfsinn.“

„Auf welche Weise?“

„Ich war einst in ihrem Boudoir . . .“

„Donner! Nicht als früherer, sondern als gegenwärtiger Liebhaber?“

„Als keins von beiden, sondern einfach als Vorleser. Eine Mappe, welche sie mir zeigte, enthielt nur Bilder von Anverwandten. Ein einziges Aquarell war das Portrait eines Nichtverwandten. Sie betrachtete es mit einem so ganz besonderen Blick, so liebevoll, sie konnte es fast gar nicht aus der Hand bringen, und es war auch wirklich ein schöner Kopf.“

„Ah, da begann nun dein berühmtes Tüfteln.“

„Natürlich! Ich fragte sofort, wessen Bild das sei.“

„Neugierde, holder Jüngling.“

„Das ist wahr. Sie wurde aber befriedigt. Ich erfuhr, daß das Original der Bankier ihres seligen Mannes gewesen sei. Da aber mochte sie doch ahnen, daß sie sich verraten habe, denn sie setzte schnell hinzu, daß das Aquarell sich nur deshalb in der Mappe befinde, weil es von Meisterhand gefertigt sei.“

„Das war so halb und halb herausgebissen.“

„Aber doch nicht ganz. Ich wußte nun, woran ich war.“

„Schlaukopf. Den Namen des Bankiers hast du nicht erfahren?“

„Von der Alten nicht. Die hätte sich gehütet, ihn mir zu sagen. Ich wendete mich vielmehr an die Nichte, nämlich an Ida.“

„Ah, an die Sanfte, Freundliche, Zarte!“

„Ja, an die Unbefangene. Sie wußte den Namen und gab mir Auskunft. Es war ein Pariser Bankier, der sich einst sehr gut gestanden hatte, später aber durch die Verführung eines Barons de Reillac herunterkam, so daß er elend zugrunde ging.“

„Reillac?“ fragte Gebhardt schnell. „Wie hieß der Bancier?“

„Richemonte.“

„Richemonte, mein Gott, wäre es vielleicht – ah!“

Kunz blickte den Freund betroffen an.

„Was ist mit dir?“ fragte er. „Dieser Name frappiert dich?“

„Ungeheuer sogar.“

„Weshalb?“

„Das ahnst, das begreifst du nicht? Denke an die Familie meiner Mutter.“

„Sapperlot! Ja, da fällt mir ein, daß deine Mutter eine Französin ist, eine geborene Richemonte.“

„Deren Vater Bankier war . . .“

„Der von jenem Reillac verführt und betrogen wurde . . .“

„So, daß er zugrunde ging und Frau und Tochter unglücklich machte.“

„Wahrhaftig! Verzeihung, lieber Gebhardt, daß ich nicht daran dachte. Ich hatte nicht die mindeste Ahnung von dem Zusammenhang dieser Dinge."

„Ich bin überzeugt davon, lieber Freund. Ich habe den Großvater nicht gekannt, also auch nicht liebgehabt. Ob ich sein Andenken in Ehren zu halten habe, darüber bin ich mir noch jetzt im Zweifel. Also du meinst, daß er ein Anbeter dieser alten Gräfin de Rallion gewesen sei?"

„Jedenfalls, obgleich ich dich damit vielleicht kränke."

„Nicht im mindesten. Meine Großmutter war seine zweite Frau. Vielleicht ist das vorher gewesen."

„Übrigens mag die Gräfin früher ganz und gar nicht häßlich gewesen sein. Sie hat noch heute den Teufel im Leib, wenn auch in anderer Weise, als es in jüngeren Jahren der Fall zu sein pflegt. Ich glaube, daß sie das Temperament besessen hat, einen Mann zu verlocken."

„Wie gut, daß du sie damals nicht gekannt hast."

„Freilich! Jetzt lasse ich mich von der Nichte verlocken."

„Von der unbezähmbaren! Ich gestehe dir offen, daß ich beginne, mich auf das lebhafteste für diese Familie zu interessieren."

„So muß ich dich wirklich einführen. Du hast es ja gewaltig notwendig."

„Das versteht sich, da mir nur so kurze Zeit geboten ist. Zu welcher Tageszeit empfängt die Gräfin am liebsten Besuche?"

„Des Abends, obgleich ich auch des Tages hingehe, oft sogar zweimal!"

„Das ist bei einem Verliebten ganz und gar glaubhaft."

„Spotte immer! Wenn du Hedwig siehst, so wirst du dich nicht wundern, daß man sie liebt. Ein Glück, daß die Gräfin nicht viele Besuche empfängt! Sonst wären die beiden Nichten längst vergriffen."

„Trotz des Drachens?"

„Ja, trotz des Drachens."

„Und nun möchtest du die eine Nichte vergreifen! Na, ich will dir gern wünschen, daß es dir gelingt."

„Ich will dir gestehen, daß dies mein höchstes Verlangen ist. Ich liebe Hedwig so wahr und innig, daß ich es für eine Unmöglichkeit halte, von ihr lassen zu können, um einer anderen das gleiche Gefühl entgegenzubringen. Würde es dir heute abend passen?"

„Ich bin so halb und halb versagt; aber ich werde es doch ermöglichen. Wir treffen uns acht Uhr hier bei dir."

„Ich ersuche dich darum und werde die Gräfin noch im Laufe des Nachmittags besuchen, um dich anzumelden."

„Wäre es nicht vielleicht geratener, dies zu unterlassen? Sie könnte es abschlagen, während sie mich annehmen muß, wenn du mich am Abend unangemeldet mitbringst."

„Du kennst sie nicht. Nur ihr Wille gilt, gesellschaftliche Rücksichten sind ihr fremd. Bringe ich dich mit, ohne ihr vorher davon zu sagen, so muß ich gewärtig sein, daß sie uns beide nicht empfängt."

„So tue, was du für das beste hältst. Aber ich ersuche dich, von meinen Familienverhältnissen noch nichts zu sagen. Ich selbst möchte es sein, der zuerst davon mit ihr spricht, um aus ihrem Verhalten meine Schlüsse zu ziehen."

„Ob dein Großvater wirklich ihr Bekannter war?"

„Ja. Jetzt aber gehe ich. Da ich den Abend dir zu widmen beabsichtige, muß ich meinen anderweiten Verpflichtungen bereits vorher nachkommen."

Sie trennten sich. Es war Gebhardt ganz eigentümlich zumute. Das Familienbild, welches der Freund vor ihm entrollt hatte, interessierte ihn auf das lebhafteste. Er hatte noch nie geliebt. Er konnte jetzt, da er eine lange und gefährliche Reise antrat, auch nicht die Absicht haben, ein Verhältnis einzugehen. Aber doch war es ihm eine Ahnung, daß hier von Personen die Rede gewesen sei, denen er auf diese oder auf jene Weise später nahestehen werde. Darum fand er sich des Abends zur angegebenen Zeit bei Kunz von Goldberg ein.

„Welch eine Pünktlichkeit!" sagte dieser, welcher bereits in Gesellschaftstoilette seiner wartete. „Ida, die Sanfte, scheint Zugkraft zu besitzen."

„Der Drache vielleicht ebenso", lachte Gebhardt. „Die allermeiste aber jedenfalls Hedwig, die Unbezähmbare, weil du bereits in Gala meiner wartest."

Kunz errötete ein wenig.

„Soll ich dich etwa im Schlafrock empfangen?" fragte er.

„Warum nicht? Ich hätte es dir nicht übelgenommen. Aber da du bereitstehst, so scheint es, daß die Gräfin mich empfangen will?"

„Allerdings. Das hast du meiner ganz dringlichen Empfehlung zu danken."

„So nimm den Dank, Bruderherz!"

„Ich spreche im Ernst. Sie ist nicht Freundin von zahlreichen Bekanntschaften. Als sie hörte, daß du ein Deutscher, runzelte sie die Stirn, und als sie gar hörte, daß du ein junger Leutnant seist, da . . .“

„. . . da runzelte sie sogar das Kinn, die Ohren und die Nase!“ fiel Gebhardt lachend ein.“

„Fast war es so. Sie sagte, daß sie für dich nicht zu sprechen sei.“

„Wie kam es, daß sie diesen Entschluß doch noch änderte?“

„Ich sagte ihr, daß ich dir mein Wort gegeben hätte, sie werde dich empfangen. Ich muß doch nicht ganz übel bei ihr stehen, daß sie darauf Rücksicht nahm. Im anderen Fall wäre es ihr höchst gleichgültig gewesen, ob ich gezwungen sei, wortbrüchig zu sein oder nicht. Übrigens bedeutete sie mich, daß sie dich nur dieses eine Mal empfangen werde.“

„Alle Teufel, das ist sehr kategorisch.“

„Ich rate dir, den Angenehmen zu spielen.“

„Fällt mir gar nicht ein.“

„So tust du mir leid.“

„Ich gebe mich stets so, wie ich bin. Wer mich angenehm haben will, der mag mir angenehm engegenkommen.“

„Mein lieber Freund, man merkt es, daß du nach der Wüste willst. Du handelst bereits ganz und gar nach den Regeln der Sahara.“

„Und du bist bereits ganz und gar ein Diplomat. Dein Hauptgundsatz ist, dich möglichst angenehm aufzuspielen. Übrigens scheint es nicht, daß diese alte Tante so sehr für Reisen schwärmt, weil sie mich, den angehenden berühmten Afrikareisenden, nicht bei sich empfangen wollte. Ist das etwa Sympathie für die Sahara?“

„Vergib es ihr. Sie weiß kein Wort davon. Da du mir verboten, von deinen Familienverhältnissen zu sprechen, so hielt ich es für angezeigt, auch über das andere zu schweigen.“

„Hm! Vielleicht hast du recht daran getan. Gehen wir, lieber Kunz?“

„Ja, komm, alter Wüstenräuber.“

Sie nahmen einen Wagen und erreichten in kurzer Zeit die Rue de Grenelle und die Wohnung der Gräfin. Es war ein großes, massiv gebautes Haus; dennoch stand kein Portier am Tor, und im hohen Flur brannte nur ein ärmlich zu nennendes Lämpchen. Ebenso waren Treppe und Korridor nur spärlich erleuchtet. Doch fanden sie oben wenigstens einen Diener, an den sie sich wendeten.

„Ist Madame, die Gräfin, zu sprechen?" fragte Kunz.

„Ja, für Sie beide, Monsieur", antwortete der Mann, „sie befindet sich bereits im Salon. Die gnädigen Demoiselles sind bei ihr."

„Sonst niemand?"

„O doch!" antwortete der Diener unter einem listigen Augenzwinkern.

Kunz griff in die Tasche, zog ein Frankenstück hervor und gab es ihm.

„Wer?" fragte er.

Der Diener, dem bei dem Geiz der Gräfin nur selten selbst ein so geringfügiges Geschenk in die Hand fließen mochte, verbeugte sich tief und antwortete:

„Graf Rallion, der Neffe. Danke sehr, Monsieur!"

„Bereits lange hier?"

„Nein, vor fünf Minuten erst gekommen."

„Melden Sie mich und Monsieur, den Leutnant von Königsau."

Der Domestike gehorchte dieser Weisung, und dann traten die beiden ein.

Der Salon war ein ziemlich großes Gemach mit Möbeln, welche früher sicher reich und kostbar gewesen waren, jetzt aber nur noch an eine glänzende Vergangenheit zu erinnern vermochten. Auf dem Tisch, welcher in der Mitte stand, brannten zwei Kerzen auf einem sechsarmigen Leuchter. Das gab ein sehr spärliches Licht, und darum hatten sich die anwesenden Personen ganz nahe um diesen Leuchter gruppiert. Sie erhoben sich, als die beiden Deutschen eintraten.

Der Blick Gebhardts von Königsau fiel zunächst auf die Gräfin, die ihm am nächsten stand. Sie war eine nicht sehr hohe, aber wie es schien, sehr bewegliche Dame, im Anfang der sechziger Jahre, mit scharfem Gesicht und ebenso scharfen, dunkel glühenden Augen. Gebhardt gab seinem Freund recht, sie mußte früher sehr hübsch, wohl gar schön gewesen sein und schien noch heute ein Etwas in Blick, Bewegung und Miene zu besitzen, was auf Sieg berechnet zu sein schien.

Ihr zur Rechten und zur Linken standen zwei Wesen, welche von der dunkel gekleideten Gräfin sich hell und sympathisch hervorhoben. Die Rechte war jedenfalls Hedwig, die Unbezähmbare. In graue Seide gekleidet, glich sie einer Sylphide, welche darauf wartet, von Zeus zur Venus umgewandelt zu werden. Bewegungslos stand sie da. Blitzende Augen, neckische Grübchen in Wangen und Kinn, ein spöttisches Mündchen und das leise zurückgeworfene Köpfchen gaben ihr etwas Kampfbereites, welches allerdings verführen konnte.

Ganz anders dagegen die Schwester. Obgleich ein Jahr jünger, war Ida doch mehr entwickelt als Hedwig. Ihre wohlgerundeten Glieder waren in rosa Seide gehüllt. Das Köpfchen senkte sich unter der Fülle des Haares. Sanfte, seelenvolle Augen, von langen Wimpern halb und züchtig verhüllt, zart rosig angehauchte Wangen, ein feines Kinn und volle schön gebogene Lippen bildeten mit der elfenbeinernen Stirn und den lieblich geschweiften Brauen ein Ganzes, welches auf Gebhardt den Eindruck machte, als müsse er sogleich nahe treten, um die Hand des holden Wesens mit den Worten zu ergreifen: „Wie schön und gut bist du. Wer dich nicht liebt, der ist ein böser Mensch!"

Die vierte Person war einige Schritte seitwärts getreten, um unter dem Schutz des Halbdunkels Beobachtungen anzustellen, ohne selbst scharf beobachtet werden zu können. Graf Rallion, der Neffe, war jedenfalls bereits dem dreißigsten Jahr nahe. Lang und hager gebaut, war auch sein Kopf aus der Breite in die Höhe gedrückt. Das schmale, scharfe Gesicht glich dem Kopf eines Raubvogels. Die Augen waren stechend, die Brauen buschig und an der Nasenwurzel zusammenstoßend; die Lippen waren schmal, und das Kinn machte über dem langen, dünnen, aus einer hohen Krawatte hervorschießenden Hals, wie es schien, eine Bewegung nach seitwärts, als erheische es der aristokratische Stolz seines Besitzers, sich nicht berühren zu lassen. Das war Graf Jules Rallion.

Vielleicht erinnert sich der freundliche Leser, daß im Jahre 1870 ein Graf Jules Rallion nach Ortry zu dem alten Kapitän Richemonte kam, um seinen Sohn mit der schönen Marion zu verheiraten, welche Doktor Müller, der verkleidete deutsche Offizier liebte. Und ebenso wird wohl noch erinnerlich sein, daß die sterbende Seiltänzerin damals, als sie vom Seil gestürzt war, dem braven Diener Fritz Schneeberg die Worte in das Ohr flüsterte: „General – Kunz von Goldberg – Vater – rauben lassen Graf – Jules Rallion – Cousin Hedwig – Bajazzo – bezahlt." Es schürzt sich hier eben der Knoten, von welchem die Fäden nach verschiedenen Richtungen auseinandergehen, um in dem angegebenen Jahr in Ortry zusammenzulaufen.

So spinnt das Leben seine wunderbaren Gewebe, und der schwache Mensch steht staunend vor der Weisheit des Schicksals, dessen tief und scharf berechnendes Walten eine jede irdische Tat mit untrüglicher Genauigkeit abzuwägen und mit wunderbarer Gerechtigkeit zu belohnen oder zu bestrafen weiß.

Die beiden Offiziere, welche hier allerdings in Zivil gekleidet, gingen, verbeugten sich vor den Anwesenden, und Kunz von Goldberg sagte:

„Meine Damen und mein Herr, ich stütze mich auf die mir heute gewordene Erlaubnis, Ihnen meinen Freund, den Leutnant Gebhardt von Königsau, vorzustellen!"

Die Gräfin trat einen Schritt näher, betrachtete den Genannten mit kalten und scharfen Augen und antwortete:

„Ich heiße Sie willkommen, Leutnant von Goldberg. Herr Leutnant von Königsau, Sie sehen hier zwei Komtessen von Rallion, meine Nichten, und da den Grafen Jules de Rallion, meinen Neffen."

Sie hatte also nur Kunz willkommen geheißen, nicht aber auch Gebhardt. Dieser tat, als ob er diese Unhöflichkeit gar nicht bemerkt habe, verbeugte sich und antwortete im höflichsten Ton:

„Ergebensten Dank, gnädige Frau! Ich kam erst heute in Paris an; dieser erste Tag mußte meinem Freund gewidmet sein, und da er Ihnen den Abend zu widmen hatte, so sah ich mich leider gezwungen, mich ihm anzuschließen, wenn ich nicht auf seine Gesellschaft verzichten wollte."

Das war natürlich mit anderen Worten gesagt: Ich komme nicht um euretwillen, sondern meines Freundes wegen, Gebhardt hatte also der Unhöflichkeit der Gräfin eine zweite entgegengesetzt, die aber in ein besseres Gewand gekleidet war, als die ihrige.

Die Gräfin warf einen erstaunten Blick auf den jungen Menschen, welcher dieses wagte. Die Lider Idas hoben sich einen kurzen Augenblick empor, um einen warnenden Blick passieren zu lassen. Hedwig legte das Köpfchen sofort noch etwas weiter nach hinten und schnipste leise mit den rosigen Fingerchen; Graf Rallion ließ ein halblautes, indigniertes Hüsteln hören, und selbst Kunz von Goldberg konnte nicht umhin, dem Freund einen warnenden Blick zuzuwerfen.

„Setzen Sie sich!" sagte die Gräfin kurz und scharf. Und als dies geschehen war, fuhr sie, zu Kunz gewendet fort: „Also, Monsieur, Ihr Freund wollte heute abend Ihnen gehören?"

„Allerdings", antwortete der Gefragte gewandt; „aber nicht so ausschließlich, wie es die Herrschaften nach seinen Worten meinen könnten."

„So mag es gelten", erwiderte sie in einem ironischen Ton. „Vielleicht ist er des Französischen nicht so mächtig als notwendig ist, sich präziser Ausdrücke zu bedienen."

Der Graf nahm augenblicklich diese Gelegenheit wahr, seinem Ärger Luft zu machen, indem er meinte:

„Die Deutschen sprechen nie ein gutes Französisch. Und was haben sie für unbequeme Namen. Der Vorname des Leutnants ist Gepar; wie sinnlos! Wie schwer auszusprechen."

„Sie irren, Graf", entgegnete Königsau. „Nicht Gepar, sondern Gebhardt ist mein Name. Und wenn unsere deutschen Worte Ihnen so schwer fallen, so beweist dies nur, daß Sie des Deutschen nicht so mächtig sind, wie wir des Französischen. Ich muß nämlich auch die Frau Gräfin dahin berichtigen, daß ich des Französischen so vollständig Herr bin wie ein geborener Franzose, und daß ich auch in dieser Sprache gerade nur sage, was und wieviel ich will."

Da war es gerade, als sei ein Stück der Decke eingefallen. Die Rallions blickten einander mit großen Augen an. Kunz stieß den kühnen Sprecher mit dem Fuß, und nur Ida ließ keinen Unwillen bemerken. Sie wußte, daß der Deutsche zuerst von ihrer Tante beleidigt worden war und bewunderte den Mut und die Kaltblütigkeit, mit welchen er diesen gesellschaftlichen Fehler zurechtwies.

„Pah!" schnarrte der Graf zornig. „Gebhardt ist doch ein schlechter Name. Blücher hieß so."

„Mich hat man so genannt, weil der Feldmarschall von Blücher der Freund meines Vaters und mein Pate war", antwortete Königsau.

„Wie, Monsieur, Blücher war Ihr Pate?" fragte der Graf.

„Ja, Monsieur."

„Dann werde ich Ihnen raten, hier diesen Umstand zu verschweigen oder gar keine Pariser Gesellschaft zu besuchen, weil Blücher ein Ungeheuer war; er hat das schöne Frankreich unendlich unglücklich gemacht."

„So meinen Sie wohl, daß Napoleon ein Engel war, der das häßliche Deutschland unendlich glücklich gemacht hat? Ehe Sie mir einen Rat geben, lernen Sie erst, Nationen und weltgeschichtliche Personen gerecht beurteilen. Ich bin hier mit ausgesuchter Unhöflichkeit empfangen worden, Herr Graf und Madame. So etwas könnte bei den Deutschen, welche Sie Barbaren nennen, niemals vorkommen. Meine Mutter ist eine geborene Pariserin: ich bin also Ihrer Nation, welche ich achte, nicht fremd und weiß ihre Fehler und Vorzüge genau zu beurteilen. Man hat mich bisher überall, wo ich eingeführt wurde, willkommen geheißen, nur hier bei Ihnen nicht, wo man sich im Gegenteil sogleich im ersten Augenblick über meinen Namen und mein Französisch, welches doch dem Ihrigen vollständig ebenbürtig ist, mokierte. Ich reise von hier nach der Sahara und bin überzeugt, daß der wilde Tuba oder Tuareg, in dessen Zelt ich trete, mir sein ‚Habakek ia Sihdi, sei willkommen, o Herr', zurufen wird. Wünschen Sie, daß ich diesen räuberischen Nomaden erzählen soll, daß in Paris, der großen Metropole der Zivilisation, diese schöne Sitte noch nicht herrsche, oder daß selbst hochgräfliche Personen Frankreichs es darauf anlegen, von einem bildungslosen Kamelhirten an Höflichkeit übertroffen zu werden?"

Er schwieg. Lautlose Stille herrschte. Da niemand antwortete, erhob er sich von seinem Stuhl und fuhr fort:

„Sie wurden mir von meinem Freunde als Aristokraten feinster Distinktion geschildert, und ich kam zu Ihnen, innig erfreut von dem Bewußtsein, bei der ersten Familie, welche mir Zutritt gestattet, den Beweis zu finden, daß in den Franzosen sich wirklich der Begriff des untadelhaften Kavaliers kristallisiert. Herr von Goldberg ist trotz seiner Jugend ein tüchtiger Menschenkenner. Sagen Sie mir, ob er sich heute zum ersten Mal geirrt hat."

Noch immer schienen alle ganz starr zu sein vor Staunen, vor Schreck oder Zorn; aber da erklang eine volle, reine Altstimme:

„Wie, Herr Leutnant, Ihre Mama ist eine geborene Pariserin?"

„Ja, mein Fräulein", antwortete Gebhardt.

„Und Sie gehen von hier wirklich nach der Sahara?"

„Durch die Sahara hindurch bis nach Timbuktu und vielleicht noch weiter."

„Dann muß Ihre Mama sehr mutig sein, wenn sie ihren Sohn solchen Gefahren entgegengehen läßt. Ich wollte, ich könnte ihr sagen, daß ich ihr Gottvertrauen bewundere."

Ida war die Sprecherin. Mit jener Schlauheit, welche selbst dem reinsten, unverdorbensten Weib eigen ist, hatte sie aus Gebhardts Rede jene beiden Punkte herausgegriffen, welche geeignet waren, das Interesse der zornigen Tante zu erwecken. Ihre Stimme war wie ein versöhnender Engelsruf durch den Salon gedrungen.

Gebhardt trat auf sie zu, reichte ihr die Hand und sagte:

„Mademoiselle, ich danke Ihnen innig! Sie sprechen mit freundlicher Sympathie von meiner heißgeliebten Mutter, obgleich Sie dieselbe nicht kennen. Ich nahm ihr Bild aus der Heimat mit, um die teuren Züge auch im Sonnenbrand der Wüste bei mir zu haben. Sie sollen meine Mutter wenigstens im Bild kennenlernen, und wenn ich einst nach Hause zurückkehre, so werde ich ihr erzählen von der hochherzigen Landsmännin, die mir das erste freundliche Wort gönnte, weil ich eine edle, gute, mutige Mutter habe."

Er nestelte ein Medaillon von seiner Uhrkette los, öffnete es und reichte es ihr hin. Sie trat mit demselben näher an das Licht heran, um es zu betrachten.

„Oh, mein Herr", sagte sie, „welch schöner, herrlicher Kopf; was für prächtige, seelenvolle Augen. Ja, Ihre Mutter muß ein großes, edles Weib sein. Liebe Tante, magst du dir nicht einmal diesen Kopf betrachten?"

„Sie reichte das Medaillon der Gräfin hin, und diese, noch im Zweifel, ob sie zornig losbrechen oder diesen Fremden lieber mit einem stillen, aber gebieterischen, unwiderstehlichen Wink der Hand zur Tür hinausweisen solle, hatte das kleine Elfenbeinbild in den Fingern, sie wußte nicht, wie. Unwillkürlich senkte sich ihr Blick nieder auf dasselbe. Im nächsten Moment stand auch sie nahe am Leuchter, um das Porträt besser und schärfer betrachten zu können. Dann blickte sie rasch zu Gebhardt hinüber und frage:

„Das ist wirklich das Porträt Ihrer Mutter?"

Ihre Stimme klang noch immer hart und zurückweisend.

„Ja, Madame", antwortete er.

„Sie behaupten, daß dieselbe aus Paris stammt, wie lautet der Familienname ihrer Mutter?"

„Richemonte."

„Richemonte? Ah, ich habe eine Familie dieses Namens gekannt. Es war eine Tochter da, welche ich öfters gesehen habe. Sie würde jetzt ungefähr dieselben Züge besitzen, welche ich hier sehe. Was war der Vater Ihrer Mutter?"

„Ursprünglich Bankier, Madame."

Ihr Auge verlor seine bisherige Schärfe, und unter einer raschen Bewegung ihrer Hände und mit sichtlichem Interesse fragte sie weiter:

„Wie war sein voller Name?"

„Jean Pierre Richemonte; eigentlich de Richemonte. Ein Vorfahre hatte das ‚Von' aus irgendeinem Grund abgelegt."

Das Gesicht der Gräfin begann sich zu beleben. Ihre Züge wurden sichtlich milder, und ihr Auge ruhte mit einer Art von Wärme auf der Gestalt Gebhardts, als sie fortfuhr:

„Mon dieu! Ich glaube, das ist der Mann, dessen Familie ich gekannt habe. Können Sie mir sagen, wo er wohnte?"

„Er hat sein Büro in der Rue de Vaugirard gehabt. Später, nach seinem Tode, zog Mama nach der Rue d'ange, wo mein Vater, welcher damals preußischer Offizier war, sie kennenlernte."

„Sie hat ihn geliebt?" fragte sie mit wieder steigender Härte. Kunz von Goldberg hatte sie ja als Deutschenhasserin bezeichnet.

„Ja, gnädige Frau. Sie liebt ihn sogar noch", antwortete Gebhardt lächelnd.

„War und ist das recht von ihr, als Französin?"

„Jedenfalls, Madame. Schon Christus will, daß alle Menschen, welcher Nationalität sie auch sein mögen, sich lieben sollen. Und der gute Gott hat uns ja ein Herz gegeben, dessen Sprache so mächtig wirkt, daß vor ihr die Stimme des Parteihasses, der Rache, des Vorurteiles verstummen muß. Dieses Herz hat wohl in jeder menschlichen Brust einmal gesprochen. Wohl dem, welchem es erlaubt war, diesen süßen und beglückenden Einflüsterungen Folge zu leisten."

Idas Augen ruhten mit zustimmendem Wohlgefallen auf ihm. Es lag eine Art von Bewunderung der beredten Art und Weise in ihrem Blick, in welcher er seine Sache zu führen verstand.

Auch auf ihre Tante schienen seine Worte nicht ohne Eindruck zu bleiben. Ihre vorher mißfällig zusammengekniffenen Augen erweiterten sich wieder. Ihr Blick richtete sich empor, ins Weite. Er schien in der Ferne zu ruhen, in welcher sich ihm Erinnerungsbilder der Liebe boten, von welcher der junge Mann soeben gesprochen hatte.

„Sie mögen recht haben", sagte sie langsam und zögernd.

„Ich will nicht richten", fuhr sie fort, „zumal ich keineswegs annehmen darf, dazu berufen zu sein. Aber noch weiß ich nicht, ob Ihre Familie wirklich diejenige ist, an welche ich denke. Hatte Ihre Mutter Geschwister?"

„Einen Bruder."

„Wie war sein Name?"

„Albin."

„A la bonne heure! Was war er? Auch Kaufmann oder Bankier?"

„Nein, Madame. Er war Offizier, Kapitän bei der alten Kaisergarde."
„Das stimmt, das stimmt! Lebt er noch?"
„Vielleicht. Niemand weiß es."
„Niemand weiß es? Sie müssen doch über die Schicksale eines so nahen Verwandten irgendwelche Nachrichten haben!"
„Dies ist hier nicht der Fall, gnädige Frau."
„Sie haben keinen Umgang mit ihm gepflogen?"
„Sie haben ihn gemieden. Und wenn er selbst eine vorübergehende Annäherung herbeiführte, so ist die Folge stets ein Unglück für sie gewesen."
Sie nickte langsam mit dem Kopf.
„Ja", sagte sie; „er war ein Bube, ein böser Mensch, welcher mit geholfen hat, seinen Vater in das Unglück zu stürzen. Wissen Sie davon?"
„Es ist mir allerdings einiges bekannt."
„Kennen Sie auch seinen Verbündeten, mit welchem er daran arbeitete, die Eltern und die Schwester in das Elend zu führen?"
„Sie meinen den Baron de Reillac? Der ist tot."
„Ah! So besitzt die Erde eine gefährliche Kreatur, ein Raubtier weniger. Er hat einen schlimmen Tod verdient. Woran ist er gestorben?"
„Er ist ermordet worden."
„Wann?"
„Schon längst, nämlich am Tag oder einige Tage vor der Schlacht bei Ligny."
„Wer war der Mörder?"
„Sein Freund, Kapitän Richemonte."
„Sein eigener Freund, Kumpan und Verbündeter? Welch eine Fügung! Sie werden mir davon erzählen müssen, auch von den Ihrigen! Zuvor aber" – und dabei nahm ihre Stimme wieder den harten, klanglosen Ausdruck an –, „zuvor aber muß ich Ihnen sagen, daß die Art und Weise, in welcher Sie sich bei mir eingeführt haben, keineswegs eine angenehme und empfehlende ist."
Der Blick der Gräfin ruhte forschend und auffordernd auf Königsau, als ob sie eine Entschuldigung erwarte. Er aber verbeugte sich unter einem höflichen Lächeln und antwortete, indem er leise mit der Achsel zuckte:
„Madame, der Deutsche besitzt ein oft angewendetes Sprichwort, welches auch hier am Platze sein dürfte. Es lautet: Wie es in den Wald schallt, so schallt es wieder heraus."
„Dieses Sprichwort klingt nicht gut. Es beweist, daß der Deut-

sche der Mann der Vergeltung, der Rache, der Revanche ist, welche er doch dem Franzosen so gern und geflissentlich vorzuwerfen pflegt."

„Oh, er will damit doch nur einen gewöhnlichen Erfahrungssatz ausdrücken, welchen auch sie anerkennen werden. Der Deutsche scheint mir mehr passiv als aktiv zu sein. Er schreitet nur dann zur Vergeltung, wenn er mit Gewalt dazu getrieben wird."

„Wer hat Sie vorhin mit Gewalt dazu getrieben?"

„Die Antwort liegt in Ihrer eigenen Frage, gnädige Frau Gräfin. Indem Sie zugeben, daß ich mich zu einer Art von Abwehr treiben ließ, gestehen Sie ein, daß vorher ein Angriff stattgefunden hat."

„Dieser Angriff war kein direkter."

„Aber dennoch ein sehr fühlbarer und energischer."

„Oh, nur ein kleiner, gesellschaftlicher Unterlassungsfehler, wie er sehr leicht einmal vorkommen kann. Und besonders, da er von einer Dame begangen wurde, so wäre es höflich gewesen, denselben mit Stillschweigen zu übergehen."

Ihr Blick ruhte streng und herausfordernd auf ihm. Er hatte große Lust, das Wortgefecht weiterzuführen, aber er sah das Auge Idas mit stummer und doch beredter Bitte auf sich gerichtet; darum nahm er einen heiteren und leichteren Ton an und antwortete:

„Sie haben recht, gnädige Frau. Eine Dame hat unter allen Umständen diejenigen Aufmerksamkeiten zu erwarten, welche ihr von den gesellschaftlichen Gesetzen zugesprochen wurden. Habe ich gegen diese Regeln gesündigt, so werde ich recht glücklich sein, von Ihnen Absolution zu empfangen."

Die Falten von ihrer Stirn verschwanden. Er bat sie um Verzeihung, sie hatte also, wenigstens scheinbar, einen Sieg über ihn errungen. Das erlaubte ihr, nun Freundlickeit und Milde walten zu lassen. Sie antwortete:

„Ich will keineswegs grausam sein, Herr von Königsau. Ich verzeihe Ihnen also und heiße Sie nachträglich willkommen."

Sie reichte ihm die Hand entgegen, welche er ergriff und hochachtungsvoll küßte. Über Hedwigs hüsches Gesichtchen glitt ein Zug, welcher ganz deutlich sagte: „Er hat aber doch gesiegt, dieser Deutsche". Idas Augen strahlten dem letzteren warm entgegen; aber aus dem Halbdunkel, in welches sich der Graf zurückgezogen hatte, erklang es scharf und wie zurechtweisend:

„Liebe Tante, du vergißt, daß du dich nicht allein hier befindest."

Sie wendete sich ihm mit einem Ausdruck des Erstaunens zu und fragte:

„Du willst damit sagen?"

„Daß mehrere Personen vorhanden sind, welche beleidigt wurden, und daß du also nicht eigenmächtig verzeihen darfst."

„Ah", meinte sie, „ich ahnte nicht, daß du annimmst, auch angegriffen worden zu sein. Fühlst du dich beleidigt, so ist das einfach deine Sache. Jedenfalls aber nehme ich für mich das Recht in Anspruch, für meine Person verzeihen zu können. Das andere aber geht mich nichts an."

„Ich will nicht bestreiten, daß du das Recht hast, für dich persönlich zu verzeihen; aber ich habe auch die Überzeugung, daß du in deiner Eigenschaft als Tante einen Angriff auf deinen Neffen nicht so gleichgültig übersehen darfst, wie es in deiner Absicht zu liegen scheint."

„Ja, wenn dieser Neffe ein Kind wäre, welches dieses Schutzes bedarf. Ihr Herren aber seid stets so passioniert, euch Männer zu nennen, daß ich mir in dieser Angelegenheit wohl erlauben darf, dich dir selbst zu überlassen."

„Das heißt, du nennst diesen Mann wirklich willkommen?"

„Jawohl; du hast es gehört."

Da trat er aus dem Halbdunkel hervor auf sie zu.

„So muß ich allerdings annehmen", sagte er, „daß ich dir weniger willkommen, vielleicht sogar unwillkommen bin."

Er hatte die Augen finster zusammengekniffen, und die Stellung welche er einnahm, war eine herausfordernde, ja fast drohende zu nennen.

Sie dagegen behielt ihre vollständige Ruhe bei. Ihm einen nur verwunderten Blick zuwerfend, sagte sie:

„Mein Neffe ist mir jederzeit willkommen gewesen, und auch noch jetzt kenne ich keinen Grund zu einer Änderung meiner Ansicht hierin. Wen ich aber außer ihm bei mir empfangen will, darüber steht mir sicher das alleinige Urteil zu. Mein Haus ist mein Eigentum, und ich kenne keinen Menschen, welchem ich erlauben werde, die für mich daraus hervorgehenden Rechte mir steitig zu machen."

Er zog unter einem beinahe höhnischen Lächeln die Schultern nach vorn, machte eine ironische Verbeugung und sagte:

„Ich lasse dir natürlich dieses Recht; es kann mir gar nicht einfallen, es dir zu schmälern, da ich nicht die Erlaubnis dazu habe.

Aber ich bitte, zu den Stunden, in welchen du mir unsympathische Personen empfängst, auf das Glück deiner Nähe verzichten zu dürfen."

Da legte sie den Kopf in den Nacken, gerade so, wie es die hübsche Hedwig in ihrer Gewohnheit hatte, warf ihm einen ernsten, dominierenden Blick entgegen und anwortete:

„Ich habe nichts dagegen, daß du selbst in den Stunden, in denen du dich wohl bei mir fühlen würdest, auf mich verzichtest. Ich verliere nichts dabei."

„Fällt mir nicht ein", entgegnete er. „Eines Fremden, eines Eindringlings wegen, gebe ich dich ebensowenig auf, als ich auf eine Person oder Sache verzichten würde, welche mir lieb und angenehm ist. Ich habe keineswegs die Absicht, dich zu beleidigen, sondern ich will dich nur warnen, Bekanntschaften anzuknüpfen, welche dir Enttäuschung bringen können. Ich hoffe, Cousinchen Ida ist ganz gleicher Meinung mit mir?"

Die letztere Frage war an die Genannte direkt gerichtet. Sie sah sich darum zu einer Antwort gezwungen.

„Ich wohne bei der Tante und habe mich nach ihr zu richten", sagte sie. „Auch kann ich nicht sagen, daß Herr von Königsau mich beleidigt hat."

Der Graf hatte diese Antwort vielleicht nicht erwartet. Er verschmähte eine Gegenbemerkung und wendete sich an die andere Schwester:

„Und du, liebe Hedwig?"

Diese zuckte leichthin die Achsel, zog ein schnippisches Mäulchen und sagte:

„Cousin, du mußt gestehen, daß du außerordentlich unartig bist. Schwestern sollen stets einerlei Meinung haben; ich stimme Ida vollständig bei."

Da bleichte der Zorn seine Wangen. Er trat zurück und sagte:

„So stehe ich also allein! Aber es wird die Zeit kommen, in welcher ihr einsehen lernt, wer euch wirklich nahesteht und auf wessen Meinung ihr hättet Gewicht legen sollen. Ich verabschiede mich für heute abend von euch."

Und sich mit einer raschen Umdrehung zu Kunz von Goldberg wendend, fuhr er mit erhobener Stimme fort:

„Mein Herr, Sie haben seit der ersten Stunde, da wir uns hier trafen, merken müssen, daß mir ihre Besuche höchst unangenehm waren. Sie haben dieselben trotzdem fortgesetzt. Ich finde das höchst sonderbar."

„Pah!" antwortete Kunz. „Ich glaubte, Sie würden seit der ersten Stunde, da wir uns hier trafen, gemerkt haben, daß meine Besuche nicht Ihnen galten. Daß Sie dies selbst jetzt noch nicht einsehen, finde ich noch sonderbarer."

„Diable! Wollen Sie etwa höhnen?"

„Nein. Ich will Ihnen damit nur sagen, daß ich nicht Sie, sondern Ihre Tante, die Frau Gräfin, besuche, so kann es mir sehr egal sein, ob Ihnen meine Anwesenheit angenehm ist oder nicht. Und hinzufügen will ich auch noch, daß mir überhaupt auch alles andere, was Sie denken und meinen, vollständig gleichgültig ist. Sie müssen längst erkannt haben, daß Sie für mich gar nicht existieren."

„Nun, so werde ich hoffentlich wenigstens für Ihren Freund existieren."

Er wendete sich zu Gebhardt, welcher unterdessen wieder Platz genommen hatte und bisher ein scheinbar teilnahmloser Hörer gewesen war, und fragte:

„Sie sind Offizier, Herr von Königsau?"

„Ja, wie Sie gehört haben", antwortete dieser kurz und gelassen.

„Ich zweifle daran."

„Das kann mir gleichgültig sein."

Der Graf trat ihm einen Schritt näher. Er sagte in einem Ton, dem man die beabsichtigte Provokation anhören mußte:

„Sie sind in Wirklichkeit nicht Offizier."

Gebhardt wendete sich zur Seite und verzichtete darauf, eine Antwort zu geben. Der Graf trat ihm noch näher und meinte:

„Ich sehe, daß Sie nicht antworten. Nun, wenn ich sage, daß Sie in Wirklichkeit nicht Offizier sind, so meine ich damit, daß ich Sie für einen Lügner erkläre, wenn Sie behaupten, Offizier zu sein."

In Gebhardts Augen blitzte es auf. Aber er verstand es, sich zu beherrschen, und seine Stimme klang hell und ruhig, als er entgegnete:

„Sie erlauben mir, Ihnen meine Antwort morgen zu geben."

„Ich brauche Ihre Antwort nicht. Wer sich da eindrängt, wo er unangenehm ist, der ist kein Offizier und Kavalier. Sie haben die Frau Gräfin beleidigt; Sie haben sich mit ausgesuchter Grobheit betragen und besitzen die Stirn, hier Ihren Platz festzuhalten: Sie sind nicht Offizier."

„Ich habe Ihnen bereits gesagt, daß ich Ihnen meine Antwort morgen geben werde."

„Und ich habe Ihnen darauf bemerkt, daß ich darauf verzichte, eine Antwort von Ihnen zu empfangen."

Jetzt verließ auch Gebhardt seinen Stuhl. Er erhob sich und stand ganz nahe vor dem Grafen.

„Wissen Sie wohl", sagte er, „was ich meinte, als ich Ihnen zweimal erklärte, daß Sie meine Antwort morgen empfangen werden?"

„Ich habe wirklich keine Ahnung davon", erklärte der Graf.

„Ah! Sind Sie Offizier?"

„Nein."

„Aber Edelmann?"

„Allerdings. Ich bin, wie Sie gehört haben, Graf Jules de Rallion."

„Und dennoch wissen Sie nicht, was ich gemeint habe?"

„Ganz und gar nicht!"

„Nun, ich habe bisher geglaubt, daß auch die Edelleute Frankreichs sich auf die Art und Weise gewisser Antworten verstehen, welche nicht mit dem Mund gegeben werden; ich scheine mich aber doch geirrt zu haben."

Da forcierte der Graf ein erstauntes Gesicht. Er wich wie infolge einer plötzlichen Verwunderung zurück und fragte:

„Sie meinen doch nicht etwa ein Duell?"

„Ah, Sie scheinen auch das nicht zu wissen, daß man in Gegenwart von Damen nicht über gewisse Dinge zu sprechen pflegt."

„Was mich angeht, können diese Damen hören. Sie wollen sich mit mir schlagen, mein Herr?"

„Sie werden das anderweit erfahren."

„Nun, ich erkläre Ihnen hiermit, daß ich mich auf keinen Fall mit Ihnen schlagen werde."

„Warum?"

Der Graf warf sich in eine Attitüde, welche Furcht erwecken sollte, nahm eine Stellung an, als ob er sich auslegen wollte, und antwortete:

„Weil ich Sie schonen müßte. Ich bin lange Jahre Fechtmeister gewesen und würde Sie in Grund und Boden hauen!"

Gebhardt konnte sich eines Lächelns nicht erwehren. Er entgegnete mit einem beredten Blick auf Kunz:

„Sie würden mich nicht im mindesten zu schonen brauchen. Mein Kamerad, Herr von Goldberg hier, wird mir gern bezeugen, daß ich als ein Schläger bekannt bin, der keinen anderen zu fürchten braucht."

Der Graf bezwang sich, ein enttäuschtes Gesicht zu verbergen.

„Mon dieu!“ meinte er leichthin. „So würde ich Sie in Grund und Boden schießen!“

„Auch das verfängt nicht, mein Herr. Ich schieße die Schwalbe aus der Luft. Und um Ihnen zu beweisen, daß ich wirklich Offizier bin, der im Krieg seinen Mann nicht verfehlen darf, würde ich Ihnen meine erste Kugel durch den Kopf jagen.“

Der Graf war sichtlich entmutigt. Er wußte nicht, was er sagen sollte, und meinte endlich:

„Das wird Ihnen nicht gelingen; ich versichere es Ihnen.“

„Warum nicht, Monsieur?“

„Weil ich mich überhaupt niemals mit Ihnen schlagen werde.“

„Ich darf jedenfalls nach dem Grund dieses höchst sonderbaren Entschlusses fragen?“

„Ich schieße mich mit keinem Menschen, der nicht satisfaktionsfähig ist.“

„Warum meinen Sie, ich sei ein solcher Mensch?“

„Weil Sie durch Ihr heutiges Verhalten bewiesen haben, daß Sie kein Ehrenmann sind.“

„Ah, eine neue Beleidigung. Nun, da Sie diese heikle Sache förmlich vor das Forum der Damen gezwungen haben, so will ich Ihnen auch in Gegenwart derselben meine Entscheidung sagen; ich werde nämlich . . .“

„Ich bin neugierig, dieselbe zu hören, da ich mir nicht erklären kann, wie gerade Sie dazu kommen, eine Entscheidung zu fällen“, unterbrach ihn der Graf.

„Ich bin der Beleidigte und habe also auf Satisfaktion zu dringen, wäre es auch nur, um Ihnen die Überzeugung beizubringen, daß ich wirklich ein Offizier bin. Herr von Goldberg wird die Güte haben, mir zu sekundieren. Morgen früh punkt neun Uhr ist er bei Ihnen, um zu hören, welchen Herrn Sie zum Beistand wählen, und wie Sie mit diesem sich vereinbaren. Sollten Sie meine Forderung nicht annehmen, so erkläre ich Sie für den größten Feigling Frankreichs und werde das auch öffentlich bekanntgeben.“

„Sie wollen mich fürchten machen; das aber soll Ihnen doch nicht gelingen“, antwortete der Graf. „Ich weiß ganz genau, wie Leute ihres Schlages zu behandeln sind, und werde Ihnen das beweisen. Gute Nacht, die Damen.“

Er drehte sich scharf auf dem Absatz um und ging.

Wie bei solchen unangenehmen Szenen gewöhnlich, trat zunächst eine Pause ein, welche allerdings nicht lange währte, denn die Gräfin begann unter völliger Ignorierung des zuletzt Vorgefallenen:

„Herr von Königsau, Sie versprachen mir, uns von dem Tod dieses Barons de Reillac zu erzählen."

„Ich bin gern bereit, mein Wort zu halten", antwortete Gebhardt. „Nur weiß ich nicht, ob die Ermordung eines Menschen ein Damenthema ist."

Da ergriff ihm gegenüber Hedwig zum ersten Mal das Wort:

„Erzählen Sie immerhin, Herr Leutnant", sagte sie, indem sie sich in ihrem Sessel zurechtrückte. „Ein Mord ist allerdings fürchterlich; aber wenn Sie wüßten, wie gern ich grusele, so würden Sie mich keinen Augenblick warten lassen."

„Nun, mein Fräulein", antwortete er lächelnd, „so muß ich es allerdings versuchen. Und ich hoffe, daß Ihnen der Genuß des Gruselns nicht verlorengeht."

Er erzählte. Die Damen hörten mit gespannter Erwartung zu, ihn nur zuweilen durch einen teilnahmsvollen Ausruf unterbrechend. Das Erlebnis, von welchem er berichtete, stand in so innigem Zusammenhang mit seinen Familienverhältnissen, daß dann später Frage auf Frage ausgesprochen wurde, die er zu beantworten hatte.

So entspann sich eine außerordentlich animierte Unterhaltung. Er war ein guter Sprecher und ein sehr angenehmer Gesellschafter, überhaupt ein hübscher, kenntnisreicher und gewandter junger Mann. Die Damen lauschten seiner Unterhaltung. Sie hörten aus jedem seiner Worte, daß er trotz seiner für seine Jugend höchst bedeutenden Kenntnisse nicht die mindeste Einbildung besaß, sondern sich selbst aus dem Zusammenleben mit den Angehörigen des Offizierkorps seine ursprüngliche Einfachheit und Bescheidenheit gerettet hatte.

Das zog sie zu ihm hin. Die sonst so muntere Hedwig war schweigsam und hörte lieber auf ihn, als daß sie sich zum vordringlichen Sprechen entschloß. Ida sprach fast kein Wort, aber ihr Auge verriet desto mehr, und immer und immer wieder begegnete ihr Blick dem seinigen, so daß sie hundert Mal gezwungen war, die schönen, geheimnisvollen Wimpern niederzuschlagen.

So kam es, daß die Kosten der Unterhaltung fast nur von den beiden Offizieren und der Gräfin getragen wurden.

Die letztere hatte ihr vorheriges Wesen vollständig abgelegt.

Sie war mitteilsam und gesprächig geworden, und besonderen Dank verdiente sie sich bei Gebhardt dadurch, daß sie mit keiner Silbe ihres Neffen gedachte, der zu einer so außerordentlich peinlichen Szene Veranlassung gegeben hatte. Sie lud die beiden jungen Männer ein, am Souper teilzunehmen, was natürlich mit großem Dank angenommen wurde.

Am meisten schienen sich die beiden Nichten zu freuen. Es war außerordentlich selten, daß die Tante einem Herrn die Ehre gönnte, mit ihnen zu speisen, und so kam es, daß sie durch die Einladung der Gräfin in die beste Laune versetzt wurden, welche wieder ihren guten Einfluß auf die anderen hatte.

Kurz vor der Tafel entfernte sich die Gräfin auf kurze Zeit, und diesen günstigen Augenblick benutzte Kunz von Goldberg, um Hedwig zu folgen, welche an das Piano getreten war und sich mit den darauf liegenden Noten zu beschäftigen begann. In den letzteren blätternd und scheinbar sich über dieselben unterhaltend, führten sie ein halblautes Gespräch, von welchem die beiden anderen nichts verstehen konnten oder vielmehr nichts verstehen gekonnt hätten, selbst wenn ihre Absicht gewesen wäre, einige der Worte zu erlauschen.

„Sagen Sie einmal, Herr von Goldberg", begann Hedwig; „war es Ihrem Freund mit der Forderung wirklich Ernst?"

„Ganz gewiß, Mademoiselle", antwortete er.

„Das Duell wird also stattfinden?"

„Ich bin davon überzeugt."

„Wie uninteressant!"

„Uninteressant?" fragte er. „Und Sie gruseln doch so gern. Ist bei Ihnen vielleicht nur die Erzählung eines Mordes interessant?"

Sie blickte ihn ein wenig verächtlich von der Seite an und sagte:

„Was Ihr Deutschen doch für Menschenkenner seid!"

„Nicht wahr?" lachte er, ohne zu tun, als ob er den Blick bemerkt habe.

„Ja. Sagten Sie nicht erst vorgestern, daß es Ihnen ein außerordentliches Interesse gewähre, mich zu studieren? Und daß Sie sich schmeicheln, mich ganz und genau zu kennen? Und doch glauben Sie, daß nur ein Mord mich interessieren könne?"

„Muß ich es nicht glauben, da Sie ein Duell uninteressant nennen?"

Sie zog die schönen, vollen Schultern empor, so daß das rosige Fleisch derselben aus dem Ausschnitt des Kleides hervortrat, um sich nur langsam wieder unter dem weichen Stoff zu verbergen, und antwortete:

„Es kommt auf die Veranlassung an."

„Wieso, Mademoiselle?" fragte er.

„Ein Duell nur deshalb, weil einer nicht glaubt, daß der andere ein Offizier ist – wie kindisch."

„Oder, wollen Sie sagen, ein Duell, weil der eine den anderen gewaltsam provoziert?"

„Das ist barbarisch, aber doch nicht interessant."

„Wann würde denn ein Duell für Sie interessant sein?"

„Hm! In vielen Fällen", antwortete sie, indem sie ein höchst nachdenkliches Gesichtchen zog, welches ihr ganz allerliebst stand.

„Darf ich vielleicht einen von diesen vielen Fällen erfahren?"

„Neugieriger! Aber es ist wahr, Sie sind in Beziehung auf das Duell so ganz und gar unwissend, daß ich es schon unternehmen muß, Ihnen Unterricht zu geben."

Sie zog die Brauen empor und bemühte sich, die strenge, gelehrte Miene eines pedantischen Lehrers anzunehmen. Das sah so allerliebst aus, daß Kunz sie gleich hätte umarmen mögen. Er sagte:

„Ich brenne vor Wißbegierde. Belehren Sie mich, Mademoiselle."

„Nun, es kommt vor allen Dingen auf den Gegenstand an, wegen dessen man sich schlägt. Ist dieser interessant, so ist es auch das Duell. Nun, mein Herr von Goldberg, nennen Sie mir einmal einen Gegenstand, welcher interessanter ist als eine rohe oder kindische Provokation."

Er nickte ihr mit einem ahnenden Lächeln zu und antwortete:

„Darf ich es da nicht am besten gleich wagen, den interessanten Gegenstand zu nennen?"

„Ja. Aber ich bitte mir aus, nicht im besonderen, sondern nur im allgemeinen zu sprechen."

„Ah, meine schöne Hedwig, Sie haben mich im Verdacht, daß ich sofort eine gewisse Person nennen würde?"

„Ja, ich habe Sie da sogar in einem sehr dringenden Verdacht."

„Warum?" fragte er leise flüsternd, indem er sich ganz nahe zu ihr hinüberbog.

Sie versetzte ihm einen leisen, scherzenden Schlag mit dem Fächer und antwortete:

„Diese Deutschen sind allesamt rechte, echte Bären, und Sie insbesondere sind . . ."

Sie stockte.
„Was? Was bin ich?" fragte er.
Sie blickte ihn wie furchtsam von der Seite an und antwortete rasch:
„So ein ganz gewaltiger Doppelbär."
Er fuhr in scherzhaftem Schreck zurück und sagte:
„Mademoiselle, Sie kommen ganz von unserem Thema ab."
„O nein, mein Herr, wir sind dabei."
„Das sehe ich nicht ein. Oder meinen Sie vielleicht, daß nur ein Duell zwischen Doppelbären interessant ist?"
„O nein. Ich möchte mich da gern eines deutschen Wortes bedienen. Wie übersetzen Sie das schöne französische Wort lourdaud in das Deutsche?"
„Dieses Wort würde das schöne deutsche Wort Tolpatsch ergeben."
„Schön. Und wie würde das Eigenschaftswort davon lauten?"
„Tolpatschig."
„Nun, so will ich Ihnen sagen, daß ein Duell zwischen Doppelbären höchst tolpatschig aussehen, also ganz und gar nicht interessant sein würde. Wir sprachen aber gar nicht von Bären, am allerwenigsten von Doppelbären."
„Wovon sonst, meine schöne Tadlerin?"
„Nur Sie allein sind so ein langweiliger Mensch, welcher niemals bei einem Thema standhalten kann. So oft ich mich mit Ihnen unterhalte, habe ich mir die größte Mühe zu geben, Sie bei der Sache festzuhalten."
Sie sprach das so ernsthaft aus, daß er lachen mußte.
„Gut", meinte er. „Halten wir jetzt also stand."
„Ja, ich fordere Sie allen Ernstes dazu auf. Der bekannte Bär kam nur deshalb zum Vorschein, weil Sie mich fragten, weshalb ich Ihnen die Nennung einer ganz besonderen Person zutraue."
„Ah, jetzt endlich besinne ich mich. Ich habe Sie wirklich zu bitten, nachsichtig mit meinem allzu altersschwachen Gedächtnis zu sein . . ."
„Altersschwach wohl nicht, aber sehr ungeübt", fiel sie ihm in die Rede.
„Mag sein. Also ich sollte keine Person nennen, sondern nur ganz im allgemeinen sprechen?"
„Ja. Sie sollen mir einen Gegenstand nennen, welcher interessant ist."
„Nun, ist der Ausdruck Dame ein allgemeiner?"
„Aus alter Rücksicht für Sie will ich das einmal zugeben."

„Und ist eine Dame interessant?"

Sie blickte ihn erstaunt an und antwortete unter Kopfschütteln:

„Natürlich. Was kann interessanter sein als eine Dame? Etwa ein Herr?"

„Natürlich niemals!"

„Nun also! Wie weiter?"

„Sie schließen: Da eine Dame interessant ist, wird ein Duell auch interessant sein, wenn es wegen einer Dame vorgenommen wird."

„Ja, das ist meine Meinung."

„Ich möchte diesen Schluß einer kleinen Beschränkung unterwerfen?"

„Welcher?"

„Es gibt auch uninteressante Damen . . ."

„Ah, das ist mir völlig neu."

„Ja. Ein Duell wegen einer solchen würde also nicht interessant sein."

„Sie sind abermals ein Bär! Nennen Sie mir eine einzige uninteressante Dame, dann will ich glauben, daß es solche gibt."

„Nun, würden Sie sich für eine Schlägerei wegen eines Äpfelweibes interessieren?"

„Fi donc! Nein!"

„Wegen Ihrer Näherin?"

„Vielleicht."

„Wegen Ihrer Zofe?"

„Schon mehr!"

„Wegen Ihrer Tante?"

„Sehr!"

„Wegen Ihrer selbst?"

„Oh, ganz gewaltig!"

„Ah", lachte er; „damit sagen Sie nun selbst, was zu sagen Sie mir vorher so streng verboten haben."

„Was?"

„Daß Sie die interessanteste Dame sind."

Wieder gab sie ihm einen Schlag mit dem Fächer, dieses Mal aber einen derberen.

„Viel Ehre!" meinte sie. „Äpfelhändlerin, Näherin, Zofe, Tante, das ist die Gesellschaft, in welche Sie mich bringen. Sie sind zum dritten Mal ein Bär! Aber lassen Sie uns nicht scherzen. Sagen Sie mir lieber, ob Ihr Freund wirklich ein so guter Fechter und Schütze ist, wie er sagt."

„Er ist der beste, den ich kenne.“
„So ist mein Cousin verloren, weil er nicht mit den Waffen umzugehen versteht.“
„Ich denke, er will meinen Freund in Grund und Boden schlagen“, meinte Kunz von Goldberg.
„Fällt ihm gar nicht ein.“
„Oder in Grund und Boden schießen.“
„Er lügt.“
„Ah, er sagte doch, daß er längere Zeit Fechtmeister gewesen sei.“
„Das war Aufschneiderei. Er tat es vor Angst. Er hat eine angeborene Aversion gegen alles, was Waffe heißt; daher ist er nicht Militär geworden.“
„Mein Freund wird dennoch auf Satisfaktion beharren.“
„Aber wenn der Graf nicht einwilligt, weil er nicht versteht, mit den Waffen umzugehen?“
„Dann darf er es auch nicht unternehmen, einen Ehrenmann in so schmachvoller Weise zu beleidigen. Übrigens ist es nicht gesagt, daß der Sieg nur dem gehört, welcher Herr seiner Waffe ist.“
„Ein anderer kann auch treffen?“
„Sehr gut sogar, wie es bereits vorgekommen ist.“
„Mein Gott, das wäre sehr schlimm, wenn Herr von Königsau verwundet würde“, meinte sie ängstlich.

Die Sorge, welcher sie jetzt Worte gab, war keine geheuchelte, sondern eine wirkliche; das sah man ihr an. Kunz bemerkte dies. Über seine Stirn zog sich ein kleines, dunkles Fältchen, und er fragte:
„Würde Ihnen dies so unangenehm sein?“
„Sehr, allerdings sehr.“
„Ah, so beneide ich ihn.“

Sie verstand ihn sofort.
„Warum beneiden Sie ihn, mein Herr?“
„Weil Sie für ihn fürchten. Wer weiß, ob Sie die geringste Sorge hätten, wenn ich vor einem Zweikampf stände.“
„Sorge?“ lachte sie. „Sorge? Ihretwegen, Monsieur? Oh, nicht die mindeste!“

Das Fältchen auf seiner Stirn wurde tiefer, ohne daß sie darauf zu achten schien. Er schwieg einen Augenblick, ehe er sich mit stockender Stimme erkundigte:
„Ist das wahr, mein Fräulein? Ganz gewiß? Wirklich gewiß?“
„Wirklich und ganz gewiß.“

„Leben Sie wohl."

Er wollte sich rasch abwenden, doch gelang ihm dies nicht, denn noch rascher hatte sie ihn beim Ärmel erfaßt, so daß er bleiben mußte, wenn er die beiden anderen nicht aufmerksam machen wollte.

„Wohin, Herr von Goldberg?" fragte sie.

„Von Ihnen fort", antwortete er kurz.

„Warum?"

Er schwieg. Ihr Auge blickte noch immer neckisch auf ihn, als sie fragte:

„Wohl weil ich keine Sorge um Sie haben würde?"

Er antwortete auch jetzt nicht.

„Ja, Sie sind ein Bär, ein rechter, großer Bär! Sagen Sie mir doch einmal, was mich verpflichten soll, mich gerade um Sie zu sorgen."

Er hob das Auge, in welchem ein eigentümliches Licht schimmerte, langsam zu ihr empor und antwortete:

„Sie haben recht, Komtesse! Was geht Sie der deutsche Tolpatsch an! Er bangt seit langer, langer Zeit nach einem freundlichen Wort, nach einem warmen Blick von Ihnen. Mag er sich sehnen, mag er hoffen und harren; käme er einmal in Gefahr, Sie hätten nicht die geringste Sorge um ihn."

Er hatte das in tiefer Erbitterung gesprochen; dennoch antwortete sie:

„Ja, das ist wirklich wahr."

„Wie? Das wiederholen Sie?"

„Gewiß."

„So lassen Sie mich doch auch gehen."

„Aber warum doch nur?" fragte sie, indem sie ihn abermals festhielt.

Da legte er seine Hand auf die ihrige und bat in tiefem Ernst:

„Hedwig, bitte, treiben Sie nicht ein frivoles Spiel mit mir. Sagen Sie mir einmal aufrichtig: Hassen Sie mich?"

„Hassen? O nein", flüsterte sie.

„Aber gleichgültig bin ich Ihnen?"

„Auch das nicht. Ein Freund des Hauses kann doch nie gleichgültig sein."

„Ich habe also für Sie nur das Interesse, welches ein solcher zu beanspruchen hat? Mehr nicht?"

Sie senkte das Köpfchen tief in ein aufgeschlagenes Notenbuch, antwortete aber nicht. Da ergriff er auch ihre andere Hand und flehte:

„Hedwig, bitte, nicht dieses tödliche Schweigen. Geben Sie eine Antwort."

Da flüsterte sie:

„Ich soll noch größere Teilnahme für Sie hegen?"

„Oh, wie unendlich glücklich würde mich das machen."

„Ah, womit hätten Sie sich denn diese Teilnahme verdient, mein Herr?"

Da ließ er ihre Hände los und seufzte:

„So können Sie fragen? Ja, ich will Ihnen antworten. Ich habe eine so große Teilnahme allerdings nicht verdient. Man kann alles Große tun, und doch wäre ein solcher Lohn noch zu hoch. Aber daß es Ihnen so gleichgültig sein würde, wenn ich in Todesgefahr käme, das tut weh."

„Wer hat denn das gesagt?" fragte sie rasch.

„Sagten Sie nicht, daß Sie sich ganz und gar nicht um mich sorgen würden?"

„Allerdings."

„Nun, ist das nicht der größte Grad von Gleichgültigkeit?"

„Ganz und gar nicht."

„So begreife ich Sie nicht."

„Sie sind abermals und abermals ein Bär. Das begreifen Sie nicht? Wenn der Bär geht, um mit dem Wolf oder Fuchs zu kämpfen, wer wird da Sorge um ihn haben? Er muß und wird auf alle Fälle siegen."

Er schüttelte den Kopf.

„Nie und nie werden Sie den Scherz lassen können", klagte er.

Da erweiterten sich ihre Augen; ihr Blick war groß und voll auf ihn gerichtet, und in tieferem Ton als gewöhnlich antwortete sie:

„Oh, mein Herr, ich kann auch ernsthaft sein."

„Darf ich das glauben?"

Sie nickte ihm freundlich zu und sagte:

„Glauben Sie es. Ich kann sehr, sehr ernst sein, nämlich dann, wenn es wirklich gilt."

„Wenn das ist, so erfüllen Sie mir eine einzige Bitte."

„Welche?"

„Seien Sie auch jetzt einmal ernst, Mademoiselle Hedwig."

„Ist denn das so sehr notwendig?"

„Ja; ich versichere es Ihnen."

„Nun gut, so will ich Ihnen diese Bitte erfüllen."

„Warum sagten Sie vorhin, daß Sie um mich keine Sorge haben würden?"

Jetzt war sie es, welche ihr Händchen auf seinen Arm legte.
„Ich will ernst sein, sehr ernst“, sagte sie, „und dennoch muß ich Sie abermals einen Bären nennen. Überlegen Sie sich doch meine Worte! Sind Sie denn nicht ein klein wenig Logiker?“

Er schüttelte langsam und zweifelnd den Kopf, indem er antwortete:

„Ich wollte, ich könnte Sie verstehen und begreifen.“

„So bin ich wahrhaftig gezwungen, mich Ihnen verständlich zu machen. Wissen Sie, um wen man Sorge hat?“

„Nun?“

„Um Kinder . . .“

„Ah.“

„Ja, um Kinder, um unsichere und unzuverlässige Personen. Ich weiß nicht, ob ich recht habe und ob ich mich richtig ausdrücke; aber um Personen, denen man ein volles Vertrauen schenkt, die man achtet oder hochachtet, kann man sich nicht sorgen.“

„Aber das Weib eines Kriegers, der im Feld ist?“

„Ist das Sorge, was sie fühlt? Ist es nicht vielmehr Angst?“

„Mag sein. Also Sie sorgen sich um jemand, den Sie achten und dem Sie vertrauen?“

„Das habe ich gesagt.“

„Auch nicht um jemand, den Sie lieben?“

Da zog sie ihre Hand wieder von seinem Arm und antwortete:

„Sie fragen zu viel, Monsieur.“

Er haschte ihr Händchen wieder, hielt es fest und fuhr fort:

„So sagen Sie wenigstens, ob Sie bereits jemand kennen, um den Sie sich nicht sorgen, weil Sie ihn lieben.“

Da glitt ihr gewöhnliches schalkhaftes Lächeln wieder über ihr Gesicht.

„Ja“, antwortete sie in versicherndem Ton.

Er schien fast zu erschrecken und fragte leise und stockend:

„Wer ist das, wer? Darf ich es erfahren?“

„Ja, mein Herr; es ist ja kein Geheimnis.“

„Nun, wer ist es?“

„Ida, meine Schwester.“

„Donnerw . . .“ fast hätte er diesen Fluch ausgestoßen. Er hielt aber die zweite Hälfte desselben glücklich zurück und fuhr fort:

„Mein Gott, Komtesse, wollen Sie mich denn wirklich in Verzweiflung bringen? Ich versichere Ihnen, daß ich Ihre Schwester nicht gemeint habe.“

Da endlich schien sie ihn zu verstehen; sie machte ein sehr ernsthaftes Gesicht und sagte:

„Ah, jetzt erst weiß ich, woran Sie dachten!"

Ihre Miene gab ihm Veranlassung, neue Hoffnung zu schöpfen, darum sagte er, zu ihr hinübergeneigt:

„Gott sei Dank. Also gibt es eine solche Person?"

„Ja, Herr Leutnant", antwortete sie leise und ihm freundlich zunickend.

„Wer ist es?"

„Meine Tante, die Gräfin."

Das war ihm zu toll. Er öffnete bereits den Mund, um irgendein derbes Wort zu sagen, besann sich aber noch und hielt zurück. Doch drehte er sich um, um sich von ihr zu entfernen. Sie wollte ihn abermals festhalten, dies gelang ihr aber nicht, und so tat sie, was in diesem Falle am geratensten war. Sie folgte ihm, um an seiner Seite zu den beiden anderen zurückzukehren. Doch während der wenigen langsamen Schritte, die sie bis dahin taten, sagte sie:

„Sie zürnen mir?"

„Ja", antwortete er kurz.

„Habe ich das verdient? Womit?"

„Ich glaubte, einen Stern in Ihnen zu finden, Sie aber sind der reine Irrwisch."

Nur der Ärger hatte vermocht, ihm dieses letztere Wort zu entreißen.

„Mein Herr, Sie sind nun wieder und wieder ein Bär", antwortete sie. „Vielleicht ist ein Irrwisch gerade für einen Bären ein Stern. Übrigens muß ich Ihnen sagen, daß auch ich höchst zornig auf Sie bin."

„Ah! Warum?"

„Sagen Sie, wollen Sie heiraten?"

Er war ganz verblüfft über diese Frage. Diese hatte er keinesfalls erwartet.

Allerdings fiel ihm in der Schnelligkeit keine andere Antwort ein als die folgende:

„Natürlich werde ich einmal heiraten."

„Aber wann?"

„Zum Teufel", dachte er bei sich im Inneren; „wozu diese nüchternen Fragen!" Laut jedoch antwortete er ebenso nüchtern:

„Sobald mein Beruf und die Verhältnisse es erlauben, Mademoiselle."

„So haben Sie also mit Ihrem Beruf und mit den Verhältnissen zu rechnen?“
„Leider!“
„O weh. Ich beklage ein jedes Herz, welches zu rechnen hat!“
„Beklagen Sie auch das meinige?“
„Vielleicht mehr als jedes andere.“
„Mehr? Wohl weil es umsonst rechnet und fühlt?“
„Nein, sondern weil ich wünsche, daß es fühlen dürfe, ohne zu rechnen.“
„Ja, die Damen hassen gewöhnlich das Rechnen.“
„Ich nicht. Ich halte es für ein angenehmes Turnen des Geistes.“
„Da möchte ich Sie bitten, mir beizustehen.“
„Zum Rechnen?“
„Ja.“
„Gut. Hier meine Hand. Wir wollen miteinander berechnen. Die Ansprüche Ihres Berufes und die Gunst oder Ungust der Verhältnisse.“
„Bis wie lange?“
„Bis wir ein gutes Fazit erreichen.“
„Und dieses Fazit heißt?“
„Schon wieder ein Bär! Man darf nicht mit den Pranken dreinschlagen.“
„Verzeihung. Aber ehe wir das Fazit erlangen, könnte das Irrlicht verlöschen.“
„Oder doch zeigen, daß es kein Irrlicht, sondern ein Stern sei.“
„Aber nicht für mich!“
„Für wen sonst?“
„Für einen anderen.“
Sie waren während der wenigen Schritte, welche sie zu tun hatten, einige Male halten geblieben. Auch jetzt blieb Hedwig stehen und sagte:
„Warum glauben Sie das?“
„Weil es so die Natur des Irrlichtes ist.“
„Aber es ist ja ein Stern, und Sie wissen, daß ein jeder Stern treu und unverdrossen um einen anderen kreist. Haben Sie denn nie Vertrauen?“
„Mein Gott, wer kann Vertrauen haben, wenn man nie ein Wort hört, welches so ernst ist, daß man darauf bauen könnte.“
Da trat sie ganz nahe zu ihm heran, ergriff seine Hand und sagte:
„Ist Hedwig ein Wort?“

„Ja, ein Name.“
„Bauen Sie auf dieses Wort. Ein besseres, festeres und sichereres kann ich Ihnen nicht sagen.“
Dann trat sie von ihm hinweg und begab sich nach dem Fenster, an welchem Ida mit Gebhardt gestanden hatte, und zwar so vertieft in ihre Unterhaltung, daß sie auf Hedwig und Kunz gar keine Aufmerksamkeit gerichtet hatten.
Als Hedwig nach der Entfernung der Gräfin sich vom Stuhl erhoben hatte, um an das Piano zu treten, hatte sich Ida dem Fenster genähert, wie um irgend etwas in einem dort stehenden Stickkörbchen zu suchen. Da Gebhardt sich nun allein am Tisch befunden hatte, war er ihr langsam gefolgt. Sie hörte das Nahen seines leisen Schrittes und wendete sich langsam zu ihm um.
„Herr Leutnant“, sagte sie, „glauben Sie, daß es mir erst in diesem Augenblick einfällt, daß ich beinahe einen Raub an Ihnen begangen hätte?“
Er wußte, was sie meinte. Als die Gräfin das Bild seiner Mutter betrachtet hatte, gab sie dasselbe an Ida zurück. Das schöne Mädchen hatte es spielend in der Hand behalten; spielend hatte sie es im Lauf der Unterhaltung an ihre eigene Uhrkette genestelt und später nicht wieder daran gedacht. Erst jetzt war es ihr wieder eingefallen.
„Ja, einen Raub, einen großen Raub haben Sie an mir begangen“, antwortete er, indem er neben sie in die Fensternische trat, in welcher sie stand.
Sie wurden beide von den Gardinen so verdeckt, daß sie von der Schwester und Goldberg gar nicht gesehen werden konnten.
Bei dieser Antwort errötete Ida.
„Ich habe es vergessen“, meinte sie verlegen, „hätte Tante nicht während des Soupers Ihre Gegenwart gewünscht, so wären Sie gegangen, und ich hätte das Kleinod zurückbehalten – ganz ohne Absicht.“
„Ich wäre wiedergekommen und hätte es von Ihnen zurückerhalten“, antwortete er. „Aber, Fräulein, ich meinte einen anderen Raub.“
„Einen anderen? Ich habe keine Ahnung . . .!“
Sie hatte mit gedämpfter Stimme gesprochen. War es infolge einer leisen Ahnung, trotzdem sie das Gegenteil behauptete?
„Sie ahnen es nicht, Komtesse? Ahnungslosigkeit ist in vielen Fällen ein sehr beneidenswerter Zustand, und so will ich Ihnen denselben nicht stören.“

„O nein, Monsieur", entgegnete sie schnell, „habe ich ein Unrecht an Ihnen begangen, so bitte ich Sie um Verzeihung und um Mitteilung desselben."

„Unrecht?" sagte er. „O nein, tausendmal nein! Bitte, Mademoiselle, geben Sie mir einmal Ihr Händchen."

Sie reichte ihm vertrauensvoll ihre Rechte dar. Er ergriff dieselbe und sagte:

„So! Diese Hand muß ich Ihnen drücken voll inniger Dankbarkeit, daß Sie mir in einem Augenblick zu Hilfe kamen, da ich schon alles verloren gab."

Sie ließ ihm ihre Hand und antwortete:

„Sie haben einen vollständigen Sieg errungen, Herr von Königsau."

„Oh, nur durch Ihr rechtzeitiges Einschreiten!"

„Ich tat nur, was mir mein Herz gebot. Tante hatte ein großes Unrecht gegen Sie begangen. Wie freut es mich, daß sie ihre Meinung so schnell geändert hat! Sie haßt leider die Deutschen und – die Offiziere, oder vielmehr den Stand der letzteren."

„Warum, mein Fräulein?"

„Sie ist leidenschaftlich Französin."

„Und da meinen Sie, müsse sie die Deutschen hassen?"

„Nicht meine Meinung ist es, sondern die ihrige, mein Herr."

„Sie würden also keinen hassen aus dem einzigen Grund, daß er ein Deutscher ist?"

„Nein, nie! Sie haben mir vielmehr ganz aus der Seele gesprochen, als Sie jenes schöne Gebot des Erlösers erwähnten und die Stimme des Herzens, welche ..."

Sie stockte. Dachte sie, zuviel gesagt oder überhaupt ein Gebiet berührt zu haben, welches zu betreten sie keine Berechtigung hatte? Er hielt ihre Hand noch immer in der seinigen. Sie machte nicht die leiseste Anstrengung, sie ihm zu entziehen. Es war beiden, als ob es so sein müsse und nicht anders sein könne. Ein süßer Schauer durchrieselte ihren Körper, als sie jetzt von ihm einen leisen Fingerdruck fühlte und dann die Worte hörte:

„Die Stimme des Herzens, welche ...? O bitte, fahren Sie fort."

„Nein, nein, ich weiß es nicht", flüsterte sie verlegen.

„Ich glaube es Ihnen", antwortete er zart. „Auch ich wußte es nicht, bin aber so glücklich, es erfahren zu haben."

Es war ihm, als ob er ein ganz, ganz wenig bemerkbares Zukken ihrer Hand empfinde. War das infolge seiner Worte? Er konnte dies nicht erfahren, denn sie brachte ein anderes Thema, indem sie fragte:

„Sie erzählten von jener bösen Hiebwunde, welche Ihr Papa empfangen hat. Leidet er noch jetzt daran?"

„Sie verursacht ihm zuweilen Schmerzen."

„Wie leid, wie sehr leid mir das tut. Ihr Vater muß ein außerordentlich angelegter Charakter sein."

„Ich bin allerdings überzeugt, daß er schnell Karriere gemacht hätte, wenn jene Verwundung nicht dazwischengekommen wäre."

„Das ist lebhaft zu bedauern. Glauben Sie, daß ich Ihre Eltern persönlich kenne?"

„Wie? In Wirklichkeit persönlich?" fragte er, im höchsten Grade überrascht.

Ein leises Lächeln glitt über ihre schönen, sanften Züge.

„Ich bitte es nicht so ganz wirklich zu nehmen", sagte sie. „Sie sind ein sehr guter Erzähler. Sie schildern so lebhaft und anschaulich, daß man die Personen, von denen Sie sprachen, gewissermaßen vor sich sieht und so liebgewinnt. Das ist es, was ich sagen wollte, und so habe ich es gemeint."

„Sie haben meine Eltern lieb?"

„Ja, wer könnte das Bild Ihrer Mama sehen, ohne ihr die wärmste, vollste Sympathie zuzuwenden? Und derjenige, dem sie sich für das Leben anvertraut hat, muß ihrer würdig sein."

Wie wohl taten diese Worte dem Leutnant! Sie liebte seinen Vater und seine Mutter. War er nicht berechtigt, folgendermaßen weiter zu schließen: Sie liebt meinen Vater, weil er der Mutter würdig ist; nach den Gesetzen der Natur und Erfahrung werde ich der Eltern nicht unwert sein, folglich kann auch mir die Liebe zu eigen werden. Sie fuhr fort:

„Ihr Vater ist ein sehr mutiger, sogar verwegener Mann gewesen. Ich bin überzeugt, daß Sie sein Ebenbild sind."

„Woher vermuten Sie das?" fragte er.

„Es ist keine Vermutung, sondern Überzeugung. Wer in die Sahara geht, der hat ein mutiges Herz. Und daß Sie ein solches besitzen, haben Sie ja auch heute wiederholt und zur Genüge bewiesen. Werden Sie mir glauben, daß ich für Sie gezittert habe?"

„Dieses Duelles wegen?"

„O nein, Herr Leutnant, sondern der Tante wegen."

„Ist sie so schlimm?" fragte er in einem scherzhaften Ton.

„Schlimm nicht, aber sehr eigen. Fast befürchtete ich, daß sie dem Diener Befehl geben werde, Sie fortzuführen. Sie hat das bereits öfters getan. Wegen des Duelles aber befürchte ich nicht das Geringste."

„Das ist ein Beweis, daß auch Sie ein mutiges Herz besitzen."

„O nein; ich bin im Gegenteil ein ganz und gar zaghaftes Wesen."

„Aber, Mademoiselle, ein Duell ist eine sehr ernsthafte Sache!"

„Ich weiß das, mein Herr."

„Man kann verwundet werden, man kann sogar fallen."

„Wie sehr haben Sie recht! Deshalb habe ich es auch nie begreifen und verstehen können, daß gewisse Gesellschaftsklassen gezwungen sein sollen, ihre Differenzen auf eine so rohe, meist auch ungerechte Weise beizulegen, während andere Kreise die Wohltat einer geordneten Gesetzgebung genießen."

„Es mag sein, daß die Angehörigen der ersten Klasse vielfach von Gebrauch, Herkommen und Vorurteil fortgerissen werden. Aber ich bitte Sie, mir zu sagen, wie anders ich Ihrem Cousin hätte antworten dürfen?"

„Sie mußten ihn allerdings fordern, um nicht als Feigling zu gelten. Das ist, wie ich gehört habe, in Offizierskreisen die Gepflogenheit."

„Es war sogar das wenigste, was ich tun konnte."

„Noch mehr also?"

„Ja. Wäre er mir an einem anderen Ort und nicht in Ihrer Gegenwart in dieser Weise entgegengetreten, so hätte ich ihn an Ort und Stelle und zwar augenblicklich persönlich gezüchtigt."

„Mon dieu!" rief sie erschrocken. „Wie gut, daß das nicht stattgefunden hat."

„Ich begreife die Rücksicht, mit welcher die Frau Gräfin diese unangenehme Angelegenheit mit Schweigen übergangen hat; aber aufrichtig muß ich Ihnen gestehen, daß ich diese Ruhe deshalb bewundere, weil es sich dabei doch um einen so nahen Verwandten handelt."

„Daran ist nichts zu bewundern", lächelte sie. „Ich hörte, daß Sie ein so guter Schütze und Fechter sind?"

„Oh, das war nur Redensart, die ich in Anwendung brachte, weil ihr Cousin behauptete, mich in Grund und Boden hauen oder schießen zu wollen."

„Und doch weiß ich, daß Sie die Wahrheit gesagt haben. Aber alle Ihre Kunst und Geschicklichkeit wird hier vergeblich sein."

„Ah, Sie meinen, daß mein Gegner mir überlegen sei?"

„Ganz und gar nicht. Ich meine vielmehr, daß das Duell gar nicht stattfinden wird.“

„Ich habe eine andere Überzeugung.“

„Ich spreche aus Erfahrung.“

„So hat der Graf schon einmal oder mehrere Male sich geschlagen?“

„Oh, nicht ein einziges Mal. Er schlägt sich ja überhaupt nie.“

„Aber, ich denke, daß Sie aus Erfahrung sprechen?“

„Allerdings. Er war schon öfters gefordert, hat aber nicht angenommen.“

„Ah, wissen Sie, daß dies ehrlos ist?“

Sie schwieg ein Weilchen und antwortete dann:

„Sie haben recht. Er ist ein großer Feigling. Tante verachtet ihn, und wir . . .“

„Und Sie . . .?“ fragte er, als sie fortzufahren zögerte.

„Wir können ihn weder lieben noch anbeten.“

„Ich werde ihn veranlassen, ehrenvoll zu handeln.“

„Wieso?“

„Indem ich ihn zwinge, sich mit mir zu schlagen!“

„Das wird Ihnen auf keinen Fall gelingen.“

„Dann werde ich Sie, Mademoiselle, wohl niemals wiedersehen dürfen.“

„Niemals? Warum?“ fragte sie rasch.

„Weil ich etwas tun werde, was mir Ihren Zorn zuziehen wird.“

„Dürfen Sie mir dies mitteilen?“

„Ja, ich will, ich muß es Ihnen sagen. Vielleicht besitzen Sie so viel Einfluß auf Ihren Cousin, das drohende Unheil von ihm abzuwenden.“

„Ah, Sie machen mich wirklich fürchten.“

Er mußte leise lächeln, als er ihr mit der Frage antwortete:

„So lieben Sie also das Gruseln nicht so wie Komtesse Hedwig?“

„O nein, nein; ich fürchte es. Aber welches Unheil droht dem Grafen?“

„Wenn er meine Forderung zurückweist, werde ich ihn öffentlich demütigen.“

„Muß das denn geschehen?“

„Ja. Wenn ich mich ohne dieses abweisen lasse, würde der Vorwurf der Feigheit auf mich fallen.“

Sie schüttelte mißbilligend das schöne Köpfchen.

„Ich mache Ihnen keine Vorwürfe“, sagte sie; „aber ich beklage Sie und alle Ihre Standesgenossen, welche von derartigen Anschauungen und Herkömmlichkeiten abhängig sind. Doch sehe ich ein, daß Sie den Vorwurf der Feigheit auf keinen Fall auf sich laden dürfen. Darf ich wissen, auf welche Weise Sie in diesem Fall die Demütigung des Grafen vornehmen würden?"

„Das weiß ich selbst noch nicht; es wird dies durch die gegebenen Umstände bestimmt werden."

„Wird es durch Schrift oder Wort geschehen oder gar durch die Tat?"

„Auch das ist möglich, vielleicht noch eher möglich als das andere."

Sie schwieg und blickte sinnend zum Fenster hinaus. Noch immer hielt er ihre Hand in der seinigen. Da drehte sie sich rasch herum, gab ihm auch die Linke und sagte, indem sie den Kopf näher zu ihm neigte:

„Werden Sie mir eine Bitte, eine recht eigentümliche Bitte, erfüllen und mir sie auch nicht anders deuten, als sie gemeint wird?"

Es war ein höchst unangenehmes Gefühl, welches ihn überschlich.

„Ich glaube, diese Bitte erraten zu können", sagte er. „Aber leider wird es mir unmöglich sein, sie zu erfüllen."

„Nein, Sie erraten sie nicht, und bei nur einigem guten Willen wird es Ihnen gar nicht schwer werden, mir diese Liebe zu erweisen."

Liebe – dieses Wort hatte sie ausgesprochen. Es wurde ihm so warm, so weit, so eigentümlich und unbeschreiblich im Herzen.

„Sie wollen für Ihren Cousin um Schonung bitten?" fragte er zagend.

„Nein, o nein! Wie könnte ich dieses tun! Wie könnte ich einen Wunsch aussprechen, mit dessen Erfüllung Ihre Ehre beleidigt würde."

„So sprechen Sie, Mademoiselle."

„Ja, ich will wagen zu sprechen. Bitte, handeln Sie in dieser Angelegenheit so, daß das Bild, welches Sie Ihrer Mama von sich zurückgelassen haben, nicht getrübt werde! Das ist meine Bitte. Und nun sagen Sie mir, ob Sie mir zürnen oder ob Sie mir verzeihen können."

„Jetzt verstehe ich Sie vollkommen", antwortete er, und aus seinem halblauten Ton klang es wie Glück und Jubel heraus. „Ich Ihnen zürnen? O nein und tausendmal nein. Ich werde zwar so handeln, wie ich auf alle Fälle gehandelt hätte; aber ich habe von Ihnen ein Geschenk empfangen, so kostbar, so wertvoll, daß ich es gegen Schätze und Reichtümer nicht vertauschen würde."

„Ein Geschenk?" fragte sie ahnungslos.

„Ja, ein großes, kostbares Geschenk, welches Sie mir freiwillig darbringen, ohne es zu wissen. Mademoiselle, Sie haben mit Ihrer Bitte aufrichtig zu mir gesprochen; darf ich ebenso aufrichtig gegen Sie sein?"

„Ja, Monsieur, sprechen Sie!"

Sie nickte ihm dabei so freundlich und aufmunternd zu, daß er Mut faßte.

„Sie haben das Bild meiner Mutter gesehen", begann er. „Sie ist ein Engel an Schönheit gewesen, aber auch ein Engel an Reinheit und Herzensgüte."

„Ich bin davon überzeugt, Herr von Königsau."

„Mein Vater war ein tüchtiger Offizier, offen, bescheiden, dabei kenntnisvoll, schneidig und sogar verwegen. Als diese beiden sich zum ersten Mal sahen, fühlten sie sofort, daß sie sich für das Leben angehörten. Glauben Sie, daß die Liebe so stark, so mächtig und – so schnell sein kann?"

Sie senkte errötend das Köpfchen und antwortete sehr leise: „Fast glaube ich es."

„Werden Sie auch glauben, daß mein Vater dann beim ersten Beisammensein der Mutter von seiner Liebe gesprochen hat?"

„Sie sagen es, und da muß es ja wahr sein."

„Werden Sie das nicht für eine Verwegenheit von ihm erklären?"

„Ich habe keinen Maßstab für solche Vorkommnisse, Herr Leutnant; aber ich denke, wer eine wirkliche und wahre Liebe, die keine Täuschung enthält, im Herzen trägt, der muß auch die Erlaubnis haben, von ihr sprechen zu dürfen."

„Sie meinen doch die Erlaubnis, zur Geliebten sprechen zu dürfen?"

„Ja. Es ist besser, er erfährt gleich in der ersten Stunde, daß seine Liebe erhört werden kann oder eine vergebliche sei, da ihm in dem letzteren Fall wohl noch die Möglichkeit bleibt, sie zu bekämpfen."

„Da ist aber vorausgesetzt, daß die geliebte Person auch gleich in der ersten Stunde einen Eindruck empfangen hat, der es ihr möglich macht, über ein so großes Glück oder ein so schweres Weh zu entscheiden."

„Ist dies nicht stets der Fall, Monsieur?" fragte sie.

Diese Frage brachte einen solchen Sturm von Gefühlen in ihm hervor, daß er eine volle Minute schweigend verharrte, ehe er antwortete:

„Ich glaube, es ist dies meist der Fall. Und nun will ich Ihnen sagen, daß auch ich die Stimme des Herzens gehört habe, von welcher Sie vorhin sprechen wollten, aber nicht weitersprachen. Es ist so schnell und unerwartet gekommen; es hat mich überfallen so hell und blendend, wie ein mächtiger, gewaltiger Lichtstrahl, der in die finsterste Tiefe dringt, und dann regen sich Millionen und aber Millionen unbekannte Triebe, um hinauszustreben und hinauszuwachsen in das Reich des Lichtes und der Wonne."

Er hatte langsam und mit Innigkeit gesprochen. Noch immer hielt er ihre Hände gefaßt, die sie ihm noch nicht entzogen hatte. Sie schwieg; aber es war ihm, als ob er diese weichen, warmen Händchen leise, leise beben fühle.

„Und Sie fragen nicht", fuhr er fort, „wer diese Sonne ist, deren Strahl so mächtig, so schöpferisch in mein Herz gedrungen ist?"

„Wie dürfte ich fragen?" sagte sie nach einer Pause.

„Sie dürfen! Ja, Sie sind es, welche es am ersten und am meisten darf. Soll ich Ihnen es sagen, Mademoiselle Ida?"

Sie wendete das Köpfchen langsam zur Seite.

„Bitte, bitte! Darf ich?" wiederholte er mit dringlicher Innigkeit.

„Sprechen Sie", hauchte sie, so daß er es kaum hören konnte.

„Es gibt eine Sage, daß Gott immer zwei Seelen zur Erde sende, welche zueinandergehören. Sie nehmen Wohnung in menschlichen Körpern, welche näher oder entfernter voneinander wohnen; aber wenn sich diese beiden Menschenkinder begegnen, so erkennen sich die Seelen und bleiben von nun an beieinander für das ganze Erdenleben."

„Welch eine schöne Sage!" flüsterte sie.

„Sie fiel mir ein, als ich heute bei Ihnen Zutritt nahm. Ich sah da zwei Augen auf mich gerichtet, zwei Augen von wunderbarer Tiefe und Milde, so rein und innig, wie ich noch keine je gesehen hatte. Aus diesen Augen blickte mir es entgegen wie ein treuer Gruß aus einer anderen Welt; ich fühlte, daß ich hier meine Seele gefunden habe, welche mir ihr Willkommen entgegenstrahlte. Habe ich mich geirrt, Mademoiselle?"

Sie war von einer tiefen Bewegung ergriffen. Ihr Busen wogte, und ihr Atem wurde hörbar. Sie hatte seine Worte bereitwillig angehört, sie entzog ihm ihre Hände nicht, aber sie wagte nicht, eine Antwort zu geben.

„Soll ich vergebens fragen?“ fuhr er fort. „O bitte, bitte, sagen Sie mir, ob ich mich geirrt habe oder nicht.“

Er neigte das Ohr zu ihr nieder, um ihre Antwort besser zu vernehmen. Er lauschte längere Zeit vergeblich; da aber klang es endlich, kaum hörbar:

„Kann denn ich das wissen?“

„Ja, Sie allein können es wissen, Sie und keine andere, denn Sie sind es ja, aus deren Augen mir dieser Gruß entgegenflutete. Sie sind es, zu der mich meine Seele zieht. Sie sind es, die mir vorkommt wie eine fleischgewordene Verheißung unendlicher Seligkeit. Ihr Blick ist es gewesen, welcher mir in das Herz gedrungen ist wie ein übermächtiger Sonnenstrahl, und nun ist jeder Puls meines Herzens, jeder Zug meines Atems und jede Faser meines Innern eine Frage an Sie, ob es so wahr ist, daß Sie mein Licht, mein Sonnenstrahl und meine Seele sind.“

„O Gott“, flüsterte sie; „kann ich denn antworten? Darf ich antworten? Was soll ich Ihnen sagen?“

„Nur das, was Sie selbst fühlen, nichts anderes.“

„Und doch kann ich nicht sprechen“, hauchte sie in holder Verwirrung. „Das kommt so schnell, so ungeahnt. Das ist so unbesiegbar, so gewaltig, und macht mich doch so bang und bringt mir Angst und Furcht.“

Er sah zwei große Tropfen in ihren Augen stehen. Die echte, wahre Liebe ist unüberwindlich. Er zweifelte nicht an seinem Glück; aber er begriff die gewaltige Aufregung, welche seine Worte in dieser reinen, bisher so ruhigen Mädchenseele hervorbringen mußten. Nicht Leid und Weh, sondern dieser Sturm des Herzens war es, welcher die Tränen emporgetrieben hatte, daß sie nun als Perlen an den Wimpern glänzten, beredte Zeugen einer Gemütstiefe, welche noch andere Schätze bergen mußte, als nur diese Perlen. Es wurde ihm so wunderbar zumute. Es wäre ihm unmöglich gewesen, die Aufregung der Geliebten zu benutzen, um sich einen Beweis der Zärtlichkeit zu erlauben. Die Nähe einer reinen, unbefleckten Seele wirkt heiligend. Er hielt nur immer noch ihre Hände in den seinigen und sagte bittend und in beruhigendem Ton:

„Sie können sprechen, Ida! Haben Sie nicht Angst und Furcht! Es ist mir, als stehe meine Mutter neben uns und höre ein jedes meiner Worte. Ich spreche aus der tiefsten Tiefe meines Herzens zu Ihnen, aber ich habe die Kraft, die Pforte dieses Herzens augenblicklich zu schließen, wenn Sie meine Worte nicht hören wollen. Ich würde unendlich traurig von Ihnen scheiden; aber ich würde das Bewußtsein mitnehmen, zwar aufrichtig gewesen zu sein, Sie aber nicht gekränkt zu haben. Nur diese lieben, lieben Händchen will ich halten; nur in Ihr Auge will ich blicken, und Ihre Stimme will ich hören. Können Sie mich lieben, so bin ich selig und unendlich beglückt; aber ich werde nichts, nichts weiter von Ihnen verlangen und erbitten, als nur dies eine Wort, welches zwischen uns entscheidet. Ich werde meinem Beruf folgen und in die Fremde gehen; ich werde das Andenken an Sie und meine gute Mutter mitnehmen als das Doppelgestirn, zu dem ich voller Dank und Ehrfurcht emporblicke, und dann, wenn ich zurückkehre und Sie die Überzeugung gewonnen haben, daß ich Ihrer würdig bin, dann erst werde ich mir eine süße Gabe von Ihnen erbitten, eine Gabe, welche mir bisher nur von der Mutter wurde – einen Kuß, den ersten Kuß der Liebe."

Da plötzlich entzog sie ihm die Hände. Schon glaubte er, sie beleidigt zu haben; aber er sah den eigentümlich seligen Blick, mit welchem sie ihre Augen groß und voll auf sein Antlitz richtete.

„Dann, nach so langer Zeit erbitten Sie den Kuß?" fragte sie.

„Ja", antwortete er.

„Und jetzt genügt Ihnen das Wort, daß ich die Ihrige bin?"

„Genügen? Ida, welch ein Wort! Die Überzeugung, daß Sie mir gehören wollen, wiegt ja alle Schätze der Erde auf."

Das vorhin so ängstliche Mädchen war plötzlich ganz anders geworden. Die Liebe ist allmächtig. Ein süßer, unwiderstehlicher Drang trieb Ida, die Arme um den Hals des Geliebten zu legen. Sie schlang sie um seinen Nacken, legte das Köpfchen an seine Brust und flüsterte:

„Hier hast du diese Schätze, und hier hast du auch den Kuß, nicht nach Jahren, sondern bereits heute!"

Und ehe er es sich versah, fühlte er ihren warmen Mund auf seinen Lippen.

Er legte voller Wonne die beiden Arme um sie, erwiderte den Kuß und fragte:

„Ist es wahr, du Holde, du Reine, du liebst mich wirklich?"

„Oh, wie sehr, wie innig!" hauchte sie.

„Und kennst mich doch erst seit Stunden?"

„Sagtest du nicht selbst, daß die Liebe so mächtig, so unwiderstehlich – so schnell sei?"

„Ja, das sagte ich, denn ich hatte es an mir selbst erfahren. Und dir ist es ebenso ergangen?“

„Ganz so wie dir, Geliebter. Die Sage von den beiden Seelen ist wahr.“

„Sie ist wahr. Die Seelen haben sich gefunden, und nun sollen sie nicht mehr zwei, sondern eine Seele sein.“

So standen sie innig aneinandergeschmiegt am Fenster beisammen, bis Kunz von Goldberg und Hedwig herbeitraten. Wie anders war Ida als Hedwig, und doch waren beide Schwestern. Und doch fühlte auch Goldberg sich beglückt. Die letzten Worte der schönen „Unbezähmbaren“ hatten ihm Hoffnung gemacht, daß sein Herzenswunsch sich doch noch erfüllen werde.

„Ah, Vorstudien!“ sagte er munter.

„Wieso?“ fragte Gebhardt, indem er sich zwang, auf seinem Gesicht nichts von dem Glück, welches ihn beseligte, merken zu lassen.

„Du stehst mit deiner Dame am Fenster und zählst die Sterne. Das soll in der Wüste noch viel leichter und interessanter sein. Ist nicht der Sirius dort dreimal so groß, als hier bei uns der Mond?“

„Das glaube ich kaum; aber in meinem ersten Brief, den du erhältst, werde ich dir darüber eine ganz genaue Auskunft erteilen.“

„Ich hoffe es. Jetzt hätten wir auch keine Zeit zu so himmlischen Betrachtungen, denn die gnädige Frau kommt zurück.“

Die Gräfin trat wieder ein, und gleich darauf wurde gemeldet, daß angerichtet sei. Nun, während der Tafel erst, brachte die Dame des Hauses das Gespräch auf ihr Lieblingsthema, auf das Reisen und die Erforschung fremder Kontinente und Länder. Sie war auf diesem Gebiet außerordentlich belesen und hatte sich geographische Kenntnisse angeeignet, welche man nicht bei einer Dame zu finden gewöhnt ist.

Gebhard konnte ihr treulichst sekundieren, was sie in ein wahres Entzücken versetzte. Und als er nun gar sich innig vertraut mit den Erlebnissen von Gérard, dem Löwenjäger, zeigte, da hatte er ihre vollständigste Zuneigung sich erobert.

„Sonst sind die Deutschen große geographische Ignoranten“, meinte sie. „Wie kommt es, daß Sie eine so rühmliche Ausnahme machen?“

Gebhard hütete sich, zu verraten, daß er ihrer Behauptung nicht beipflichte, sondern vollständig anderer Meinung sei. Er antwortete:

„Ich interessierte mich schon als Knabe für dieses Fach und habe mir wirkliche Mühe gegeben, mir einige Kenntnisse anzueignen."
„Einige? Sie sind sogar sehr gut bewandert, und ich glaube, daß selbst ich nicht viel vor Ihnen voraus habe. Ihre Sprachkenntnisse besitze ich nicht. Sagen Sie, ob Sie auch Arabisch verstehen. Sie brauchen doch dasselbe bei Ihrer Reise durch die Wüste."
„Ich hatte mich bislang noch nicht mit dieser Sprache beschäftigt; aber nachdem ich meine gegenwärtige Bestimmung erhalten, habe ich schleunigst ihr Studium begonnen. Wir werden übrigens gute Dolmetscher haben."
„Besuchen Sie mich täglich. Ich werde Professor Grènaux einladen: Er ist Lehrer der arabischen Sprache und wird Ihnen nützlich sein können."
Das war außerordentlich viel. Kunz von Goldberg sprach sich ganz verwundert darüber aus, als sie auf dem Heimweg begriffen waren.
„Glückskind!" sagte er. „Wer hätte das gedacht?"
„Ich selbst nicht", antwortete Gebhard.
„Ich kann dir aufrichtig sagen, daß ich dich erst für etwas verrückt hielt."
„Als ich der Gräfin meine Meinung sagte?"
„Ja. Das war mehr als verwegen."
„Hat aber gewaltig imponiert", lachte Königsau vor sich hin.
„Und dann dieser Graf Rallion. Ich glaube, daß er sich nicht wieder bei der Tante sehen läßt, sobald wir bei ihr sind."
„Ich hoffe, daß du mir morgen zu Diensten sein wirst."
„Gewiß. Ich werde zur angegebenen Zeit bei ihm vorsprechen und dir das Resultat mitteilen. Wie gefällt dir die Gräfin?"
„Sehr gut."
„Ah, weil du Hans im Glück bei ihr gewesen bist. Sieh zu, daß du es auch ferner bleibst. Und was sagst du zu den Nichten?"
„Hm. Junge Mädchen."
„Was?" fragte Goldberg erstaunt. „Junge Mädchen? Weiter nichts?"
„Was weiter?"
„Hübsch."
„So la la!"
„Geistreich."
„Aber unbezähmbar."
„Große Erbschaft zu erwarten."

„Haben sie aber noch nicht.“
„Erlaube mir, dich nicht zu begreifen.“
„Ist dir sehr gern gestattet.“
„Erst branntest du vor Begierde, die Familie kennenzulernen, und nun ich dich eingeführt habe, bist du die personifizierte Gleichgültigkeit.“
„Hm, ich bin befriedigt!“ antwortete Gebhardt zweideutig.
„So so! Wirst du wieder hingehen?“
„Das versteht sich. Die Gräfin interessiert mich außerordentlich.“
„Aber die Nichten weniger. Mensch, du hast wirklich Fischblut in den Adern. Sage mir übrigens, welchem von den beiden Mädchen du den Vorzug geben würdest!“
„Ida. Du ziehst natürlich die Unbezähmbare vor.“
„Allerdings.“
„Ihr waret heute verteufelt musikalisch.“
„Bitte, nicht zu sticheln. Wir studierten einfach Partituren und Noten.“
„Gab es da vielleicht die Partitur einer gewissen Oper, die Zähmung der Widerspenstigen genannt?“
„Du, ist das nicht vielmehr ein Lustspiel?“
„Mir gleich, wenn dir nur die Zähmung gut gelungen ist.“
„Vielleicht.“
„Ah, wirklich?“
„Ja. Weißt du, lieber Freund, ich glaube, daß ich Hedwig bisher doch falsch behandelt habe. Sie ist munter, übersprudelnd, voller Schnacken und Schnurren; ich aber bin stets furchtbar elegisch gewesen.“
„Das ist ein Fehler.“
„Der aber von nun an vermieden werden soll.“
„Wünsche guten Erfolg.“
Die beiden Freunde trennten sich voneinander, jeder erfüllt von der Gewißheit, daß er von der Geliebten träumen werde. Aber der Traumgott ist ein neckischer, schadenfroher Kerl, es beliebte ihm heute, diesen Wunsch weder Goldberg, noch Königsau zu erfüllen.

Am nächsten Abend begaben beide sich wieder zur Gräfin, bei welcher sie versprochenermaßen den Professor fanden. Beide nahmen Königsau so in Beschlag, daß es ihm unmöglich war, mit Ida ein vertrauliches Wort zu sprechen. Erst als nach der Tafel Hedwig als gewandte Pianistin sich an das Instrument setzte, um eine längere Komposition vorzutragen, nahm er neben der

Geliebten Platz und flüsterte mit ihr, während beide sich jedoch den Anschein gaben, als ob sie dem Vortrag mit der größten Aufmerksamkeit folgten.

Die erste Frage Idas galt ihrem Cousin, dem Grafen.

„War dein Freund bei ihm?“ erkundigte sie sich.

„Ja. Das ist geschehen.“

„Abgewiesen, nicht wahr?“

„Nein; aber er hat ihn gar nicht getroffen.“

„Ah, er hat sich euch durch einen Spaziergang entzogen?“

„Nein, sondern sogar durch eine Reise.“

„Das ist ebenso vorsichtig wie feig. Wohin ist er?“

„Nach Genf und dann weiter.“

„Was beabsichtigst du nun, gegen ihn zu unternehmen?“

„Jetzt gar nichts. Es wurde gesagt, daß er erst nach Monaten wiederkehren werde; dann bin ich längst nicht mehr hier. Ich werde mit dieser Angelegenheit also warten müssen, bis auch ich von meiner Reise zurückkehre.“

„Und dann?“

„Dann sollst du meine Ratgeberin sein, meine Seele.“

„Wirklich? Wirst du auf mich hören?“

„Gewiß, denn ich bin überzeugt, daß du nichts wünschen wirst, was die Rücksicht auf meine Ehre dir abschlagen müßte. Wir besitzen seit gestern nur ein Leben und ein Wollen, also hast du in dieser Angelegenheit ebenso zu entscheiden wie ich.“

Sie drückte ihm voll innigster Dankbarkeit die Hand.

So fand er sich täglich bei der Gräfin ein, oft des Tages zweimal, und obgleich er sich nicht direkte Mühe gab, ihr Wohlwollen zu befestigen, schien dasselbe doch von Tag zu Tag zu wachsen. So lange er sich in Paris befand, schrieb er täglich an die Eltern und erhielt auch täglich eine Antwort. Diese Briefe überließ er der Gräfin zur Durchsicht, wodurch sie immer weitere Einsicht in die Verhältnisse seiner Familie erhielt und ein immer größeres Interesse an den Seinigen gewann.

So nahte der Tag seiner Abreise immer mehr heran. Endlich war der Aufbruch für übermorgen bestimmt. Er saß des Abends wieder bei der Gräfin, mit ihr über Jagd- und Reiseabenteuer sprechend, während Kunz mit den beiden jungen Damen das Auditorium bildeten. Da unterbrach sich die Gräfin plötzlich im Redefluß, indem sie fragte:

„Ah, was ich vorhin vergaß. Ist kein Brief von Ihren guten Eltern angekommen?“

„Ja, Madame; der letzte, den ich in Paris zu erwarten habe.“

„Ist er diskreter Natur?"

„Nein, gar nicht. Darf ich Ihnen denselben zur Verfügung stellen?"

„Ich bitte darum."

Er gab ihr das Schreiben. Sie setzte die Brille auf, zog die Astrallampe näher und begann zu lesen. Unterdessen unterhielten die jungen Leute sich halblaut miteinander, wobei jedoch Gebhardt die Gräfin scharf, aber verstohlen beobachtete.

Da plötzlich, bei einer Stelle, blickte sie über das Papier scharf zu ihm herüber. Sie fixierte ihn eine ganze Weile, ohne daß er tat, als ob er es bemerkte. Ihr Gesicht hatte dabei nach langer Zeit wieder einmal den alten, harten Ausdruck angenommen. Dann sah sie wieder in den Brief zurück, um ihn bis zum Ende zu lesen.

Als sie fertig war, gab sie ihm denselben zurück, ohne aber, wie früher gewöhnlich, eine ganze Reihe von Bemerkungen daran zu knüpfen. Aber nach der Tafel machte sie ihm die Mitteilung, daß heute einige geographische Werke angekommen seien. Wenn er Einsicht in dieselben nehmen wolle, möge er in ihr Zimmer folgen.

Diese Auszeichnung war ihm noch nicht zuteil geworden. Er folgte ihr. Durch mehrere Räume, und auch die Bibliothek, welche er kennengelernt hatte, hindurchschreitend, führte sie ihn in ihr Boudoir. Er kannte dasselbe aus der Beschreibung, welche ihm Kunz davon gegeben hatte. Dort bot sie ihm einen Sessel an, während sie selbst nicht Platz nahm, sondern im Raum hin und her schritt, wie es ihre Angewohnheit war, wenn sie von irgendeinem Gedanken oder einer Angelegenheit mehr als gewöhnlich in Beschlag genommen wurde.

„Junger Mann, Sie erwarten, geographische Werke zu sehen", begann sie; „aber ich gestehe Ihnen, daß ich keine bekommen habe."

Er hatte das geahnt, machte aber doch ein einigermaßen verwundertes Gesicht, als ob er sich die Ursache ihres Verhaltens gar nicht denken könne.

„Es war dies nur ein Behelf, mit Ihnen unter vier Augen sprechen zu können. Es betrifft einen wichtigen Gegenstand. Werden Sie aufrichtig mit sich reden lassen?"

„Ich hoffe, gnädige Frau, daß Sie mich kennen . . ."

„Schon gut. Sie selbst aber sind keineswegs aufrichtig mit mir gewesen."

Er tat, als ob er sie nicht recht verstehe; darum fuhr sie fort:

„Darf ich mir den Brief Ihrer Mama nochmals erbitten?"
„Gern. Hier ist er."
Sie nahm ihn, faltete ihn auseinander und sagte:
„Ich werde Ihnen einige Zeilen, welche ich hier fand, vorlesen, obgleich Sie dieselben bereits ebenso gut und noch besser kennen als ich. Hören Sie."
Sie las:
„Was nun die hochwichtige Mitteilung betrifft, welche du uns in deinem letzten Schreiben machst, so ist mein Mutterherz voller Freude, daß du gerade in Paris, meiner Vaterstadt, ein Wesen gefunden hast, welches deiner so sehr wert zu sein scheint und dich mit seiner Liebe beglücken will. Unserer Zustimmung bedarfst du nicht. Wir kennen dich und wissen, daß deine Wahl eine gute sein wird. Nimm daher unsern Segen, und sei mit dem lieben Kind, nachdem es dein Weib geworden ist, ebenso glücklich, wie deine Eltern es durch einander wurden."
Obgleich der Brief weiterging, las die Gräfin nur bis hierher. Sie gab ihm das Papier zurück, schritt einige Male nachdenklich hin und her und begann dann mit einem sehr ernsten Ton:
„Geben Sie zu, nicht aufrichtig mit mir gewesen zu sein?"
„Ah, Madame, Sie meinen, weil ich Ihnen nicht dieselbe Mitteilung gemacht habe, welche ich hier meinen Eltern machte?"
„Ja. Ich habe zwar kein direktes Recht, eine solche Aufrichtigkeit zu verlangen; aber es hätte mich doch sehr gefreut, sie zu finden."
„So habe ich Sie allerdings sehr um Verzeihung zu bitten."
„Ich verzeihe Ihnen. Aber seien Sie jetzt aufrichtig. Ich glaubte, daß Sie Ihre Heimat verlassen haben, ohne Ihr Herz dort zurückzulassen?"
„So war es auch, wenigstens in dem Sinn, welchen Sie meinen."
„Jetzt aber lieben Sie eine Pariserin?"
„Ja."
„Ich will nicht weiter in Sie dringen, als unbedingt nötig ist. Ist es ein Mädchen aus anständiger Familie und Ihnen ebenbürtig?"
„Vollständig."
„Sie erwidert Ihre Liebe?"
„Herzlich."
„Es ist also keine Vernunftsheirat, welche Sie beabsichtigen?"
„Nein, sondern eine Herzensverbindung."
„Ich beneide Sie."
Sie blieb stehen und blickte zum Fenster hinaus, welches sie geöffnet hatte. Der Schein des Lichtes erhellte ihr Profil, und

Gebhardt meinte, dasselbe noch nie so weich gesehen zu haben. Welche Gedanken mochten jetzt durch ihre Seele gehen?

Da trat sie zurück, öffnete ein Pult und zog eine Mappe hervor. Aus derselben nahm sie ein Aquarellporträt und gab es ihm.

„Sehen Sie diesen Mann. Kennen Sie ihn?“

Gebhardt ahnte, wer es sei, doch antwortete er wahrheitsgemäß:

„Ich habe ihn nie gesehen.“

„Das weiß ich, und dennoch steht er Ihnen nahe, viel näher, als Sie es denken.“

Sie blieb vor ihm stehen, kreuzte die Arme über der Brust, wie es willenskräftige Frauen gern zu tun pflegen, und fuhr fort:

„Auch ich war einmal jung; auch ich liebte – diesen da. Mein Vater war Baron, der seinige jedoch ein einfacher Bürgersmann, dessen Vorfahren auf ihr ‚Von‘ verzichtet hatten. Man trennte uns. Es war ein Herzeleid. Ich wurde Gräfin Rallion, und er nahm sich auch ein Weib. Wir sahen uns nicht, aber wir vergaßen uns auch nicht. Er war Bankier und wurde der finanzielle Rat meines Mannes. Nun sahen wir uns öfter. Die alte Liebe erwachte, aber wir mußten uns fremd bleiben. Eins nur habe ich gerettet außer der Erinnerung – dieses Porträt. Es ist mir mehr wert als manches Juwel, welches ich besitze. Er starb. Auch mein Mann starb, und ich wurde Witwe. Ich war reich gewesen, aber nicht glücklich; ich blieb reich, aber auch unglücklich. Da begegnete mir ein Nachkomme dieses Mannes, und sofort erwachte das alte Gemüt und das alte Herz, welches ich tot und verknöchert wähnte. Raten Sie, wer der Nachkomme ist.“

Gebhardt sah sich gezwungen, eine kleine Unwahrheit zu sagen.

„Ich habe keine Ahnung“, antwortete er.

„Sie sind es, Sie selbst.“

„Ich?“ fragte er im Ton des höchsten Erstaunens.

„Ja, Sie! Sie sehen hier das Porträt von Ihrem Großvater, dem Bankier Richemonte, dem Vater Ihrer Mutter.“

„Ah! Das wäre er? Das wäre er?“ rief er aus.

Er hatte es vorher geahnt und das Bild doch nur oberflächlich betrachtet, da seine Hauptaufmerksamkeit auf die Gräfin gerichtet war. Jetzt aber trat er mit dem Bild näher zum Licht.

„Ja, betrachten Sie ihn“, sagte sie. „Er war ein schöner Mann und ist elend zugrunde gegangen, wie Sie ja wissen. Ich lernte Sie kennen; ich prüfte Sie und war mit Ihnen zufrieden. Wir hatten die gleichen Liebhabereien und Sympathien. Sie waren es wert, und so beschloß ich, Ihr Glück zu machen."

„Mein Glück?" fragte er, ziemlich betreten.

„Ja. Oder meinen Sie, daß ich nichts hätte für Sie tun können?"

„Gnädige Frau, Sie haben bereits genug an mir getan."

„Ich hatte noch mehr vor, viel mehr und besseres. Sie haben es mir aber unmöglich gemacht."

„Wieso, Madame?"

„Durch – ja, durch Ihre so unerwartete Liebe."

„Durch meine Liebe, gnädige Frau?"

„Ja. Ich will aufrichtig sein. Ich wollte Sie verheiraten."

Das hatte er nicht erwartet; er war so überrascht, daß ihm wirklich der Mund für einige Augenblicke offenstand.

„Sie staunen?" fragte sie. „Es ist dennoch wahr. Sie wissen, daß ich eine Sympathie für weitgereiste Leute hege. Sie gehen nach der Wüste; Sie besitzen Mut und Kenntnisse; Sie werden ein berühmter Mann werden. Das ist es, was mich im stillen entzückte. Wenn Sie als Kapazität wiederkehrten, wollte ich Ihnen das Kostbarste geben, was ich besitze."

„Was, Madame?" fragte er, noch immer wie auf Wolken schreitend.

„Ich sagte bereits, das Kostbarste, was ich habe, nämlich meine Nichte."

„Sie haben deren zwei."

„Ich meine Ida, meine stille, gute Ida, welche ich zärtlich liebe, ohne daß ich es mir so merken ließ."

Er hätte am liebsten grad hinausgejubelt. Aber die Situation war eine so glückliche und interessante, daß er sich beherrschte.

„Ida?" fragte er. „Komtesse Ida, sagen Sie? Wären Sie dieser Dame denn auch sicher gewesen?"

„Ich bin überzeugt davon."

„Wußte Mademoiselle Ida von Ihrem Plan?"

„Kein Wort. Ich hoffte, Ihre Herzen sollten sich gegenseitig finden."

„Leider kann dies nicht mehr stattfinden", sagte er im Ton des innigsten Bedauerns.

„Ja, Sie haben Ihr Herz verschenkt."

„Ida das ihrige auch."

Sie machte eine Bewegung des Erschreckens.

„Wie? Was sagen Sie? Ida – Ida liebt? Und wen?"

„Einen Offizier, einen Deutschen."

„Mon dieu! Sie meinen doch nicht etwa Herrn von Goldberg?"

„Madame, Sie wissen, daß Goldberg mein Freund ist. Ich werde niemals das Geheimnis eines Freundes verraten."

„Ah, er ist's, er ist's! Er ist ja noch da! Er ist ja noch anwesend. Kommen Sie, Herr von Königsau, kommen Sie! Ich werde . . ."

Sie wollte forteilen. Es hatte sich ihrer ein außerordentlicher Zorn bemächtigt. Gebhardt ergriff sie bei der Hand.

„Bitte, Madame! Warten Sie noch. Ich muß Ihnen sagen, daß . . ."

„Nichts will ich hören, nichts, gar nichts! Kommen Sie schnell!"

Sie riß sich los und eilte fort. Er folgte ihr, innerlich die nun folgende Szene bereits ausmalend.

Die beiden Schwestern saßen mit Goldberg am Tisch, als die Gräfin die Tür aufriß und hereingestürmt kam. Bei ihrem Anblick erhoben sich alle drei. Sie erkannten sofort, daß sie sich im Zustand zorniger Aufregung befand.

„Herr von Goldberg, ich habe mit Ihnen zu sprechen!" rief sie.

„Ich stehe zur Verfügung, gnädige Frau", antwortete er.

„Das erwarte ich. Ich verlange von Ihnen, daß Sie mir die volle Wahrheit sagen."

„Gewiß."

Er hatte nicht die mindeste Ahnung, worüber er überhaupt die reine Wahrheit sagen solle. Sie stellte sich mit zornig funkelnden Augen vor ihn hin und fuhr fort:

„Sie sind ein Verführer!"

Er war wie aus den Wolken gefallen und fragte:

„Ein Verführer? Ich? Madame, ich bitte Sie."

„Ja, ein Verführer sind Sie. Ich habe die Beweise in den Händen."

„Welche Beweise?"

„Sie leugnen noch? Wollen Sie leugnen, daß Sie lieben?"

Er fuhr ganz erstaunt zurück.

„Ich lieben? Ich, gnädige Frau?"

„Ja, Sie. Sie lieben."

„Wen denn, gnädige Frau?"

„Meine Nichte!"

Der also Interpellierte wußte in dem ersten Augenblick nicht, wie er dieser Anklage zu begegnen habe; er blickte verwundert auf die Dame, die wie eine Richterin vor ihm stand.

Goldberg ging ein Licht auf. Die Gräfin war mit Gehhardt allein gewesen. Sie hatten miteinander gesprochen, und jetzt kam sie zurück, von Zorn erfüllt.

„Ah, du hast es verraten?“ fragte er den Freund.

„Verraten hat es niemand“, antwortete die Gräfin; „aber erraten hat es jemand, Ihr Freund ist verschwiegen; er hat mir Ihren Namen nicht genannt; ich aber habe es dennoch erfahren. Wollen Sie noch leugnen?“

Er glaubte sich wirklich verraten; er sah ein, daß kein Leugnen helfen könne; darum antwortete er:

„Madame, die Stimme des Herzens ist oft übermächtig; es ist ganz ...“

„Schweigen Sie von der Stimme des Herzens! Sprechen Sie lieber von der Stimme der Vernunft und Pflicht. Es wäre Ihre Pflicht gewesen, zuvor mit mir zu sprechen. Von einem Ehrenmann mußte ich das erwarten.“

„Ich war ja der Einwilligung von Mademoiselle noch gar nicht sicher!“

„Aber jetzt sind Sie sicher?“

„Leider auch noch nicht ganz.“

„Wie, noch nicht ganz?“

„Ich sage die Wahrheit!“

„Ich werde mich überzeugen!“

Sie trat auf Ida zu und forderte diese im strengsten Ton auf:

„Wenn er noch leugnet, so hoffe ich wenigstens von dir, daß du die Wahrheit sagst. Ich habe das an dir verdient. Liebst du ihn?“

Ida war bereits über das von großem Zorn zeugende Hereintreten der Tante höchst erschrocken gewesen. Die jetzige strenge Frage brachte sie um alle weitere Fassung. Sie unterschied in diesem Augenblick nicht, wer mit dem Er gemeint sei, und antwortete voller Angst:

„Liebe Tante, Verzeihung!“

„Ich will wissen, ob du ihn liebst!“ wiederholte die Gräfin.

„Ja, beste Tante!“

„Und er dich? Ihr habt miteinander darüber gesprochen?“

„Ja.“

„Wann?“

„Am Schluß voriger Woche.“

„Er hat dir also seine Liebe in aller Form gestanden?“

„Ja.“

Die Gräfin wollte soeben ihrem Zorn einen erneuten Ausdruck geben, als sie hinter sich ein lautes Schluchzen hörte. Sie drehte sich um und sah, daß es von Hedwig kam, welche bleich wie eine Leiche dastand und das Taschentuch an die Augen hielt.

„Was ist mit dir?“ fragte sie. „Warum weinst du?“

„Oh, der Schreckliche!“ schluchzte die Gefragte.

„Wer?“

„Dieser Lügner!“

„Ich frage, wer?“

„Leutnant von Goldberg!“

„Warum nennst du ihn einen Lügner?“

„Weil er auch zu mir von Liebe gesprochen hat.“

„Ah! Wirklich?“ rief die Gräfin, jetzt beinahe außer sich vor Zorn.

„Ja.“

„Und du? Was hast du geantwortet?“

„Ich – ich – ich . . .!“

„Heraus damit! Ich will die Wahrheit hören, die volle Wahrheit!“

Goldberg hatte ganz perplex dagestanden. Jetzt endlich gelang es ihm, sich zu fassen und zu Worte zu kommen. Er trat rasch heran und sagte:

„Gnädige Frau, das muß ein Irrtum sein!“

„Ein Irrtum? Schweigen Sie! Hedwig wird mich nicht belügen.“

„Nein, sie lügt allerdings nicht; sie hat die Wahrheit gestanden.“

„Nun, was sprachen Sie da von einem Irrtum?“

„Ich meine Mademoiselle Ida.“

„Diese? Nun, die lieben Sie ja auch!“

„Keineswegs! Ich begreife gar nicht, wie . . .!“

„Schweigen Sie!“ unterbrach sie ihn. „Hedwig hat mir ganz sicher die Wahrheit gesagt. Sie hat mich noch nie belogen!“

„Und doch ist sie dieses Mal der Wahrheit nicht treu geblieben.“

„Ja, Tante“, stimmte Hedwig höchst verlegen bei. „Ich habe mich geirrt!“

Da schlug die Gräfin die Hände zusammen und rief:

„Geirrt hast du dich? Herr von Goldberg hat dir nicht gesagt, daß er dich liebt? Das hast du ja vorhin gestanden.“

„Ah, ich dachte – mein Gott, ich – dachte . . .“

Weiter konnte sie nicht vor Angst. Die Gräfin aber drang in sie:

„Was dachtest du? Ich will die volle Wahrheit hören!“

„Ich dachte, du meintest – einen anderen", stieß Hedwig endlich hervor.

Frau von Rallion wußte in diesem Augenblick vor Schreck gar nicht, was sie denken und sagen solle. Erst nach einer Weile rief sie:

„Einen anderen? Einen anderen, der dich liebt?"

„Ja, liebe Tante."

„Und den du wiederliebst?"

„Ja, beste Tante."

„Und der zu dir von Liebe gesprochen hat?"

„So ist es!"

„Ah, ist es möglich, daß so etwas hinter meinem Rücken vorgeht! Bester Herr von Königsau, entschuldigen Sie! Sie sehen, daß es sich hier um sehr zarte und diskrete Angelegenheiten handelt. Sie gestatten wohl, Sie morgen vormittag zu empfangen."

Gebhardt machte eine verbindliche Verbeugung und antwortete:

„Gewiß, gnädige Frau. Also wünschen Sie, daß ich mich zurückziehe?"

„Ich muß Sie leider darum ersuchen!"

„Wenn Sie es wünschen, muß ich gehorchen, obgleich ich glaube, daß gerade meine Gegenwart hier am notwendigsten ist?"

„Die Ihrige? Wieso?"

„Weil ich imstande bin, Ihnen die nötige Aufklärung zu geben."

„Worüber?"

„Über das gegenwärtige Ouiproquo. Ich bin nämlich dieser andere."

„Welcher andere?"

„Von welchem Mademoiselle Ida sprach."

„Was? Der sie liebt und sie ihn wieder?"

„Gott sei Dank, ja!"

Er trat bei diesen Worten zu Ida heran, legte die Hand um ihre Taille, strich ihr mit der anderen Hand beruhigend über das reiche Haar und sagte:

„Sei nicht ängstlich, meine Seele! Unsere liebe, gute Tante wird dir das Mißverständnis gern verzeihen."

Jetzt hätte man das Gesicht der Gräfin studieren müssen. Erstaunen, Ärger, Freude und Zorn stritten sich auf demselben um die Herrschaft. Das Erstaunen behielt zunächst die Oberhand.

„Ihr beide also liebt euch?“ fragte sie.

„Ja, und dort die beiden auch“, antwortete Königsau, indem er auf Hedwig und Goldberg deutete.

„Mit diesen beiden werden ich nachher sprechen. Jetzt habe ich es mit Ihnen zu tun. Sie sagten doch, daß Sie eine andere liebten.“

„O nein, Madame. Ich habe keinen Namen genannt.“

„Dann sagten Sie, daß Herr von Goldberg Ida liebe!“

„Auch das nicht. Sie selbst haben ja vorhin erst bestätigt, daß ich ihn gar nicht genannt habe.“

„Mein Gott, da werde ich an mir selbst ganz irre. Was haben Sie denn überhaupt gesagt?“

„Daß ich von ganzem Herzen ein reizendes, prächtiges Mädchen liebe. Und sodann habe ich gesagt, daß Ida auch liebt, und zwar einen deutschen Offizier.“

„Aber, warum haben Sie mir denn nicht sofort gesagt, daß Ihre Geliebte und Ida identisch sind?“

„Darf ich Ihnen die volle Wahrheit mitteilen, gnädige Frau?“

„Ich bitte sehr energisch darum!“

„Ich bemerkte die Zuneigung, welche mein Freund Goldberg für Mademoiselle Hedwig hegte und sah, daß dieselbe erwidert wurde . . .“

„Sie haben das wirklich bemerkt? Ich nicht!“

„Ich wußte das. Ebenso sah ich, daß sie sich liebten, ohne zur Klarheit, zu einem Resultat zu kommen. Das war Unrecht, das tötet die Liebe. Hier war ein Gewaltstreich nötig, und ich habe es gewagt, ihn auszuführen. Jetzt hat Herr von Goldberg gestanden, daß er Fräulein Hedwig liebt, und diese hat das Geheimnis ihres Herzchens verraten. Mein Zweck ist erfüllt. Ich bitte um gnädige Strafe!“

Die anderen standen da und blickten einander an.

„Garstiger!“ rief endlich Hedwig, die sich noch darüber ärgerte, daß sie über Goldbergs vermeintliche Untreue geweint hatte.

„Intrigant!“ flüsterte Ida ihm zu, obgleich es ihr gar nicht wohl zumute war. Sie kannte ja den Inhalt des Gespräches nicht, welches er mit der Gräfin geführt hatte.

Diese letztere wußte wirklich nicht, ob sie zürnen oder über die vorgekommenen Verwechselungen lachen solle. Sie fühlte sich ganz glücklich, daß ihr ursprünglicher Plan doch noch geraten sei, und war doch bös darüber, daß auch Goldberg eine Nichte für sich in Anspruch nahm.

In diese Pause hinein erscholl Kunzens an Gebhardt gerichtete Frage:

„Geheimniskrämer. Warum hast du mir das verschwiegen?"

„Unglückliche Liebe klagt, glückliche aber schweigt", antwortete Königsau.

„Seid wann seid ihr denn einig?"

„Gleich seit dem ersten Tag."

„Unsinn!"

„Wirklich. Nicht wahr, Ida?"

Sie nickte mit dem Köpfchen. Da fragte auch die Gräfin:

„Wirklich seit dem allerersten Tag?"

„Ja, gnädige Frau", antwortete Gebhardt.

„Mein Gott, wie habt ihr das denn eigentlich angefangen?"

„Das wird Ihnen Ida unter vier Augen erzählen müssen. Wir waren eben füreinander bestimmt."

„Und sagtet euch das hinter meinem Rücken!"

Sie wollte beginnen, wieder zornig zu werden; er aber drohte ihr scherzend mit dem Zeigefinger und sagte:

„Die Vorherbestimmung war auch hinter unserem Rücken geschehen!"

Da endlich brach sie in ein herzliches Lachen aus.

„Diese Jugend ist doch unverbesserlich. Niemand lernt sie durchschauen. Und glaubt man, einmal einen Aufrichtigen gefunden zu haben, so entpuppt er sich ganz unversehens als ein Intrigant comme il faut. Na, ich werde euch eure Strafe noch diktieren."

Da ergriff Gebhardt ihre Hand und zog sie an seine Lippen.

„Verzeihung, beste Gräfin!" bat er. „Ich hatte Ida gesagt, daß ich sie über mein Leben lieb habe, aber ich hatte auch hinzugefügt, daß ich von dieser Liebe erst nach meiner Rückkehr von der Reise sprechen werde. Darum schwiegen wir. Ich wollte mir erst Ihre Achtung verdienen. Habe ich daran unrecht getan, so hoffe ich dennoch Gnade zu finden."

Da trat in ihr Auge ein feuchter Glanz, wie ihn selbst die Nichten noch nicht in demselben bemerkt hatten, und mit bewegter Stimme antwortete sie:

„Ich verzeihe euch beiden. Es mag bei dem, was ihr besprochen habt, bleiben. Eure Liebe mag sich bewähren. Tut sie das, so soll sie ihren Lohn finden. Nun aber zu den beiden anderen. Also, Herr von Goldberg, Sie behaupten, meine Nichte Hedwig zu lieben?"

„Von ganzem, ganzem Herzen!" antwortete er.

„Und du, Hedwig?"

Bei dieser trat sofort das ursprüngliche neckische Wesen hervor.

„Ich? Oh, ich mag ganz und gar nichts von ihm wissen", antwortete sie schmollend.

„Warum nicht?"

„Er hat mich einen Irrwisch genannt."

„Der bist du auch!" bestätigte die Tante.

„Sie aber hat mir versprochen", fügte Goldberg bei, „daß aus diesem Irrlicht ein Stern werden solle, auf dessen sicheren, treuen Glanz ich mich verlassen könne."

„Ist das wahr, Hedwig?"

Die Gefragte neigte das Köpfchen verlegen zur Seite, antwortete aber doch:

„Ja, liebe Tante, das habe ich ihm versprochen."

„Und Sie glauben an dieses Versprechen, Herr von Goldberg?"

„Wie an Gottes Wort, gnädige Frau", beteuerte der Gefragte.

„So sagen Sie mir zunächst, was sie meiner Nichte zu bieten haben!"

„Für jetzt ein Herz voll innigster Liebe und den festen Willen, mir eine Zukunft zu gründen, welche ihrer würdig ist."

„Suchen Sie dieses Ziel zu erreichen; dann wird auch Ihre Liebe nicht vergeblich sein. Wie schade, daß Sie kein Geograph sind!"

„Ich kann in meiner gegenwärtigen Stellung ebenso Gutes bewirken."

„Aber Sie konnten Herrn von Königsau begleiten. Ihr Name wäre dann mit einem Mal berühmt. Das werden Sie doch einsehen."

„Madame mögen recht haben, doch muß ich mit den Aussichten, welche sich mir bieten, fürlieb nehmen. Ich habe alle Hoffnung, Ihnen beweisen zu können, daß nun, da das Irrlicht verlischt und mein Stern mir aufgegangen ist, auch in Beziehung auf meinen Beruf mir Sterne aufgehen, deren Leitung ich mich anvertrauen kann."

Nach diesen Ereignissen waren volle zwei Jahre vergangen, da kamen drüben im Süden von Algerien drei Reiter das Wadi Guell herabgeritten. Anstatt auf Pferden, saßen sie auf hochbeinigen Dromedaren, schienen aber sehr gut beritten zu sein, denn ihre Tiere gehörten zu jener grauhaarigen Rasse, welche Bischarinkamele genannt werden.

Zwei davon waren Europäer, Herr und Diener allem Anschein nach. Der dritte war ein Beduine, welcher ihnen als Führer diente. Er sprach mit ihnen jenes Gemisch von Arabisch, Französisch und Italienisch, welches an der Nordküste Afrikas gebräuchlich ist.

Es war noch am Morgen; aber die Sonne lag doch bereits brennend auf dem Sand und den Felsen der Wüste. Darum war es kein Wunder, wenn der Europäer sich nach einem Ort umsah, an welchem ein wenig Schatten zu finden sei, um in demselben während der heißen Mittagszeit eine Kühlung zu finden.

„Gibt es in der Nähe keinen Ruheort?" fragte er den Führer.

„Nein, Herr. Erst am Ziel, am Ende des Wadi, finden wir Felsen und Mimosen, welche uns Schatten bieten."

„Wie weit ist es bis dahin?"

„Zur Zeit des Mittags sind wir dort."

„Und dort soll der Löwe sein?"

„Ja, dort ist der Herr des Erdbebens, welcher fast sämtliche Kinder des Stammes gefressen hat."

„So laß die Tiere ausgreifen, daß wir den Ort baldigst erreichen."

Der Führer zog eine einfache Holzpfeife hervor, um auf derselben, die nur drei Töne hatte, eine monotone Melodie zu pfeifen. Bei diesen Klängen spitzten die Kamele die Ohren und verdoppelten ihre Schritte.

So ging es ohne Aufenthalt immer nach Osten.

Die Sonne stieg höher und höher, und endlich, als sie den Zenit erreicht hatte, war auch das Versprechen des Führers erfüllt. Das Tal trat enger zusammen, zu seinen beiden Seiten stiegen hohe Felsen empor, und stachelige Mimosen bildeten kleine Wälder, in welchen es allerdings nicht ungefährlich war, Zuflucht vor dem Sonnenbrand zu suchen.

„Allah sei Dank!" rief da der Führer. „Seht Ihr die Zelte?"

„Wo?"

„Da links im Tal. Dorthin haben sich die Söhne der Wüste vor dem Löwen zurückgezogen. Reiten wir hin."

„Werden wir willkommen sein?"

„Ja. Wir werden Salz, Brot und Datteln bekommen, denn diese Beduinen sind keine Tuareg, denen nicht zu trauen ist."

An der einen Seite des Wadi standen fünf einsame Zelte, vor denen einige Kamele und Pferde angebunden waren. Eine kleine Anzahl von Schafen weideten in der Nähe.

Als sich die Fremdlinge näherten, wurden die Zelte geöffnet, und die männlichen Bewohner traten hervor. Sie brachten Salz und Brot zum Zeichen des Willkommens und teilten auch ihre wenigen Datteln mit ihnen.

Der Bei el urdi – Herr des Lagers – winkte den Führer abseits und fragte:

„Wer sind die Fremdlinge, welche du uns gebracht hast?"

„Es sind zwei Franken", lautete die Antwort.

„Ich liebe die Franken nicht. Wann reiten sie wieder ab?"

„Wenn sie den Herrn des Erdbebens geschossen haben."

„Den Löwen? Allah 'l Allah! Sie wollen den Löwen schießen?"

„Ja. Wir hörten, daß er in der Nähe sei."

„Er hat sein Lager oben im Nebental, welches du von hier erblickst. Aber sie sind ja nur zu zweien!"

„Und dennoch wollen sie den Löwen schießen."

„Allah hat ihnen den Verstand genommen. Wir sind zu sechzig ausgeritten, um ihn zu töten; er aber hat vier Männer von uns getötet und viele verwundet, ohne daß wir ihn bestrafen konnten."

„Hast du noch nicht gehört, daß oft ein einziger Franke ausgeht, um den Löwen zu schießen?"

„Allah ist groß. Die Franken sind böse Geister, die sich nicht zu fürchten brauchen."

Als der Führer zu seinem Gebieter zurückgekehrt war, teilte er ihm mit, was er erfahren hatte. Der Herr blickte nach dem Seitental hinüber und schätzte die Entfernung mit dem Blick ab.

„Wir bleiben hier, um beim Morgengrauen unser Heil zu versuchen. Endlich, endlich einmal ein Löwe. Ich hoffe, daß ich Wort halten kann!"

Beide hatten ein echt militärisches Aussehen und sprachen jetzt reines Französisch miteinander. Der Diener antwortete:

„Auch ich wünsche, daß wir einmal so ein Tier zu Gesicht bekommen. Es ist doch ein eigener Wunsch von einer Braut, das Fell und die Reißzähne eines Löwen zu besitzen. Dies beides zu holen, ist gefährlich."

„Fürchtest du dich?"

„Nein. Ein Löwe ist doch nur eine etwas größere Katze!"

„Hm. Eine etwas sehr große Katze sogar. Es geht mir gerade wie dir, ich habe auch noch keinen wirklich wilden gesehen. Vielleicht wäre es gut, wenn wir während des Mittags die Gegend einmal rekognoszierten."

„Das Seitental, wo das Vieh stecken soll?"

„Ja. Natürlich zu Fuß. Wir hätten nur eine halbe Stunde bis hinüber."

„Ich stehe zu Befehl, Herr Hauptmann."

Einige Zeit später brachen sie auf, gerade so, als ob sie einen Gang auf Hasen oder Hühner unternehmen wollten. Die Beduinen sahen ihrem Beginnen mit Kopfschütteln zu; es war ihnen ein wahnsinniges Wagestück.

Die beiden wanderten über die Breite des Haupttals hinüber und schritten dann das weit engere Nebental empor. Es war mit Mimosen und Therebinthen bestanden und mit wirrem Fels und Geröll angefüllt. In diesem Tal sollte, wie sie bereits gestern erfahren hatten, ein männlicher Löwe sein Lager haben. Sie hofften, seine Fährte zu finden und so den Ort zu entdecken, wo sie ihn morgen bei Tagesgrauen aufsuchen wollten.

Es ist wahr, daß der Löwe sich nur selten zur Mittagszeit zeigt. Indessen, duch irgendeinen Umstand aus seiner Ruhe aufgescheucht, kann er doch einmal zum Vorschein kommen, und dann ist es gefährlich, ihm zu begegnen. Er rächt sich für die ärgerliche Störung.

Indem sie so zwischen Busch und Felsen emporstiegen, blieb der Diener plötzlich halten und faßte den Herrn am Arm.

„Um Gottes willen, was ist das?" fragte er, empor nach der Talwand deutend.

Der Hauptmann folgte mit dem Blick der angedeuteten Richtung und zuckte zusammen, ob vor Überraschung oder Schreck, das war schwer zu unterscheiden.

„Tausend Donner! Ein Löwe!" flüsterte er. „Ja, das ist ein echter, richtiger Löwe und nicht so einer, wie man in der Menagerie findet. Was tun wir? Wagen wir es?"

Seitwärts vor ihnen, und zwar etwas über ihnen, kam ein riesiges Tier talabwärts geschritten, langsam und majestätisch im Bewußtsein seiner Riesenkraft. Noch zwei Minuten, so mußte der Löwe die beiden sehen. Der Diener war ein wagehalsiger Patron. Er antwortete:

„Der Kerl ist gerade noch einmal so groß, als ich mir ihn vorgestellt habe; aber geschossen wird er. Wer weiß, ob wir ihn morgen so vor die Büchse bekommen. Wohin schießt man ihn?"

„In das Herz. Nur im Notfall zielt man in das Auge."

„Gut. Ducken wir uns hier hinter die Büsche nieder. Da sieht er uns nicht. Jeder hat zwei Kugeln, das gibt vier und wird genügen."

Gesagt, getan! Sie knieten hinter den Büschen nieder und legten die Gewehre an. Das Tier befand sich jetzt wohl dreißig Schritt vor ihnen und zwanzig Fuß höher als sie.

„Schieß du zuerst", befahl der Hauptmann. „Ich bleibe zur Sicherheit in Reserve."

Er tat recht daran, wie sich sofort zeigte. Der Diener zielte und drückte ab. Der Schuß krachte, allein der Löwe blieb unversehrt. Die zweite Kugel traf ihn in den Leib, ohne ihn tödlich zu verletzen.

Jetzt aber hatte er auch die Stelle bemerkt, von welcher aus er angegriffen worden war. Er stieß ein tiefes, fürchterliches Brüllen aus und kam herbeigesprungen. Dazu genügten ihm fünf Sprünge.

„Um Gottes willen, wir sind verloren!" schrie der Diener und warf sich zu Boden. Vorher so verwegen, war es jetzt mit seinem Mut vorüber.

Der Hauptmann blieb unbeweglich knien. Als der Löwe im Sprung sich in der Luft befand, drückte er zum ersten Mal ab, und gleich darauf folgte auch die zweite Kugel. Das gewaltige Tier machte mitten im Sprung eine Wendung seitwärts und stürzte zur Erde nieder. Ein kurzes, dumpfes Brüllen und Röcheln, ein krampfhaftes Schlagen und Zucken der Pranken; dann war es tot.

„Gott sei tausend Dank. Das waren zwei Meisterschüsse!" meinte der Diener. „Ich glaubte bereits, mein Ende sei gekommen."

Der Hauptmann sagte gar nichts. Er trat an das Tier heran und betrachtete es. Dann strich er sich den Angstschweiß von der Stirn und meinte:

„Zum ersten und zum letzten Mal! Es waren nur drei Sekunden; aber ich bin während ihrer Dauer fünfmal gestorben. Was werden die Araber sagen! Jetzt das Fell herunter und die Reißzähne heraus."

Besonders die letztere Arbeit war eine außerordentlich schwierige. Sie nahm einige Stunden in Anspruch. Eben waren die beiden fertig und schickten sich an, aufzubrechen, als sie Pferdegetrappel vernahmen. Sie lauschten und sahen bald, daß zwei Reiter sich näherten, welche das Tal herunterkamen. Die Löwenjäger konnten nicht gesehen werden, da sie ebenso wie der Kadaver des erlegten Tieres hinter dem Busch versteckt lagen.

Die Reiter kamen rasch näher und hielten gerade vor dem Busch an. Der Ältere von ihnen trug einen langen, grauen Bart.

Beide schienen Beduinen zu sein; aber der Graubärtige sagte im reinsten Französisch zu seinem Gefährten, welcher noch ziemlich jung zu sein schien:

„Dort geht das Wadi zu Ende. Wir müssen vorsichtig sein. Reite vor, und rekognosziere, ob es dort Leben gibt."

Der Jüngere gehorchte. Als er nach kurzer Zeit zurückkehrte, meldete er:

„Fünf Zelte im Wadi Guell."

„Viele Leute dabei?"

„Nein."

„Wir dürfen uns dennoch nicht sehen lassen. Wenn der Handstreich gelingt, wird er großes Aufsehen erregen, und man wird sich nach jedem einzelnen Passanten erkundigen, um die Täter zu entdecken."

„Wo hat dieser Deutsche sein letztes Nachtlager gehalten?"

„Wir werden gegen Abend im Osten des Brunnens Saadis auf ihn stoßen. So meldeten gestern die Kundschafter. Wir beide entfernen uns so schnell wie möglich mit unserem Anteil. Die Beni Hassan aber wird man als Täter festnehmen und bestrafen."

„Wie reiten wir jetzt?"

„Schnell zurück und dann einen Bogen nach Osten hinüber. Wir müssen wirklich eilen, sonst entkommt uns dieser Königsau mit seinen ganzen Schätzen doch vielleicht noch."

Sie wendeten ihre Tiere und eilten zurück. Es war niemand anderes als Kapitän Richemonte und sein Verwandter.

Die beiden Lauscher blickten einander erschrocken an.

„Was war das, Herr Hauptmann?" fragte der Diener. „Überfallen wollen diese Kerle jemand, wenn ich recht gehört habe?"

Der Gefragte war aufgesprungen und hatte sein Gewehr ergriffen.

„Herrgott", sagte er, „mein Freund Königsau soll überfallen und ausgeraubt werden. Dieser gefährliche Löwe hat uns doch noch Glück gebracht. Auf, auf! In vollstem Lauf nach den Zelten zurück! Wir müssen diesen Menschen zuvorkommen."

Der Diener hatte gar keine Zeit zu weiteren Erkundigungen und Fragen. Sie rafften das Fell des Löwen empor und eilten trotz der glühenden Hitze im hastigsten Lauf das Tal hinab und den Zelten zu.

Als sie dort ankamen, wollten die Araber gar nicht glauben, daß sie einen Löwen erlegt hätten, und als sie es dennoch glauben mußten, sollte ein großes Freudengeschrei erhoben werden;

aber der Hauptmann machte dem ein rasches Ende, indem er sich an seinen Führer wendete.

„Kennst du den Brunnen Saadis?“ fragte er.

„Ja, Herr“, lautete die Antwort.

„Wie weit ist es bis dorthin?“

„Es ist der fünfte Teil einer Tagereise.“

„Wir müssen sofort aufbrechen.“

„Herr, das halten meine Tiere nicht aus.“

„Ich zahle dir, was du verlangst.“

„Ist es notwendig?“

„Ja. Es hängen vielleicht Menschenleben von unserer Eile ab.“

„Gibst du sechzig Münzen, welche ihr Franken nennt?“

„Ja, du sollst sechzig Franc erhalten.“

„So werde ich sogleich satteln.“

Eine Viertelstunde später flogen sie auf ihren flüchtigen Kamelen weiter. Die Tiere hatten sich nicht einmal ausgeruht; aber es hätte sie doch kein frisches Pferd einzuholen vermocht.

Wüste und immer wieder nur Wüste war zu sehen, bis endlich kurz vor Einbruch des Abends sich am Horizont einige Palmen zeigten.

„Was ist das?“ fragte der Hauptmann.

„Es ist der Brunnen Saadis, zu dem du willst“, berichtete der Führer.

Der Brunnen Saadis ist keine hervorragende Tränkestelle. Höchstens zwei Dutzend Palmen wachsen um eine Quelle herum, welche langsam aus dem Sand steigt, um ebenso schnell wieder in demselben zu verschwinden.

Als die drei Reiter sich näherten, bemerkten sie, daß die Quelle bereits besetzt war. Es waren wohl an die zwanzig Reit- und Lastkamele zu sehen, bei denen sich aber nur fünf Männer befanden. Diese erhoben sich beim Anblick der sich Nähernden.

Der Hauptmann sprang vom Kamel und betrachtete sich die Leute einen nach dem anderen. Ehe er aber noch den Richtigen erkannt hatte, rief dieser schon, und zwar in deutscher Sprache:

„Kunz! Goldberg! Ist das eine Menschenmöglichkeit?“

Der Genannte betrachtete sich den Sprecher und antwortete:

„Gebhardt! Königsau! Mohr! Neger! Mumie! Welcher Teufel soll denn dich wiedererkennen? Du bist ja schwärzer als der Teufel!“

„Welch eine Überraschung! Welch ein Wunder. Wie kommst denn du in die Sahara?“

„Davon später. Zunächst kam ich, dich zu retten.“

„Zu retten? Wovor?“
„Vor einem Überfall.“
„Alle Teufel. Wer will mich überfallen?“
„Zwei Franzosen mit Hilfe der Beni Hassan.“
„Wer sind die Franzosen?“
„Ich kenne sie nicht.“
„Und wo soll der Überfall stattfinden?“
„Im Osten von hier, heute vor Anbruch der Nacht.“
„Ah, welch ein Glück, daß ich zurückgeblieben bin.“
„Ja, persönlich bist du zwar gerettet; aber deine Sachen?“
„Befinden sich auf diesen Tieren. Ah, ich wußte, daß die Kunde von meiner Ladung wie ein Feuer vor mir herlaufen werde. Ich ließ daher stets die Kaffila voranziehen und folgte selbst eine halbe Tagereise später. Diesem Umstand habe ich also auch heute meine Rettung zu verdanken.“
„Aber die Kaffila ist verloren?“
„Jedenfalls. Ich werde sofort einen Boten auf einem Eilkamel nachsenden, um sie zu warnen, falls noch Zeit dazu ist.“
„Und wenn es zu spät ist.“
„So kann ich nichts ändern. Dreißig Krieger der Ibn Batta haben mich begleitet. Sind sie niedergemacht worden, so haben sie doch nur den Lohn für ihre früheren Taten erhalten. Diese Kerle sind alle Mörder und Räuber. Diese dreißig sollten meine Beschützer sein und wurden dafür bezahlt, dennoch aber haben sie mich Tag und Nacht bestohlen, so daß ich nur froh sein kann, sie losgeworden zu sein. Aber nun sage um Gottes willen, wie du nach der Sahara kommst?“
„Als Löwenjäger. Siehst du dort das Fell?“
„Ah, du hast einen erlegt?“
„Ja. Bist du auch so glücklich gewesen?“
„Öfters, mein Freund. Aber fast kann ich mir denken, weshalb du den Löwenjäger spielst.“
„Nun, weshalb?“
„Deine Hedwig und die liebe Schwiegermama wollen, daß auch du berühmt werden sollst, und so hast du deinen Urlaub zu einem Pirschgang auf Löwen verwendet. Nicht?“
„Genau erraten! Ich soll wenigstens ein Löwenfell und zwei Löwenzähne und sodann sichere Nachricht von dir bringen.“
„Du wirst mich selbst bringen. Was macht Ida?“
„Sie sehnt sich zu Tode nach dir, während meine ‚Unbezähmbare‘ mich unter die Löwen jagt. Bin übrigens Hauptmann geworden!“

„Und ich Mohr, wie ich es dir prophezeit habe. Gratuliere bestens."

„Danke!"

Den Gegenstand ihrer höchst belebten Unterhaltung bildete natürlich das halbe Wunder, sich am fernen Wüstenbrunnen zu treffen, der eine als der Retter des anderen. Dann mußte der Hauptmann von Goldberg, der spätere General, von der fernen Heimat berichten, und endlich erzählte Königsau von seinen abenteuerlichen Erlebnissen auf der wunderbaren Reise nach Timbuktu.

So wurde es Nacht. Die Sterne stiegen höher und höher. Erst um Mitternacht kehrte der ausgesendete Bote zurück.

„Hast du sie eingeholt?" fragte Königsau.

„Ja", antwortete er einsilbig.

„Und sie gewarnt?"

„Sie hörten mich nicht. Sie waren tot!"

Diese Botschaft erregte zunächst Schreck, dann aber auch Freude über die ebenso glückliche, wie wunderbare Rettung der Hauptperson und der Hauptschätze der Karawane. Dreißig Ibn Batta-Krieger und zahlreiche Handelsleute, welche sich der Karawane angeschlossen gehabt hatten, waren getötet und ausgeraubt worden. Es war ein Fall, der, so nahe an der Grenze der Zivilisation passiert, jedenfalls eine exemplarische Bestrafung zu erwarten hatte.

„Was aber wirst du nun tun?" fragte Goldberg den Freund.

„Ich verändere meine Route", antwortete dieser. „Ich gehe grad nach Norden. Es bleibt mir nichts anderes übrig."

„Und ich gehe mit dir. Die Stämme, an denen wir vorüberkommen, sind den Europäern freundlich gesinnt. Wann brechen wir auf?"

„Sofort. Ich warte nicht bis zum Morgen."

„Warum nicht?"

„Die Räuber, welche die Karawane überfallen haben, möchten bemerkt haben, daß ich zurückgeblieben bin, und mir einen Besuch abstatten. Sicher ist sicher. Ich habe diese Kerle kennengelernt."

Es wurde gepackt, und dann setzte sich der kleine Trupp in Bewegung. Eine Zeitlang von dem Glanz der Sterne bestrahlt, verschwand er jedoch bald im Dunkel des nördlichen Horizontes.

Königsau war um keine Viertelstunde zu früh aufgebrochen. Denn gerade diese Zeit später kamen die Tuareg, welche die Karawane überfallen hatten, nach dem Brunnen, um nach ihm zu suchen. Sie mußten zu ihrem Ärger mit leeren Händen abziehen.

Kurze Zeit später bewegte sich ein langer, langer Zug französischer Chasseurs d'Afrique von den Bergen herab, welche das Gebiet der feindlichen Beni Hassan im Norden begrenzen. An der Spitze dieses Zuges ritten zu beiden Seiten des Kommandeurs die beiden Verräter Richemonte und sein Cousin. Beide gaben dem Offizier den Rat, die Beni Hassan mit einem Schlag zu vernichten.

„Glaubt Ihr, daß man uns Widerstand leisten wird?" fragte er sie.

„Wenig oder gar nicht. Diese Kerle sind viel zu feig. Sie haben nur Mut zu nächtlichen Räubereien und Überfällen."

„Und sie sind die Täter wirklich gewesen?"

„Sicher! Man wird die Effekten der Ermordeten noch bei ihnen finden."

„Wie viele sind gefallen?"

„Dreißig Krieger der Ibn Batta, ein Führer, fünfzehn Treiber, der Oberste der Kamelbesitzer und der deutsche Offizier mit mehreren Leuten."

Er wußte am besten, daß dies letztere eine Lüge sei. Er selbst hatte einige der erbeuteten Kamele nebst ihren Lasten bis in die Nähe der Beni Hassan getrieben und sie dort stehenlassen. Er war überzeugt, daß man sich ihrer bemächtigt hatte. Das gab Beweis genug, daß die Beni Hassan die Räuber gewesen seien.

Es wurde so eingerichtet, daß die Truppen das Lager mitten in der Nacht erreichten. Es wurde umzingelt, und als die unschuldigen Araber des Morgens aus ihren Zelten traten, sahen sie sich von allen Seiten von einer von Waffen starrenden Mauer umgeben.

Der Scheich Menalek sandte sofort einen Boten zu dem Anführer. Dieser letztere ließ auf Anraten Richemontes zunächst die Dschemma, die Versammlung der Ältesten des Stammes, zu sich kommen, um sich ihrer zu versichern. Man versteht darunter nicht etwa ausnahmslos die an Jahren Ältesten. Es sind auch junge Männer mit dabei, gewöhnlich Verwandte des Scheichs. So kam es, daß sich auch Saadi, der Schwiegersohn des Scheichs Menalek, dabei befand. Diese wurden in Fesseln gelegt und dann einem Verhör unterworfen.

„Ihr habt eine Karawane der Ibn Batta überfallen", war die wiederholte Behauptung, welche man ihnen entgegenschleuderte.

„Nein, wir sind unschuldig", war ihre stehende, bestimmte Antwort.

„Man wird suchen und finden!" drohte endlich der Kommandeur.

„Ja, man wird allerdings finden", antwortete Menalek. „Wir fanden des Morgens vier beladene Kamele neben unseren Zelten und haben sie zu uns genommen. Und dann fanden wir auf unserem Gebiet die Leichen der Beraubten. Wir begruben sie nach den Regeln des heiligen Korans, nahmen ihnen aber vorher weg, was ihnen nichts mehr nützen konnte. Das alles werdet Ihr finden."

Das wurde natürlich nur für Ausflucht gehalten. Man holte mehr und mehr Männer aus dem Lager, bis endlich die ganze männliche Bevölkerung in Banden lag. Jetzt wurde das Urteil gefällt. Es lautete kurz und bestimmt auf Tod durch die Kugel.

Die Kunde davon rief ein geradezu unbeschreibliches Jammergeschrei unter den Weibern und Kindern des Lagers hervor. Sie wollten bitten und flehen, sie wollten sich den unmenschlichen Richtern weinend zu Füßen werfen, aber das Lager war mit Posten umstellt worden, so daß niemand es verlassen konnte.

Bereits zu Mittag, als die Sonne am höchsten stand, sollte die Vollstreckung des Todesurteiles beginnen. Um diese Zeit schritt der Cousin Richemontes durch die Postenkette in das Lager. Überall tönten ihm Jammergeschrei und Wehklagen entgegen; er hörte nicht darauf. In das Zelt des Scheichs trat er ein. Das Weib desselben und Liama lagen weinend am Boden. Sie sprangen empor, als sie ihn erblickten.

„Salam aleikum", grüßte er.

„Wie, du bringst den Gruß des Friedens", rief das arme Weib, „und draußen harrt der Tod unserer Männer und Söhne!"

„Es wird keiner entgehen; nur euch allein bringe ich Frieden. Ist Liama bereits das Weib Saadis geworden?"

„Ja", antwortete ihre Mutter.

Liama war als Frau noch schöner denn als Mädchen. Vor Jammer hatte sie die gewohnte Sorgfalt für ihr Äußeres außer acht gelassen; ihr Gewand hatte sich verschoben, so daß das Auge des fast unsinnig verliebten Schurken genug Punkte fand, an denen sich seine Glut verdoppeln konnte.

„Der Scheich muß sterben und auch Saadi!" sagte er.

„O Allah, gibt es keine Rettung für sie?" rief Liama.

„Keine."

Da näherte sie sich ihm und sagte, indem sie die Hände faltete:

„Du bist ein Freund der Franken. Unsere Männer sind unschuldig. Du vermagst viel. Vielleicht könntest du sie retten."

„Es ist mir nur erlaubt, zwei zu retten."

„Wen, wen?" fragten die beiden Frauen schnell.

„Ich darf sie mir auswählen."

„Oh, so rette den Scheich, meinen Mann!" rief die Mutter.

„Und rette Saadi, welcher schuldlos ist!" rief die Tochter.

„Welchen Dank erhalte ich?" fragte er.

„Fordere alles, was du begehrst!" sagte die Mutter.

„Nun wohl! Ich habe Liama zum Weib begehrt, und man hat sie mir verwehrt. Wenn sie einwilligt, mein Weib zu werden und mit mir zu ziehen, so sollen der Scheich und Saadi gerettet werden."

Liama erbleichte. Ihre Mutter dagegen erschrak nicht so sehr. Einen anderen Schwiegersohn zu haben, das war nicht so schlimm als der Tod ihres Mannes."

„Wirst du Wort halten?" fragte sie.

„Ja", antwortete er.

„Schwöre es mir!"

„Ich schwöre es bei dem Bart des Propheten!"

Liama aber rang die Hände und rief:

„Er mag schwören, ich gehe doch nicht mit ihm!"

„Willst du die Mörderin deines Vaters sein?" klagte ihre Mutter.

„Ich kann nicht! Ich liebe ihn nicht. Ich gehöre zu Saadi!"

„Nein; er gibt dich frei, um dich zu retten", antwortete er.

„Beweise es!" rief die Mutter.

„Auch der Scheich befiehlt euch, zu tun, was ich verlange, damit er sein Leben nicht verliere."

„Beweise es!"

„Hier!" sagte er.

Er zog aus der Tasche ein Stück beschriebenes Pergament hervor, welches in französischer Sprache und arabischer Schrift beschrieben war.

„Hier ist das Dokument, welches unser Kommandant und der Scheich und Saadi unterschrieben haben. Kennt ihr das Siegel des Scheichs?"

„Ja", antworteten beide.

„So seht her und lest diese Schrift!"

Die Mutter konnte nicht lesen; aber Liama buchstabierte den

Befehl ihres Vaters und ihres Mannes zusammen. Beide geboten ihr, augenblicklich mit dem Überbringer dieses Schreibens zu gehen, um Mann und Vater zu retten und so ein Allah wohlgefälliges Werk zu tun.

„Kennt ihr auch die Hamails des Scheichs und Saadis?" fragte er weiter.

„Ja", antwortete sie.

Unter Hamail versteht man ein Exemplar des in Mekka geschriebenen Korans, welches sich die Pilger dort kaufen und dann während der ganzen Lebenszeit am Hals tragen. Nur in der alleräußersten Not gibt der Moslem dieses Hamail von sich.

„Hier sind sie beide!"

Bei diesen Worten reichte er ihnen die zwei Koranexemplare hin, die sie sofort erkannten. Das war mehr als genug Beweis für sie.

„Ich glaube dir!" sagte die Mutter.

Sie ahnte nicht, daß das Schreiben gefälscht war und daß der unmenschliche Schurke den beiden Gefangenen Siegel und Hamail mit Gewalt entrissen hatte. Liama hatte sich schluchzend auf den Boden geworfen.

„O Allah, o Allah!" rief sie. „Sie gebieten es mir; aber ich kann dennoch nicht! O Allah, Allah, was soll ich tun!"

„Gehorchst du nicht, so müssen sie sterben", antwortete er kalt.

„Meine Tochter, gedenke deiner Pflicht!" mahnte die Mutter ängstlich.

„Ja", meinte der verkappte Franzose. „Ich werde vor das Zelt treten, um euch eine kleine Weile zur ruhigen Überlegung allein zu lassen. Beredet euch, und tut dann, was ihr beschlossen habt. Aber zögert nicht lange, die Zeit ist kostbar."

Er trat hinaus. Im ganzen Zeltdorf ertönte lautes Wehklagen, und doch hörte er noch deutlich das verzweifelte Jammern im Inneren des Zeltes. Harte Worte der Mutter ließen sich dazwischen vernehmen.

Da plötzlich krachte draußen vor dem Lager eine Gewehrsalve. Ein einziger aber vielstimmiger, schriller Angstschrei ertönte durch das Lager. Er trat in das Zelt, dessen Tür das Weib des Scheichs soeben aufreißen wollte. Liama stand totenbleich inmitten des Raumes.

„Wer hat geschossen? Was hat man getan?" fragte die Mutter.

„Man hat die ersten fünf Mann soeben erschossen", antwortete er.

„O Allah! Ist der Scheich dabei?“

„Noch nicht; aber in zwei Minuten werden wieder fünf Mann fallen, und der Scheich und Saadi werden dabeisein.“

„Liama geht mit!“ rief die Mutter in höchster Angst.

„Ist es wahr?“ fragte er die schöne, junge Frau.

„Ach ja“, hauchte sie, mehr tot als lebendig.

„So ziehe dich zur Reise an. Ich werde unterdessen das Zeichen geben, daß man die beiden verschonen soll!“

Einige Zeit später öffnete sich der Kordon, welchen die Chasseurs bildeten. Man ließ zwei Pferde und ein Kamel passieren. Auf den ersteren saßen Richemonte und sein Kumpan, und das letztere trug eine Atuscha, in welcher ein wunderbar schönes Weib unter heißen Tränen vor Leid und Weh zu sterben meinte. Es war Liama, die spätere Bewohnerin des schwarzen Turmes in der Nähe von Schloß Ortry.

Auch von den beiden Löwenzähnen, welche Kunz von Goldberg dem „Herrn des Erdbebens“ ausgebrochen hatte, ist der freundliche Leser dem einen bereits begegnet. Fritz, der Diener des verkleideten Doktor Müller, trug ihn an seinem Hals.

KARL MAY

Werke in Originalfassungen

Winnetou

(4 Bände)

Old Surehand

(3 Bände)

Satan und Ischariot

(3 Bände)

Der Schatz im Silbersee

Der Ölprinz

Der Sohn des Bärenjägers

Der Geist des Llano Estacado

Der schwarze Mustang

Auf fremden Pfaden

VERLAG NEUES LEBEN BERLIN

KARL MAY

Werke in Originalfassungen

Durch Wüste und Harem

Durchs wilde Kurdistan

Von Bagdad nach Stambul

In den Schluchten des Balkan

Durch das Land der Skipetaren

Der Schut

Orangen und Datteln

Am Jenseits

Ardistan und Dschinnistan
(2 Bände)

Im Lande des Mahdi
(3 Bände)

Die Slavenkarawane

VERLAG NEUES LEBEN BERLIN

KARL MAY

[redacted]

Am Rio de la Plata
In den Kordilleren
Das Vermächtnis des Inka
Am Stillen Ozean
Der blaurote Methusalem
Die Herren von Königsau
Napoleons letzte Liebe
Der Kapitän der Kaisergarde
Der Spion von Ortry
Durch Kampf zum Sieg

VERLAG NEUES LEBEN BERLIN